Helmut Heseker (Hrsg.)

Neue Aspekte der Ernährungsbildung

Helmut Heseker (Hrsg.)

Neue Aspekte der
Ernährungsbildung

mit 37 Abbildungen und 51 Tabellen

unter Mitarbeit von:
Sigrid Beer
Ines Heindl
Barbara Methfessel
Kirsten Schlegel-Matthies
Claudia Vohmann

Umschau Zeitschriftenverlag
Frankfurt

www.uzv.de

Die in diesem Band zusammengestellten Beiträge zum Thema Ernährungsbildung aus der Fachzeitschrift ERNÄHRUNGS UMSCHAU wurden für dieses Buch redaktionell überarbeitet sowie von den Autoren überprüft und ggf. aktualisiert. Im Inhaltsverzeichnis sind diese Beiträge mit dem Hinweis auf den Originalaufsatz kenntlich gemacht. Die Beiträge werden ergänzt durch zahlreiche bisher nicht publizierte Beiträge renommierter Expertinnen und Experten aus dem Bereich der Ernährungs- und Verbraucherbildung.
Die Literatur der Beiträge wurde ebenfalls teilweise aktualisiert und ergänzt und ist im Anhang des Buches nach Kapiteln getrennt zusammengestellt.

Verlag, Herausgeber und Redaktion freuen sich über
Anregungen und Kritik zu diesem Buch:
mpm Fachmedien
Redaktion Fachbuch
PF 1103   35411 Pohlheim
eMail: fachbuch@mpm-online.de

© 2005 Umschau Zeitschriftenverlag Frankfurt am Main

Ein Titeldatensatz für diese Publikation ist bei der Deutschen Bibliothek erhältlich:
http://dnb.ddb.de

Lektorat, Projektmanagement + Producing: mpm Fachmedien, Pohlheim
Abbildungsnachweis: Umschlag unten li + S. 15: AOK-Mediendienst
Druck und buchbinderische Verarbeitung: Wetzlardruck GmbH, Wetzlar
Printed in Germany

ISBN: 3-930007-20-7

Vorwort

Die Bedeutung einer bedarfsgerechten Ernährung für die Gesundheit und Leistungsfähigkeit kann heute als gut belegt angesehen werden. Ernährungs(mit)bedingte chronische Krankheiten sind nicht nur bei Erwachsenen weit verbreitet und mit erheblichen Folgekosten und Einschränkungen der Lebensqualität verbunden. Auch Kinder und Jugendliche sind in zunehmendem Maße von der globalen Adipositasepidemie und Folgeerkrankungen (z. B. Diabetes mellitus oder Gelenkbeschwerden) betroffen. Bewegungsmangel und eine an den verringerten Energieverbrauch nicht angepasste Ernährung wurden als die Hauptursachen dieser Besorgnis erregenden Entwicklung identifiziert. In der langen Evolutionsgeschichte hatte sich die Fähigkeit, bei ausreichendem Energie- bzw. Kalorienangebot Fettzellen bilden und schnell mit Fett füllen zu können, als wichtiger Überlebens- und Fortpflanzungsvorteil herausgestellt. Die Gene des Menschen und der dadurch gesteuerte Stoffwechsel sind zwar gut darauf eingerichtet, Situationen des Hungers und des Mangels – nicht aber solche der Überernährung – zu meistern. Daher ist die Ausbildung von Übergewicht und Adipositas in Zeiten des Überflusses und des Bewegungsmangels fast als Normalzustand anzusehen, wenn nicht bewusst gegengesteuert wird.

Da sich unsere „steinzeitlichen" Gene nicht kurzfristig ändern lassen, ist es besonders wichtig, so früh wie möglich mit der Ernährungsbildung anzusetzen und zu mehr Bewegung und Sport zu motivieren. Auf Grund veränderter Lebensrhythmen, Familienstrukturen und Arbeitsbedingungen finden traditionelle Ernährungserziehung und die gemeinsame Zubereitung und Einnahme von Mahlzeiten immer weniger im Elternhaus statt. In Bezug auf die Herstellung und Bewertung von Lebensmitteln hat außerdem ein deutlicher Kompetenzverlust stattgefunden. Im EiS-Projekt wurde darauf hingewiesen, dass die alte Kulturtechnik der handwerklichen Nahrungszubereitung immer weniger in Schulen gelernt wird und die Zusammensetzung und Erzeugung von Lebensmitteln vielen Schüler/innen und auch Erwachsenen nicht bekannt ist. Daher sind viele Menschen nicht mehr in der Lage, aus Grundnahrungsmitteln schmackhafte Gerichte selbst herzustellen. Die Folge ist eine erhebliche Einschränkung der Wahlmöglichkeiten bei der Zusammenstellung des eigenen Speiseplans.

Im Rahmen eines Modellprojekts zur Reform der Ernährungs- und Verbraucherbildung (REVIS) werden für diesen Bildungsbereich Bildungsziele, Kompetenzen und Standards formuliert sowie ein Kerncurriculum erstellt (www.evb-online.de). Hierdurch soll die Ernährungsbildung in Schulen gestärkt werden und einen neuen Stellenwert erhalten.

Die rasche Wissensvermehrung über die Zusammenhänge zwischen Ernährung und Gesundheit bzw. Krankheit sowie neue pädagogisch-didaktische Ansätze machen es erforderlich, dass sich nicht nur in der Ernährungsberatung tätige Personen, sondern auch Erzieherinnen und Erzieher sowie Lehrerinnen und Lehrer intensiv weiterbilden. Informationen zum Thema sind zwar im Internet, in Zeitschriften und in Büchern in Hülle und Fülle zu finden, vor dem Hintergrund der knappen Ressource Zeit fällt es aber zunehmend schwerer, aktuelle und zuverlässige Informationen aufzuspüren und für sich, die Kita, den eigenen Unterricht sowie den Schulalltag nutzbar zu machen. Erschwerend kommt hinzu, dass durch die Publikation widersprüchlicher Ernährungsempfehlungen in den Medien Verbraucherinnen und Verbraucher davon abgehalten werden, ihr Ernährungsverhalten zu überdenken und zu modifizieren. Schulbücher weisen nicht selten fachwissenschaftliche Mängel auf und tragen so zur weiteren Verbreitung von Ernährungsirrtümern bei.

Die klassische, belehrende Ernährungserziehung muss heute als gescheitert angesehen werden. Neue Ansätze fassen eine gesundheitsförderliche Ernährung als eine wichtige
persönliche Ressource auf. Die Bedeutung dieser Ressource bewusst zu machen, umfassende
Handlungs- und Gestaltungskompetenzen zu
vermitteln, verlangt qualitativ andere Konzepte. Eine Ernährungsbildung, die Kinder und Jugendliche als Subjekte im Prozess ernst nimmt
und ihre Lebenslagen und Lebensstile wahr-
nimmt, ist heute gefordert.

**In der Fachzeitschrift ENÄHRUNGS UM-
SCHAU** wurden in den letzten Jahren viele innovative Beiträge veröffentlicht, die es verdient
haben, mit diesem Buch einem breiteren Publi-
kum zugänglich gemacht zu werden. Ergänzt
wurde diese Sammlung durch zahlreiche bisher
nicht publizierte Beiträge renommierter Expertinnen und Experten, die an exponierten Stellen
in der Ernährungs- und Verbraucherbildung tätig sind.

Die Beiträge dieses Buchs decken ein wei-
tes Spektrum ab: von der aktuellen Ernährungssituation im Kindes- und Jugendalter unter
Berücksichtigung unterschiedlicher Lebensstile und der Esskultur bis zur neuen grafischen
Darstellungsweise für die Vermittlung von Ernährungsempfehlungen. Ein weiterer Schwerpunkt liegt auf den vielfältigen Aspekten der
schulischen Ernährungs- und Gesundheitsbildung inklusive exemplarischer Unterrichtsmaterialien sowie der Ernährung in (Ganztags-)
Schulen.

Somit stellt das facettenreiche Werk mit seinen Perspektiven und Konzepten für eine zu-
kunftsorientierte Ernährungs-, Gesundheits-
und Verbraucherbildung mehr dar als nur eine
Fundgrube.

Vor dem Hintergrund der eigenen Expertise
regen die Beiträge an, herkömmliche Lehr- und
Lernprozesse im Umfeld von Schulen und Kindertagesstätten zu analysieren, kompetenz- und
ressourcenorientiert zu denken, ein positives
Selbstkonzept der Kinder bzw. Schülerin-nen
und Schüler durch gesundheitsfördernde Ernährung zu stärken und das Engagement und
Impulse in der Ernährungsbildung für notwendige innovative Schulentwicklungskonzepte
nutzbar zu machen.

Juli 2005

Prof. Dr. Helmut Heseker
Universität Paderborn

Inhalt

Inhalt

Korrespondenzanschriften

Dipl. oec. troph.
Anne-Madeleine Bau, MPH
Arcostraße 6
10587 Berlin
E-Mail: BauAM@aol.com

Theda Borde
s. Anne-Madeleine Bau

Dr. Margret Büning-Fesel
aid infodienst e. V., Bonn,
www.aid.de

DGE Deutsche Gesellschaft für Ernährung e.V.
Godesberger Allee 18
53175 Bonn

Melanie Dürren
s. Mathilde Kersting

Martina Ehrentreich
Ministerium für Ernährung und Ländlichen Raum Baden-Württemberg
Stuttgart
s. Gertrud Winkler

Prof. Dr. Jürgen Gerhards
Institut für Soziologie
Lehrstuhl für Makrosoziologie
der Freien Universität Berlin
Garystraße 55
14195 Berlin

Dipl. Päd. Sigrid Beer
Pluspunkt Bildung
An der Dicken Linde 30
33106 Paderborn
E-Mail: sigrid.beer@paderborn.com

Dipl.oec.troph. Brigitte Borrmann
FB 8/Humanwissenschaften –
Gesundheitswissenschaften
Universität Osnabrück
Albrechtstr. 28, 49069 Osnabrück

Alexandra Deak, M. A.
Freilichtmuseum Domäne Dahlem
Königin-Luise-Str. 49
14195 Berlin
E-Mail: deak@domaene-dahlem.de

Deutsches Forum
Prävention und Gesundheitsförderung
Geschäftsstelle des DFPG
c/o Bundesministerium für Gesundheit
und Soziale Sicherung
Am Propsthof 78a, 53121 Bonn
www.forumpraevention.de

Dr. Maria Ebert-Joisten, Bonn
s. Birgit Hahnemann, Bonn

Dr. oec. troph. Regine Faust
Kuratorium Schulverpflegung
Haidgraben 73
85521 Ottobrunn
E-Mail: Cafeteria@kuschu.de

Raffaella Matteucci Gothe
s. Anne-Madeleine Bau

Prof. em. Dr. med. F. Arnold Gries
Zonserstr. 3
41468 Neuss

Prof. Dr. Ines Heindl
Universität Flensburg
Institut für Ernährungs- und
Verbraucherbildung
Auf dem Campus 1
24943 Flensburg
E-Mail: iheindl@uni-flensburg.de

PD Dr. troph. Mathilde Kersting
Forschungsinstitut für
Kinderernährung Dortmund (FKE)
Heinstück 11
44225 Dortmund
E-Mail: kersting@fke-do.de

Prof. Dr. Barbara Methfessel
Pädagogische Hochschule Heidelberg
Fak. III, Inst. für Alltags- und Bewe-
gungskultur,
Abt. Ernährungs- und Haushaltswissen-
schaft und ihre Didaktik
Postfach 10 42 40, 69032 Heidelberg
E-Mail: methfessel@ph-heidelberg.de

Dr. Helmut Oberritter
DGE Deutsche Gesellschaft für Ernäh-
rung e.V.
Godesberger Allee 18
53175 Bonn
E-Mail: oberritter@dge.de

PD Dr. Jürgen Raithel
Otto-Friedrich-Universität Bamberg
Lehrstuhl Allgemeine Pädagogik
Markusplatz 3
96047 Bamberg
E-Mail:
juergen.raithel@ppp.uni-bamberg.de

Birgit Hahnemann
Förderverein Psychomotorik
Wernher-von-Braun-Str. 3
53113 Bonn
E-Mail: birgit.hahnemann
@psychomotorik-bonn.de

Prof. Dr. Helmut Heseker
Fachgruppe Ernährung und
Verbraucherbildung
Department Sport & Gesundheit
Fakultät für Naturwissenschaften
Universität Paderborn
Warburger Straße 100
33098 Paderborn
E-Mail: heseker@evb.upb.de

Henrike Merx
s. Dr. Marianne Reuter

Birgit Noller
s. Prof. Gertrud Winkler

Anke Oepping
E-Mail: oepping@evb.upb.de
s. Claudia Vohmann

Katrin Rapp
Fachhochschule
Albstadt-Sigmaringen
s. Gertrud Winkler

Dr. Marianne Reuter
Landratsamt Rems-Murr-Kreis
Gesundheitsamt, Bahnhofstr. 1
71332 Waiblingen

Carola Rummel
s. Sigrid Waibel

Prof.Dr. Peter Stehle
Institut für Ernährungs- und
Lebensmittelwissenschaften –
Ernährungsphysiologie
Rheinische Friedrich-Wilhelms-
Universität Bonn
Endenicher Allee 11–13
53115 Bonn
E-Mail: p.stehle@uni-bonn.de

MPH Ulrike Weyland
FB 8/Humanwissenschaften –
Gesundheitswissenschaften
Universität Osnabrück
Albrechtstr. 28
49069 Osnabrück

Jörg Rössel
s. Jürgen Gerhards

Prof. Dr. Kirsten Schlegel-Matthies
Fachgruppe Ernährung u.
Verbraucherbildung
Fakultät für Naturwissenschaften
Universität Paderborn
33095 Paderborn
Email: schlegel-matthies@evb.upb.de

Dipl. Biol. Claudia Vohmann
Fachgruppe Ernährung und
Verbraucherbildung
Universität Paderborn
33095 Paderborn
E-Mail: cvohmann@evb.upb.de

Prof. Dr. Gertrud Winkler
Hochschule Albstadt-Sigmaringen
Fachbereich Life Sciences:
Studiengang Ernährungs- und
Hygienetechnik
Anton-Günther-Str. 51
72488 Sigmaringen
E-Mail: winkler@fh-albsig.de

Abschnitt 1
Ernährungssituation
von Kindern und
Jugendlichen

Sag mir, wie Du lebst, und ich sage Dir, was Du isst

Jürgen Gerhards, Berlin
Jörg Rössel, Leipzig

Der Zusammenhang zwischen den Lebensstilen und der Ernährung von Jugendlichen

Eine gesundheitsabträgliche Ernährungsweise und geringe oder falsche Bewegung sind Hauptursachen für zahlreiche Zivilisationskrankheiten.

Das Ernährungsverhalten von Menschen lässt sich jedoch nicht so einfach ändern. Denn die Ernährungsmuster von Menschen sind sozialisierte Gewohnheiten, d. h. sie werden während der Kindheit und Jugend in der Familie, der Schule und in Freundesgruppen erlernt und verfestigen sich dann zu Routinen. Außerdem stellt das Ernährungsverhalten keine isolierbare Verhaltensweise dar. Sie ist vielmehr eingebettet in ein gesamtes Verhaltenssyndrom, das verschiedene Freizeitaktivitäten umfasst und von unterschiedlichen Vorstellungen einer richtigen Lebensführung geprägt ist.

Zur Beschreibung des Zusammenhangs verschiedener Freizeitaktivitäten hat sich in der neueren Sozialstrukturanalyse der Begriff des *Lebensstils* durchgesetzt [1]. Der Lebensstil einer Person besteht aus einem zusammenhängenden Bündel von Verhaltensmustern der Alltags- und Freizeitgestaltung.

Es ist davon auszugehen, dass das Ernährungsverhalten der Menschen entscheidend von ihren Lebensstilen beeinflusst, ja dass es ein integraler Bestandteil unterschiedlicher Lebensstile ist. Ein solcher Zusammenhang könnte auch erklären, warum Ernährungsweisen gegenüber Änderungsbemühungen häufig resistent sind. Denn eine Änderung von Essen und Trinken erfordert oft eine Veränderung des gesamten Lebensstils und damit aller Alltagsroutinen.

Fragestellung und empirisches Vorgehen

Die hier beschriebene Studie untersuchte das Ernährungsverhalten von Jugendlichen im Alter zwischen 13 und 16 Jahren [2]. Von besonderem Interesse war dabei das Ausmaß einer „gesunden" bzw. einer „ungesunden" Ernährungsweise. Ausgangspunkt bildete die Hypothese, dass die jeweiligen Lebensstile das Ernährungsverhalten entscheidend prägen. Um diese Prägekraft gewichten zu können, muss man allerdings mögliche andere Einflussfaktoren (z. B. das Geschlecht oder das Wissen über Ernährung) berücksichtigen.

Leipziger Mittel- und Gymnasialschüler wurden zum Konsum unterschiedlicher Lebensmittel, dem Wissen über Ernährung, den Freizeitaktivitäten und dem Freundeskreis sowie den soziodemografischen Merkmalen des Elternhauses befragt. In drei Schulen wurden 2001 jeweils Schüler der Klassenstufen 8, 9 und 10 aus insgesamt 18 Klassen befragt, so dass Antworten von 400 Schülern vorlagen.

Zusätzlich wurden mit 25 Schülern Leitfadengespräche geführt, um noch besser die Einbettung von Ernährungsverhaltensweisen in die alltäglichen Handlungsroutinen und Lebensstile der Jugendlichen beschreiben zu können.

Definition „Gesunder Ernährung"

Zur Operationalisierung des Ernährungserhaltens im Rahmen der Studie dienten die Ernährungsregeln der Deutschen Gesellschaftfür Ernährung (DGE) [3]. Die DGE betont, dass es keine grundsätzlich „gesunden" oder „ungesunden" Lebensmittel gibt, sondern dass es bei einer „gesunden" Ernährung auf eine vielfältige Kombination ankommt, bei der kein Lebensmittel im Übermaß genossen werden soll. Der Verzehr einiger Lebensmittel wird jedoch hervorgehoben und als „gesund" bzw. „ungesund" beschrieben (Tabelle 1).

Möglichst mehrmals am Tag sollen Getreide-, am besten Vollkornprodukte verzehrt werden. Operationalisiert wird dies durch die Häufigkeit des Konsums von Vollkornbrot. Da die durchschnittlichen Verzehrshäufigkeiten der befragten Schüler unter den Empfehlungen liegen, ist eine Steigerung des Konsums wünschenswert.

Die DGE legt großen Wert auf den Verzehr von Obst und Gemüse (möglichst 5-mal am Tag). Die Indikatoren für Obst und Gemüse, Salat und Fruchtsaft wurden in der Befragung entsprechend zu einem Ernährungsmuster mit dem Namen Obst/Gemüse zusammengefasst. Da nur ein Teil der Schüler täglich Gemüse (27,8 %), Salat (11,3 %), Obst (55,3 %) und Fruchtsaft (35,5 %) zu sich nimmt, ist eine Steigerung des Konsums als förderlich für die Gesundheit zu betrachten.

Weiter betont die DGE, dass nicht zu viele fetthaltige Speisen verzehrt werden sollen. Dies kann in der vorliegenden Studie über den Indikator der Häufigkeit des Verzehrs meist fettreicher Snacks (Pommes Frites, Bratwurst, Döner Kebab, Pizza, Chips und Hamburger) operationalisiert werden. Bei den Snacks finden sich

bei den interviewten Jugendlichen folgende Verzehrshäufigkeiten: Pommes Frites 24,9 %, Bratwurst 28,1 %, Döner Kebab 29,7 %, Pizza 47,7 %, Hamburger 28,6 %, Chips 51,4 %, und zwar mindestens einmal in der Woche.

Zucker und Salz sollen laut DGE nur in Maßen verzehrt werden. Doch schon die genannten Snacks sind meist salzreich und Zucker findet sich in hohem Maße in Süßigkeiten sowie in zahlreichen Süßgetränken. Diese zuckerhaltigen Lebensmittel werden von vielen Schülern mindestens einmal in der Woche verzehrt: Kuchen 70,3 %, Schokolade 85,4 %, Schokoriegel 74 %, Teilchen 54,3 %, Eis 92,8 %, Cola 59,2 %, Limonade 73,2 % und Powerdrinks 21,0 %.

Die DGE hebt ferner hervor, dass alkoholische Getränke nur gelegentlich in geringen Maßen konsumiert werden sollen. Dies gilt natürlich in besonderem Maße für die befragten Schüler. Bei dieser Gruppe ließ sich ein Ernährungsmuster bestimmen, das einerseits den Alkoholkonsum (Wein, Bier, Schnaps) und andererseits das Rauchen von Zigaretten enthält und unter der Bezeichnung Drogen geführt wird. Es hat sich gezeigt, dass 40 % der befragten Schüler ab und zu rauchten und ein größerer Anteil Bier (36,4 %), Wein (61,1 %) oder härtere alkoholische Getränke (34,1 %) zu sich nahm.

Lebensstile von Jugendlichen

Vermutlich spielen die Lebensstile für die Erklärung des Ernährungsverhaltens eine wichtige Rolle. Einer der einflussreichsten Versuche zur Gliederung von Lebensstilen stammt von Gerhard Schulze [4]. Er bezeichnet die Präferenzmuster als alltagsästhetische Schemata und unterscheidet drei typische inhaltliche Muster.

- Das *Hochkulturschema* kann durch den Besuch von klassischen Konzerten, das Lesen von Literatur und die Wahl von Informationssendungen im Fernsehen gekennzeichnet werden.
- Das *Trivialschema* orientiert sich mehr an Harmonie und Gemütlichkeit und schließt Aktivitäten wie das Hören von Volksmusik und Schlagern, das Lesen von

Ernährungs-muster	Ernährungsempfehlung der DGE
Snacks	selten konsumieren
Süßigkeiten	selten konsumieren
Drogen (Alkohol, Nikotin)	selten konsumieren
Süßgetränke	selten konsumieren
Obst/Gemüse	häufig konsumieren
Vollkornbrot	häufig konsumieren

Tab. 1: DGE-Empfehlungen

Trivialliteratur und die Beteiligung an Kaffeefahrten ein.

■ Dazu hat sich in den letzten Jahrzehnten als drittes Schema das *Spannungsschema* gesellt. Damit sind Aktivitäten wie Kino- und Pop-/Rock-Konzertbesuche sowie Vorlieben für Actionfilme gemeint.

Das von SCHULZE [4] beschriebene Hochkulturschema findet sich auch bei den befragten Schülern in ausgeprägter Form. Das Spannungsschema tritt als Lebensstilorientierung bei den Jugendlichen ebenfalls auf. Allerdings haben empirische Analysen ergeben, dass es in zwei Unterfälle differenziert werden sollte. Dementsprechend kann man zwischen einem *außerhäuslichen* und einem *innerhäuslichen* Spannungsschema unterscheiden.

Ersteres ist vor allem auf spannungsorientierte Freizeitaktivitäten außerhalb des Hauses gerichtet und umfasst Aktivitäten wie in die Disco, Kneipe, zum Imbiss, in Jugendclubs bzw. ins Kino gehen, mit Freunden rumhängen, bummeln, Rock, Pop oder Techno hören. Das zweite Schema bezieht sich auf spannungsorientierte Aktivitäten, die im Haus ausgeübt werden, z.B. Musik hören, Videos ansehen, Computer spielen, Zeitschriften oder Comics lesen und im Internet surfen.

Zu erwarten gewesen wäre, dass Fernsehen ein Bestandteil des innerhäuslichen Spannungsschemas ist. Dies ist empirisch aber nicht der Fall. Die Fernsehdauer am Wochenende und unter der Woche konnte weder diesem noch einem anderen Lebensstilschema zugeordnet werden. Insofern und angesichts der erheblichen Dauer dieser Freizeitaktivität kann man sie als eigenes Lebensstilschema betrachten. Entsprechend ist eine eigenständige Freizeitorientierung als *Fernsehschema* ausgewiesen worden.

Auch die Sportpräferenzen der Jugendlichen lassen sich nicht den drei Schemata von SCHULZE zuordnen. Ein eigenes *Sportschema* umfasst daher folgende Indikatoren: Sport treiben, Sportveranstaltungen besuchen, Mitglied im Sportverein sein und die Anzahl der Tage, die man im Verein verbringt.

Die unterschiedlichen jugendlichen Lebensstilschemata sind nach statistischen Kriterien ausreichend homogen und zugleich nicht weiter reduzierbar (Tabelle 2).

Tab. 2: Determinanten des Ernährungsverhaltens von Schülern

	Snacks	Süßes	Süßgetränke	Drogen	Obst/ Gemüse	Vollkorn- brot
Spannung, häuslich	0,11**	0,16***	0,16***	−0,24***	–	–
Spannung, außer-häuslich	0,28***	0,26***	0,26***	0,51***	–	–
Fernsehen	–		–	–	–	−0,17***
Sport	–	–	–	–	0,2***	0,12**
Hochkultur	–		−0,32***	–	0,17***	0,24***
Wissen	−0,18***	−0,09*	−0,19***	–	0,17***	0,24***
Geschlecht	0,31***	–	–	0,21***	–	–
Alter				0,15***		
Taschengeld	0,13***	–	–	–	–	–
Einkommen	–	–	–	0,18***	–	–
Korr. R²	0,30	0,13	0,31	0,42	0,11	0,13
N	315	333	322	328	358	349

Angegeben sind die standardisierten Regressionskoeffizienten für die statistisch signifikanten Parameter.
*p <0,1; **p <0,05; ***p >0,01   Die Werte für Cronbachs α liegen zwischen 0,61 und 0,79

Fallbeispiel 1

Anne hat 3 Geschwister. Die Mutter ist Pädagogin, der Vater Bankangestellter. Die Familie wohnt in einem großen Haus mit Garten. Anne besucht eines der „besseren" Gymnasien der Stadt. Sie ist 1,67 m groß, wiegt 53 kg, trägt ihr schulterlanges, aschblondes Haar zu einem Zopf gebunden.

Da die Familie außerhalb der Stadt wohnt, müssen die Kinder um 6.30 Uhr aufbrechen, um rechtzeitig in der Schule zu sein. Das frühe Aufstehen wird zwar nicht als angenehm empfunden, aber ohne größeres Murren hingenommen. Nach der Schule in ihrer Freizeit hört Anne Musik, liest Bücher, spielt Badminton, sie musiziert selbst und bekommt Musikunterricht. Diese intensive hochkulturelle Freizeitorientierung führt zu einem dichten Terminkalender:

„Donnerstag sieht es so aus, dass ich nach der Schule zum Cellounterricht gehe, da habe ich dann zwei Stunden Cellounterricht. Danach treff' ich mich mit ein paar Freunden. Vor dem Orchester sitzen wir dann alle in der Musikschule und unterhalten uns oder wir gehen noch mal kurz in die Stadt oder setzen uns in den Park, dann hab ich dann noch 2,5 Stunden Orchester danach. Also, das ist so der Donnerstag. Das ist ganz schön lang, aber ich würde es nicht aufgeben, weil es so ein' Spaß macht" (Interview 219: 4).

Mit dieser dominant hochkulturellen Orientierung korrespondiert eine Indifferenz, zum Teil eine Abneigung gegenüber anderen Lebensstilen. Der Fernseher bleibt meist ausgeschaltet, der Vater sieht manchmal die Tagesschau, die kleineren Geschwister den Sandmann, Anne selbst „guckt eigentlich nie, oder ganz selten Fernsehen" (Interview 219: 6).

Auch ein spannungsorientierte Freizeitorientierung ist ihr fremd: Auf die Frage, ob sie denn abends nochmals rausgeht, antwortet Anne: „ich lauf noch 'ne Runde oder spiele Badminton mit meinem Bruder" (Interview 219: 6).

Durch welches Ernährungsverhalten zeichnet sich nun Anne aus und in welcher Beziehung steht dieses zu der hochkulturellen Freizeitorientierung?

„Also bei uns gibt es morgens dann immer Müsli und ja zum Frühstück unterhalten wir uns dann und meistens gibt es dann was Warmes zu Trinken, aber meistens Orangensaft und dann halt so die unterschiedlichsten Arten Müsli. Ja und ich esse meistens so Vollkornmüsli und schneid' mir Bananen rein" (Interview 219: 2).

Die Eltern achten darauf, dass Anne ein Schulbrot mitnimmt. Wenn sie lange in der Stadt bleibt, dann kauft sie sich zwischendurch etwas zu essen.

„Also wenn ich in der Musikschule bin, da ist ein Bäcker gegenüber, dann kauf' ich mir meistens ein Vollkornbrötchen, weil die so gut schmecken". Wenn ich mir was leiste, dann kauf ich mir mal ein' Berliner oder so was leckeres Süßes, und meine Mutter sagt immer, ich soll mir einen Salat kaufen, aber der ist immer so teuer." (Interview 219: 4).

Süßigkeiten (z.B. ein Berliner) werden von Anne als die Ausnahme interpretiert, bei der man sich was leistet. In aller Regel isst sie zum Frühstück und während des Tages Produkte, die als gesund und zugleich wohlschmeckend eingestuft werden. Das Abendessen findet im Familienkreis statt.

„Also wir essen eigentlich immer Brot mit Aufschnitt. Tee gibt's bei uns zum Abendbrot und dann halt Gurken, geschnitten, und Tomaten, ... Aber ansonsten, also ich ess' gerne Joghurt zum Abendbrot. Das ist schön frisch" (Interview: 219: 5). Frisch ist für Anne ein durchgehendes Kriterium für gutes Essen: Sie mag Joghurt, frisches Obst, frisches Gemüse, und frisch gepresste Obsäfte.

Lebensstile und deren Einfluss auf das Ernährungsverhalten

Der Einfluss der Lebensstile ist für verschiedene Nahrungsprodukte unterschiedlich stark ausgeprägt (Tab. 2). Für Produkte, die offenbar vornehmlich im Haushalt konsumiert werden und entsprechend stärker unter der elterlichen Kontrolle stehen, ist der Einfluss geringer als für überwiegend außerhalb des elterlichen Haushaltes verzehrte (Snacks, Süßgetränke und Drogen). Zwei der Lebensstilorientierungen, nämlich das Hochkultur- und das Sportschema, sind im Hinblick auf eine „gesunde" Ernährung tendenziell förderlich. Die anderen drei Schemata, d. h. die beiden spannungsorientierten und das fernsehorientierte, führen eher zu einer „gesundheitsschädlichen" Ernährung. Eine sportorientierte Lebensstilführung fördert insofern eine „gesunde" Ernährung, als Obst, Gemüse und Vollkornbrot bevorzugt werden.

Ein ähnlicher, noch stärkerer Zusammenhang ergibt sich für die Jugendlichen, die dem Hochkulturschema folgen, also Bücher lesen, ins Theater gehen, musizieren oder klassische Musik hören. Sie bevorzugen nicht nur „gesündere" Speisen, sondern erweisen sich auch als resistent gegenüber Süßgetränken.

Von diesen beiden Gruppen unterscheiden sich Jugendliche, welche die beiden spannungsorientierten Schemata und das Fernsehschema präferieren. Außerhalb des Hauses verbrachte, spannungsorientierte Freizeitaktivitäten erhöhen den Konsum von zucker- und fetthaltigen Lebensmitteln deutlich und führen zu einer kräftigen Ausweitung des Drogenkonsums.

Ähnliches gilt für die im Haus verbrachten, spannungsorientierten Freizeitaktivitäten. Ein fernsehorientierter Lebensstil steht im Zusammenhang mit einem unterdurchschnittlichen Verzehr von Vollkornbrot.

Außer den Lebensstilen sind noch andere Einflussgrößen für das Ernährungsverhalten von Jugendlichen relevant. Erstens zeigt sich, dass das Ernährungswissen einen deutlich förderlichen Einfluss auf den Verzehr „gesunder" Lebensmittel ausübt. Ähnliches gilt für das Geschlecht. Hier ist festzustellen, dass Mädchen weniger Snacks und Drogen konsumieren als Jungen. Ältere Jugendliche trinken häufiger Alkohol und rauchen auch häufiger als jüngere. Zudem geben Jugendliche das ihnen zur Verfügung stehende Geld (Taschengeld, Einkommen) eher für „ungesunde Lebensmittel" aus als für „gesunde".

Die statistischen Zusammenhänge zwischen der Lebensstilorientierung von Jugendlichen und ihrem Ernährungsverhalten lassen sich durch Ergebnisse aus den Leitfadeninterviews verdichten. Sieht man alle transkribierten Interviews durch und unterzieht sie einer typologischen Analyse, kann man sie jeweils einem der jugendlichen Lebensstile zuordnen [5]. Im Folgenden werden exemplarisch zwei Typen dargestellt.

Hochkulturorientierung und „gesundes" Ernährungsverhalten

Mit der Hochkulturorientierung geht nach den statistischen Analysen der Autoren eine Präferenz für eine „gesunde" Ernährung einher: Vollkornbrot, Obst und Gemüse werden überdurchschnittlich, Süßgetränke wie Cola sowie Snacks zwischendurch und Drogen unterdurchschnittlich konsumiert. Das lässt sich recht gut am Beispiel der 16-jährigen Anne verdeutlichen (Fallbeispiel 1).

Häusliche Spannungsorientierung und gesundheitsabträgliche Ernährungsweise

Unter die häusliche Spannungsorientierung fallen Jugendliche, die ihre Freizeit vor allem zu Hause verbringen und dort Aktivitäten nachgehen, die auf Ablenkung und Action ausgerichtet sind. Die statistischen Analysen der Autoren haben gezeigt, dass eine solche Freizeitausrichtung mit einem erhöhten Konsum von Fleisch, Süßigkeiten, Süßgetränken und Snacks verbunden ist und damit insgesamt auf eine gesundheitsabträglichere Ernährung hinweist. Beispielhaft lässt sich das an einer weiteren Einzelfallanalyse verdeutlichen (Fallbeispiel 2).

Fallbeispiel 2

Thomas ist 16 Jahre alt, 1,72 m groß und mit 83 kg faktisch, aber auch von seiner äußeren Erscheinung, übergewichtig. Zusammen mit seinen Eltern – die Mutter ist als Verwaltungsangestellte tätig, der Vater als Geologe – und seiner 19-jährigen Schwester bewohnt die Familie eine 4-Zimmer-Wohnung. Thomas verbringt seine Freizeit vor allen Dingen zu Hause, manchmal geht er mit seinen Freunden Minigolf spielen, selten in die Kneipe oder ins Kino. Zu Hause spielt er meist mit seinem Computer, sieht fern oder liest Science-Fiction-Bücher. Ein typischer Nachmittag sieht für Thomas folgendermaßen aus:

„Also, wie gesagt, erst mal nach Hause kommen, Mittag essen. Dabei guck ich erst mal fern und äm, wenn ich dann fertig bin, da geh ich meistens in mein Zimmer. Ja, was mach ich da? Manchmal höre ich ein bisschen Musik (Rock, Hip Hop, Techno) und lese halt auch mal was, ja hauptsächlich ist eigentlich Computer spielen" (Interview 335: 5).

Eine hochkulturelle Orientierung ist Thomas ebenso fremd wie ein sportorientierter Lebensstil. Er will in seiner Freizeit Ruhe haben und zugleich Ablenkung, und keine Anstrengungen bewältigen müssen. Diese zurückgezogene Grundhaltung äußert sich auch in seiner geringen Teilnahme am Familienleben. Während Mutter und Tochter morgens vor der Schule zum Frühstück zusammen in der Küche sitzen, setzt sich Thomas in die Stube, schaltet den Fernseher an und frühstückt.

Die zurückgezogene Haltung von Thomas wird durch die Eltern gefördert. Gemeinsame Mahlzeiten sind eher selten: Mittags ist Thomas alleine, weil die Eltern beide berufstätig sind und die Schwester meist zu ihrem Freund geht, abends isst Thomas meist allein mit seinem Vater,

„meine Mutter und meine Schwester, die essen eigentlich grundsätzlich nicht mit, weil, die haben sich mal so eine Regel auferlegt, die essen nichts nach 18.00 Uhr". (Interview 335: 6).

Und das Essen zusammen mit dem Vater zeugt auch nicht gerade von großer Geselligkeit:

„Jeder stellt das auf den Tisch, was er isst und äm, räumt das dann auch wieder ab. Und die Schnitten schmiert sich jeder selber dann" (Interview 335: 6).

Mit dieser häuslichen und ablenkungsorientierten Freizeitorientierung geht bei Thomas ein für diesen Lebensstil typisches Essverhalten einher. Das Frühstück von Thomas besteht aus zwei Scheiben Brot mit Nutella

„und dann ess' ich meistens dazu noch eine Scheibe mit Fisch, also entweder Brathering oder eingelegten Hering mit Tomatensauce oder in Salz eingelegte Heringe" (Interview 335: 2).

Die Geschmacksorientierung ist dabei nicht auf Frische oder Gesundheit orientiert, sondern auf Menge und Sättigung. Auf die Frage, was ihm beim Frühstück besonders wichtig ist, antwortet Thomas: *„Dass man früh's was zwischen die Zähne bekommt ... Hier geht's erst mal nur um Nahrungsaufnahme".* (Interview 335: 2).

Als Pausenbrote schmiert ihm seine Mutter Schnitten mit Nutella und gibt ihm eine Flasche Orangensaft mit. Manchmal läuft er in der Pause zum Konsum und kauft sich 'ne Cola und beim Bäcker ein Brötchen oder ein Stückchen Kuchen. Zum Mittagessen zu Hause wärmt er sich meist Essen auf, *„Nudeln, Fleisch, Rotkraut. Und dann mach ich mir noch teilweise was dazu, manchmal was aus dem Gefrierschrank, 'ne Pizza oder so, und manchmal ess' ich nur einfach Schnitte.* (Interview 335: 4).

Außer Rotkraut mag Thomas kein Gemüse, umso mehr mag er Fleisch. Ca. einmal die Woche isst Mattias mit Freunden außer Haus. Sie gehen dann zu einem Döner-Stand, *„weil, da haben wir jemanden, den kennen wir ganz gut, zu so einem Dönerladen gehen wir immer hin, fast mindestens einmal die Woche"* (Interview 335: 4). Häufig, vor allem am Wochenende beschließt Thomas den Tag noch mit einem kleinen Snack aus dem Kühlschrank. Auf die Frage, was er machen würde, wenn er ausreichend Geld zur Verfügung hätte und eine Feier ausrichten würde, fällt Thomas im Hinblick auf das Essen nicht viel ein: Er würde beim Pizzaservice für jeden eine Pizza nach Wahl bestellen.

Die beiden Analysen veranschaulichen den Zusammenhang zwischen Lebensstilen und Ernährungsverhalten. Diese folgen einer gemeinsamen „Logik". Lebensstile sind Ausdruck einer generalisierten Verhaltensorientierung, die man als generalisierte Präferenzen oder als Habitus bezeichnen kann und die auch die Auswahl von Nahrungsprodukten bestimmen.

Zusammenfassende Schlussfolgerungen

Die beschriebene Untersuchung zeigt, dass das Ernährungsverhalten von Schülern in hohem Maße durch deren Lebensstil geprägt wird. Darüber hinaus ergibt sich aber auch, dass Ernährungswissen, Geschlecht und Alter sowie die ökonomischen Ressourcen der Schüler ihre Verzehrsgewohnheiten beeinflussen. Alle diese Faktoren können selbst wieder in einen größeren sozialen Kontext eingeordnet werden. Dies wird im Folgenden anhand eines Kausalmodells erläutert [2] (Abb. 1).

Ernährungsverhalten: Das Erkenntnisinteresse der Studie hat es nahegelegt, die empirischen Ernährungsverhaltensweisen in gesundheitsförderliche und -abträgliche Verhaltensweisen zu gruppieren. Die Klassifikation orientiert sich an den Richtlinien der DGE. Die Reduktion des Konsums von Snacks, Süßigkeiten, Drogen und Süßgetränken sowie die Steigerung des Verzehrs von Obst und Gemüse und Vollkorn-

brot können vor dem Hintergrund des Ernährungsverhaltens der befragten Schüler als gesundheitsförderlich interpretiert werden.

Unmittelbare Einflussfaktoren: Die empirischen Analysen haben gezeigt, dass es abhängig von den Lebensmitteln eine unterschiedliche Kombination und Stärke der unmittelbaren Einflussfaktoren gibt. Wichtigster Einflussfaktor ist der jeweilige Lebensstil der Jugendlichen. Die beiden spannungsorientierten Lebensstilschemata und der fernsehorientierte Lebensstil wirken sich negativ auf das Ernährungsverhalten aus, die Hochkulturorientierung und die Sportorientierung hingegen führen zu einer gesundheitsförderlichen Ernährungsweise.

Insbesondere beeinflusst der Lebensstil die Auswahl der Lebensmittel, die die Jugendlichen außerhalb der Haushalte verzehren.

Die Ergebnisse der standardisierten Befragung haben sich auch in Leitfadeninterviews bestätigt. Weiterhin zeigt sich, dass das Wissen über Ernährung einen positiven Einfluss auf das Ernährungsverhalten hat und sich Mädchen deutlich gesünder ernähren als Jungen. Schließlich spielen die finanziellen Ressourcen der Jugendlichen eine Rolle. Sie werden vor allem für den Konsum von „weniger gesunden" Lebensmittel genutzt.

Mittelbare Einflussfaktoren erster Ordnung: Die Faktoren, die das Ernährungsverhalten von Jugendlichen erklären können, sind zum Teil durch andere soziale Faktoren bedingt:

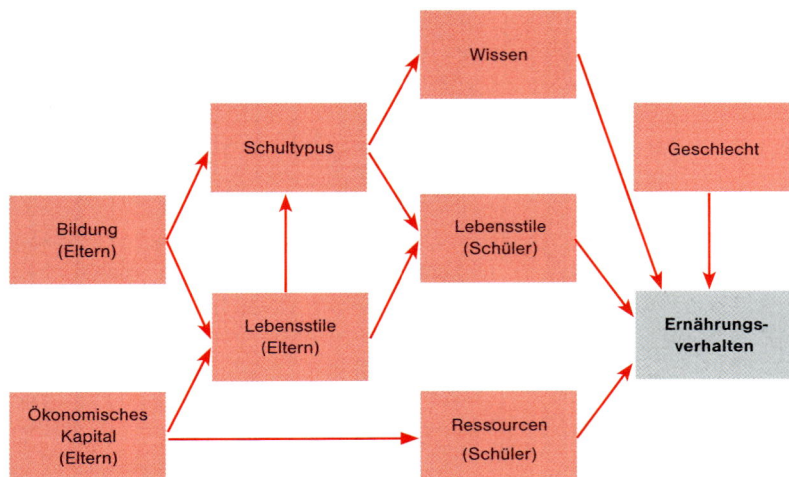

Abb. 1: Erklärungsmodell jugendlichen Ernährungsverhaltens

Die Ressourcenausstattung der Jugendlichen mit Taschengeld hängt ab vom Einkommen und Besitzstand der Eltern. Das Wissen über Ernährung ist insofern vom Schultyp abhängig, als Gymnasiasten deutlich besser über Ernährung informiert sind als Mittelschüler.

Darüber hinaus werden die Lebensstile der Jugendlichen im hohen Maße von denen der Eltern und von den Einflüssen in der Schule geprägt. Die Analysen machen zugleich deutlich, dass diese intergenerationale „Vererbung" vor allem für die Hochkulturorientierung gilt.

Man kann die Kausalkette noch einen Schritt weiter verfolgen, indem man untersucht, welche Faktoren die Auswahl des Schultyps und welche den Lebensstil der Eltern prägen (mittelbare Einflussfaktoren zweiter Ordnung).

Dabei zeigt sich, dass der Schultyp auffallend durch das Bildungsniveau und die Hochkulturorientierung des Haushaltes bedingt ist. Zudem ist die Lebensstilorientierung der Eltern wiederum von deren Bildungsniveau und der sozialen Lage des Haushaltes abhängig.

Die Studie lässt erkennen, dass die Lebensstile von Jugendlichen ihr Ernährungsverhalten deutlich prägen und diese von sozialen Kontextbedingungen geformt werden. Darüber hinaus kann die Entwicklung unterschiedlicher Lebensstile auch aus der Perspektive der Makrosoziologie betrachtet werden: Fünf verschiedene Lebensstile von Jugendlichen haben sich unterscheiden lassen. Drei davon, die alle mit einer „ungesunden" Ernährungsweise verbunden sind, sind erst durch eine marktvermittelte „Kolonialisierung" der jugendlichen Lebenswelt entstanden oder gefördert worden. Die enorme Steigerung von Konsummöglichkeiten (Zunahme der Kaufkraft in den Familien, Entwicklung einer Konsumindustrie für Jugendliche und normative Entgrenzung von Konsum- und Handlungsoptionen infolge des Wandels von Pflicht- zu Akzeptanzwerten) hat erst die Entstehung und Profilierung einer warenvermittelten Spannungsorientierung ermöglicht. Das betrifft gleichermaßen die außerhäusliche (Diskos, Fußgängerzonen, Einkaufszentren) wie die innerhäusliche Variante (Computer, Play-Stations, Video-Spielen etc.).

Ganz ähnliche Rahmenbedingungen gelten für die Ausbildung eines fernsehorientierten Lebensstils, der in dieser Ausprägung unter monopolistischen Bedingungen der Dominanz öffentlich-rechtlicher Anstalten oder eines Staatsfernsehens (ehemalige DDR) nicht entstanden wäre. Erst die Dualisierung des Fernsehens führte zur dynamischen Entwicklung des Medienangebots für Kinder und Jugendliche mit der Möglichkeit, die Freizeit vor dem Fernseher zu verbringen.

Gegen diese Dynamik der marktinduzierten Eroberung der Zimmer und Herzen von Kindern und Jugendlichen erweisen sich nur zwei Lebensstilorientierungen als relativ resistent, die beide mit einer gesundheitsfördernden Ernährungsweise verbunden sind: die hochkulturelle Orientierung einerseits und die sportorientierte Freizeitorientierung andererseits. Interessanterweise ist die Infrastruktur, die das Angebot für diese beiden Lebensstilorientierungen zur Verfügung stellt, nur in geringerem Maße marktvermittelt.

Eine Hochkulturorientierung entsteht vorrangig durch das familiäre Vorbild, eine Sportorientierung in den meist gemeinnützig organisierten Sportvereinen.

Professor Dr. Jürgen Gerhards,
Institut für Soziologie
Lehrstuhl für Makrosoziologie
der Freien Universität Berlin
Garystraße 55
14195 Berlin

Gesundheit und soziale Zugehörigkeit

Probleme der Vermittlung in Bildung und Beratung*

Ines Heindl, Flensburg

Gesundheit ist in den westlichen Industrienationen eine Frage von Kommunikation und Bildung! Armutsstudien zeigen beispielhaft für das Ess- und Bewegungsverhalten, dass der Graben zwischen Expertenempfehlungen und Laienverständnissen in den vergangenen 20 Jahren größer wurde.
Wie können Ernährungswissenschaftler und Mediziner erreichen, dass ihre Botschaften bei jenen Menschen ankommen, die Aufklärung am dringendsten benötigen?

Einleitung

„Adipositas ist in reichen Ländern zu einem Problem angewachsen, das dem des demografischen Wandels gleichkommt. Adipositas ist eine Frage von Gerechtigkeit", so begann die Bundesministerin für Verbraucherschutz, Ernährung und Landwirtschaft, Renate Künast, ihre Ausführungen bei einer Konferenz für Wissenschaftsjournalisten im Mai 2004 in Berlin. Vor dem Hintergrund mehrerer Reformstufen im deutschen Gesundheitswesen wird deutlich, dass Krankheiten, die eng verknüpft sind mit dem Risikofaktor „Übergewicht durch Überernährung" und die das Ergebnis des Lebensstils der Menschen sind, epidemische Ausmaße angenommen haben [11]. Übermäßiges Essen und Trinken bei gleichzeitig schlechter Qualität der ausgewählten Nahrung, körperliche Inaktivität, Rauchen, Alkohol- und Drogenkonsum stehen im Mittelpunkt dieser Lebensstile, die zu den bekannten Zivilisationskrankheiten führen.

Die Krankenkassen in Deutschland, deren Leistungskataloge auf dem Prinzip der Solidarität beruhen, werden nicht müde, darauf hinzuweisen, dass die Grenzen der Finanzierbarkeit erreicht sind, denn das Auftreten der modernen chronischen Krankheiten (Herz- und Gefäßerkrankungen, Diabetes mellitus Typ 2, Krebs) habe unser pathogenetisches Verständnis völlig verändert. Der jüngste deutsche Patient mit Diabetes mellitus Typ 2 (langezeit als Altersdiabetes bezeichnet) ist fünf Jahre alt! Ehemals als Erkrankungen des Alters angesehene Veränderungen treten also bereits bei jungen Menschen auf. Dies wird vor allem der weiter steigenden Adipositashäufigkeit zugeschrieben (Abb. 1).

Vor diesem Hintergrund steht der Zusammenhang von Gesundheit und Ernährung, bisher als Gegenstand und Problem von Medizin und Ernährungswissenschaft behandelt, auf einem interdisziplinären Prüfstand: Gesundheit ist in den westlichen Ländern eine Frage von Kommunikation und Bildung!

Es ist nicht meine Absicht, den Reformideen von Gesundheitsexperten weitere Vorschläge hinzuzufügen. Ich möchte die Aufmerksamkeit vor allem auf einen Aspekt öffentlicher Diskussionen richten: Die tiefgreifenden gesellschaftlichen Veränderungen sozialer Sicherungssysteme, die fast zu viel verlangen von den seit Jahren „erfolgsverwöhnten" Menschen, erfordern, dass der Einzelne den Paradigmenwechsel unmittelbar zu akzeptieren und umzusetzen fähig ist. In dieser Lage erleben wir eine klassische Situation von Konfliktkommunikation, deren Bezüge und Abhängigkeiten Probleme auf verschiedenen Ebenen zutage fördern, die die Menschen in guten Zeiten besser bewältigen können.

---

* Dieser Beitrag basiert auf einem Vortrag "Communicating health as a social class problem", anlässlich der Konferenz "Communication and Conflict" in San José, California/USA – 25. – 30. Juli 2004

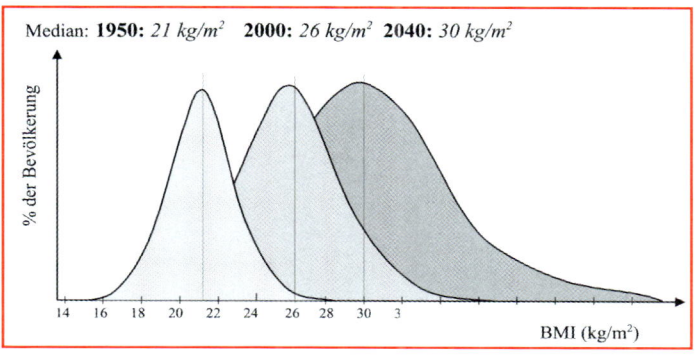

Abb. 1: Schematische Verteilung des BMI (Body Mass Index) in der Bevölkerung der westlichen Industrienationen für die Jahre 1950, 2000 und 2040 (Daten der WHO nach [11])

Die Zukunft adipöser Menschen in einer adipogenen Umwelt

Von den derzeit wichtigsten Studien zur Entwicklung von Übergewicht und Adipositas in reichen Ländern untersucht die Kieler Adipositaspräventionsstudie (KOPS Kiel Obesity Prevention Study) seit 1996 bis 2009 in einer Längsschnitt- und drei Querschnittanalysen die Gewichtsentwicklung von Kindern und Jugendlichen. Erste Zwischenergebnisse zeigen deutlich [12; 3]:

- Heute sind 23 % der 5- bis7-jährigen Kinder und 40 % der 11-jährigen übergewichtig.
- Diese Kinder finden sich häufiger in Familien mit dicken Eltern, geringem Einkommen und niedrigem Sozialstatus (abgeleitet aus den Schulabschlüssen der Eltern).
- Dicke Kinder bewegen sich nicht gerne.
- Kinder aus den genannten Familien mit geringem Interesse an körperlichen Aktivitäten weisen längere „Medienzeiten" auf, d.h. sie verbringen mehr inaktive Zeiten mit Fernsehen, Videos und Computern.
- Dabei scheinen sie folgende Essgewohnheiten zu entwickeln: Snacking von Süßigkeiten und fetthaltigen Knabbereien, süßen Getränken, fetten, preisgünstigen Wurstwaren.

Neben diesen Hinweisen zeigt die Kieler Studie keine generellen Bezüge zwischen der Nahrungsqualität und Adipostitas.

Das Forscherteam der Kieler Präventionsstudie begnügt sich nicht mit der Datenerhebung, es sucht auch nach Wegen einer niederschwelligen Intervention und orientiert sich dabei an den beiden Settings *Familie* und *Schule*.

Nach fünf Jahren lassen die Ergebnisse erste Erfolge einer *schulischen Intervention* erkennen, die Inzidenzrate ist leicht gesunken. Der Weg *über die Familien* hingegen gab wenig Anlass zu Hoffnung: Lediglich 20 % der Familien mit dicken Kindern waren überhaupt zur Mitarbeit im Kampf gegen das Übergewicht ihrer Kinder bereit. Beratungsangebote hatten jedoch in diesen Familien keinen positiven Effekt auf die Gewichtsentwicklung der Kinder [13].

Kinder lernen verschiedene Lebensstile in den sie prägenden sozialen Settings. Ausgehend von den Primärerfahrungen in Familien sind Institutionen der Erziehung und Bildung bestimmend neben Personen und Gruppen, zu denen Beziehungen aufgebaut werden und von denen Einflussnahmen akzeptiert werden.

Wenn aus dicken Kindern dicke Erwachsene werden, so stehen wir angesichts einer adipogenen Umwelt in reichen Ländern (Tab. 1) vor Herausforderungen nie geahnten Ausmaßes. Vertreter der WHO stellen daher fest: *„Adipositas beginnend im Kindesalter ist das drängendste Gesundheitsproblem in reichen Ländern"* [15].

Angesichts der steigenden Therapieresistenz mit zunehmendem Alter richtet sich die Herausforderung an eine frühzeitig beginnende und kontinuierliche Bildung bzw. Primärprävention, mit dem Ziel, Essen zu lernen in einer adipogenen Umwelt.

Wer arm ist, ist seltener gesund und häufiger krank, geht bei Beschwerden später zum Arzt, erhält eine schlechtere Behandlung, wartet länger auf ein Krankenhausbett, bleibt länger im Krankenhaus, hat eine schlechtere Prognose und stirbt früher [6].

Abb. 2: Die 5-am-Tag-Kampagne

Weltweit scheinen Lebensstilanalysen zu bestätigen, dass Armut, niedriger Sozialstatus und Bildungsstand die Gesundheit der Menschen negativ beeinflussen. Vor allem Armutsstudien zeigen beispielhaft für das Ess- und Bewegungsverhalten, dass der Graben zwischen Expertenempfehlungen und Laienverständnissen in den vergangenen 20 Jahren größer geworden ist [1]. Gleichwohl halten Ernährungswissenschaftler und Mediziner an ihren Botschaften fest und scheinen zu ignorieren, dass diese bei den Menschen, die Aufklärung am dringendsten benötigen, nicht ankommen.

Konzepte gesunder Ernährung – das Beispiel der 5-am-Tag-Kampagne

Die Krankheitsfolgen des Überflusses reicher Länder haben z. B. zu einer Kampagne geführt, auf die sich weltweit die Ernährungsexperten verständigen konnten (Abb. 2).

- Essen ist Tag und Nacht verfügbar.
- Der menschliche Stoffwechsel ist eher für Hungerszeiten gerüstet als für exzessiven Nahrungskonsum.
- Der physiologische Nahrungsbedarf wird von den psychosozialen Determinanten der Essbedürfnisse und -gewohnheiten überlagert.
- Essanlässe und -situationen werden durch die Medien zur Imagefrage umgedeutet.
- Betroffene suchen nach Wegen der Gewichtsreduktion ohne Anstrengung und Veränderung von Gewohnheiten („Wunderdiäten").
- Beratungs- und Therapieangebote zur Gewichtsreduktion vermitteln eher implizit, dass Disziplin im Zentrum langfristiger Erfolge steht.
- Die wirtschaftlichen Interessen der Lebensmittelkonzerne unterwerfen sich dem ökonomischen Prinzip und nicht dem der sozialen Verantwortung.

Tab. 1: Faktoren einer adipogenen Umwelt in reichen Ländern

Die Aufklärungskampagne, fünf Portionen Obst und Gemüse am Tag (5 a day) zu essen, ist in ihrer kurzen inhaltlichen und bildlichen Botschaft konzeptionell gelungen. Und dennoch ist sie ein Beispiel von vielen Aufklärungsbemühungen, die offensichtlich für Zielgruppen entwickelt werden, die bereits ein gutes Ernährungswissen haben und in deren Lebensstil sie passen. Armutsstudien, die sich auf Fragen des Einkaufs- und Ernährungsverhaltens einkommensschwacher Haushalte konzentrieren (z. B. [9]), lassen erkennen, dass Sorgen und Probleme in Armutshaushalten nicht vordringlich die gesunde Ernährung betreffen:

„Ich kaufe, was billig ist, und wo viel drin ist." „Gesundes Essen ist Luxus – Menge und Sattwerden zählen." „Wir kennen die Risiken der Zukunft, aber wir wollen Vorteile jetzt." „Frisches Obst und Gemüse sind zu teuer, man kann sie nicht lagern." „Also mal ehrlich, über sowas [Ernährung] hab ich noch nie nachgedacht."

In Haushalten, in denen die Beschaffung ausreichender Nahrungsmengen, die billig und lagerfähig sind, begleitet von der Monotonie: Kartoffeln, Nudeln, Margarine, billige Wurstwaren und Gemüse in Dosen tägliche Routine und Notwendigkeit sind, werden Produkte gesunder Ernährung zu Luxusartikeln. Je länger die Armut das Leben der Familien bestimmt, umso geringer wird das Interesse an entsprechenden Botschaften.

Gesundheitsbezogene Botschaften – Diskurse der Gesellschaft

Da die Gesellschaften dennoch ein großes Interesse daran haben, ihre Probleme von Armut, Gesundheit und Krankheit langfristig zu lösen, jedoch die beschrittenen Wege der Kommunikation durch Information und Aufklärung nicht zum Erfolg führen, scheint es lohnenswert, sich weitere Konfliktfelder der Kommunikation näher anzusehen. Beispielhaft möchte ich hier auf verschiedene Ebenen gesellschaftlicher Diskurse eingehen.

Die jeweiligen Argumente von Vertretern unterschiedlicher Interessengruppen führen ganz offensichtlich zu Kommunikationskonflikten und verhindern lösungsorientierte Dialoge.

Moralische und ethische Argumentation	„Die beste Therapie für jedermann – man kann arme, ungebildete Menschen nicht ausschließen."
Der ökonomische Standpunkt	„Die Kassen sind leer, wir müssen sparen."
Sichtweise medizinischer Experten	„Die Menschenrechte und der Hippokratische Eid binden den Arzt und das Gesundheitswesen an Aufgaben der Lebenserhaltung und -verlängerung."
Simplifizierung durch Bildung von Archetypen	„Wir zahlen jeden Monat 300 € in die Krankenkasse ein: Das Geld steht uns zu."
Laienverständnis	„Wir wollen leben, essen und genießen – gesund zu essen, heißt verzichten."
Mediendiskurs	„Konfrontation belebt das Gesundheitsgeschäft und erhöht die Auflagen."

Tab. 2: Gesundheit und Krankheit – gesellschaftliche Diskurse

In der gegenwärtig schwierigen Phase der Einführung immer neuer Reformideen in Deutschland, die auf der Seite der Betroffenen von Ängsten vor Verzicht und Verlusten begleitet werden, erscheinen die Standpunkte dieser Diskursebenen unvereinbar. Die Konfliktparteien argumentieren im Sinne ihrer jeweiligen Interessen und nicht im Sinne einer gemeinsamen Lösungsfindung.

Diskurse der Gesundheitsförderung – Wie können Gesellschaften lernen, von Gesundheit zu reden?

Die Entstehung und Aufrechterhaltung von Gesundheit (= *Salutogenese*) und der Umgang mit Krankheit erfolgen zu einem wesentlichen Teil im Alltag und nicht in professionellen Versorgungssystemen. Medizinisch-anthropologische Untersuchungen in verschiedenen Kulturen verweisen auf die Bedeutung des nicht-professionellen, privaten Sektors der Gesundheitsversorgung; Medizinsoziologen sprechen in Analogie zum professionellen Gesundheitssystem von einem „Laiengesundheitssystem".

Empirische Untersuchungen in Industrieländern zeigen den beträchtlichen Umfang einer Gesundheitsselbsthilfe im Alltag, die vor allem im präventiven Bereich konkurrenzlos ist. Die Selbstmedikation bei Beschwerden und Erkrankungen ist ein weit verbreitetes Phänomen und umfasst etwa 37 % aller verkauften Arzneimittel. Kenntnisse über Lebensmittel, Nährstoffe und ihre gesundheitlichen Wirkungen sind beachtlich. Dieses Laiengesundheitssystem, das unspektakulär funktioniert und sich versteckt in Alltagshandlungen findet, wurde u.a. von FALTERMAIER et al. untersucht [4]. Aus den Ergebnissen wurde deutlich, dass Laien bei weitem nicht nur an der Verhinderung von gesundheitlichen Störungen orientiert sind. Sie haben häufig positive Gesundheitsziele und antizipieren in ihren subjektiven Theorien auch Wege, wie sie diese erreichen können. Dabei fällt es insgesamt leichter, Menschen positiv zu motivieren, als sie durch die Angst vor Krankheit abzuschrecken [4; 5]. Prinzipiell scheint es erfolgversprechend zu sein, Ansätze der Gesundheitsförderung in ausgewählten sozialen Settings, wie Schulen, Kindergärten, Betrieben, Krankenhäusern, anzusiedeln.

Worum geht es? Die Menschen unterscheiden sehr wohl zwischen den Aspekten Genuss und Geschmack bzw. gesundheitsrelevante Nährstoffrelationen, zwischen Lebensqualität und Lebenserwartung. Die subjektiven Theorien der Menschen, die zwischen Genuss, Geschmack und Gesundheit entscheiden, könnten der Ausgangspunkt sein für mehr Beteiligung und Verantwortung des Einzelnen, der seine Gesundheit nicht mehr an Experten abgibt, sondern schon als Kind lernt, sie zu bewahren, indem er die Verantwortung für die Schaffung eines salutogenen (= gesundeitsförderlichen) Umfeldes mitträgt und die Grenzen dessen akzeptiert. Vor diesem Hintergrund findet gesellschaftliche Solidarität dann angemessene Mittel und Wege, denjenigen zu helfen, die trotz großer Sorgfalt im Umgang mit der eigenen Gesundheit erkranken bzw. am Ende des Lebens der Hilfe bedürfen (Tab. 3).

- ■ Laienperspektiven von Gesundheit stärken.
- ■ Die Entstehung von Gesundheit (nicht Krankheit) zum Thema öffentlicher Diskussionen machen.
- ■ Die „Narrationspräferenz" für Krankheitsgeschichten und Beschwerden in der deutschen Bevölkerung wandeln in das bevorzugte Erzählen positiver Geschichten.
- ■ Den narrativen Zugang zur Gesundheit z. B. über Ess- und Bewegungsbiografien suchen.
- ■ Lernprozesse für ein Gesundheitshandeln frühzeitig im Kontext sozialer Settings gestalten (Familie, Schule, Kindergarten, Vereine etc.).
- ■ Den Zusammenhang von Gesundheit und Alltag, Gesundheit und Beruf herstellen.

Tab. 3: Kommunikation und Bildung für ein salutogenes Umfeld in der Gesellschaft

Die spezielle Situation der Kinder und Jugenlichen

Wenn in einer Gesellschaft Botschaften der Gesundheit nicht verstanden oder ignoriert werden, krankheitsbedingte Folgen nicht therapierbar sind, weil die Therapie u. a. nicht mehr bezahlt werden kann, so führt die Frage nach Gerechtigkeit fast zwangsläufig zu jenen Mitgliedern der Gesellschaft, die nur bedingt ihr Handeln selbst bestimmen können: Kinder und Jugendliche sind abhängig von den Entscheidungen derer, die Verantwortung tragen, und von den Rahmenbedingungen, die diese Erwachsenen schaffen. Sie leiden v. a. unter den Folgen von Armut und mangelnder Bildung. Die (Gesundheits)-Bildung, die wir ihnen nicht zukommen lassen, kommt eine Gesellschaft später teuer zu stehen .

Zurzeit werden die sich daraus ergebenden Verpflichtungen und langfristigen Chancen einer gesundheitlichen Bildung in Deutschland unterschätzt. Die organisierte Erziehung und Bildung, nachprüfbar in Kinder- und Jugendhilfegesetzen, Kindergarten- und Schulgesetzen, Rahmenrichtlinien und Lehrplänen der Bundesländer, scheinen sich aus der Verantwortung verabschiedet zu haben. So bleibt es zunehmend den Einzelinitiativen von Kindergärten und Schulen überlassen, ob sie die gesundheitliche Verwahrlosung der Kinder durch Überfütterung und Bewegungsmangel wahrnehmen, sich zuständig fühlen und ihr pädagogisches Programm entsprechend umgestalten. Sie sehen ihre gesundheitsbildnerische Verantwortung darin, die Kinder wieder „gefühls- und sprachmächtig" zu machen ([2], S. 10), so dass sie ihren Körper kennen und akzeptieren lernen, sich gerne bewegen und mit Freude und Genuss essen. Mit der Unterstützung vieler Eltern dürfen sie dabei nicht rechnen.

Gesundheit war und ist keine Selbstverständlichkeit, sie erneuert sich erfolgreich zu allererst durch Selbstorganisation und -beteiligung der Menschen. Deutschland steht zur Zeit an dem schmerzlichen Wendepunkt, entsprechende Systeme schaffen zu müssen, die diese Erkenntnis in die Köpfe der Menschen zurückbringt. Da viele Familien damit überfordert sind, wie das Problem adipöser Kinder zeigt, richten sich Schlussfolgerungen und Forderungen an die organisierte Bildung in institutioneller Verantwortung.

Prof. Dr. Ines Heindl
Universität Flensburg
Institut für Ernährungs- und Verbraucherbildung
Auf dem Campus 1, 24943 Flensburg
iheindl@uni-flensburg.de

Lustwandel – Veränderungen der Esskultur in Deutschland

Alexandra Deak
Berlin

Auszüge aus einem Vortrag anlässlich des 46. Bundeskongresses des Verbandes der Diätassistenten – Deutscher Bundesverband e.V. im Mai 2004 in Dresden

Mit Blick auf die Veränderungen in der Esskultur in Deutschland lassen sich zwei wesentliche Konsumorientierungen unterscheiden: Kultivierung und Simplifizierung. Die Kultivierung basiert auf einer Vorstellung des Lustgewinns durch kontrollierten Aufschub, während die Simplifizierung die rasche Befriedigung des Hungers anstrebt. Beide Tendenzen widersprechen sich nur scheinbar: anhand neuerer Fertigprodukte und Entwicklungen im Bereich der Imbisskultur lässt sich zeigen, wie diese Konsumorientierungen heute verschmelzen.

Einführung

Täglich sitzen Menschen bequem und zufrieden vorm Fernseher, essen dabei Chips oder Pizza und zappen sich durch die Programme. Stößt man dabei auf eine ambitionierte Kochsendung, geht meist die vorher verspürte wohlige Zufriedenheit verloren und leichte Stiche schlechten Gewissens machen sich bemerkbar.

Die Diskrepanz, die sich in solchen Momenten auftun mag, besteht nicht nur darin, dass sich die Ansprüche an ein gesundes Leben nicht mit der Ernährungswirklichkeit in Einklang bringen lassen. Sie verweist vielmehr auf zwei bedeutsame kulturelle Ernährungstendenzen, die sich im Verlauf der bundesrepublikanischen Nachkriegsgeschichte allmählich zu schichtübergreifenden Mustern entwickelt haben: die „Kultivierung" und „Simplifizierung".

Hierbei handelt es sich um zwei verschiedene, ja sich direkt widersprechende Formen der Konsumorientierung, von denen sich zeigen lässt, dass sie jeweils auf spezifische Weise eng mit dem menschlichen Lustempfinden verknüpft sind.

Mit den Tendenzen der Kultivierung ist ein Essverhalten gemeint, das aufwändig ist, qualitativ hochwertige Speisen bevorzugt und Wert auf ein gepflegtes Ambiente legt.

Dagegen bezeichnen Tendenzen der Simplifizierung ein Essverhalten, das relativ einfach ist, reichhaltige Speisen und schließlich ein ungezwungenes Ambiente bevorzugt.

Vergleicht man beide Formen, wird deutlich, ob und inwiefern der Widerspruch zwischen kulinarischen Ambitionen und eher profanen Bedürfnissen auflösbar ist.

Begrifflichkeiten

Unter Lust kann man sowohl das Bedürfnis, den Wunsch bzw. Antrieb als auch die Erfüllung dieses Bedürfnisses verstehen. Im Folgenden geht es um zwei unterschiedliche Formen von Lustempfinden: Von Lust im Sinne direkter Triebbefriedigung ist eine eher indirekte Lustorientierung zu unterscheiden, die durch kulturelle Deutungsmuster überformt ist und sich dadurch von bloßer Triebbefriedigung abhebt.

Bei dieser doppelten „Lust am Essen" gibt es zudem eine analytische Dreiteilung in erstens Stimuli auf der sensorischen Ebene, die zweitens durch kulturelle und symbolische Deutungsmuster überformt sind und drittens von Verzehrssituation zu Verzehrssituation variieren.

Tendenz I: Kultivierung

Wir haben ein bestimmtes Ambiente im Kopf, wenn es heißt, es habe auf einer Veranstaltung Erbsensuppe gegeben. Auch die Bemerkung, der oder die neue Bekannte sei Vegetarier, sei Wein- oder Biertrinker oder liebe Sushi, führt jeweils zu bestimmten Assoziationen [2].

Nahrung ist wie Kleidung oder die Einichtung der Wohnung auch ein Kommunikationsmittel.

In diesen Einschätzungen kommt zum Ausdruck, dass Nahrung auch ein Kommunikationsmittel ist, dass sie, wie etwa Kleidung oder eine neue Wohnungseinrichtung, ökonomische, soziale, psychologische und kulturelle Aspekte vermittelt.

Die häufig gehörte Eigeneinschätzung „Ich esse, weil es mir schmeckt" greift in diesem Zusammenhang sehr kurz. Denn das, was uns schmeckt, schmeckt uns nicht nur wegen der geschmacklichen Qualitäten, sondern vor allem auch, weil wir die damit verknüpften Botschaften wertschätzen [3]. Neben den individuellen Geschmackspräferenzen lassen sich relativ beständige kollektive Geschmäcker und Codierungen feststellen, die sich nur langsam wandeln.

Betrachten wir das Essverhalten in den frühen 1950er Jahren der Bundesrepublik, dann sprechen wir von Konsumenten, die Mangel und Knappheit am eigenen Leib erfahren hatten. Die Essenswahl in der Nachkriegszeit richtete sich dementsprechend weniger nach einer gewünschten Vielfalt, als vielmehr nach reproduktiver Notwendigkeit.

Das plakative Schlagwort einer wenig später einsetzenden „Fresswelle" ist insofern irreführend, da ein wahlloses Verschlingen großer Mengen kaum die Realität dieser Jahre widerspiegelt. Zwar richteten sich die Essgelüste zunächst auf sehr energiereiche Lebensmittel, aber von einem überdurchschnittlich hohen Konsum kann nur im Vergleich zu den entbehrungsreichen Jahren davor die Rede sein [4].

Heute, gut ein halbes Jahrhundert später, haben breite Bevölkerungsschichten die Möglichkeit, ihren Lebensmittelkonsum primär nach ihren Wünschen auszurichten und auf hochwertige Lebensmittel zurückzugreifen. Wenn wir heute über die „Lust beim Essen" reden,

so denken die wenigsten noch an die Versorgungsmahlzeit, die uns satt macht. Wir geraten nicht mehr in Verzücken über das vergleichsweise einfache Glück, Kartoffeln auf dem Tisch stehen zu haben, sondern denken an ausgefeiltere kulinarische Genüsse.

Innerhalb der letzten fünfzig Jahre fand neben dem Import zahlreicher neuer Lebensmittel und Gerichte eine Verfeinerung und Aufwertung selbst gängiger Speisen statt, die sich sehr gut anhand der Reihe „Dr. Oetker Schulkochbuch" demonstrieren lässt [5]. Ausgewertet wurden die Auflagen der letzten fünfzig Jahre.

Diese Kochbuchreihe zeichnet sich durch den Anspruch aus, Rezepte zu publizieren, die den Grundkanon des deutschen Verzehrsalltages widerspiegeln. Wie oft nach diesen Kochbüchern tatsächlich gekocht wird, ist hingegen nicht belegt: Für die 1960er lässt sich anhand verschiedener Interviews und auch aufgrund der Gebrauchsspuren zwar eine hohe Nutzung vermuten. Ob dies heute noch der Fall ist, ist allerdings nicht bekannt.

Die „angemessene" Mahlzeit im Spiegel von 50 Jahren eines Schulkochbuchs

Die Bücher sind vielmehr Abbild typischer Wunschvorstellungen, wie eine angemessene Mahlzeit auszusehen hat. Da ein Großteil der Rezepte über die Jahrzehnte beibehalten wurde, wenngleich sie neuen Geschmacksentwicklungen angepasst wurden, bieten sie einen aussagekräftigen Vergleichsmaßstab.

Ein Vergleich der Zutaten ergab, dass der Anteil der Grundnahrungsmittel an den Speisen zu Gunsten dem von peripheren Geschmacksträgern zurückgedrängt wurde. Kohlenhydratreiche Grundnahrungsmittel, wie Kartoffeln, Mehl, Nudeln und auch Reis, die die Basis unterschiedlichster kulinarischer Systeme darstellen, wurden mit der Zeit nicht nur durch zusätzliche Geschmacksträger wie Kräuter und Gewürze ergänzt, sondern auch mengenmäßig zurückgedrängt.

Vergleicht man Rezeptbeispiele aus den Dr. Oetker Schulkochbüchern im Zeitverlauf, zei-

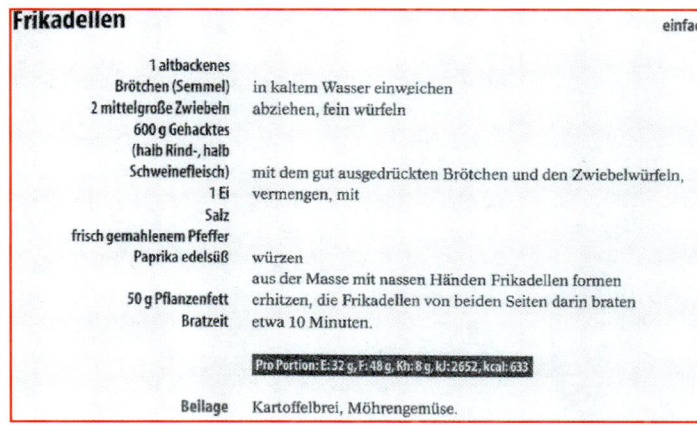

Bratklops
(Bouletten)

400 g gehacktes Rind- oder Schweinefleisch,   1 Prise Pfeffer,
1 Semmel,   20 g Mehl,
1 Ei,   50 g Fett zum Braten,
Salz,   1 gestr. Eßl. Mehl zum Bräunen,
   ¼ l Brühe oder Wasser.

Man macht aus dem Gehackten, der eingeweichten Semmel, Ei, Salz und Pfeffer einen Fleischteig, formt ovale Klöße, wendet sie in Mehl und brät sie in dem erhitzten Fett auf Stufe 3, zuletzt auf 0. Das Mehl läßt man in dem Bratensatz bräunen, gibt die Brühe hinzu und kocht die Soße sämig.
   Bratzeit: 10 Minuten.

Frikadellen

werden zubereitet wie Bratklops (s. oben), an Stelle von frischem Fleisch nimmt man Fleischreste (gekocht oder gebraten).

Frikadellen   einfach

1 altbackenes Brötchen (Semmel)	in kaltem Wasser einweichen
2 mittelgroße Zwiebeln	abziehen, fein würfeln
600 g Gehacktes (halb Rind-, halb Schweinefleisch)	mit dem gut ausgedrückten Brötchen und den Zwiebelwürfeln,
1 Ei	vermengen, mit
Salz	
frisch gemahlenem Pfeffer	
Paprika edelsüß	würzen
50 g Pflanzenfett	aus der Masse mit nassen Händen Frikadellen formen erhitzen, die Frikadellen von beiden Seiten darin braten
Bratzeit	etwa 10 Minuten.

Pro Portion: E: 32 g, F: 48 g, Kh: 8 g, kJ: 2652, kcal: 633

Beilage	Kartoffelbrei, Möhrengemüse.

Abb. 1: Die Rezepturen aus den Jahren 1956 (oben) und 2001 (links) verdeutlichen den Wandel [Quelle: Dr. Oetker Schulkochbuch, 1956 u. 2001]

gen sich feine, aber aussagekräftige Unterschiede. So wurde beispielsweise ein Bouletten- bzw. Frikadellenrezept von 1956 bis 2001 (Abb. 1) folgendermaßen modifiziert:

Im Laufe der Jahre werden für die Zubereitung zusätzliche Ingredienzien veranschlagt wie Paprika und Zwiebel. Zusätzlich verschiebt sich die verwendete Fleischmenge bei gleichbleibender Semmelmenge von 400 auf 600 Gramm, wodurch eine Verbesserung des Geschmacks erzielt wird. Während 1956 entweder Rinder- oder Schweinehack verwendet werden soll, heißt es in der späteren Ausgabe, man soll Rind- und Schweinehack zu gleichen Teilen mischen, was zu einem komplexeren Geschmackserleben führt.

Aufgewertet wird die Frikadelle zusätzlich, indem nun nicht mehr simpler Pfeffer, sondern frisch gemahlener verwendet werden – Indiz für einen wachsenden kulinarischen Anspruch. Der neu hinzugekommene Hinweis, man müsse eine „altbackene" Semmel nehmen, war in den 1950er überflüssig, da kaum eine Hausfrau auf die Idee gekommen wäre, ein frisches Brötchen so zu verschwenden bzw. nicht verzehrte Brötchen wegzuwerfen.

Ähnliche kleine, aber geschmacksrelevante Umstrukturierungen lassen sich in allen durchgängig publizierten Rezepten feststellen. Für die einzelnen Gerichte bedeutet dies zunächst eine relative Verteuerung und somit Veredelung.

Aufgrund der veränderten Zusammenstellung der Ingredienzien würden uns Speisen aus den 1950er Jahren heute vergleichsweise fad und simpel schmecken. Der Wunsch nach kulinarischer und geschmacklicher Aufwertung lässt hier die Notwendigkeit der energetischen Versorgung in den Hintergrund treten.

Der Genuss einer Mahlzeit wird aber nicht nur vom Geschmack selbst bestimmt, sondern auch maßgeblich von der kulturellen Wertschätzung, wobei auch die Praxis der Resteverwertung unüblich geworden ist. In dem Rezept aus den 1950er Jahren findet man den Zusatz, man könne zur Zubereitung der Boulette auch Fleischreste verwenden. Die Resteverwertung verweist uns auf einen sparsamen und bedachten Umgang mit Lebensmitteln, der sich auch an der Notwendigkeit orientiert.

Beispiele für soziokulturelle Konnotationen:
Salat = gesundheitsbewusst
Bio = ökologisch integer
Latte Macciato = „trendy"

Heute reicht es vielen Menschen nicht mehr aus, eine Mahlzeit pragmatisch zu betrachten. Sie soll vielmehr zusätzliche Ansprüche erfüllen. Neben den geschmacklichen Qualitäten soll uns das Gefühl vermittelt werden, wir seien gesundheitsbewusst, wie im Fall eines Salats, wir handelten ökologisch integer, wie im Fall des BioBurgers, oder seien trendy, wie im Fall des Latte Macciato.

Die Vorstellungen über das, was verzehrenswert erscheint, sind dabei zeitlich wandelbar. Neben den verwendeten Ingredienzien dokumentieren dies die Fotografien in den Kochbüchern sehr eindrucksvoll. So zeigt ein Bild aus der Ausgabe von 1962 drei nebeneinander liegende gebratene Geflügel, die zunächst vom heutigen Betrachter als Hähnchen identifiziert werden. Das Bild zeigt jedoch gebratene Tauben. Diese kamen samt Hals auf den Teller, eine inzwischen überholte Servierform, da man heute bemüht ist, erkennbare Indizien für die Tötung des Tieres möglichst unsichtbar zu machen. Ein Versuch, der beispielsweise beim Filet auch gelingt. Die Reinform dieser Entwicklung sieht man beim Fischstäbchen oder beim Chicken McNugget. Nach Norbert ELIAS ist diese Entwicklung ein Zeichen für die zunehmende Zivilisierung der Gesellschaft [6].

Im Hintergrund der Abbildung ist Dosenobst dargestellt, dass heute in der gehobenen Küche so nicht mehr verwendet wird, während in den 1960ern Konservierungstechniken als modern und fortschrittlich empfunden wurden.

Sowohl die Analyse der Speisequalität als auch der kurze Ausflug in die Speiseästhetik verweisen auf einen breitenwirksamen Prozess der Kultivierung, d.h. der Verfeinerung und Überformung unseres Primärtriebes nach Hungerstillung.

Die Auswertung einer Kochbuchreihe hat allerdings ein entscheidendes Defizit: Kochbücher sind zwar ein Abbild idealtypischer Mahlzeiten, sie spiegeln aber nicht die tatsächliche Verzehrshäufigkeit.

Schöne neue Kochwelten, in denen aufwändige Speisen zubereitet werden, wo der passende Wein gereicht wird und sich nette Menschen gemeinsam zu Tisch begeben, werden uns tagtäglich in unzähligen TV-Sendungen präsentiert, und der Kochbuchmarkt gehört zu den wenigen Sparten des Buchmarktes, in denen es nicht kriselt. Dabei sinkt empirisch die Anzahl derer, die sich zu Hause tatsächlich eine Mahlzeit kochen, seit Jahren [7].

Tendenz II: Simplifizierung

Während wir medial mit Vorstellungen vom guten und rechten Verzehr versorgt werden, bewegt sich der reale Konsum für einen Großteil der Bevölkerung zwischen Imbisskultur, Snacking und Fertignahrung.

In der Bundesrepublik nimmt seit Jahrzehnten der Außer-Haus-Verzehr zu Ungunsten der mittäglichen Familienmahlzeit rapide zu. In erster Linie sind es strukturelle Zwänge, die die Menschen dazu bewegen, nicht mehr zu Hause zu essen: die Trennung von Wohn- und Arbeitsort, der Zerfall der Kleinfamilie, die Zunahme der Einpersonenhaushalte und die Berufstätigkeit der Frauen. In Bezug auf den Außer-Haus-Verzehr sind zwar Henkelmann, Kantine, Mensa, Gaststätte und Restaurant in den1950ern verbreitet – bedeutungslos ist jedoch eine Institution, die für uns heute selbstverständlich ist: Der Imbiss.

Die Verbreitung der Imbissbude erfolgte in den 1970er Jahren. Sie bedurfte nicht nur der genannten strukturellen Umwälzungen und einer Welle von Neueröffnungen durch Einwanderer, sondern auch der kulturellen Akzeptanz. Letztere setzte eine Werteorientierung voraus, die das gemeinsame Mittagessen nicht mehr als einzig erstrebenswerte Verzehrssituation sah.

Mit dem Gedankengut der 68er wurden derartige Vorraussetzungen geschaffen. Die konventionelle gemeinsame Tischmahlzeit war für die neu heranwachsende Generation mit starken Handlungsbeschränkungen und der Unterordnung in bestehende Zwangsstrukturen verbunden. Tischzüchtigungen und Reglementierungen nach dem Muster „Solange deine Füße unter meinem Tisch stehen" weckten den Wunsch nach unkonventionellen, individuellen und vor allem selbstbestimmten Verzehrssituationen sowie frei gewählten Tischgenossen.

Zur Lockerung der starren Tischordnung und der damit einhergehenden Tischsitten trug auch der Einzug des Fernsehers in die deutschen Wohnzimmer bei. Der Fernseher avancierte mehr und mehr zu einem Mittelpunkt des familiären Lebens und führte zu einer Anpassung des Essens an das Programm. Die so genannte TV-Mahlzeit entstand. Vor dem Fernseher eingenommen, ließen sich Tischmanieren und aufwändige, besteckintensive Mahlzeiten nicht mehr in gewohntem Maße realisieren. Festgelegte formelle Muster bröckelten [8].

Vergleich

Gegenwärtig praktizieren wohl die meisten Menschen ein Ernährungsverhalten, bei dem sie sich tagtäglich und jeweils situationsgebunden entweder für die kultivierte oder für die simplifizierte Form zu entscheiden haben. Die Verzehrssituation wird durch den Verhaltenscode, den zeitlichen Aufwand und die Ausstattung an Geschirr bestimmt.

Für das kultivierte Verzehrsmuster lässt sich festhalten, dass es durch einen strikten Verhaltenscode, aufwändiges Besteck und weitere Utensilien wie Gläser, Servietten oder Tischtücher gekennzeichnet ist. Dabei gilt: Je wichtiger der Anlass, desto reglementierter der Verhaltenscode und desto umfangreicher die Ausstattung. Auch in der zeitlichen Dimension gibt es eine strenge Reglementierung. Lange Phasen der Vorbereitung und des Wartens, sowohl vor dem Verzehr als auch zwischen den einzelnen Gängen, müssen einkalkuliert werden.

Das informelle Essen besticht hingegen durch konträre Momente: Der Verhaltenscode gestaltet sich leger, zumal ein besonderes Merkmal des simplifizierten Essens darin besteht, dass es häufig allein gegessen wird. Die Zeitspanne, die zwischen der Entscheidung, etwas zu essen, und dem Verzehr liegt, ist meist ebenso kurz wie der eigentliche Essakt. Imbiss und Snacking bieten somit Lust ohne Aufschub. Teller und Besteck sind oft auf das Notwendigste reduziert: Wird mit den Fingern gegessen, gewinnt der Konsument nicht nur ein haptisches Lusterlebnis, sondern folgt dem natürlichen Bedürfnis, Speisen zunächst anzufassen, bevor sie in den Mund gesteckt werden. Etwas verallgemeinernd lässt sich sagen:

Die Speisenqualität, misst man diese an dem Preis, dem Herstellungsaufwand, der geschmacklichen und ästhetischen Komposition, richtet sich generell nach dem Grad der Festlichkeit. Sie ist beim kultivierten Verzehr höher.

Die klassischen Imbisse, wie die Döner-, Pommes- bzw. Currywurstbude, bieten dagegen vor allem Speisen an, die einen relativ hohen Fettgehalt und wenig differenzierte Geschmacksnuancen aufweisen. Auch im Bereich des Snackings dominieren Lebensmittel den Markt, die entweder einen hohen Fett- oder einen hohen Zuckergehalt aufweisen. Der Verzehr dieser Lebensmittel führt zu einer unmittelbaren körperlichen Reaktion, die entweder mit Sättigung oder mit einem Energieschub verbunden ist. Zusätzlich haben diese Speisen häufig einen ähnlichen, oder – wie im Fall des BigMacs von McDonalds – einen gänzlich identischen Geschmack. Solche Speisen kommen dadurch einem Bedürfnis nach Sicherheit entgegen: Sie sind wiederholt von uns getestet und für gut befunden worden. Sie versprechen uns das gleiche Verzehrsglück wie beim letzten Mal [9]. Eine Hoffnung, die zusätzlich durch das immer gleiche Ambiente der Fast-Food-Ketten genährt wird.

Stets gleicher Geschmack in stets gleichem Ambiente: Fast-Food-Gastronomie kommt so unserem Bedürfnis nach Sicherheit entgegen.

Zusammenfassend lässt sich sagen, dass der Verzehrsakt und die Verzehrssituation hier vereinfacht werden und jegliche Überformungen, die die Triebstruktur verdecken sollen, minimiert werden. Diese Simplifizierung kommt in vielen Punkten unseren natürlichen Bedürfnissen, wie dem direkten Verzehr oder dem Wunsch nach Sicherheit, entgegen. Das Prinzip der gemeinsamen Tischmahlzeit ist hingegen ein Prinzip der kontrollierten Lustbefriedigung, der Beherrschung und Kanalisierung. Überspitzt gesagt, finden wir hier den Gegensatz zwischen Zivilisation und Wildnis.

Allerdings ist unsere kulturelle Wertschätzung ebenso wie unser Verhältnis zur Lust gespalten. Einerseits möchten wir uns kultiviert geben, andererseits möchten wir unsere Lust direkt befriedigen. Die Bewertung des kultivierten Essverhaltens fällt im öffentlichen Diskurs positiver aus als die des simplifizierten Essens. Dabei ist es nicht nur die Gegenüberstellung des Kultivierten gegenüber dem vermeintlich Unkultivierten, sondern vor allem die Zweiteilung von gesundem und ungesundem Essverhalten, dass zu einer unterschiedlichen Bewertung des Verzehrsverhaltens führt.

Während der formelle Konsument zufrieden vom Tisch aufsteht, weil er sich in der Gewissheit wiegen kann, ein kultiviertes und gesundes und somit auch richtiges Leben zu führen, wird

ein Großteil der Konsumenten des simplifizierten Essens von Gewissensbissen geplagt.

Da zumindest bisher an der Schwelle zur Currywurstbude alle guten Vorsätze abgelegt werden müssen, und die direkte Triebbefriedigung sowohl den Ansprüchen an ein kultiviertes Essen als auch denen an eine gesunde Ernährung zuwider läuft, ergibt sich für den Konsumenten zwangsläufig ein Dilemma.

Synthese

Dieses Dilemma wird in postmodernen Küchensystemen aufgehoben. Gegenwärtige Küchentrends neigen dazu, bestehende Zeichensysteme und kulturelle Zuordnungen aufzulösen und mit ihnen zu spielen. Dabei werden verschiedene Spannungen kreiert, die durch den Bruch von traditionellen Zuordnungen entstehen. Eine ideale Vermischung der beiden Konsumorientierungen Kultivierung und Simplifizierung entsteht dann, wenn die Neukreationen dem Konsumenten die Möglichkeit geben, sich auch im simplifizierenden Verzehrsmuster entweder gesund zu ernähren oder aber distinguiert zu geben.

Champganer an der Wurstbude und Tiefkühlpizza Ente à l´Orange

Eine solche Synthese beider Systeme ist neuerdings beispielsweise bei McDonalds zu beobachten. Dort wird nun eine Fruchttüte angeboten, die aus mundgerechten Apfelstücken und Trauben besteht und somit alle Voraussetzungen des simplifizierenden Musters erfüllt. Der Genuss kann dennoch mit gutem Gewissen erfolgen. Ähnliche Vermischungen sind zum Beispiel am Berliner Ku´damm zu beobachten, wo an der Currywurstbude Champagner getrunken wird, wodurch der Konsum zwar nicht gesund, aber zumindest distinguiert wirkt.

Mit einem weiteren Schritt gelangt man zu Gerichten, die in besonderer Weise diese Synthese eingehen und postmodern sind, indem verschiedene Zeichen und Stile kombiniert und geordnete Grenzen überschritten werden.

Der Prototyp hierfür ist die Tiefkühlpizza „Pizza Ente à l'Orange". Diese Tiefkühlpizza ist auf den ersten Blick eine herkömmliche Pizza, deren Belag mit Entenscheibchen angereichert wird. Das Gericht findet man saisonal bei der Discountkette Aldi in der Tiefkühltruhe.

Pizza als solche ist bekanntlich eine Massenspeise, die nach ihrer Etablierung in den 70er Jahren als typisch italienisches Gericht heute als Prototyp für die „Demokratisierung des Essens" gilt, da sie unabhängig von Schicht, Klasse, Einkommen und Bildung von jedermann konsumiert wird. Zum Verzehr einer Pizza benötigt man kaum kulinarische Kompetenz. Messer und Gabel können nach der Zerteilung getrost beiseite gelegt werden.

Bei der „Ente à l'Orange" hingegen handelt es sich um ein Gericht, das der klassischen gehobenen französischen Küche zuzurechnen ist. Sie ist ein Festtagsgericht, da sie aus teuren Zutaten besteht und ihre Zubereitung sehr arbeitsintensiv ist. Die Herstellung setzt kulinarische Kompetenzen voraus, da die Ente und die entsprechenden Beilagen zunächst vorbereitet werden müssen. Es folgt das geschickte Zerteilen des Tieres, um es dann mehr oder weniger gerecht auf diverse Teller zu verteilen. Für den Vorgang der Verteilung braucht man nicht nur handwerkliches, sondern auch soziales Geschick.

Die Kombination „Pizza Ente à l'Orange" hebt somit fast alle Grenzen des kulinarischen Systems auf und zwei widerstrebende Tendenzen werden zusammen verkocht. Ente und Pizza sollen eine Harmonie eingehen, wobei fundamentale Unterschiede zwischen Fest und Alltag, alleine speisen und in der Gemeinschaft, teuer und günstig, Kompetenz und Unkenntnis, leger und formell, arbeitsaufwändig und einfach aufgehoben werden.

Die Pizza erfährt eine vermeintliche Aufwertung, die sie zum Moment des Besonderen, des Exklusiven erheben soll. Die kulturellen Zeichen, die die Speise „Ente" beinhaltet, sollen hier auf die Pizza übertragen werden. Die „Pizza Ente à l'Orange" bietet dem Verzehrenden durch Einverleibung die Möglichkeit, auch noch dem einsamen Verzehr eine festli-che Note zu verpassen. Zugleich wird die „Ente à l'Orange" egalisiert und jedem Konsumenten zugänglich gemacht. Kurz: Die Haute Cuisine und die mit ihr assoziativ verknüpfte Kultiviertheit wird an den heimischen Fernsehtisch geholt. Das Gericht steht somit symbolhaft für ein Bestreben, simple Verzehrsmuster beizubehalten, aber Distinguiertheit und Kultiviertheit einzubinden.

Fazit/Ausblick

Im Zuge der Entwicklung bundesrepublikanischer Esskultur haben sich beide Tendenzen, die der Simplifizierung und die der Kultivierung, zu tendenziell schichtübergreifenden Mustern entwickelt. Beide basieren auf unterschiedlichen Vorstellungen von Lustgewinn: das eine Mal auf Erhöhung der Lust durch kontrollierte Lustkultivierung, das andere Mal auf der schnellen Befriedigung. In postmodernen Küchensystemen sollen diese Bedürfnisse verschmelzen.

Ernährungsbedingte Krankheiten stellen heute eine enorme sozialökonomische und -psychologische Herausforderung dar. Wenn wir Ernährungsverhalten und vor allem Fehlverhalten verstehen wollen, ist es hilfreich, sich mit der jeweils spezifischen Lust am Essen und mit deren Wandel auseinander zusetzen. Allein dann vermag der Punkt kenntlich zu werden, an dem Lust in Frust umschlägt.

Alexandra Deak, M. A.
Freilichtmuseum Domäne Dahlem
Königin-Luise-Str. 49
14195 Berlin
E-Mail: deak@domaene-dahlem.de

Ernährung zwischen Natur und Kultur: Das Beispiel Fleisch

Kirsten Schlegel-Matthies
Paderborn

Erkenntnisse der Ernährungswissenschaft, die über Jahre hinweg durch Ernährungsberatung, -aufklärung und -erziehung etc. verbreitet wurden, sind – zumindest teilweise – zwar in das Ernährungswissen breiter Bevölkerungsschichten eingeflossen. Dies hat jedoch nicht im erhofften Maße zu einer Veränderung des Ernährungsverhaltens – besser des Essverhaltens – geführt.

Dies ist u. a. darauf zurückzuführen, dass bisher in der Ernährungswissenschaft das Schwergewicht auf den rein naturwissenschaftlichen Aspekten lag. Die *Ernährungsweise*, also die Deutung der kulturellen, sozialen und individuellen Sinnbezüge des Ernährungsverhaltens ist bislang zu wenig in ihrer Bedeutung für die Ernährungsbildung wahrgenommen worden. Aufgabe einer Kulturwissenschaft des Essens ist es, Hintergründe und Motive des Ernährungsverhaltens zu erforschen und für die Ernährungsbildung fruchtbar werden zu lassen.

„Gegessen wird mit den Sinnen, ernährt mit dem Verstand." Dieses Sprichwort verdeutlicht die Spannweite des Themas. Auf der einen Seite geht es um die Ernährung, die vermeintlich „rational" häufig automatisch mit wissenschaftlichen Zuschreibungen verknüpft wird. Auf der anderen Seite geht es um das Essen, das mit Geschmack und Genuss, mit Vorlieben und Abneigungen verknüpft und im Alltag angesiedelt wird.

Die semantische Differenzierung zwischen Ernährung und Essen markiert auf der Ebene des Alltagsbewusstseins die Unterscheidung zwischen Kopf und Bauch oder Wissen und Handeln. Sie spiegelt aber auch die vorherrschende strenge Abgrenzung bzw. Differenzierung zwischen Naturwissenschaften und Kulturwissenschaften wider. Dem Stand heutiger wissenschaftlicher Arbeitsteilung entsprechend, sind die einen für die Ernährung und die anderen für das Essen zuständig. Assoziationen zum Begriff „Ernährung" sind nach einer repräsentativen Erhebung auch in der Bevölkerung qualitativ anders als zum Begriff „Essen" (Abb. 1).

Dass die bisherigen Anstrengungen nicht im erhofften Maße zu einer Veränderung des Ernährungsverhaltens – oder um im Sprachgebrauch zu bleiben – des Essverhaltens der Bevölkerung geführt haben, ist u. a. darauf zurückzuführen, dass bisher das Schwergewicht auf den rein naturwissenschaftlichen Aspekten

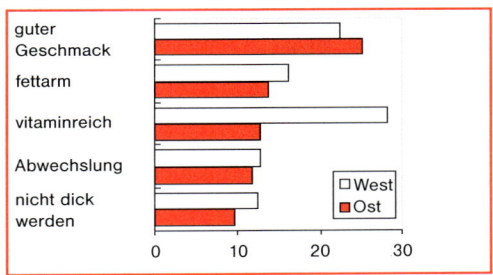

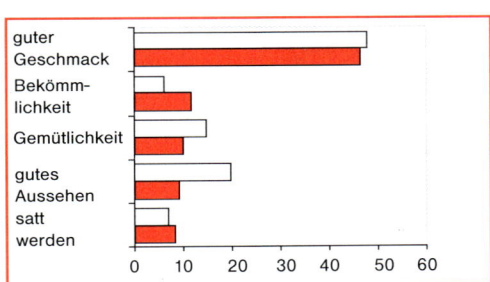

Abb. 1: Antworten auf die Fragen „Worauf legen Sie bei Ihrer Ernährung besonderen Wert?" (oben) und „Worauf legen Sie bei Ihrem Essen besonderen Wert?" (unten). Repräsentative Befragung in Deutschland, Angaben in Prozent , nach [17].

lag, wie z.B. in der Zielsetzung der Deutschen Gesellschaft für Ernährung (DGE) deutlich wird, welche die Aufgaben der Ernährungswissenschaft so umschreibt:

„Die Erforschung der Nährstoffbedürfnisse und der Nahrung des Menschen, der Wirkung und Wechselwirkung der in ihr enthaltenen Nährstoffe und anderer Substanzen im Hinblick auf ihre Bedeutung für alle Lebensvorgänge, für die Erhaltung der Gesundheit, für die Krankheitsentstehung und für die Heilung von Krankheiten." [9; S. 313]

Aus dieser Aufgabenbestimmung heraus wurden und werden von der naturwissenschaftlich ausgerichteten Ernährungswissenschaft regelmäßig vor allem an physiologischen Kriterien ausgerichtete Empfehlungen gegeben.

Die zu konstatierende fehlende Compliance wird schon lange beobachtet und führte dazu, den Untersuchungsgegenstand „Ernährungsverhalten" stärker in den Mittelpunkt des Forschungsinteresses zu rücken (vgl. [21]).

Ingrid-Ute Leonhäuser erläutert die dahinterstehende Intention, indem sie feststellt, dass *„wir heute sehr genau wissen, was und wieviel Menschen essen und essen sollten; wir wissen indessen nur wenig darüber, warum die Menschen das essen, was sie essen"* [21, S. 18].

Die Ernährungsweise, also die Deutung der kulturellen, sozialen und individuellen Sinnbezüge des Ernährungsverhaltens ist bislang zu wenig gesehen und in ihrer Bedeutung für die Ernährungswissenschaft und Ernährungsbildung wahrgenommen worden. Solange wir aber über Hintergründe und Motive nicht ausreichend informiert sind, kann das Ernährungsverhalten kaum im Sinne einer gesundheitsförderlichen Ernährung positiv beeinflusst werden.

Warum essen Menschen das, was sie essen?

Diese Frage befasst sich in erster Linie mit den kulturellen, sozialen und individuellen Sinnbezügen, die eine Deutung des Verhaltens erst ermöglichen [3, 4].

Hierzu einen Beitrag zu liefern, ist Aufgabe der Kulturwissenschaften. Denn die Ernährung des Menschen ist nicht nur ein biologischer Prozess, sondern auch eine soziopsychologische bzw. soziokulturelle Gegebenheit [4; S. 36ff.].

Menschen sind Omnivoren und können ihre Nahrung frei wählen und zubereiten. Indem sie bestimmte Pflanzen und Tiere als essbar ansehen und andere nicht, bewerten sie diese zugleich auch kulturell.

Diese Befreiung von eindeutiger biologischer Regelung erklärt die unglaubliche Vielfalt und Spannweite der Ernährungsweisen. Geographisch und historisch betrachtet galten nahezu alle Pflanzen und Tiere – abgesehen von denen, die für den Menschen giftig sind oder in einer bestimmten Weise extrem (unangenehm) schmecken – zumindest zeitweise als essbar. In Marx RUMPOLTS *„Ein new Kochbuch"* von 1581 finden sich z.B. Rezepte für Igel, Pfauen, Auerochsen und andere Tiere, die heute nicht mehr als essbar gelten [3; S. 85].

Die Kenntnis der soziopsychologischen und soziokulturellen Hintergründe des Essverhaltens, also die Berücksichtigung der kulturwissenschaftlichen Seite der Ernährungswissenschaft bietet neue Möglichkeiten für die Ernährungsbildung[1]. Am Beispiel Fleisch soll dies an einigen ausgewählten Aspekten aufgezeigt werden.

Fleisch – eines der beliebtesten Nahrungsmittel

Fleisch nimmt in der Hierarchie unserer Nahrungsmittel einen Spitzenplatz ein und ist eines der beliebtesten Nahrungsmittel. Wie groß die Bedeutung von Fleisch ist, zeigen Fleischanalogien auf Sojabasis oder andere Fleischnachbau-

---

[1]In den letzten Jahren ist innerhalb der Ernährungsdidaktik eine breite Diskussion zum Thema Bildung in Gang gekommen. Nicht zuletzt um dieser Diskussion Rechnung zu tragen, wird hier bewusst von Ernährungs*bildung* statt Ernährungs*erziehung* gesprochen (vgl. z.B. [25]).

ten, die beispielsweise von Vegetariern verzehrt werden. Diese Speisen sind Ausdruck der zentralen Bedeutung von Fleisch und gerade nicht seiner Überflüssigkeit! [11]

Fleisch wird – ähnlich wie Brot – mit Nahrung gleichgesetzt [11, S. 29], kann aber auch als tödliche Bedrohung verstanden werden. Bereits 1996 berichtete die Wochenzeitschrift „Die Zeit" auf dem ersten Höhepunkt des BSE-Skandals unter dem Titel *Tod im Topf* über das Rindfleisch (Die Zeit Nr. 14, 1996 wieder abgedruckt in: Zeitdokument 4/2000, S. 27; vgl. ähnlich auch Stern, Nr. 49 vom 30.11.2000, Der Spiegel, Nr. 49 vom 4.12.2000).

1991 fragte die zweite Iglo-Forum-Studie nach dem Lieblingsessen bzw. -gericht der Deutschen in West und Ost. Konkret gefragt wurde nach dem Hauptbestandteil, den Lieblingsbeilagen und den Lieblingsgemüsen. Von den zehn beliebtesten Hauptbestandteilen waren sieben (7!) Fleischgerichte. In der gleichen Umfrage antwortete eine große Prozentzahl der Befragten auf die Frage *Was sind für Sie ungesunde Produkte?* mit Fleisch bzw. speziell Schweinefleisch [17].

Auch in der Nationalen Verzehrsstudie wurde Fleisch von den befragten Personen eine nur geringe Wertschätzung im Hinblick auf eine gesunde Ernährung entgegengebracht [20].

Der Fleischkonsum in Deutschland stieg seit den 50er Jahren kontinuierlich. Erst gegen Ende der 80er und zu Beginn der 90er Jahre wird ein deutlicher Rückgang sichtbar, der vor dem Hintergrund der zahlreichen Fleischskandale mit einem Höhepunkt im Jahr 1996 (Hormonkälber, BSE usw.) zu erklären ist. In dem Maße, wie die Skandalmeldungen wieder aus der Medienberichterstattung verschwinden, steigt der Konsum von Fleisch wieder an. 1999 war der Fleischverzehr bereits wieder auf 63,5 kg pro Kopf und Jahr angestiegen [16], bevor er dann seit November 2000 drastisch zusammenbrach.

Und selbst in unmittelbarer zeitlicher Nähe zu einzelnen Gesundheitsbedrohungen reduziert sich der Konsum nicht so gravierend, wie man es angesichts der Schreckensmeldungen zum Risikowert von Fleisch erwarten könnte. Dabei kann die Verbraucherreaktion durchaus sofort und total erfolgen, wie 1987 die TV-Sendung „Monitor" mit ihrem Bericht über Nematoden in Fischerzeugnissen bewies. Auch der Verzehr von Rindfleisch ist in Deutschland seit dem 26. November 2000 mit dem ersten bekannt gewordenen BSE-Fall in der Bundesrepublik zwar dramatisch zurückgegangen, aber eben nicht total.

Beim Fleisch passierte stattdessen etwas anderes: innerhalb der Produktpalette Fleisch kommt es zu Verschiebungen. Je nach aktueller Skandal- oder Gefahrenmeldung weichen die VerbrauchInnen auf andere Fleischsorten aus. So verringert sich beispielsweise der Verzehr von Rind- bzw. Schweinefleisch, während gleichzeitig z. B. der Konsum von Geflügel stark zunimmt (Tab. 1).

Dieser kurze Überblick über den Fleischverzehr und seine Verschiebungen zeigt die große Bedeutung von Fleisch, das im Bewusstsein der Bevölkerung – trotz aller realen oder vermeintlichen Gesundheitsgefahren – einen Spitzenplatz einnimmt. Aus naturwissenschaftlicher Sicht, d. h. aus der Sicht der Ernährungswissenschaft ist eine solche „Überbetonung" längst nicht mehr haltbar oder wünschenswert. Die DGE empfiehlt z. B. derzeitig nur noch 2- bis 3-mal in der Woche mageres Fleisch oder Wurstwaren zu verzehren.

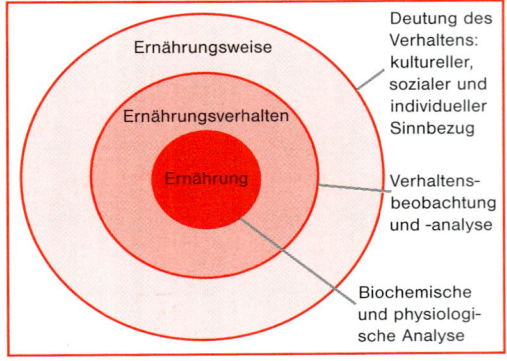

Abb. 2:
Dimensionen der Ernährungsforschung (vgl. [21, S. 19])

Obwohl also einerseits ein breites Wissen über gesunde Ernährung vorhanden ist und obwohl Fleisch in der Bevölkerung eher ein geringes Image hat, was den Gesundheitswert angeht, folgt daraus kein signifikant sinkender Fleischkonsum z.B. in Orientierung an den Empfehlungen der DGE für eine vollwertige Ernährung.

Eine der häufig vorgetragenen Erklärungen für dieses vermeintliche „Fehlverhalten" lautet, dass Wissen nicht automatisch Handeln nach sich zieht. Denkbar ist jedoch eine zusätzliche Erklärung, wenn man nämlich soziokulturelle, psychologische und auch religiöse Hintergründe des Essverhaltens mit berücksichtigt, also kulturwissenschaftliche Erklärungsmuster heranzieht.

Gesundheitsorientierte Ernährung beinhaltet und bedeutet also auch die kulturelle Entscheidung, Gesundheit anderen möglichen Orientierungen, wie z.B. Genuss, Sättigung, Prestige usw. vorzuziehen. Beim Fleisch ist dies offensichtlich nicht oder nur in extremen Situationen der Fall.

Die Entscheidung für den Verzehr von (viel) Fleisch unterliegt offenbar anderen Sinngebungen als der Orientierung an der Gesundheit [12].

Welche kulturellen, sozialen aber auch imaginären und mystischen Faktoren verdeckt, aber wirksam den Fleischkonsum möglicherweise beeinflussen und beeinflusst haben, möchte ich anhand von drei Thesen darstellen.

Über die Jagd und das Fleischessen begann der Mensch, seinen (privilegierten) Platz in der Natur zu definieren. **1**

Aus anthropologischer Sicht kann Fleischessen als „Schlüsselmerkmal" bezeichnet werden, durch das wir uns als Menschen charakterisieren [11; S. 74]. Von den pflanzenfressenden Tieren unterscheiden wir uns, indem wir Fleisch verzehren, und von fleischfressenden Tieren unterscheiden wir uns, indem wir das Fleisch nicht roh verzehren. Dadurch, dass wir Fleisch kochen, räuchern oder braten, transformieren bzw. verwandeln wir es von einer natürlichen Substanz in einen Kulturgegenstand.

Nach Ansicht zahlreicher Anthropologen beginnt mit der Jagd auf Tiere quasi die Zivilisation. Das Töten von Tieren, das Kochen und Verzehren ihres Fleisches symbolisiert auch eine Bestätigung der menschlichen Vorherrschaft über den Rest der Natur. Fleisch verkörperte damit die sprichwörtliche „Muskelkraft", mit welcher der Mensch die natürliche Welt beherrscht [11].

Auch der französische Kulturanthropologe Claude LÉVI-STRAUSS hat in seinem Aufsatz über das „Kulinarische Dreieck" [22] festgestellt, dass das gewohnheitsmäßige Kochen als allgemeines Merkmal des Menschen von zumindest gleich großer Bedeutung ist wie die Sprache. Durch das Kochen (im Sinne von gar machen bzw. transformieren) und durch die Sprache unterscheiden sich Menschen von ihrer natürlichen Umwelt. Auffallend ist, dass LÉVI-STRAUSS zwar vom Kochen von Nahrung spricht, sich jedoch auf das Kochen von Fleisch bezieht: Räuchern und Braten beziehen sich nicht auf Pflanzen, sondern auf Fleisch (vgl. Abb. 3.)

	1935/38	1950/51	1960/61	1970/71	1980/81	1990	1996	1997	1998	1999	2003	2004
Rind- und Kalb	18,0	13,3	19,2	24,3	23,2	22,1	10,5	10,0	10,4	10,7	8,6	8,8
Schwein	29,2	19,4	29,6	40,2	50,3	57,6	39,5	38,8	40,4	40,9	39,9	39,5
Geflügel	1,7	1,2	4,4	8,6	9,6	12,4	8,0	8,8	9,1	9,1	10,6	10,9

Tab. 1: Entwicklung des Fleischverzehrs (pro Kopf und Jahr) in Deutschland in kg. Quelle: Daten aus Statistische Jahrbücher ELF 1962 und 1982, sowie nach Koerber (1994), S. 204, Bundesministerium/ZMP 1997, S. 350, ZMP. [40] und [41].

Der Zugriff auf Fleisch symbolisiert auch die Macht in der Gemeinschaft bzw. der Gesellschaft.

2

Der Zusammenhang von Fleisch und Macht ist besonders von der historischen Ernährungsforschung beleuchtet worden [27, 36]. Er lässt sich auf folgenden Achsen beschreiben:

■ Die europäischen Oberschichten demonstrierten ihre Macht entweder durch die Menge oder durch die Qualität des verzehrten Fleisches.

Massimo MONTANARI schreibt dazu: *„Der Verzehr von Fleisch [...] war seit langem ein Statussymbol gesellschaftlicher Vorrechte: Adlige und Bürger hatten daraus das grundlegende (wenn auch nicht das einzige) Kennzeichen ihrer Ernährungsweise gemacht"* [27; S. 90].

Standesunterschiede zwischen dem aufstrebenden Bürgertum, den Bauern und dem Adel manifestierten sich u.a. in Vorschriften über den Konsum der jeweils erlaubten Fleischmengen und -art [1, 34].

TANNER [33] verweist darauf, dass z.B. im Spätmittelalter die Möglichkeit, Essen und Trinken als soziale Markierung einzusetzen, an Bedeutung gewann. Sichtbarer als je zuvor wurden über Essen und Trinken soziale Differenzen und Statuspositionen kommuniziert [33, 24]. Zugleich verlagerte sich die Aufmerksamkeit von der quantitativen Dimension hin zu qualitativen Kriterien, d.h. ausgefallene Fleischarten, teures Fleisch wurden in dem Maße von den oberen Schichten verzehrt, in dem die Unterschichten beim Fleischkonsum nachzogen [33, 34].

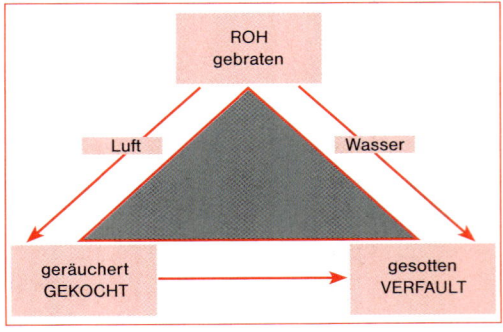

Abb. 3: Das kulinarische Dreieck, nach [22]

Die Gleichsetzung von „Qualität" und „Macht" prägte zwischen dem 14. und 16. Jahrhundert das Vorstellungsvermögen der gesellschaftlichen Eliten in Europa [27, S. 104f.]. Und indem „Qualität der Nahrung" und „Qualität der Person" unverrückbar aufeinander bezogen wurden, erschien gut essen oder schlecht essen als „ein dem Menschen innewohnendes Attribut" – und dieses Essen bereitete ihn wiederum auf seine gesellschaftliche Rolle vor [27, 33]. Gutes Essen meint hier immer auch den Zugang zu Fleisch und zwar hinsichtlich der Quantität und der Qualität.

■ Es entwickelte sich ein deutlicher Unterschied zwischen Stadt und Land.

MONTANARI [27, S. 92f.] stellte in seiner „Kulturgeschichte der Ernährung in Europa" fest, dass seit dem 12./13. Jahrhundert in den Städten mehr und teureres Fleisch verzehrt wurde als auf dem Lande. Bis ins 19. Jahrhundert hinein bleibt dieser Kontrast zwischen Stadt und Land ein wesentlicher Faktor der gesellschaftlichen Nahrungsverteilung. Für die Stadt galt, dass hier zumindest von den wohlhabenden Bürgern Rindfleisch verzehrt wurde, während auf dem Lande die alte Waldwirtschaft und demgemäß der Verzehr von Schweinefleisch üblich war [27].

■ Durchgängig findet sich auch ein differenzierter Fleischkonsum zwischen den Geschlechtern (vgl. [39]).

Frauen und Kindern wurde immer weniger Fleisch zugebilligt als Männern. Die „Polarisierung der Geschlechtscharaktere" [15] im 18. Jahrhundert findet sich auch in der Ernährung wieder. Der „starke Mann" benötigte für die Regeneration seiner außerhäuslichen Arbeitskraft starke Nahrung, während für das „schwache Geschlecht" die „schwachen Nahrungsmittel" blieben. Diese kollektiven Vorstellungen fanden sich bereits in der Humoralpathologie[2] und anderen kulturellen Deutungsmustern des Mittelalters und der frühen Neuzeit. In der Aufklärung z.B. bei ROUSSEAU fand sich ebenso wie hundert Jahre später (1850) bei MOLESCHOTT die Auffassung: *„daß minder nahrhafte Speisen und Getränke, oder* *die nahrhaften in verringerten Gaben beim Weibe ausreichen"* (MOLESCHOTT 1853: Lehre der Nahrungsmittel, hier zitiert nach [33]). Ausnahmen galten nur für Schwangere und Wöchnerinnen. Davon abgesehen sicherten physiologische Theorie und Ernährungswissenschaft bestehende kulturelle Zuweisungen ab und bekräftigten so männliche Ernährungsprivilegien.

„Starkes Geschlecht" und „starke Nahrung = Fleisch" waren ebenso aufeinander bezogen wie „schwaches Geschlecht" und „schwache Nahrung = Gemüse". Diese Verbindung verweist auf die Vorstellung des Essens von Kraft.

Der Werbeslogan „Fleisch ist ein Stück Lebenskraft" beinhaltet die alte Vorstellung des ‚Essens von Kraft'.

3

Eng mit der Symbolik von Fleisch als Macht verknüpft ist auch die Vorstellung von Fleisch als Verkörperung von Stärke und Lebenskraft [11]. Die Vorstellung, dass Fleisch physische Kraft enthalte und demnach durch das Verspeisen von Tierfleisch diese Kraft physisch oder spirituell auf den Menschen übertragen würde, gab und gibt es in vielen Gesellschaften und über einen langen Zeitraum hinweg. Religionssoziologen vermuten, dass diese Anschauung in den magisch-religiösen Vorstellungen des Totemismus[3] verwurzelt sein könne [13, 37].

Als Justus VON LIEBIG, der wohl berühmteste Ernährungswissenschaftler des 19. Jahrhunderts, das Fleisch in den Rang eines „Supernahrungsmittels" erhob, indem er Fleisch als den wesentlichen Ausgangsstoff für die Wieder-

herstellung der Muskelkraft bezeichnete, fand diese Behauptung auch vor dem Hintergrund solcher Vorstellungen großen Beifall [33]. Zugleich verlieh er damit auch der damals *„gängigen Vorstellung, dass tierische Nahrung nahrhafter sei als reines Gemüse, einen neuen, wissenschaftlichen Rang"* [11].

Dass die bisher beschriebenen Hintergründe des Fleischverzehrs auch heute noch die gegenwärtige Bedeutung von Fleisch bestimmen, wird am Beispiel der geschlechtsspezifischen Differenzierung des Fleischverzehrs deutlich. Sie zeigen sich hinsichtlich der Verzehrshäufigkeit, der Verzehrsmenge und der Beliebtheit von Fleisch: Männer essen häufiger und lieber Fleisch als Frauen [20, 14].

Schon beim Fleischkonsum in der Pubertätsphase, die ja bei der Formung der Geschlechtsidentität eine wichtige Rolle spielt, wird eine geschlechtsspezifische Besetzung von Nahrungsmitteln sichtbar. Dabei erscheint Obst als ein für Frauen und Fleisch als ein für Männer „typisches" Nahrungsmittel.

Die Shell-Jugendstudie von 1997 [19] bestätigt frühere Studien dahingehend, dass deutlich mehr weibliche als männliche Jugendliche eine fleischarme oder sogar vegetarische Ernährungsweise bevorzugen (Abb. 4).

Erklärungenmöglichleiten für Präferenzunterschiede

■ Joerg M. DIEHL vermutet, dass Jungen Fleisch bevorzugen und Mädchen eher Gemüse und Obst, weil sie diese Vorlieben auch bei den Erwachsenen beobachtet haben.

In ihrem Alltag haben sie die Erfahrung gemacht, dass Männer häufiger viel Fleisch mit großem Genuss essen und dass andererseits Frauen demonstrieren oder versichern, wie gern sie Salat, Gemüse und Obst verzehren. DIEHL schließt daraus, dass Kinder und Jugendliche *„z. T. einfach das Muster der Erwachsenen wider[spiegeln]"* [10].

Um eine direkte Widerspiegelung bzw. Konditionierung handelt es sich jedoch nicht. Wie komplex das „Lernen am Modell" ist, erläutert BANDURA in seinen Veröffentlichungen [2].

---

[2]Vom griechischen Arzt Galen (129–199 n. Chr.) entwickeltes Konzept als eine Vereinigung der vor seiner Zeit entstandenen Qualitäten-, Elementen- und Säftelehren. Hieraus entstand später die Lehre von den durch die Körpersäfte bestimmten Temperamenten des Sanguinikers (Blut), des Phlegmatikers (Schleim), des Cholerikers (gelbe Galle) und des Melancholikers (schwarze Galle). Die Galensche Lehre hielt sich faktisch bis in das 17. Jahrhundert hinein.

[3]Hinter dem Totemismus steht die Ansicht, dass die dem Totemtier zugeschriebenen Kräfte durch dessen Verzehr einverleibt und aufgenommen werden und auch dessen Heiligkeit auf den Menschen übergeht [31, 18].

Kinder werden mit den Nahrungspräferenzen der Eltern konfrontiert, was, so haben Experimente ergeben, deren eigene Vorlieben stark prägt. Durch den wiederholten Kontakt mit einer Speise lernt das Kind diese zu akzeptieren (oder eben nicht zu akzeptieren). Häufig wirkt bei der Übernahme der elterlichen Präferenzen auch der Wunsch nach sozialer Anerkennung mit. Dieser Mechanismus der Übernahme der jeweils vorhandenen Präferenzen wird in der Ernährungspsychologie *mere exposure effect* genannt. Da dieser Lernprozess über einen langen Zeitraum erfolgt, erweist sich eine solche Prägung als relativ dauerhaft [29].

Jedoch sind die Präferenzentscheidungen der Eltern nicht unabhängig von ihrem Umfeld und kommen daher letztlich einer individuellen, aber innerhalb der Kultur und von der Gesellschaft getroffenen Auswahl gleich. So werden z.B. orthodoxe Juden oder Muslime ebenso wenig individuelle Präferenzen für Schweinefleisch entwickeln wie Kinder und Jugendliche aus industrialisierten westlichen Gesellschaften für Hundefleisch.

- Eltern wünschen bei Jungen eher als bei Mädchen, sie einmal „groß und stark" zu sehen.

Männliche Kinder werden deshalb verstärkt zum „kräftigen" Essen und zum Verzehr von „wachstumsfördernder" Nahrung (= Fleisch) aufgefordert [10].

Hier wirkt die geschlechtsspezifische Sozialisation auch auf die Ernährung der Kinder. Vor allem der Junge soll z.B. nach dem Vorbild des Vaters kräftig werden und deshalb mit viel Protein versorgt werden. Deutlich wird in diesen Aufforderungen aber auch das Wirken der Vorstellung, dass Fleisch essen kräftig und stark macht. Diesen Symbolgehalt von Fleisch beschreibt auch der französische Kultursoziologie Pierre BOURDIEU in seinen „Feinen Unterschieden", dort heisst es: *Fleisch, die nahrhafte Kost schlechthin, kräftig und Kraft, Stärke, Gesundheit und Blut schenkend, ist das Gericht der Männer"* [5].

Es kann vermutet werden, dass Männer auf diese symbolische Bedeutung des Fleisches stärker ansprechen. Vermutlich müssen sie ihre Stärke und ihre Macht und somit ihre persönliche Identität immer wieder neu demonstrieren, sowie bestehende Hierarchien stabilisieren, um ihrer Rolle in der patriarchalen Gesellschaft zu entsprechen.

Das Funktionieren dieser Mechanismen hängt von der Beteiligung aller ab, so könnte das männliche Fleischessen gleichsam als soziale Norm bezeichnet werden [12]. Ein Verstoß einzelner dagegen verunsichert die Mehrheit und führt zur Ächtung [11].

- Die bei Mädchen und Frauen beliebteren Speisen werden von ihnen als hilfreich zur Verminderung und Beibehaltung des Körpergewichts angesehen.

Die Verbindung von Essen und Gewicht gewinnt damit bei ihnen durch die rigiden gesellschaftlichen Figurnormen starkes Gewicht [10].

Es ist zwar nachgewiesen, dass Frauen ihren Fleischkonsum zum Teil bewusst einschränken, weil sie, was gesundheitliche Fragen der

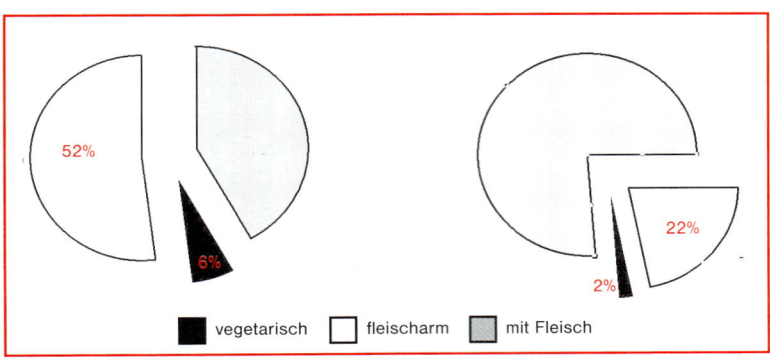

Abb. 4
Bevorzugte Ernährungsweise 12–24 jähriger weiblicher (links) und männlicher (rechts) Personen, nach [19].

52%

6%

22%

2%

vegetarisch   fleischarm   mit Fleisch

Ernährung betrifft, besser informiert und interessierter sind [8]. Diese Entscheidung gegen den „potentiellen Dickmacher" Fleisch (bzw. hier vor allem Wurst) ist aber abhängig vom Schönheitsideal der Gesellschaft und im Zusammenhang damit von der psychischen Stabilität und dem Selbstvertrauen der Frauen.

Man könnte diese Verhaltensweise auch teilweise als magisches Denken deuten, wonach hauptsächlich „heilsversprechende" [30] Nahrung verzehrt wird, um sich in größerer Sicherheit auf ein langes und gesundes Leben wiegen zu können.

Symbolkraft des Nahrungsmittels Fleisch

Dem in unserer Gesellschaft als männlich angesehenen Nahrungsmittel Fleisch haften Attribute an, die Frauen nicht unbedingt annehmen wollen (Kraft, Stärke). Frauen reagieren möglicherweise auf diese Symbolhaftigkeit, indem sie weniger Fleisch oder nur weißes Fleisch essen.

Ein Grund für den weiblichen Vegetarismus kann darin liegen, dass gerade die sozial anerkannte Symbolfunktion von Fleisch (nämlich Macht), bewusst abgelehnt wird. Wer, wie Frauen in unserer Gesellschaft, wenig Macht hat, muss diese auch nicht ständig erneuern oder demonstrieren, in der Angst sie zu verlieren. Im Gegenteil, gesellschaftlich wirkende Mechanismen können so boykottiert werden, indem das Symbol seine Gültigkeit verliert oder ins Negative gekehrt wird [11; 23].

Diese kurze Betrachtung sollte deutlich machen, dass in unserer Gesellschaft Fleisch einen hohen Symbolgehalt hat. Fleisch symbolisiert Kraft, Stärke, Energie aber auch die Herrschaft des Menschen über die natürliche Welt. Je nachdem, ob die dem Fleisch zugeschriebene symbolische Bedeutung angenommen oder abgelehnt wird, reagiert die Psyche z.B. mit Genuss oder mit Ekelgefühl. Darum schmeckt Männern z.B. Fleisch besser und darum konsumieren sie mehr. Darum schmeckt mehr Frauen Gemüse und Obst und darum lehnen mehr Frauen Fleisch ab. Der geringere Fleischkonsum von Frauen zeigt allerdings, dass Ernährungsverhalten dann verändert werden kann, wenn Ernährungsempfehlungen mit bereits vorhandenen soziokulturellen Sinngebungen zusammenfallen.

So kann auch der gleiche Symbolgehalt – je nach dem, ob man ihn ablehnt oder ihn bejaht – als Begründung für das positive Image von Fleisch die angesehene vitale Nahrung und für das negative Image die unmoralische, potentiell ungesunde Nahrung herangezogen werden.

Vor diesem Hintergrund sind auch Fleischessen und Vegetarismus nur zwei Seiten derselben Medaille. Jede ist jeweils als Gegensatz der anderen von Bedeutung.

Fazit

Ernährungswissenschaft und Ernährungsbildung, die zu einer Veränderung des Ernährungsverhaltens im Sinne einer physiologisch optimalen Bedürfnisbefriedigung beitragen wollen, müssen die verdeckten, aber dennoch wirksamen Hintergründe der Ernährungsweise, d.h. die soziokulturellen, religiösen und individuellen Sinngebungen und Sinnbezüge beachten, die erst das Ernährungsverhalten erklären.

Motive und Hintergründe der Ernährungsweise zu erforschen ist Aufgabe einer Kulturwissenschaft des Essens, die gleichberechtigt neben die naturwissenschaftliche Ernährungsforschung treten sollte. Nur die Kombination und Zusammenarbeit natur- und kulturwissenschaftlicher Disziplinen kann auch einen weiterführenden Beitrag für die Ernährungsbildung liefern und wird dem Gegenstand gerecht. Ansätze hierzu sind vorhanden und sollten genutzt werden [3, 38, 34, 26].

 Prof. Dr. Kirsten Schlegel-Matthies
Fachgruppe Ernährung u. Verbraucherbildung
Fakultät für Naturwissenschaften
Universität Paderborn
33095 Paderborn
Email: schlegel-matthies@evb.upb.de

„Artgerecht" und mit „gesundem Menschenverstand"

Zu typischen Mustern der Manipulation
von Meinungen und Verhalten im Umgang mit Ernährungskonzepten

Barbara Methfessel, Heidelberg

Essen und Trinken sind lebenserhaltende, täglich wiederkehrende Handlungen, die für alle Menschen entscheidende physische, soziale und psychische Bedeutungen haben. Soweit wir dies historisch nach verfolgen können, waren Essen und Trinken daher auch immer im Blick derjenigen, die Menschen beherrschen und steuern wollten: Es waren vorrangig politische und religiöse Kräfte, die entsprechende Ge- und Verbote entwickelten, verkündeten und auf ihre Einhaltung drängten. In unserer Zeit nutzen v. a. Lebensmittelindustrie, „Verkäufer" von Ernährungskonzepten und Publizisten verstärkt die Methodik von gezielter (Teil-)Information und Manipulation zum Erreichen der eigenen Ziele. Diese Mechanismen zu erkennen ist eine wichtige Herausforderung an den mündigen Verbraucher.

Einleitung

Seit Essen und Trinken nicht alleine durch Traditionen sowie politische und soziale Interessen bestimmt, sondern wissenschaftlich erforscht und angeleitet wird, bemüht sich auch die Wissenschaft um Einfluss auf den essenden Menschen. Sie gibt ihm zum einen eine – wissenschaftlich begründete – Norm vor, bezieht ihn zum anderen aber auch in die Auseinandersetzung darüber ein, was wissenschaftlich *abgesichert* ist (der aktuelle Begriff dafür ist *evidenzbasiert*) und, wem bzw. welcher neuen Erkenntnis man wie folgen sollte.

Doch auch den Vertretern der Wissenschaft kann nicht unkritisch gefolgt werden: Zum einen befindet sich Wissenschaft in einer Entwicklung, die auch durch einen öffentlichen Expertendiskurs begleitet wird. Zum anderen können – vor allem in der „Zusammenarbeit"

mit der Nahrungsmittelindustrie und -vermarktung – auch Bekanntheit und materielle Verdienste erworben werden. Diese Aspekte beeinflussen nicht selten den Umgang mit der wissenschaftlichen Redlichkeit. Allem voran spielt die Entwicklung der industriellen Nahrungsproduktion mit einem großen Markt und Werbeetat eine bedeutsame Rolle.

**Ein Dilemma für die wissenschaftliche Redlichkeit:
Mit dem Thema Ernährung
kann Geld verdient werden.**

Buch- und Zeitschriftenveröffentlichungen oder Beratungs- und Hilfeinstitutionen für Wellness, „Anti-aging", Abnehmen etc. bieten gute Einnahmequellen. Ernährungskonzepte werden vermittelt, dazugehörige spezifische Nahrungsmittel vermarktet und weitreichende Hoffnungen geweckt.

Die Zahl derer, die das Handeln der Einzelnen beeinflussen wollen, wächst und diese zielen auf die Köpfe (Denken), Herzen (Glauben und Hoffen) und vor allem auf die Geldbeutel.

**Verbraucher/-innen
brauchen daher die Möglichkeit,
kritisch mit den verschiedenen
Versuchen, von ihnen ‚Kopf',
‚Herz' und ‚Portemonnaie' zu
erobern, umzugehen.**

Wenn auch nicht jeder einzelne Aspekt neuerer Ernährungskonzepte immer sofort bewertet werden kann, so kann man doch ein Grundmuster für Kritik entwickeln, welches hilft, auch ohne differenzierte Sachkenntnis zu Bewertungen zu kommen.

Kriterien für Bewertungen von Konzeptionen und typische Manipulationsmuster

In der Diskussion unterschiedlicher Ernährungskonzepte stößt man immer wieder auf das Problem der Unterscheidung

- zwischen berechtigter Kritik, guten Impulsen und Demagogie (z.B. die Arbeiten von POLLMER et al. [14, 15]),
- zwischen sinnvollen Grundüberlegungen und ideologisierender und fachlich unhaltbarer Auslegung (z.B. einige Auswüchse der Vollwertkost),
- zwischen nicht haltbaren theoretischen Konzepten und weitgehend unschädlichen bzw. gesundheitsförderlichen Ratschlägen (z.B. die meisten Varianten der Trennkost),
- zwischen belegbaren Erkenntnissen und deren manipulativer Verknüpfung mit „Halb- und Unwahrheiten" und problematischen Empfehlungen (z.B. in der Low Carb-Diskussion).

Die Vermischung berechtigter und belegbarer Aussagen mit unlauteren Vergleichen und Folgerungen stellt bereits eine Strategie der Manipulation dar.

Konzepte können in ihrer ernährungswissenschaftlichen Begründung zweifelhaft sein bzw. sich einer wissenschaftlichen Bewertung entziehen (wie z.B. das Verbot des gleichzeitigen Verzehrs von Eiweiß und Kohlenhydraten bei der Trennkost oder die z.T. spirituellen Begründungen bei den Fünf Elementen der Ernährung und Ayurveda), in der konkreten Empfehlung (u.a. bei einem hohen Anteil an Obst und Gemüsen) jedoch gesundheitsverträglich oder im Vergleich zu vorherrschenden Ernährungsgewohnheiten für Ernährungsverhalten und -bewusstsein sogar sehr förderlich sein.

Ernährungskonzepte können aus der Sicht der handelnden Menschen und einer auf sie bezogenen Ernährungswissenschaft nach folgenden Kriterien bewertet werden:

- Einfluss auf die Gesundheit: individuelle Verträglichkeit und ernährungsphysiologische Wirkung im psycho-physischen Zusammenhang;
- individuelle, soziokulturelle *Verträglichkeit* der Ernährungsweise mit dem jeweiligen esskulturellen System (sozial wie regional oder ethnisch), seinen Geschmackspräferenzen, Essritualen und Bewertungen;
- Handhabbarkeit: Haushaltsbezug, Verfügung über materielle und immaterielle Ressourcen; Vereinbarkeit mit Lebensstil und Lebensführung.

Im Alltag ist die Geschmackspräferenz, d.h. die biographisch erworbene Prägung auf sensorische Eigenschaften und Strukturierungen von Nahrung, Speisen und Mahlzeiten, eine durchschlagende, aber von Seiten der Wissenschaft selten wirklich verstandene Größe [11, 12].

Über die Durchsetzung einer subjektiv gewünschten oder empfohlenen Ernährungsweise entscheiden meist die konkreten Haushaltsbedingungen, die Wertsetzungen für die Lebensgestaltung und die als begrenzt gewerteten Ressourcen (Zeit, Geld, Wissen und Können etc.):

Was nicht in den Alltag integrierbar ist, wird nicht langfristig handlungsleitend bleiben.

Von Bedeutung ist ebenso die Sozialverträglichkeit (aus individueller Sicht: die Wirkung auf die sozialen Beziehungen). Rigide Ernährungssysteme, die gemeinsamen Mahlzeiten nicht mehr zulassen oder sogar zu grundlegenden Wertekonflikten führen können, wie z.B. bei Veganerinnen und Veganern, sind in bestehende soziale Systeme selten integrierbar. Auch die Ablehnung einer gesundheitsförderlichen Ernährung durch den Mann (und im Gefolge auch die Kinder) hat manchen guten Ansatz von besorgten Müttern und Ehefrauen im Keim erstickt. Gruppendruck und die Gefahr der Ausgrenzung oder das „Dazugehören" beeinflussen das Durchhaltevermögen, wie dies Ernährungsmoden oder das Gruppenkonzept der *Weight watchers* zeigen.

Aus wissenschaftlicher und verbraucherpolitischer Sicht relevante Kriterien

① Fachliche Richtigkeit (inwieweit stimmen die zentralen Aussagen?) – zu bewerten, ob etwas fachlich „richtig" ist, wird im Alltag meist erst dann relevant bzw. interessant, wenn erwünschte oder befürchtete Auswirkungen auf Gesundheit und Wohlbefinden damit verbunden sind und man sich mit Argumenten auseinandersetzen muss, die verunsichern. Von Bedeutung sind auch ② ökologische und soziale Folgen auf Mikro- (z.B. Familie, Freundeskreis), Makro- (Umwelt und Gesellschaft) und globaler Ebene (z.B. Auswirkungen auf die Dritten Welt). Hinzu kommen ③ die „Redlichkeit" in der Nutzung wissenschaftlicher Erkenntnisse (z.B. in der Diskussion um den glykämischen Index), ④ die wissenschaftliche/logische Struktur der Argumentation, Bezüge und Vergleiche (u.a. beim Konzept „Artgerechte Ernährung"), ⑤ die Redlichkeit in der Auseinandersetzung mit konkurrierenden oder angegriffenen Konzepten (z.B. [14]), ⑥ das Verhältnis von Wissenschaft, „alternativen" Entwicklungen und Lebenswelt, dies betrifft auch die gegenseitige Achtung oder Verleumdungen/Stigmatisierungen und ⑦ der Umgang mit den Lesern/-innen: wird die Selbstkompetenz gefördert oder wird Verunsicherung und „Sektenbildung" angestrebt?

Grundorientierungen von Ernährungskonzepten

Bei Ernährungskonzepten sind zwei Grundorientierungen zu erkennen: 1. der Bezug zur natürlichen und 2. der Bezug zur „ganzheitlichen" bzw. spirituellen Seite des Menschen.

Im ersten Fall streitet man darüber, *was der Natur der Menschen entspricht*. Argumentiert man dabei nur auf Basis (gar einzelner) physiologischer Wirkungen, so ignoriert man, dass Menschen inzwischen auch Kulturwesen mit wechselvoller Geschichte und unterschiedlichen „Naturen" sind und Essen und Ernährung neben der physischen auch eine soziale und eine psychische Funktion haben [12].

Die Suche nach Transzendenz und spiritueller Befreiung der Menschen führt dagegen zu einer Handhabung von Ernährung als Teil eines „Lebensweges". Nahrungsmittel werden u.a. mit Eigenschaften bzw. mit der Wirkung auf Eigenschaften verknüpft. Sie haben keinen eigenständigen positiven Wert. Diese Zuordnung wurde z.B. im Mittelalter in ähnlicher Weise von Hildegard von Bingen gepflegt. Aus ihr resultieren personentypische Ernährungsweisen. Die meisten dieser Ernährungskonzepte sind in der Anwendung durchaus gesundheitsverträglich und oft mit einer bewussteren Lebensführung verbunden. Sie werfen jedoch auch Fragen auf:

- Können Konzepte aus anderen Kulturkreisen so einfach übertragen werden?
- Inwieweit ist ihr Anspruch noch zu tolerieren?
- Wie handhabbar sind sie? (Soll z.B. in einer Familie für jede Person einzeln Nahrung zubereitet werden?)

Die Einordnung der Ernährung in eine Weltanschauung, gar in ein spirituelles Konzept, entzieht sich wissenschaftlicher Auseinandersetzung. Es kann nur bewertet werden, inwieweit Empfehlungen und Konzepte unter den gegebenen Erkenntnissen als gesundheitsförderlich oder -schädigend einzustufen sind.

Generell ist – auch im Bezug auf die weiteren Ausführungen – anzumerken, dass die Unterschiedlichkeit der Menschen und ihrer Verträglichkeiten und Bedürfnisse stärker ins Blickfeld der Wissenschaft rücken müssen und Menschen lernen müssen, sich selbst und ihre Voraussetzungen und Bedürfnisse angemessen differenziert wahrzunehmen.

Grundmuster einer manipulierenden Argumentation

In den unterschiedlichen Schriften zur Ernährung finden sich immer wiederkehrende Grundmuster der Argumentation, deren Kenntnis helfen kann, die Zweifelhaftigkeit mancher Argumentation schnell zu durchschauen. Diese Muster beziehen sich u.a. auf

Die Natur

Je nach Interesse wird auf einen Vergleich mit Tieren oder auf „die Natur" des Menschen zurückgegriffen. Die Autoren und Autorinnen beziehen sich dabei nur auf diejenigen Beispiele, die in das eigene Konzept passen. Da muss dann der Löwe, der zunächst die Eingeweide der erlegten Tiere frisst, für den spezifischen Wasserbedarf des Menschen herhalten ([4], 1986, S. 59). Je nach Bedarf wird so auf die Pflanzen fressenden oder Fleisch fressenden/omnivoren Affen als Ahnherren der Menschen zurückgegriffen. Die Natur des Menschen wird z. B. abwechselnd mit vegetarisch lebenden Amazonasstämmen, Fett und Fleisch essenden Inuits oder Fisch essenden Asiaten begründet.

Die (Ursprungs-)Geschichte

Ursprungsmythen haben in der Religion die Bedeutung nicht mehr hinterfragbarer Sinn- und Zielsetzungen und damit auch der Begründung des „Gewollten" und „Angemessenen" [21]. Auch die Ernährungsgeschichte dient vielen als Begründung für eine „ursprüngliche", „natürliche", noch unverfälschten Bewertungsgrundlage für ein „artgerechtes" Verhalten. Jeder Autor greift dabei unverzagt auf die Epoche und die ethnische Gruppe zurück, die der eigenen Argumentation dient. Geflissentlich übersehen wird dabei, dass man noch nicht einmal genau weiß, welche Gene wie in welchem Zusammenspiel bedeutsam sind, dass in der Entwicklungsgeschichte in verschiedenen Regionen unterschiedliche Anpassungen stattgefunden haben, dass menschliche Gene weitgehend „Genmischungen" sind – und dass Menschen sogar mit der Fruchtfliege eine sehr große genetische Übereinstimmung haben. Solche eigenwilligen bis abenteuerlichen Bezüge zur Geschichte finden sich häufig, u.a. bei der Trennkost, der Instinkternährung, den Rohköstlern, oder auch bei POLLMER und WARMUTH, wenn diese die Geschichte des Weißmehls nachzeichnen ([15] S. 335f.), wenn sie die „Abwehrkräfte"des Getreides als Argument gegen Vollkornprodukte nutzen (ebenda, S. 325 ff.) oder der Dogmatik der Frischkornbreianhänger mit der Dogmatik der Weißbrot-

esser begegnen. In der aktuellen Diskussion beziehen sich die Empfehlungen von WORM für einen höheren Fleisch- und Fettverzehr vor allem auf die Steinzeit [23].

(Pseudo-)wissenschaftliche Begründungen bei Ablehnung bisher anerkannter wissenschaftlicher Erkenntnisse

Einzelne Nahrungsmittel werden abgelehnt, wie z.B. Milch bei einigen Spielarten der Trennkost. Begründet wird dies damit der „Unnatürlichkeit" des Verzehrs von Säuglingsnahrung, die in der (real weit verbreiteten) Milchunverträglichkeit des Menschen zum Ausdruck kommt – ohne jedoch zu differenzieren, dass in den westlichen Ländern die meisten Menschen Milch vertragen. Auch andere wissenschaftlich klingende Theorien zum Stoffwechsel dienen der Legitimation, wie z.B. die der „Verschlackung"(s. unten).

Orientierung auf einzelne Stoffwechselprozesse bzw. auf die Wirksamkeit spezifischer Nahrungsmittel oder Nährstoffe

Die Problematik der Zuckerverzehrs wird zur vermehrten Empfehlung von Fleisch und Fett, die des Fettverzehrs zur Empfehlung von mehr Kohlenhydraten genutzt. Auf diese Weise werden einzelne begründbare Aspekte in ein neues zweifelhaftes Konzept integriert.

Erkenntnisse zu einzelnen Nähr- und Wirkstoffen und zu Stoffwechselprozessen werden herausgegriffen und zur Vermarktung von Ernährungskonzepten (bzw. dazu gehörigen Publikationen und Produkten) genutzt. Aktuell führt beispielsweise eine Rückbesinnung auf die Prozesse beim Kohlenhydratabbau und -stoffwechsel zu Verteufelung kohlenhydrathaltiger Lebensmittel. Ohne Rücksicht auf Menge, Wirkung im Gesamtgeschehen, Gesundheitszustand der Essenden etc. werden Lebensmittel auf den Tabu-Index gesetzt.

Bei der Sichtung der Diäten finden sich solche, die mit Eiweiß heilen und schlank machen wollen, und solche, die der „Eiweißmast" mit einem Eiweiß-Fasten begegnen. Obwohl schon lange bekannt ist, dass zumindest nach gesättigten und ungesättigten Fettsäuren zu differenzieren ist, wird seit den 1990er Jahren Fett als Kalorienträger „gejagt". Im Stoffwechselprozess physiologischerweise vorkommende Nähr- und Wirkstoffe und ihre Kombinationen werden so in der Ernährung gesunder Menschen entweder zu Feinden oder zum Wundermittel.

Kaum wird einem Stoff eine positiv gewertete Wirkung nachgewiesen, wird eine Tablette daraus gemacht, ein Müsliriegel, ein Fitnessdrink, eine Diät etc. Unter Ausnutzung von Unkenntnis wird so z.B. der Ballaststoff Pektin zur geheimen Diät-Waffe, als Tablette oder Pulver teuer verkauft, wobei Pektin einfacher, preiswerter und wirkungsvoller über Obst zu verzehren ist. Des Weiteren werden z.B. mit Enzymen oder anderen Stoffwechselakteuren schnell ganze „Diäten" wie z.B. *Fatburner-Diäten* entwickelt.

Solche Konzepte lenken von der Komplexität des Stoffwechselgeschehens ab und versprechen mit der Fixierung auf einzelne Elemente schnelle Lösungen, die gezielt an den Kauf von Produkten gebunden sind. Bei genauerer Betrachtung wird klar, dass eine ausgewogene Ernährung alle weiteren Ausführungen überflüssig macht und hinter der Androhung der „schleichenden Vergiftung durch langsamen Zelltod" allerhöchstens die bekannten Zivilisationskrankheiten auszumachen sind, deren Prävention bzw. Linderung eine ausgewogene Ernährung, aber keine speziellen Diäten fordern.

Ein (meist) in sich geschlossenes System von Ernährungsregeln

Weltanschaulich oder ähnlich begründete Ernährungskonzepte entwickeln oft ein System von Regeln, das in sich geschlossen und logisch wirkt und eine Ein- bzw. Unterordnung der eigenen Essweisen unter das System verlangt. Diese oft auch absolut vertretenen Konzepte lassen wenig Differenzierung und Kombinationen von Essstilen zu, fordern die Abkehr vom „Alten"– was nicht selten auch zur Abkehr von alten sozialen Beziehungen führt und die Zuordnung zur neuen sozialen Essgemeinschaft verstärkt. Solche Regelsysteme finden sich oft im religiösen und religiosnahen Kontext.

Die Allheilwirkung von Ernährung

Verzweifelte kranke Menschen suchen oft nach neuen Wegen der Heilung. Tatsächlich kann Ernährung oft solch ein Weg sein. Zum Problem wird dieser Weg aber, wenn unwirksame und sogar gefährliche Therapiekonzepte entstehen, mit denen versprochen wird, alle Probleme zu lösen, oder wenn jede andere Art der Therapie verboten wird.

Auch die Orientierung auf eine „gesunde Ernährung" als Prävention vor Zivilisationskrankheiten kann unzulässige Ansprüche erheben. Soll will z.B. BRUKER [2] folgende Krankheiten „mit Sicherheit verhüten":

- „Der Gebissverfall, die Zahnkaries und Paradentose,
- die Erkrankungen des Bewegungsapparates, die so genannten rheumatische Erkrankungen, Arthrosen, Arthritiden, Wirbel- und Bandscheibenschäden,
- alle Stoffwechselerkrankungen wie Fettsucht, Zuckerkrankheit, Leberschäden, Gallensteine, Nierensteine, Gicht,
- die meisten Erkrankungen der Verdauungsorgane wie Stuhlverstopfung, Leber-, Gallenblasen, Bauchspeicheldrüsen, und Dünn- und Dickdarmerkrankungen, Verdauungs- und Fermentstörungen,
- Gefäßerkrankungen wie Arteriosklerose, Herzinfarkt, Schlaganfall und Thrombosen, mangelnde Infektabwehr, die sich in immer wiederkehrenden Katarrhen und Entzündungen der Luftwege, den sogenannten Erkältungen, und in Nierenbecken- und Blasenentzündungen äußert,
- manche organische Erkrankung des Nervensystems,
- auch für die Entstehung des Krebses ist die Fehlernährung als wichtige Komponente nachgewiesen." (S. 12)

Stilelemente und Methoden der Manipulation

Neben den zentralen inhaltlichen Mustern fallen als Stilelemente und Strategien auf:

Verletzung der Regeln des wissenschaftlichen Arbeitens im Umgang mit konkurrierenden Konzepten

Statt z. B. ein Konzept als Ganzes zu beurteilen, werden – bezogen auf das eigene Interesse

– gezielt einzelne Schwachstellen herausgepickt, ‚auseinander genommen' und ohne weitere Reflexion und Differenzierung dann zur Gesamtbeurteilung bzw. zur Diskreditierung genutzt.

Unredliche Vergleiche durch einseitige Auswahl und Darstellung

Wenn z.B. Vegetarier die schädliche Wirkung von Fleisch und die Fleischbefürworter (oder -lobbyisten) die Unersetzlichkeit von Fleisch nachweisen, dann greifen sie meist auf unvollständige wissenschaftliche Aussagen und unredliche Vergleiche zurück. Der bessere Gesundheitszustand von Vegetariern ist z.B. eng verbunden mit einem bewussteren und gesundheitszuträglicheren Ess- und Lebensstil. Ein Vergleich nur auf der Ebene des Fleischverzehrs ist hier ebenso wenig legitim, wie der umgekehrte Beweis der gesundheitsfördernden Wirkung von Fleisch mit Hilfe einzelner ausgewählter Studien.

Auch ein Vergleich des Nährstoffgehalts von Fleisch und Gemüse, der nur auf Vitamin C oder ausgewählter B-Vitamine, also auf Nährstoffe bezogen ist, die nur oder vorrangig in einer der beiden Gruppen zu finden sind, ist nicht redlich.

Beim Lob auf die Herz schützende Wirkung des Rotweins wird meistens unterschlagen, dass in Ländern mit hohem Rotweinkonsum (wie Frankreich) die Rate der Leberkrankheiten höher ist. Die das Herz schützenden Inhaltsstoffe können die Leber und Milz nicht vor der Giftwirkung des Alkohols bewahren.

Willkürlicher und verfälschender Umgang mit wissenschaftlichen Ergebnissen

Wie beschrieben wird die Problematik der Zuckerverzehrs zur vermehrten Empfehlung von Fleisch und Fett, die des Fettverzehrs zur Empfehlung von mehr Kohlenhydraten genutzt. Zucker bekommt so den Vorteil frettfrei zu sein und Fett den, den glykämischen Index nicht zu belasten [19]. Auf diese Weise werden umstrittene Lebensmittel oder begrenzt empfohlene Nährstoffe zum unbeschwerteren Verzehr freigegeben.

Im Umgang mit wissenschaftlichen Ergebnissen ist zu bedenken, dass die Rahmenbedingungen, Zielsetzungen und Fragestellungen der Studien die jeweilige Aussagekraft bestimmen und einschränken. Wenn einzelne, veraltete oder nicht typische Ergebnisse herausgegriffen werden, kann dies ebenso problematisch sein wie die Verfälschung anerkannter Ergebnisse z.B. durch einseitige Interpretation, Beliebigkeit in der Wahl der Argumentationen und Beweise sowie unzulässige Verknüpfungen.

Problematisch ist z.B., wenn (im Interesse der Zuckerindustrie) nachgewiesen wird, dass das Konzentrationsvermögen beim Autofahren durch die Gabe von Glukose erhöht wird, oder wenn dramatisierend herausgehoben wird, wie wichtig Zucker für das Gehirn und das Glücklichsein ist – ohne dazu zu sagen, dass die Glukose auch in komplexen Kohlenhydraten, also auch in Form von Vollkornprodukten oder Obst aufgenommen werden kann.

Demagogischer Umgang mit anderen, konkurrierenden Empfehlungen

Nicht nur im Alltag und der Politik, sondern auch im Wissenschaftsstreit und im Kampf um die Kunden werden konkurrierende Konzepte und Empfehlungen gerne mit Hilfe demagogischer Stilelemente angegriffen und lächerlich gemacht. Dies gelingt, indem man Argumentationsebenen vermischt, Positionen verfälscht darstellt, um sie besser bekämpfen zu können etc. Wenn indirekt, z.B. durch die Schaffung von unzulässigen Verknüpfungen im Kopf der Leser/-innen Ängste geweckt werden, kann die Manipulation noch wirksamer werden. In diese Kategorie fällt z.B. der Bericht von Fehlgeburten einer Frau, die ihre Ernährung auf Vollkornernährung umstellte [14]. Die Lesenden erfahren nichts von Ursachen und Hintergründen, sondern verknüpfen die Vollwerternährung mit der Fehlgeburt: Vollwert-Ernährung führt zu Fehlgeburten.

Unzulässige Gleichsetzung einer Kritik an ihren Konzepten mit der Verfolgung oder Ablehnung „Alternativer" oder Andersdenkender

Vertreter/-innen neuer, sog. alternativer Konzepte versuchen sich oft vor Kritik zu schützen, indem sie nicht in die inhaltliche Diskussion einsteigen, sondern sich als Verfolgte der „Etablierten" darstellen und als Vertreter/-innen zukunftsfähiger Ideen, die von dem herrschenden System unterdrückt werden. Sie setzen auf die Solidarität mit Schwächeren und rücken Kritik an ihren Vorstellungen schnell in die Nähe der Verfolgung und Unterdrückung. Da neuere Entwicklungen meist wirklich erst einmal ignoriert oder gar ausgegrenzt werden, muss hier gut differenziert werden.

Appell an Ängste

Die Angst der Menschen vor Vergiftung und Schädigung ist leicht nachzuvollziehen. Essen berührt direkt und grundlegend Leben, Gesundheit und Lebensqualität. Vergiftungsängste gehören also zur Geschichte der Menschen. Mit diesen Ängsten wird gespielt. „Schlacken" bzw. „entschlackende Kost" sind Grundlage viele Ernährungskonzepte. Für die Existenz von „Schlacken" im Körper sind jedoch keine wissenschaftlichen Grundlagen vorhanden. Der menschliche Körper muss allerdings tagtäglich Verwertbares von nicht Verwertbarem und sogar Giftigem trennen und Letzteres ausscheiden. Eine gute Verdauung (z.B. aufgrund ausreichender Faserstoffzufuhr) und ein starkes Immunsystem sind dabei sicherlich hilfreich. Giftangst und Ekel werden auch genutzt, um Nährstoffe, Nahrungsmittel und -gruppen als gefährlich darzustellen.

Wie werden Lesende für neue Konzepte geworben?

Die genannten Wege der Manipulation sind in vielen Lebensbereichen gleich – und gleich wirksam. Zu ihnen gehören auch Strategien der emotionalen Einbindung. Typisch sind *Individuelle Leidens- und Erlösungsgeschichten*: Eindrücklich wird beschrieben, wie Menschen erst krank, hässlich, antriebsarm und fast impotent waren, um dann nach der Ernährungsumstellung gesund, schön, leistungsstark und potent zu werden (u.a. [4]). Diese Leidensgeschichten können durchaus zutreffen, sie rechtfertigen aber nicht, die eigene Heilungserfahrung zur Grundlage für Ernährungskonzepte anderer, insbesondere anderer Gesunder zu machen. Beliebt ist auch Werbung mit prominenten Anhängern/-innen. So wirbt Martina Navratilova für die Dr. Haas Leistungsdiät [6] und für Ayurveda [5]. „Authentische" Empfehlungen werden eher angenommen und bekommen gerade in unüberschaubaren Lebenssituationen und Erfahrungen mit der „Nicht-Verlässlichkeit" und Unverbindlichkeit vieler Institutionen und Experten schnell größeres Gewicht.

Appell an den „gesunden Menschenverstand"

Er dient (auch und gerade im Gegensatz zu wissenschaftlichen Erkenntnissen) der Schmeichelei des Gegenübers, der in ein gemeinsames „Besserwissen" als die Anderen (die Experten) einbezogen wird. Nicht selten dient dieser Appell dazu, das „gesunde Volksempfinden" gegen Wissenschaft und Innovationen zu organisieren, um sich genau vor deren Kritiken zu schützen.

Ausspielen der Alltagserfahrung gegen wissenschaftliche Erkenntnisse

Alltagserfahrungen und wissenschaftliche Entwicklung müssen (nicht nur bezogen auf Ernährung) in einen produktiven Dialog geführt werden [17]. Das Ausspielen gegeneinander dient der Immunisierung gegenüber wissenschaftlich begründeter Argumentation.

Generelle Kritik an wissenschaftlichen Erkenntnisse und Vorgaben

Eine prinzipielle Kritik wird gerne als mutige „Entmachtung" überheblicher und bevormundender Experten/-innen verkauft, schützt jedoch oft nur die eigene Position vor wissenschaftlicher Kritik oder dient der eigenen Positionierung im Medienspektakel.

Berufung auf ausgewählte Wissenschaftler/-innen

Der Bezug auf einzelne Wissenschaftler/-innen als besonders fortschrittlich, weise oder kritisch etc. schmückt die eigenen Aussagen und soll sie, besonders bei allgemeiner Wissenschaftskritik, glaubwürdig wirken lassen.

Gruppen- oder Gemeindebildung ("wir" und "die anderen")

Wie bei einer Sekte wird eine Gemeinschaft der (besser) Wissenden und (tiefer) Verstehenden („Wir") aufgebaut, die in ihrem Selbstverständnis durch die Kritik der Unwissenden nur noch in ihrer Auserwähltheit bestätigt wird.

Schnelle und einfache Lösungen für komplexe Probleme

Diese Strategie wird hier zuletzt genannt, sie ist aber bedeutend, wenn auch auf einer anderen Ebene wirksam: Hierunter fallen Angebote, die aus Produkten bestehen, daher eine konsumorientierte Lösung bieten und kein verändertes Verhalten oder eine veränderte Lebensweise verlangen. Auch die Versprechen des schnellen Erfolgs zählen hierzu: *„10 Tricks. Verdauung gut, alles gut"* oder *„Trenntrick wirkt Wunder"* [13].

Aktuelle Ratgeber locken damit, in 24 Stunden ein neues Leben anzufangen, in einer Woche mehrere Kilo abnehmen, sich schlank zu denken und jung zu essen.

Drohung und Verlockung

Konzepte mit dem Anspruch, die Botschaft der „richtigen" Ernährung zu bringen, nutzen wie die Werbung das klassische Spiel von Drohung und Verlockung. Bei Nichtakzeptieren der vorgebrachten Argumente bzw. Regeln wird u.a. gedroht mit Verlust von Wohlbefinden und Leistungsfähigkeit, vorzeitigem Altern und Hässlichkeit, Rückgang der physischen und sozialen Attraktivität und damit verbundener Sozialbeziehungen, mit Krankheit und (frühem) Tod. Gelockt wird u. a. mit Gesundheitsgarantie und Schönheit, Attraktivität, Wohlbefinden und Erfolg, Jugendlichkeit, langem Leben, Leistungsfähigkeit im Alter, Potenz, Erfolg ohne (mit wenig) Anstrengung.

Zusammenhänge beachten und kritikfähig werden

Die Aufgabe von (Ernährungs-)Bildung und Beratung ist, Menschen zu stärken, damit sie sich im Dschungel des Lebens und der Verführungen selbstbewusst bewegen und – im Sinne des lebenslangen kompetenzorientierten Lernens – Regeln nicht nur kennen und befolgen, sondern auch kritisieren und abwandeln können. Dazu müssen sie selbstständig und kritisch denken können.

Wie STAEHLE u. STRIPPEL [18] feststellen, ist es durchaus im Interesse mancher Lebensmittelindustrien, wenn Verbraucher/-innen durch widersprüchliche Aussagen verwirrt werden und letztlich die Orientierung ebenso verlieren wie die Bereitschaft, sich zu orientieren.

Zur Auseinandersetzung mit „alternativen" Konzepten und Diäten helfen immer noch

- die Ausrichtung an einer ausgewogenen Mischkost, die auch ohne Fleisch auskommen kann, wenn man sich auskennt;
- die Bevorzugung möglichst wenig bearbeiteter Nahrungsmittel und Speisen und die Aufnahme der Nährstoffe im „botanischen" Verbund (was auch für tierische Lebensmittel gilt, deren Inhaltsstoffe im Allgemeinen als Tablette und Konzentrat weniger zu empfehlen sind);
- die Orientierung an einem guten Nährstoff-Energie-Verhältnis;
- der Verzicht auf Einseitigkeit und Dogmatismus verbunden mit Misstrauen gegenüber „Wunder-Lösungen";
- der „gesunde Menschenverstand" *in Kombination* mit grundlegendem Wissen.

Nicht zuletzt sind die alten kritischen Fragen sinnvoll: „Wer verdient daran?" - „Wer profitiert davon?" – „Wem gibt es Macht und Einfluss?"

 Prof. Dr. Barbara Methfessel
Pädagogische Hochschule Heidelberg
Fak. III, Inst. für Alltags- und Bewegungskultur, Abt. Ernährungs- und Haushaltswissenschaft und ihre Didaktik
Postfach 10 42 40, 69032 Heidelberg
methfessel@ph-heidelberg.de

Ernährungsverhalten von 3- bis 6-jährigen Kindern verschiedener Ethnien

Ergebnisse einer Kitastudie in Berlin

Anne-Madeleine Bau
Theda Borde
Raffaella Matteucci Gothe

Berlin

Nicht nur bei deutschen, sondern auch bei nicht deutschen Kindern entwickelt sich Adipositas zunehmend zu einem ernsten Gesundheitsproblem. Untersuchungen in Berlin belegen, dass die Prävalenz von Adipositas bei türkischstämmigen 5- bis 7-Jährigen doppelt so hoch ist wie bei deutschen Kindern. Gleichzeitig liegen über das Ernährungsverhalten von Migrantenkindern bzw. deren Familien in Deutschland kaum Informationen vor. Entsprechende Kenntnisse sind aber für die Entwicklung zielgruppengerechter Gesundheitsförderungs- und Präventionsprogramme erforderlich. Im Folgenden werden Ergebnisse einer Untersuchung zum Ernährungsverhalten von 3- bis 6-jährigen Kindern in einer Kindertagesstätte (Kita) in einem sozialen Brennpunkt in Berlin-Wedding dargestellt.

Einleitung und Fragestellung

Obwohl in Deutschland, besonders in den Ballungsgebieten, viele Migranten leben, gibt es nur wenige Studien zu ihrer Gesundheit und ihrem Gesundheitsverhalten. Zwar können anhand der Gesundheitsberichterstattung des Bundes und der Länder Aussagen zur Prävalenz von Krankheiten gemacht werden, allerdings sind die Ursachen für ihre Entstehung nur unzureichend bekannt.

Ein Bericht zur gesundheitlichen Lage von Kindern in Berlin [1] auf der Basis von Daten von Einschulungsuntersuchungen von 2001 zeigt, dass 11,3 % der Kinder deutscher Eltern und 22,7 % der Kinder türkischstämmiger Eltern adipös sind. Somit weisen Kinder türkischer Herkunft verglichen mit deutschen eine doppelt so hohe Adipositasprävalenz auf. Weiterhin fällt auf, dass bei den Kindern aus türkischstämmigen Familien außer dem Geburtsgewicht keine weiteren Einflussgrößen im Hinblick auf die Adipositasprävalenz festgestellt bzw. erhoben wurden. Adipositas gehört zu der Gruppe ernährungsabhängiger Erkrankungen, die wesentlich die Morbidität und Mortalität der Menschen bestimmen.

Nach Analysen der WHO [2] ist es wahrscheinlich, dass ungünstige Ernährungsgewohnheiten in der Kindheit die spätere Manifestation ernährungsbedingter Erkrankungen mit verursachen. Die Prävention ernährungsabhängiger Erkrankungen sollte deshalb so früh wie möglich beginnen. Für die inhaltliche Gestaltung erfolgreicher Interventionsmaßnahmen sind Kenntnisse über das Ernährungsverhalten grundlegend.

Zwar gibt es Untersuchungen zum Ernährungsverhalten von Kindern verschiedener Altergruppen in Deutschland, aber diese wurden bisher kaum im Hinblick auf die ethnische Zugehörigkeit ausgewertet [3]. Das Ziel der vorliegenden Untersuchung ist daher, die Verzehrgewohnheiten 3- bis 6-jähriger Kitakinder deutscher und nicht deutscher Herkunft in einem ausgewählten Stadtquartier in Berlin darzustellen. Die Nahrungszusammensetzung wird mit den Empfehlungen für die „Optimierte Mischkost" des Forschungsinstituts für Kinderernährung Dortmund verglichen.

Im Rahmen der Untersuchung sollten folgende Fragen beantwortet werden:

- Wie ist das Ernährungsverhalten von 3- bis 6-jährigen Kitakindern in einem sozialen Brennpunkt in Berlin?
- Welchen Einfluss haben Migrationsaspekte wie Ethnizität, Aufenthaltsdauer und Deutschkenntnisse?

52

Wie oft aß Ihr Kind in den letzten 4 Wochen folgende Speisen?	täg- lich	mehrmals pro Woche	etwa 1-mal pro Woche	seltener	nie
Joghurt	2	1	0	0	0
Käse	2	1	0	0	0
Fleich	0	2	1	0	0
Wurstwaren	0	2	1	0	0
Obst	2	1	0	0	0
Gemüse	2	1	0	0	0
Blattsalat	2	1	0	0	0
Vollkornbrot, Mehrkornbrötchen	2	1	0	0	0
Nudeln, Reis	2	1	0	0	0
Gekochte Kartoffeln	2	1	0	0	0
Frittierte oder gebratene Kartoffeln	0	0	1	2	2
Currywurst, Hamburger, Pizza	0	0	1	2	2
Baklava, Kuchen, Kekse	0	0	1	2	2
Süßigkeiten	0	0	1	2	2
Nutella, Nuss-Nougat-Creme	0	1	1	2	2
Knabberartikel (Chips, Cracker)	0	0	1	2	2

2 = optimales Ernährungsverhalten, 1= normales Ernährungsverhalten 0 = ungünstiges Ernährungsverhalten

Tab. 1: Bewertungsmatrix zur Beurteilung des Ernährungsmusters für ausgewählte Lebensmittel

Methode

Die Untersuchung fand im März 2002 in zwei Kindertagesstätten in Berlin-Wedding statt [4]. Befragt wurden die Eltern von Kitakindern im Alter von 3 bis 6 Jahren. Die Daten wurden mit einem standardisierten Fragebogen in deutscher und türkischer Sprache erhoben. Er enthielt überwiegend geschlossene Fragen zu folgenden Aspekten:

Ernährungsverhalten, Stillverhalten, anthropometrische Daten des Kindes und der Eltern, Ernährungsberatung, sozioökonomische Lage der Eltern, Migrationsaspekte und Ethnizität.

Erfasst wurden die Verzehrhäufigkeiten von 28 Lebensmittelgruppen und 7 Getränken. Dafür sollten die Eltern diese für die letzten vier Wochen angeben (ob täglich, mehrmals pro Woche, einmal pro Woche, selten, nie).

Die Einteilung in ein „optimales", „normales" und „ungünstiges" Ernährungsmuster wurde anhand eines Ernährungsmusterindexes (EMI) vorgenommen. Die Berechnung des EMI erfolgte nach der Methode von WINKLER et al. [5]. Für die Erstellung des EMI wurden dabei die Verzehrhäufigkeiten entsprechend der Empfehlungen der „Optimierten Mischkost" des Forschungsinstituts für Kinderernährung Dortmund [6, 7] wie folgt codiert (Tab. 1):

- Zwei Punkte erhielten Verzehrhäufigkeiten, die hinsichtlich der optimierten Mischkost als optimal zu bewerten sind,
- ein Punkt wurde vergeben bei angemessener Verzehrhäufigkeit,
- keinen Punkt erhielten Verzehrhäufigkeiten, die als ungünstig zu beurteilen sind.

Somit konnten für 35 Lebensmittelgruppen maximal 70 Punkte erreicht werden. Oberhalb einer Punktzahl, die der 75. Perzentile entspricht, wird von optimalem Ernährungsverhalten gesprochen. Zwischen der 25. und 75. Perzentile des EMI wird das Ernährungsverhalten als normal bezeichnet und unterhalb der 25. Perzentile wird ein ungünstiges Ernährungsverhalten angenommen.

Anhand der erhobenen Daten wurden drei verschiedene EMI berechnet. Ein EMI für alle 35

Lebensmittel, ein EMI für die 23 Lebensmittel, deren Verzehr einer üblichen Mischkost entspricht, und ein EMI für 12 „ungünstige" Lebensmittel (Fast Food, Knabberartikel, Süßigkeiten und Erfrischungsgetränke).

Die Ethnizität der Kinder wurde anhand von migrationsbezogenen Daten aus der Fragebogenerhebung ermittelt. Relevante Indikatoren waren hierbei: Deutschkenntnisse und Muttersprache sowie Aufenthaltsdauer der Eltern in Deutschland. Die Unterteilung der Stichprobe in die Herkunftsgruppen basiert auf der Muttersprache der Mutter.

Von 199 befragten Eltern konnten 138 Fragebögen ausgewertet werden. Das entspricht einem Rücklauf von 70 %. Die Analyse des Datenmaterials erfolgte mit Hilfe des Statistikprogramms SPSS 10.0 (Superior Performing Software Systems).

Auf Grund der kleinen Stichprobe wurden die Daten deskriptiv ausgewertet. Da der EMI nicht normalverteilt war, wurde als Lagemaß der Median mit dem minimalen und maximalen Wert berechnet. Der Vergleich der 4 ethnischen Gruppen bezüglich ihrer Medianwerte der EMI wurde mit dem KRUSKALL-WALLIS-H-Test überprüft und der MANN-WHITNEY-U-Test beim paarweisen Vergleich der Werte verwendet.

Ergebnisse

Untersuchungspopulation

Insgesamt konnten die Daten von 71 Jungen und 61 Mädchen, die zwischen 3 und 6 Jahren alt waren, ausgewertet werden. Die Untersuchungspopulation wurde in 4 Gruppen geteilt. Größte Gruppe waren die Kitakinder türkischer Herkunft (n = 77; 56,2 %), gefolgt von den Kitakindern deutscher Herkunft (n = 23; 16,8 %). Die drittgrößte Gruppe sind die Kinder von Eltern aus dem ehemaligen Jugoslawien (n = 17; 12,4 %), für die im Folgenden das Synonym B-S-K-R (bosnisch, serbisch, kroatisch und rumänisch) verwendet wird. In der 4. Gruppe („andere") wurden Kitakinder mit Herkunft aus arabischen Länder, Asien, Afrika und Europa zusammengefasst (n = 20; 14,6 %).

Verzehrhäufigkeiten

Die erfragten 35 Lebensmittel lassen sich in solche mit hoher und niedriger Nährstoffdichte

Wie oft aß Ihr Kind in den letzten 4 Wochen folgende Speisen?	täglich	mehrmals pro Woche	etwa 1-mal pro Woche	seltener	nie
Obst *(täglich)*	73,7% (98)	23,3% (31)	0,8% (1)	–	2,3% (3)
Gemüse *(täglich)*	44,4% (59)	44,4% (59)	6,0% (8)	3,8% (5)	1,5% (2)
Blattsalat *(täglich)*	21,4% (28)	35,8% (46)	17,6% (23)	16,0% (21)	9,9% (13)
Fleisch *(mehrmals/Woche)*	18,8% (25)	60,2% (80)	11,3% (15)	9,0% (12)	0,8% (12)
Wurstwaren *(mehrmals/Woche)*	20,3% (27)	42,9% (57)	18,0% (24)	13,5% (18)	5,3% (7)
Nudeln, Reis *(täglich)*	13,6% (18)	67,4% (89)	18,2% (24)	0,8% (1)	–
Gekochte Kartoffeln *(täglich)*	4,7% (6)	50,4% (65)	28,9% (37)	14,1% (18)	1,6% (2)
Vollkornbrot *(täglich)*	21,5% (28)	29,2% (38)	8,5% (11)	26,2% (34)	14,6% (19)
Käse *(täglich)*	26,6% (34)	32,3% (43)	12,8% (17)	15,0% (20)	14,3% (19)
Jogurt *(täglich)*	39,8% (53)	44,4% (59)	4,5% (6)	9,8% (13)	1,5% (2)
Vollmilch *(täglich)*	55,0% (71)	28,7% (37)	4,7% (6)	7,0% (9)	4,7% (6)
Wasser *(täglich)*	66,4% (87)	15,3% (20)	0,8% (1)	12,2% (16)	5,3% (7)

Tab. 2: Prozentuale (absolute) Verzehrhäufigkeiten ausgewählter Lebensmittelgruppen mit hoher Nährstoffdichte von 3- bis 6jährigen Kitakindern im Vergleich zu den Verzehrempfehlungen der „Optimierten Mischkost" des Forschungsinstitutes für Kinderernährung in Dortmund (Spalte 1, kursiv in Klammern).

Wie oft aß Ihr Kind in den letzten 4 Wochen folgende Speisen?	täglich	mehrmals pro Woche	etwa 1-mal pro Woche	seltener	nie
Fritierte od. gebrat. Kartoffeln	3,8% (5)	25,6% (34)	40,6% (54)	28,6% (38)	1,5% (2)
Currywurst, Hamburger, Pizza	2,3% (3)	12,1% (16)	32,6% (43)	50,0% (66)	3,0% (4)
Süßigkeiten	19,7% (26)	40,9% (54)	17,4% (23)	15,2% (20)	6,8% (9)
Baklava, Kuchen, Kekse	7,6% (10)	30,5% (40)	29,0% (38)	31,3% (41)	1,5% (2)
Nuss-Nougat-Creme	10,7% (14)	45,8% (60)	19,1% (25)	16,0% (21)	8,4% (11)
Knabberartikel (Chips, Cracker)	10,2% (13)	30,5% (39)	26,6% (34)	26,6% (34)	6,3% (8)
Cola, Limonade, Eistee	18,1% (23)	33,9% (43)	12,6% (16)	20,5% (26)	15,0% (19)

Tab. 3: Prozentuale (absolute) Verzehrhäufigkeiten ausgewählter Lebensmittelgruppen mit niedriger Nährstoffdichte von 3- bis 6-jährigen Kitakindern im Vergleich zu den Verzehrempfehlungen der „Optimierten Mischkost" des Forschungsinstitutes für Kinderernährung in Dortmund (alle Lebensmittelgruppen der Tabelle sollten seltener/nie verzehrt werden).

unterteilen. Bei den meisten Kitakindern entspricht die Häufigkeit des Verzehrs von Lebensmitteln mit hoher Nährstoffdichte (z.B. Obst, Gemüse, Blattsalat, Fleisch, Wurstwaren, Nudeln, Reis und Kartoffeln, Vollkornbrot, Käse, Joghurt, Vollmilch) den Empfehlungen der „Optimierten Mischkost" des Forschungsinstituts für Kinderernährung (Tab. 2).

Fast alle Kitakinder essen täglich bzw. mehrmals pro Woche Obst und Gemüse. Fleisch und Wurstwaren werden von 60,2 % bzw. 42,9 % der Kitakinder mehrmals pro Woche verzehrt. Kohlenhydratreiche Lebensmittel wie Nudeln, Reis und Kartoffeln werden von über der Hälfte der Kinder täglich bzw. mehrmals pro Woche gegessen. Der Verzehr von Vollmilch und Wasser entspricht bei über der Hälfte der Kitakinder den Empfehlungen der „Optimierten Mischkost".

Die Tabelle 3 zeigt den Verzehr ausgewählter Lebensmittel mit geringer Nährstoffdichte wie Fast Food, Süßigkeiten, Kuchen und Erfrischungsgetränke. Entgegen den Empfehlungen der „Optimierten Mischkost", diese Lebensmittel selten zu verzehren, essen über die Hälfte der Kitakinder täglich bzw. mehrmals pro Woche Süßigkeiten, Nuss-Nougat-Creme und nehmen Erfrischungsgetränke wie Coca Cola und Limonade zu sich. Fast Food wie Currywurst, Hamburger und Pizza werden von über der Hälfte häufiger gegessen, genauso wie etwa jedes 3. Kind täglich bzw. mehrmals pro Woche Pommes Frites verzehrt.

Ernährungsmusterindex

In Tabelle 4 sind die Ergebnisse zum Ernährungsmusterindix (EMI) dargestellt, die auf Grund der Verzehrhäufigkeiten der vorgegebenen Lebensmittelgruppen berechnet wurde.

Für die 35 Lebensmittel weisen die Kitakinder deutscher Herkunft mit einem Median von 38 den höchsten EMI auf und zeigen damit das beste Ernährungsmuster bezüglich der gesamten erhobenen Lebensmittel. Hinsichtlich des EMI für 23 Lebensmittel („normale" Mischkost) wurde für Kinder anderer gefolgt von Kindern türkischer Herkunft der höchste Index ermittelt.

Kinder deutscher Herkunft haben wieder den höchsten Index bei den 12 „ungesunden" Lebensmitteln; der Verzehr dieser Lebensmittel ist bei ihnen also am niedrigsten.

Bei der Aufteilung der Indizes anhand der Perzentilen in ein optimales, normales und ungünstiges Ernährungsmuster zeigen die Kinder türkischer Herkunft bei der normalen Mischkost (23 Lebensmittel) das beste Ernährungsmuster (Abb. 1). Besonders ungünstig (12 Lebensmittel) ernähren sich Kinder B-S-K-R und anderer Herkunft (Abb. 2).

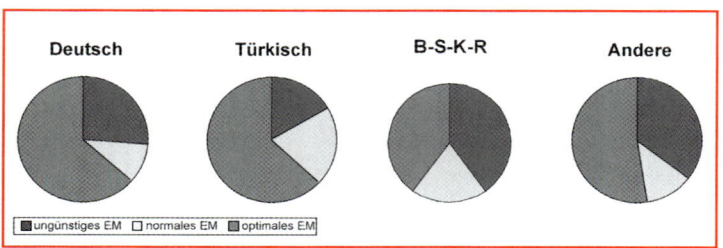

Abb. 1: Prozentuale Häufigkeitsverteilung des Ernährungsmusters (EM) der 3- bis 6-jährigen Kitakinder nach Ethnizität bei normaler Mischkost (23 Lebensmittel)

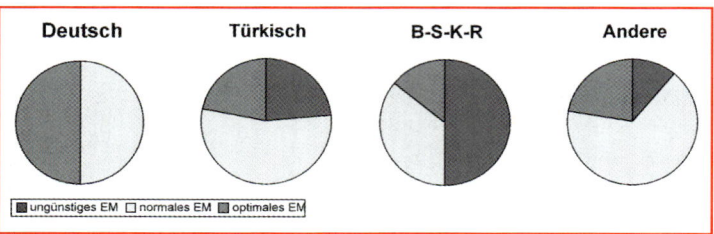

Abb. 2: Prozentuale Häufigkeitsverteilung des Ernährungsmusters (EM) der 3- bis 6- jährigen Kitakinder nach Ethnizität bei ungünstigen Lebensmitteln (12 Lebensmittel)

Einfluss der Aufenthaltsdauer und der Sprach-kenntnisse der Mutter

In Tabelle 5 (S. 56) sind die Ergebnisse zum Ernährungsmuster der Kinder deutscher und nicht deutscher Herkunft zusammenfassend dargestellt. Danach haben 32,5 % der Migrantenkinder ein ungünstiges Ernährungsmuster, aber nur 10,2 % der Kinder deutscher Herkunft.

Ungünstige Ernährungsmuster sind bei Migrantenkindern ca. 3-mal häufiger anzutreffen als bei deutschen Kindern.

Weiter zeigt die Auswertung, dass Kinder von Müttern mit guten Deutschkenntnissen und langer Aufenthaltsdauer in Deutschland sowohl ein optimales als auch ein ungünstiges Ernährungsmuster aufweisen können.

Diskussion

Zwischen dem Ernährungsverhalten und der Entstehung von Übergewicht und Adipositas besteht ein enger Zusammenhang. Die Veränderungen im Ernährungsverhalten gehen in den letzten 15 Jahren mit einem deutlichen Anstieg der Prävalenz adipöser Kinder einher.

Adipositas ist ein Gesundheitsproblem nicht nur bei deutschen, sondern auch bei Bevölkerungsgruppen nicht deutscher Herkunft.

In der vorliegenden Studie wurden erstmals in Deutschland Daten zum Ernährungsverhalten von Kindern in Abhängigkeit ihrer ethnischen Zugehörigkeit erhoben. Die relativ kleinen und unterschiedlichen Fallzahlen in den untersuchten ethnischen Gruppen unterstreichen den Pilotcharakter der Untersuchung.

Die Verzehrhäufigkeiten in dieser Untersuchung entsprechen im Mittel den Empfehlungen der „Optimierten Mischkost" des Forschungsinstitutes für Kinderernährung. Der Anteil an Lebensmitteln mit hoher Nährstoffdichte wie Gemüse, Obst, Fleisch, Nudeln, Reis und Kartoffeln sowie Milchprodukte ist bei Kindern türkischer und deutscher Herkunft sehr günstig. Vergleicht man dies mit den Ergebnissen der Kieler Adipositaspräventionsstudie (KOPS) [8], wird deutlich, dass sich die Kieler Kinder ähnlich wie die Kinder deutscher und türkischer Herkunft dieser Kitastudie im Mittel nach den Empfehlungen der „Optimierten Mischkost" ernähren. Studien aus den Niederlanden [9] lieferten ähnliche Ergebnisse.

Die durchschnittliche Aufnahme von Lebensmitteln mit hohem Nährwert entsprach bei Migrantenkindern den niederländischen

Empfehlungen zur Nährstoffaufnahme. Allerdings verzehren Kinder aus Migrantenfamilien häufiger ungünstige Lebensmittel wie Fast Food, Knabberartikel und Erfrischungsgetränke als Kinder deutscher Herkunft. Dies ergaben auch Studien in Schweden [10] und den Niederlanden [11]. Daten einer süddeutschen Studie [12] bestätigen ebenfalls den höheren Verzehr von Erfrischungsgetränken wie Coca Cola und Limonade sowie Knabberartikeln bei Frauen türkischer Herkunft.

Durch den Vergleich der Medianwerte der drei Ernährungsmusterindizes werden die Einzelergebnisse der Verzehrmuster der Lebensmittelgruppen bestätigt. Der Index für alle 35 Lebensmittelgruppen zeigt deutliche Unterschiede zwischen den 4 Untersuchungsgruppen.

Kinder deutscher, gefolgt von Kindern türkischer Herkunft weisen im Vergleich das bessere Ernährungsmuster auf. Kinder aus der Gruppe B-S-K-R haben das ungünstigste Ernährungsmuster. Diese Ergebnisse werden von Gedrich

und Karg [13] bestätigt. Bei der Auswertung der Einkommens- und Verbrauchsstichprobe 1993 (EVS) des Statistischen Bundesamtes, die 1993 zum ersten Mal Bürger nicht deutscher Nationalität mit erfasste, war die Nahrungsaufnahme der Türken den deutschen Verzehrmustern ähnlicher als den mediterranen.

Pan et al. und Lee et al. [14, 15] wiesen in ihren Studien nach, dass Änderungen der Ernährungsgewohnheiten bei Einwanderern von Aufenthaltsdauer, Fähigkeit des Sprechens und Schreibens der Sprache des Einwanderungslandes und Kontakt zu Einheimischen abhängen. Dagegen ergab diese Untersuchung, dass die Ernährungsmuster der Kinder verschiedener ethnischer Herkunft weder von den Sprachkenntnissen noch der Aufenthaltsdauer der Mütter beeinflusst werden. Schmid [12] zeigte in ihrer Studie ebenfalls, dass trotz einer langen Aufenthaltsdauer Migrantinnen ihre Ernährungsweise nur sehr wenig ändern. Die Aufrechterhaltung der jeweiligen kulturell geprägten Ernährungsweise wird durch die meist

Muttersprache der Mutter	EMI für 35 LM	EMI für 23 LM	EMI für 12 LM
Deutsch	38 (30–54)	22 (13–34)	17 (14–21)
Türkisch	36 (25–49)	23 (11–33)	15 (0–20)
B-S-K-R4	33 (23–40)	21 (15–29)	10,5 (4–21)
Andere5	36 (18–49)	24 (8–29)	14 (7–21)

35 LM: Joghurt, Käse, Eier, Fleisch, Wurstwaren, Fisch, tierische Fette, pflanzliche Fette, Obst, Gemüse, Blattsalat, Vollkornbrot, Weißbrot, Cornflakes, Nudeln, Reis, Kartoffeln, Oliven, Vollmilch, fettarme Milch, Milchgetränke, Tee, Früchtetee, Wasser, frittierte und gebratene Kartoffeln, Hamburger, Currywurst, Pizza, Fertiggerichte, Ketchup und Mayonnaise, Kuchen, Süßigkeiten, Eis, Honig, Marmelade, Nuss-Nougat-Creme, Knabberartikel, Nüsse, Cola, Limonade, Eistee

23 LM: Joghurt, Käse, Eier, Fleisch, Wurstwaren, Fisch, tierische Fette, pflanzliche Fette, Obst, Gemüse, Blattsalat, Vollkornbrot, Weißbrot, Cornflakes, Nudeln, Reis, Kartoffeln, Oliven, Vollmilch, fettarme Milch, Milchgetränke, Tee, Früchtetee, Wasser

12 LM: Frittierte und gebratene Kartoffeln, Hamburger, Currywurst, Pizza, Fertiggerichte, Ketchup und Mayonnaise, Kuchen, Süßigkeiten, Eis, Honig, Marmelade, Nutella, Knabberartikel, Nüsse, Cola, Limonade, Eistee

Tab. 4: Ernährungsmusterindizes nach Muttersprache der Mutter (Median, min–max)

EMI: Ernährungsmusterindex; LM: Lebensmittel
B-S-K-R: bosnisch, serbisch, kroatisch und rumänisch
Andere: Arabien, Europa, Asien, Afrika, Jamaika

Ernährungsmuster (EM) für alle 35 Lebensmittel	ungünstiges EM	normales EM	optimales EM	Gesamt N
Kita-Kinder deutscher Herkunft	10,2 % (2)	47,4 % (9)	42,1 % (8)	100 % (19)
Kita-Kinder nichtdeutscher Herkunft	32,9 % (25)	47,4 % (36)	19,7 % (15)	100 % (76)
Selbsteinschätzung deutscher Sprachkenntnisse				
gar nicht, wenig, kaum	28,0 % (7)	30,6 % (11)	6,7 % (1)	25,0 % (19)
einigermaßen	20,0 % (5)	27,8 % (10)	20,0 % (3)	23,7 % (18)
gut/sehr gut	52,0 % (13)	41,7 % (15)	73,4 % (11)	51,3 % (39)
Aufenthaltsjahre der Mutter in Deutschland				
<15 Jahre	50,0 % (12)	61,1 % (22)	26,7 % (4)	50,7 % (38)
>15 Jahre	20,8 % (5)	38,9 % (14)	60,0 % (9)	37,3 % (28)
seit Geburt	29,2 % (7)	–	13,3 % (2)	12,0 % (9)
gesamt	100 % (24)	100 % (36)	100 % (15)	100 % (75)

Tab. 5: Prozentuale (absolute) Häufigkeitsverteilung von Migrationsaspekten in Beziehung zum Ernährungsmusterindex. Erläuterungen im text.

ethnisch homogenen Familienstrukturen unterstützt. Das vielfältige Warenangebot z. B. in türkischen Supermärkten fördert ebenfalls das Beibehalten der Ernährungsweisen des Ursprungslandes.

SCHMID spekuliert, dass bei allein oder in gemischt-nationalen Ehen lebenden Migranten größere Veränderungen im Ernährungsverhalten zu erwarten sind. Dies bestätigen auch die Studien von PAN et al. und LEE et al. [14, 15], an deren Studien ausschließlich Studierende teilnahmen, die erst seit kurzem in den USA lebten.

Schlussfolgerung und Empfehlung

Für die Planung von Beratungsmaßnahmen und Interventionen ist es notwendig, genaue Informationen über spezifische ethnische Ernährungsweisen der jeweiligen Zielgruppe zu sammeln.

Die hier beschriebene Studie zeigt, dass die übliche Mischkost der Kinder nicht deutscher Ethnizität meist besser ist als die der Kinder deutscher Herkunft, was wahrscheinlich an der traditionellen Zubereitung der Speisen liegt. Problematisch dagegen ist bei der Ernährung

von Kindern nicht deutscher Herkunft der Verzehr von Fast-Food-Produkten, Süßigkeiten, Knabberartikeln und Erfrischungsgetränken. Die Häufigkeit des Verzehrs dieser Lebensmittel sollte mit dem Ziel einer Reduzierung der Aufnahme thematisiert werden.

Unabhängig von Deutschkenntnissen und Aufenthaltsdauer der Mutter sollte die Ernährungsberatung alle Gruppen nicht deutscher Herkunft erreichen. Zum Beispiel könnte in den Sprachkursen der Einwanderer ein Ernährungsmodul integriert werden.

Des Weiteren ist es notwendig, Ernährungsberatungsmaterial zu entwickeln, das traditionelle und religiöse Ernährungsgewohnheiten angemessen berücksichtigt.

Anne-Madeleine Bau, MPH
Dipl. oec. troph.
Arcostraße 5
10587 Berlin
E-Mail: BauAM@aol.com

Fast-Food-Konsum im Jugendalter

Befunde aus gesundheitsförderlicher Sicht

Jürgen Raithel
Bamberg

Gelegentlicher Fast-Food-Konsum gilt aus ernährungsphysiologischer Sicht zwar als akzeptabel, aber vor allem im Jugendalter haben der Besuch von Fast-Food-Restaurants und der Verzehr entsprechender Produkte einen zu hohen Stellenwert. Eine u.a. dadurch entstehende Fehlernährung kann zu ernährungsabhängigen und -beeinflussten Erkrankungen führen. Zusätzlich gibt es Hinweise dafür, dass eine solche Ernährungsweise ein Indikator für ein insgesamt gesundheitsabträgliches Verhaltensrepertoire von Jugendlichen ist.

Einleitung

Dem Ernährungsverhalten im Kindes- und Jugendalter kommt aus gesundheitsförderlicher und präventionsbezogener Sicht eine besondere Bedeutung zu [1–3]. In diesem Zusammenhang wird gerade Fast Food häufig mit minderwertig und ungesund gleichgesetzt und stößt bei Vielen auf Ablehnung.

In einer Befragung von 480 Jugendlichen gaben 87 % an, das Essen in Fast-Food-Restaurants sei nicht gesund [5]. Der schlechte Ruf von Fast-Food-Produkten – dazu zählen neben dem „Hamburger" als Fast-Food-Gericht par excellence auch klassische Schnellgerichte wie Bratwurst, Pizza, Gyros sowie Sandwichs, Schnittchen oder Fertiggerichte – ist allerdings nicht generell berechtigt. Ein „einfacher" Hamburger deckt z. B. mit einer relativ günstigen Nährstoffrelation etwa 10 % des täglichen Energiebedarfs eines Jugendlichen und ist als gelegentliche Zwischenmahlzeit akzeptabel.

Jedoch sind mayonnaisehaltige Burger und vor allem Fast-Food-Menüs (z.B. Bratwurst oder Big Mac mit Pommes frites und meist noch einem Softdrink) hochkalorische Mahlzeiten, die zwar reich an Protein sind, aber zu viel Fett enthalten. Zudem ist der Kochsalz- und Zuckergehalt von Fast-Food-Produkten sehr hoch, und es stellt sich als Folge des geringen Ballaststoff- und hohen Gehalts schnell verwertbarer Kohlenhydrate ein rasches, jedoch nicht anhaltendes Sättigungsgefühl ein [5]. In den meisten Produkten finden sich außerdem Lebensmittelzusatzstoffe zur Stabilisierung, Färbung und Aromatisierung.

Auch werden die Qualität von Frittierfetten, die Betriebshygiene und die häufig unnötigen Verpackungen oft kritisiert [6]. Ferner steht der „schnelle" Verzehr im Gegensatz zu den Forderungen, sich beim Essen Zeit (Muße) zu nehmen und appetitlich zubereitete Speisen zu „erleben", wie sie z. B. in den 10 Regeln der DGE formuliert werden [6].

Problematisch bzw. gesundheitsriskant ist Fast Food dann, wenn die Ernährung überwiegend auf solchen Produkten basiert oder wenn Fast Food zusätzlich zu Haupt- und Zwischenmahlzeiten konsumiert und dadurch die empfohlene Energiezufuhr überschritten wird.

Fast Food übt auf Jugendliche jedoch einen besonderen Reiz aus und ist häufig Bestandteil jugendlicher Lebenskultur. Dieser liegt für Jugendliche weniger in der sättigenden Funktion des Essens und Trinkens, als vielmehr in der unkonventionellen, ungezwungenen Atmosphäre, die Fast-Food-Restaurants zu beliebten Freizeittreffpunkten werden lassen [7]. So befriedigt das Schnellrestaurant soziale Bedürfnisse und bietet gleichzeitig über die Esskultur eine demonstrative Abgrenzung von der Erwachsenengeneration.

Die Fast-Food-Gastronomie ermöglicht ein bewusstes Ignorieren von Regeln und Normen der Erwachsenenwelt durch das Essen ohne Besteck und Geschirr sowie den weitgehenden Verzicht auf gebräuchliche Tischsitten und aufgedrängte Etikette. Diese Ungezwungenheit und „die Möglichkeit, mit dem Verzehr der Produkte wenigstens zeitweise aus den im Zivilisationsprozess erlernten Essgewohnheiten [...] auszubrechen" [8], ist ein Grund für die Faszination von Fast Food für Kinder und Jugendliche.

Die Beschäftigung mit gesundheitsriskantem Verhalten im Jugendalter ist entwicklungspsychologisch und gesundheitspolitisch überaus bedeutsam; denn gerade in dieser Lebensphase etablieren und festigen bzw. habitualisieren sich individuelle Verhaltensweisen [9–11]. Aus diesem Grund wurde auf der Datengrundlage von 171 Jugendlichen zwischen 14 und 16 Jahren, die mit Hilfe eines standardisierten Erhebungsinstruments schriftlich befragt wurden, ein Vergleich zwischen Extremgruppen – regelmäßig und selten Fast Food konsumierenden Jugendlichen – durchgeführt. Untersucht wurden Ernährungseinstellung und -wissen, Motive des Fast-Food-Konsums und verschiedene gesundheitsriskante Verhaltensweisen.

In diesem Kontext interessierten vor allem zwei Fragestellungen:

Wissen regelmäßig Fast Food konsumierende Jugendliche weniger über ernährungsphysiologische Aspekte und Risiken als jene, die dies selten tun?

Praktizieren regelmäßig Fast Food konsumierende Jugendliche in stärkerem Maße gesundheitsabträgliche Verhaltensweisen als ihre es selten konsumierenden Altersgenossen?

Kontrastgruppenbeschreibung

Die Intensität der Fast-Food-Ernährung wurde über eine fünfstufige Skala zum Wochenkonsum erfasst. Fast Food wurde hierbei wie folgt definiert: „Fast Food – das ist all das Essen, das man schnell mal eben kaufen kann – z. B. Pommes, Bratwurst, Hamburger usw. aus der Pommesbude, Pizza auf die Hand vom Stand an der Ecke, Döner-Kebap, Lahmacun, Gyros-Pita usw. Natürlich gehört auch alles aus den bekannten Fast-Food-Ketten dazu: Essen von McDonalds, Burger King, Pizza Hut oder Taco-Bell."

Über die Hälfte der befragten Jugendlichen gab an, wöchentlich nur selten Fast-Food-Produkte zu essen. Regelmäßig tun dies 38,1 % der 14- bis 16-Jährigen (Tab. 1). Jungen konsumieren Fast Food in stärkerem Maße als Mädchen. Im Hinblick auf das Alter ergaben sich keine Unterschiede.

	weibl.	männl.	Summe
nie	7,1	1,0	3,9
selten	72,6	45,4	58,0
1- bis 2-mal pro Woche	17,9	35,1	27,1
3- bis 5-mal pro Woche	1,2	15,5	8,8
täglich	1,2	3,1	2,2

Tab. 1: Fast-Food-Konsum der befragten Jugendlichen pro Woche (Angaben in Prozent)

Zur weiteren Analyse wurden die Jugendlichen anhand der Intensität des Konsums in zwei Kontrastgruppen unterteilt (Tabelle 1): in die Gruppe der regelmäßig (=38,1%) und der selten (=58%) Fast Food konsumierenden Jugendlichen.

Ernährungsmotiv, -einstellung und -verhalten

Als Motive für den Verzehr geben regelmäßig Fast Food konsumierende Jugendliche viel eher Hunger, Appetit und „als Snack zwischendurch" an als die Jugendlichen, die selten Fast Food essen (Tab. 2).

Hingegen unterscheiden sich beide Gruppen nicht signifikant, wenn es um das soziale Motiv „Freunde zu treffen" geht. Dies bedeutet: Jugendliche suchen nicht in erster Linie aus sozialen Motiven ein entsprechendes Restaurant auf, sondern hauptsächlich aus einer hunger- und/oder appetitsättigenden Intention heraus. Auch wenn das soziale Motiv nachgeordnet ist, kann dennoch davon ausgegangen werden, dass Fast-Food-Restaurants beliebte „Freizeittreffpunkte" unter Jugendlichen bzw. lebensstilisti-

	selten	regelmäßig	p <
Hunger	2,5	3,2	0,001
Appetit	2,5	3,3	0,001
Snack	2,8	3,4	0,001
Freunde Treffen	1,9	2,1	n.s.

Mittelwerte:
Skala von 1 = „nicht zutreffend" bis 5 = „voll zutreffend"

Tab. 2: Motiv für den Besuch eines Fast-Food-Restaurants

„Fast Food enthält durchschnittlich ..."	selten	regelmäßig	p <
Fett	4,6	4,3	0,05
Vitamine	1,8	2,1	0,01
Kalorien	4,5	4,1	0,001
Ballaststoffe	3,1	3,2	n. s.
Kochsalz	3,5	3,4	n. s.

Mittelwerte: Skala von 1 = „kein(e)" bis 5 = „sehr viel"

Tab. 4: Einschätzung des Nährstoffanteils in Fast-Food-Produkten: "wie schätzt du den Anteil folgender Nährstoffe in Fasr-Food-Produkten ein?"

sche Ausdrucksmittel sind [7]. Diese besucht man vor allem, wenn man Appetit oder Hunger hat.

Die allgemeine Einstellung zur Ernährung und die Unterschiede zwischen beiden Gruppen sind Tabelle 3 zu entnehmen. (Für Ballaststoffe, Kochsalz, Kohlenhydrate und Protein haben sich keine statistisch signifikanten Unterschiede ergeben.) Es zeigt sich eine insgesamt gesundheitsbezogen ungünstigere Bilanz für die regelmäßig Fast Food konsumierenden Jugendlichen. Sie achten weniger auf Fette, Vitamine und den Kaloriengehalt ihrer Nahrung, essen mehr Süßigkeiten, weniger Obst und Gemüse, und eine gesunde Ernährung ist ihnen weniger wichtig.

Befragt nach den Nährstoffgehalten der Produkte, zeigt sich, dass die regelmäßig Fast Food

konsumierenden Jugendlichen diese Lebensmittel günstiger bewerten als die seltenen Konsumenten (Tab. 4). Jugendliche, die regelmäßig Fast Food essen, schätzen dessen Fettanteil und den Kaloriengehalt niedriger und den Anteil an Vitaminen höher ein als die Jugendlichen, die das selten tun. Bei der Beurteilung von Ballaststoffen und Kochsalz zeigen sich zwischen den beiden Gruppen keine systematischen Unterschiede.

Auffällig ist, dass Fast Food ein mittlerer Anteil an Ballaststoffen zugesprochen wird. Das spiegelt ein markantes Wissensdefizit wider [3]. Die Wissenslücke muss aber nicht unbedingt mit einem unangemessenen Ernährungsverhalten einhergehen, wie die Gruppe der Selten-Verwender zeigt. Vorhandenes Wissen und entsprechende Einstellungen werden von vielen Jugendlichen nur selten im Alltag umgesetzt [12].

Im Ernährungsverhalten (Tab. 5) bestätigt sich die gesundheitsförderliche Ernährungseinstellung der selten Fast Food konsumierenden Jugendlichen. Sie essen viel Käse, Kartoffeln, Obst und Gemüse und trinken häufig Wasser. Vergleichsweise verzehren die regelmäßig Fast Food konsumierenden Jugendlichen mehr Fleisch und alle Formen von Süßwaren, sie trinken deutlich mehr energiereiche Getränke.

Die größte Differenz zeigt sich bei kalorienhaltigen Colagetränken. Dies mag damit zusammenhängen, dass Konsumenten von Fast Food vor allem ein kalorienhaltiges (normales) Colagetränk dazu trinken. Für die anderen

	selten	regelmäßig	p <
nicht zu viel fett	3,2	2,7	0,01
viele Vitamine	3,7	3,1	0,001
nicht so viel Kalorien	3,1	2,5	0,01
wenig Süßigkeiten	2,9	2,3	0,001
viel Obst und Gemüse	4,0	3,5	0,05
wichtig, dass Mahlzeit gesund ist	3,7	3,3	0,01

Mittelwerte:
Skala von 1 = „überhaupt nicht" bis 5 = „sehr stark"

Tab.3:
Allgemeine Ernährungseinstellung und Nährstoffachtsamkeit
„Worauf achtest du bei deiner Ernährung im Allgemeinen ...?"

	selten	regelmäßig	p <
Käse	3,2	2,6	0,001
Fleisch	3,2	3,6	0,05
Kartoffeln	3,5	3,1	0,01
Obst	4,1	3,7	0,01
Schokolade	2,2	2,8	0,001
Fruchtgummi	2,3	2,8	0,001
Chips	2,4	2,7	0,05
Speiseeis	2,4	2,7	0,05
kalorienhaltige Cola	2,5	3,3	0,001
kalorienhaltige Limo	2,4	3,0	0,001
Wasser	3,9	3,1	0,001

Mittelwerte; Skala: nie (1), selten (2), 1- bis 2-mal pro
Woche (3), 3- bis 5-mal pro Woche (4), täglich (5)

Tab. 5: Ernährungsverhalten

	selten	regelmäßig	p <
Energy-Drinks	1,4	2,1	0,001
Scnaps/Likör	1,5	1,8	n. s.
aufputschende Mittel	1,0	1,3	0,001
Ecstasy	1,1	1,3	0,05
Heroin/Kokain	1,0	1,2	0,05
Risk-Fashion[1]	2,7	3,1	0,01
Waghalsigkeit[2]	1,6	2,0	0,001

Mittelwerte:
Skala von 1 = „nicht zutreffend" bis 5 = „voll zutreffend"
[1] Summenindex bestehend aus folgenden Einzelitems:
„Bungee-Jumping", „Drachen-/Gleitschirmfliegen", „Fall-
schirmspringen", „Soloklettern", „aus 10 m Höhe in ein
Sprungtuch springen" [11, 16]
[2] Summenindex aus folgenden Einzelitems: „S-/U-Bahn-
Surfen", „Strommastklettern", „Fabrikschornsteinklettern",
„von einem mit ca. 50 km/h fahrenden Lastwagen abspringen", „mit geschlossenen Augen über eine stark befahrene
Straßenkreuzung gehen" [11, 16]

Tab. 6: Gesundheitsrelevante Verhaltensweisen

abgefragten Lebensmittel (Reis, Nudeln, Eier, Fisch, Milchprodukte, Wurst und Brot) haben sich keine systematischen Unterschiede ergeben.

Gesundheitsrelevante Verhaltensweisen

Inwieweit Unterschiede zwischen Jugendlichen mit regelmäßigem und seltenem Fast-Food-Verzehr in Bezug auf andere gesundheitsbezogene Verhaltensweisen bestehen, zeigt Tabelle 6. Insgesamt verhalten sich die regelmäßig Fast Food konsumierenden Jugendlichen gesundheitsriskanter als ihre selten Fast Food konsumierenden Altersgenossen. Differenzen bestehen v. a. beim Konsum koffein- und taurinhaltiger Energy-Drinks, bei der Einnahme aufputschender Medikamente sowie bei waghalsigen Unternehmungen.

Weiterhin gibt es systematische Unterschiede bei der (potenziellen) Ausübung von Risk-Fashion-Aktivitäten und beim Konsum illegaler Drogen.

Für den Spirituosen-Konsum besteht eine deutliche Tendenz zu Ungunsten der regel-

mäßig Fast Food konsumierenden Jugendlichen. Für den Konsum von Bier, Wein, Zigaretten, nichtaufputschenden Medikamenten oder Cannabisprodukten haben sich keine signifikanten Unterschiede ergeben.

Diskussion

Insgesamt ist festzustellen, dass sich die selten Fast Food konsumierenden Jugendlichen gesundheitsbewusster ernähren und gesundheitsförderlicher verhalten als diejenigen, die es regelmäßig verzehren. Sie bewerten Fast-Food-Produkte auch ernährungsphysiologisch weniger positiv, eine gesunde Ernährung ist ihnen wichtig. Hieraus kann auf ein Zusammenwirken zwischen Nährstoffaufmerksamkeit und Ernährungsverhalten geschlossen werden, das gerade in präventiver Hinsicht Anknüpfungspunkte bietet [14], obwohl nach ADOLF et al. [13] vorhandenes Wissen von vielen Jugendlichen nur selten im Alltag umgesetzt wird. Doch handelt es sich bei den selten Fast Food konsumierenden Jugendlichen um jene, die insgesamt einen gesundheitsaufmerksamen und

-förderlichen Lebensstil haben und sich wissensorientiert verhalten. Hingegen kann eher ein mit dem Fast-Food-Konsum zusammenhängender, gesundheitsriskanter Lebensstil festgestellt werden.

Bei der Interpretation der Gruppenunterschiede muss beachtet werden, dass bei männlichen Jugendlichen generell gesundheitsabträgliche Verhaltensweisen dominieren, während sich Mädchen häufiger gesundheitsförderlich verhalten [14–16]. Diese Unterschiede sind im Kontext der geschlechtsspezifischen Sozialisation in der „Kultur der Zweigeschlechtlichkeit" [17] und der geschlechtsspezifischen Körperaneignung zu verstehen. Dementsprechend müssen präventive und gesundheitsförderliche Bemühungen geschlechtsspezifisch konzipiert werden [18].

Ziel einer Ernährungserziehung und Prävention ernährungsabhängiger sowie ernährungsbeeinflusster Erkrankungen ist eine vollwertige Kost. Hier sei auf das Konzept der „optimierten Mischkost" [2] verwiesen, das bei der Auswahl der Lebensmittel nach empfohlenen und geduldeten differenziert, wobei der Bedarf an essenziellen Nährstoffen durch Lebensmittel mit hoher Nährstoffdichte vollständig gedeckt wird und noch ein begrenzter Spielraum für Lebensmittel mit niedriger Nährstoffdichte verbleibt.

Zu beachten bleibt, dass das Ernährungsverhalten im Kontext eines gesundheitsrelevanten Lebensstils Jugendlicher zu betrachten und deshalb eine Perspektiven erweiternde Sicht mit umfassenden Programmen erforderlich ist. Diese sollen einzelne Verhaltensweisen in einem gesundheitsbezogenen Gesamtverhaltensrepertoire integrieren. Zu berücksichtigen ist hier auch Fast Food als stilistisches Ausdrucksmittel der Jugend, z. B. zur Abgrenzung gegenüber den Eltern und den Normen der Erwachsenen.

Erfolg versprechend erscheint es, sinnvolle einzelne bereichsspezifische Maßnahmen (z.B. Ernährungserziehung, Gesundheitserziehung, Verbrauchererziehung) vor dem Hintergrund komplexer Verhaltensrepertoires aufeinander abzustimmen und möglichst aus einem Rahmenkonzept heraus zu entwickeln. Die Umsetzung einzelner Maßnahmen muss außerdem spezifisch auf verschiedene Sozialisationsinstanzen und Kohorten abgestimmt werden [19].

Anschrift des Verfassers:
PD Dr. Jürgen Raithel
Otto-Friedrich-Universität Bamberg
Lehrstuhl Allgemeine Pädagogik
Markusplatz 3

96047 Bamberg
E-Mail:
juergen.raithel@ppp.uni-bamberg.de

Das Angebot an Kinderlebensmitteln in Deutschland

Produktübersicht
und ernährungsphysiologische Wertung

Melanie Düren und Mathilde Kersting
Dortmund

Der Markt für Kinderlebensmittel wird immer größer. Multiplikatoren sollten daher in der Lage sein, Eltern über den Sinn oder Unsinn neuer Produkte kompetent zu beraten. 1997 hat das Forschungsinstitut für Kinderernährung Dortmund (FKE) erstmals eine Übersicht von Kinderlebensmitteln publiziert [1, 2]. Das unverändert große öffentliche Interesse an solchen Produkten ist Anlass, erneut das Produktangebot zu erfassen und eine ernährungsphysiologische Bewertung vorzunehmen. Nährstoffanreicherungen und andere Marketingmaßnahmen wurden dabei berücksichtigt.

Einleitung und Methodik der Untersuchung

Gegen Ende des ersten Lebensjahres erlauben es die ernährungsphysiologischen Bedürfnisse und die neuromotorischen Fähigkeiten, dass die Kinder am Familienessen teilnehmen können [3]. Die Mahlzeiten der Säuglingsernährung gehen nun nahtlos in eine präventionsorientierte Mischkost, z. B. „optimiX", über. Spezielle Lebensmittel für Kinder oder nährstoffangereicherte Lebensmittel werden dafür nicht benötigt [4]. Dennoch werden für Kinder und Kleinkinder zahlreiche Lebensmittel speziell angeboten und vielfältig beworben.

Der Begriff Kinderlebensmittel ist gesetzlich nicht geschützt.

Es gibt auch keine allgemein verbindliche Definition dafür. Als Kinderlebensmittel werden nachfolgend Lebensmittel bezeichnet, die mindestens eines der folgenden Kriterien erfüllen:

- Aufschrift „für Kinder" oder „Kids",
- auffällige Gestaltung der Verpackung,
- spezielle Formung, z. B. als Tier- oder Comicfiguren,
- Beigaben, z. B. Aufkleber, Sammelbilder oder Spielfiguren sowie
- speziell an Kinder gerichtete Werbung bzw. Internetauftritte der Hersteller.

Als Kleinkinder werden laut Diätverordnung Kinder im Alter von 1–3 Jahren bezeichnet [5]. „Kleinkinderlebensmittel" meint daher im Folgenden Produkte, die speziell für Kinder zwischen 1 und 3 Jahren ausgewiesen bzw. mit der Aufschrift „ab dem 12. Monat" angeboten werden. Derartige Produkte unterliegen der Diätverordnung, soweit sie sich auf Lebensmittel für Säuglinge und Kleinkinder bezieht.

Im März 2001 wurden bei Marktbegehungen im Dortmunder Lebensmitteleinzelhandel 244 Kinderlebensmittel von 45 Herstellern sowie 64 Kleinkinderlebensmittel von 4 Herstellern ermittelt. Die Hersteller wurden vom FKE schriftlich um Übersendung der Originalverpackungen sowie eventuell vorhandener Beigaben gebeten. 2 Hersteller waren zu keiner Auskunft bereit, 7 sahen ihre Produkte nicht als Kinderlebensmittel an und gaben keine Informationen, 2 antworteten nicht.

34 Hersteller von Kinderlebensmitteln sowie alle 4 Hersteller von Kleinkinderlebensmitteln stellten die gewünschten Informationen zur Verfügung. Die Produkte der anderen Hersteller wurden im Einzelhandel käuflich erworben.

Zur Beurteilung der Energie- und Nährstoffgehalte wurden die Herstellerangaben pro 100 g bzw. pro Portion herangezogen und mit den D-A-CH-Referenzwerten für die Nähr-

Produktgruppen		Untergruppen
Süßwaren und Gebäck **(n = 111)**	■ Kinderlebensmittel (n = 108)	■ Speiseeis (n = 29), Schokoladenprodukte (n = 19), Bonbons (12), Nuss-Nougat-Creme (n = 5), Frucht- und Kaugummi (n = 4), Götterspeise (n = 2), Kekse (n = 19), Knabbergebäck (n = 6), Zwieback (n = 3), Sahnetorten (n = 3), Kleinkuchen (n = 4), Croissant (n = 1), Milchbrötchen (n = 1)
	■ Kleinkinderlebensmittel (n = 3)	■ ungesüßte Kekse (n = 2), gepuffte Reisscheiben (n = 1)
Convenience-Produkte **(n = 70)**	■ Kinderlebensmittel (n = 28)	■ „Pausenmahlzeiten" (n = 5), Wurstwaren (n = 5), Geflügelerzeugnisse (n = 4), Gemüsemischungen (n = 3), Trockensuppen (n = 3), Kartoffelzubereitungen (n = 2), Pizza (n = 2), Cheeseburger (n = 1), Ketchup (n = 1), Fischstäbchen (n = 1), Obstzubereitung (n = 1)
	■ Kleinkinderlebensmittel (n = 42)	■ „Kleinkinder-Menüs" (n = 40), Obstzubereitungen (n = 2)
Getreideprodukte (n = 46)	■ Kinderlebensmittel (n = 38) ■ Kleinkinderlebensmittel (n = 8)	■ Zerealien (n = 34), Riegel (n = 4) ■ Zerealien (n = 4), Riegel (n = 2), Trinkbreie (n = 2)
Milchprodukte (n = 43)	■ Kinderlebensmittel (n = 41) ■ Kleinkinderlebensmittel (n = 2)	■ Fruchtjoghurt /Fruchtquark (n = 26), Frischkäsezubereitungen (n = 7), Milchdesserts (n = 6), Frischkäse (n = 2) ■ Milchnahrungen (n = 2)
Getränke (n = 38)	■ Kinderlebensmittel (n = 29) ■ Kleinkinderlebensmittel (n = 9)	■ Fruchtsaftgetränke (n = 15), Milchmischgetränke (n = 12), Früchtetees (n = 2) ■ Milchmischgetränke (n = 6), Fruchtsaftgetränke (n = 3)

Tab. 1: Produktübersicht der Kinder- und Kleinkinderlebensmittel

stoffzufuhr bzw. mit den darauf beruhenden Werten von „optimiX" verglichen [6]. Bei fehlenden Portionsangaben wurden Erfahrungswerte aus der DONALD-Studie (Dortmund Nutritional and Anthropometric Longitudinally Designed Study) des FKE verwendet.

Daten zu den angereicherten Nährstoffen beziehen sich auf den Gesamtgehalt. Denn aus den deklarierten Angaben ist nicht ersichtlich, in welchem Umfang ein Nährstoff angereichert worden bzw. natürlicherweise in dem Lebensmittel enthalten ist.

Im Zeitraum von April bis November 2001 wurden verschiedene Arten der Werbung für Kinderlebensmittel anhand von Zeitschriften für Eltern und Kinder, der Wochenend-Kinderprogramme privater Fernsehanbieter sowie der Internetauftritte von Herstellern erfasst.

Ergebnisse

Insgesamt wurden 244 Kinderlebensmittel sowie 64 Kleinkinderlebensmittel aus 5 Gruppen ermittelt (Tab. 1).

[1] Eine Liste der in dieser Arbeit erfassten Produkte mit Zutaten und Nährstoffgehalten finden Sie im Internet: www.fke-do

Kinderlebensmittel (nach Lebensmittelgruppen)

Süßigkeiten und Gebäck (n = 108) stellten mit 44% die größte Gruppe. *Süßwaren* (n = 71) für Kinder umfassten hauptsächlich Speiseeis, Schokoladenprodukte und Bonbons. *Gebäck* (n = 37) verschiedenster Art wurde seltener angeboten. Als Knabbergebäck fanden sich Erzeugnisse auf Kartoffelbasis sowie Salzstangen.

Die Verpackungsaufschrift von 46 der 71 Süßwaren machte keine Angaben über den Energie- und Nährstoffgehalt, und bei 4 Produkten waren keine Zutaten deklariert. Bis auf eine Ausnahme enthielten alle Erzeugnisse Zusatzstoffe wie Emulgatoren, Säuerungs- oder Verdickungsmittel (Tab. 2).

Die Gruppe der *Convenience-Produkte* war auffallend heterogen. Angeboten wurden hauptsächlich „Pausenmahlzeiten" (bestehend aus Crackern, Wurst und Käse, z. T. kombiniert mit einem Fruchtsaftgetränk und einer Süßigkeit), gefolgt von Wurstwaren und panierten Geflügelprodukten.

Von den *Getreideprodukten*, unter denen sich vor allem Frühstückszerealien befanden, waren 95 % mit Nährstoffen angereichert (Tab. 3). Ebenfalls 95 % enthielten Zucker, z.T. sogar bis zu 46 g pro 100 g Produkt. 6 Erzeugnisse (16 %) enthielten Vollkornmehle.

Bei den *Milcherzeugnissen* waren Fruchtjoghurt und Fruchtquark (n = 26) am häufigsten vertreten. Bis auf zwei reine Frischkäse waren alle Produkte gesüßt. Etwa die Hälfte enthielt Zusatzstoffe wie Verdickungsmittel, Emulgatoren oder Farbstoffe (Tab. 2).

Als *Getränke* waren hauptsächlich Fruchtsaftgetränke (n = 15) sowie Milchmischgetränke (n = 12) im Angebot. Getränkepulver, z.B. Instant-Kakao zum Einrühren in Milch, wurden den Milchmischgetränken zugeordnet. Sechs Fruchtsaftgetränke enthielten Süßstoffe. Alle Milchmischgetränke wiesen Zuckerzusätze auf (Tab. 3). Insgesamt fanden sich in fast 70 % der Getränke Zusatzstoffe wie Säuerungsmittel, Farbstoffe oder Emulgatoren (Tab. 2). 62 % der Getränke waren mit Vitaminen und Mineralstoffen angereichert (Tab. 2).

Beigaben und Zusätze

Beigaben, z. B. in Form von Plastikspielzeug oder aufgedruckten Rätseln, enthielten 30 % der Kinderlebensmittel, hauptsächlich Milchprodukte (21/41) (Tab. 2).

Insgesamt 93 % der Kinderlebensmittel waren mit Süßungsmittel versetzt, 86 % davon in Form von Zucker. Aromastoffe fanden sich in 84 % der Produkte, hauptsächlich in Süßigkeiten (99/108), Milchprodukten (39/41) und Getränken (26/29). Andere Zusatzstoffe, z.B. Emulgatoren, Konservierungsstoffe oder Farbstoffe, waren in 73 % der Produkte enthalten, hauptsächlich in Süßwaren (99/108).

Nährstoffanreicherungen

Mit Vitaminen und/oder Mineralstoffen angereichert waren 41 % der Kinderlebensmittel, vor allem Getreideprodukte (36/38) (Tab. 3). Insgesamt wurden 11 Vitamine sowie Kalzium und Eisen zugesetzt. Darunter dominierten Vitamine der B-Gruppe und Kalzium ($\geq$ 50 % der angereicherten Produkte). Die Kombinationen der zugesetzten Nährstoffe waren je nach Hersteller unterschiedlich.

Die Gehalte an Energie und angereicherten Nährstoffen pro Portion – bezogen auf die empfohlene Tageszufuhr – zeigen große Unterschiede sowohl zwischen den Produkten innerhalb einer Gruppe als auch zwischen den Nährstoffen generell. So fanden sich z.B. bei Süßwaren und Gebäcken Zusätze von Vitamin B_6 in Höhe von 21–109 % der empfohlenen Tageszufuhr, bei Vitamin C dagegen von nur 6–

Produktgruppen	Produkte gesamt	Beigaben[1]	gesüßt	mit Zucker	Nährstoffan-reicherungen[2]	Aromen	andere Zusatztoffe[3]
Kinderlebensm.	**244 (100 %)**	**74 (30 %)**	**226 (93 %)**	**195 (80 %)**	**101 (41 %)**	**205 (84 %)**	**177 (73 %)**
Süßigkeiten und Gebäck	108	19	103	86	19	99	99
Convenience-Prod.	28	11	20	14	6	19	20
Getreideprodukte	38	15	38	36	36	22	17
Milchprodukte	41	21	39	38	28	39	21
Getränke	29	8	26	21	12	26	20
Kleinkinder-LM.	**62 (100 %)**	**7 (11 %)**	**26 (42 %)**	**23 (37 %)**	**24 (39 %)**	**11 (18 %)**	**18 (29 %)**
Kleinkinder-Menüs	40	7	14	14	4	5	7
Getränke	9	0	6	4	9	6	5
Getreideprodukte	8	0	4	4	6	0	4
Gebäck	3	0	1	1	3	0	1
Milchnahrungen	2	0	1	0	2	0	1
Gesamt	**306 (100 %)**	**81 (27 %)**	**252 (82 %)**	**218 (71 %)**	**125 (41 %)**	**216 (71 %)**	**195 (64 %)**

[1]Plastikspielzeug, Rätsel, Aufkleber u. a.; [2]Vitamine und/oder Mineralstoffe;
[3]z.B. Emulgatoren, Konservierungsstoffe, Farbstoffe

Tab. 2: Anzahl von Kinder- und Kleinkinderlebensmitteln mit Beigaben, Nährstoffanreicherungen und weiteren Zusätzen

			Vitamine											Mineralst.	
odukt-uppen		an-ger.	B6	B1	B12	Niac.	B2	Fols.	C	Pan-toth.	E	Bio-tin	A	Ca	Fe
nder-LM	244	101	62	58	58	52	52	49	44	33	30	15	3	50	24
		(100%)	(61%)	(57%)	(57%)	(52%)	(52%)	(49%)	(44%)	(33%)	(30%)	(15%)	(3%)	(50%)	(24%)
ßwaren	108	19	5	3	4	3	2	4	16	4	3	1	0	9	0
d Gebäck	41	22	5	3	4	0	8	1	7	0	11	0	1	20	0
chprodukte	38	36	36	36	36	36	36	36	6	21	11	6	0	18	24
tränke	29	18	13	13	11	10	4	5	12	5	2	5	2	2	0
rtigprodukte	28	6	3	3	3	3	2	3	3	3	3	3	0	1	0
einkind.-LM	58	24	13	17	9	12	12	11	15	12	10	9	3	10	12
		(100%)	(54%)	(71%)	(38%)	(50%)	(50%)	(46%)	(63%)	(50%)	(42%)	(38%)	(13%)	(39%)	(46%)
einkinder-enüs	40	4	0	0	0	0	0	0	0	0	0	0	0	2	2
tränke	9	9	6	6	5	6	5	6	9	6	6	6	1	5	5
treideprod.	8	6	3	6	2	2	3	3	4	2	2	1	0	0	2
bäck	3	3	0	3	2	1	2	0	0	0	0	0	0	0	0
lchnahrg.	2	2	2	2	2	2	2	2	2	2	2	2	2	2	2
samt	306	125	75	75	67	64	64	60	59	45	40	24	6	60	36
		(100%)	(60%)	(60%)	(54%)	(51%)	(51%)	(48%)	(47%)	(36%)	(32%)	(19%)	(5%)	(47%)	(28%)

. 3: Übersicht über angereicherte Nährstoffe bei Kinder- und Kleinkinderlebensmitteln (Angaben als Anzahl der Produkte)

37 %. Bei den Convenience-Produkten war die Anreicherung mit diesen Vitaminen (86–186 % bzw. 13–94 % der Tageszufuhr) wesentlich höher. Auffallend war ein hoher Zusatz von Biotin. Kalzium und Eisen waren meist niedriger dosiert als Vitamine.

Nimmt man an, dass ein Kind aus jeder Produktgruppe pro Tag eine Portion des Produktes mit der niedrigsten Anreicherung verzehrte, würden mehr als 200 % der empfohlenen Tageszufuhr der Vitamine B_2 und B_6, und mehr als 500 % der von Biotin aufgenommen (Tab. 4). Wird aus jeder Produktgruppe stets das Produkt mit dem höchsten Nährstoffzusatz gewählt, werden mit Ausnahme von Kalzium und Eisen bei allen Nährstoffen mehr als 200 %, bei Vitamin B_6 und Biotin mehr als 600 bzw. 700 % der empfohlenen Tageszufuhr erreicht.

Gehalte an Energie, Fett und Zucker

Die Gehalte pro Portion in den Kinderlebensmitteln sind in Tabelle 5 zusammengestellt. Zum Vergleich dienen die entsprechenden Tageszufuhrwerte mit „optimiX". Convenience-Produkte in Form der „Pausenmahlzeiten" hatten mit 475 kcal pro Portion bzw. 28 % der Tageszufuhr den höchsten Energiegehalt. Die Energiegehalte der Milchmischgetränke (246 kcal pro Portion) lagen teilweise über denen

der Zerealien (199 kcal) und entsprachen mit 12 % der Tagesenergie einer Zwischenmahlzeit in „optimiX".

Die Zuckergehalte waren bei vielen Produkten, vor allem bei Süßwaren und Gebäck nicht deklariert. In den Getränken erreichten sie pro Portion etwa 100 % der geduldeten Menge pro Tag. In einigen Zerealien waren es bis zu 80 %. Den höchsten Fettgehalt wiesen „Pausenmahlzeiten" mit bis zu 28 g Fett pro Portion auf (51 % der Tageszufuhr in „optimiX"). Mit einer Portion Kinder- Getränk auf Milchbasis wurden bis zu 35 % der Tagesfettzufuhr in „optimiX" erreicht.

Marketing

76 % der Verpackungen waren mit Blickfängern versehen, meist Tieren oder bekannten Comicfiguren. 34 Produkte (14 %) hatten spezielle Formen, z.B. Kartoffelkroketten in Form von Gesichtern und Geflügelerzeugnisse in Form von Dinosauriern.

In 5 Ausgaben spezieller Zeitschriften für Kinder wurden insgesamt 43 Werbeanzeigen für Lebensmittel gefunden, darunter 5 für Kinderlebensmittel (4 Schokoladenprodukte, 1 Fruchtsaftgetränk). In 4 ausgewerteten Zeitschriften für Eltern warben insgesamt 7 Anzeigen für Kinderlebensmittel.

Nährstoff	Kinder-LM	Kleinkinder-LM
Vitamin B6	229–648	218–235
Vitamin B1	138–327	121–146
Vitamin B12	77–316	176–202
Niacin	118–284	130–160
Vitamin B2	247–333	164–180
Folsäure	154–267	36–51
Vitamin C	65–218	58–60
Pantothenat	122–226	84–86
Vitamin E	100–203	43–54
Biotin	522–727	99–181
Vitamin A	203	43–51
Calcium	38–101	92–110
Eisen	24–36	117–145

Tab. 4: Spannbreite der Zufuhr angereicherter Nährstoffe pro Tag aus allen Produktgruppen (in % der empfohlenen Tageszufuhr, D-A-CH 2000), wenn aus jeder der 5 Produktgruppen (vgl. Tab. 3) das Produkt mit der niedrigsten bzw. höchsten Anreicherungmenge verzehrt wird.

In Kinderprogrammen privater Fernsehanbieter (SAT 1, RTL, Super RTL) wurden Werbespots für 24 Kinderlebensmittel erfasst. Die Hälfte davon war durch prägnante Sprüche gekennzeichnet, an die sich Kinder gut erinnern können.

Im Internet waren 37 Hersteller von Kinderlebensmitteln (62 %) präsent. Mehr als die Hälfte von ihnen sprachen Kinder direkt an. Dazu wurden neben produktbezogenen Szenarien, z. B. Schul- oder Weltraumgeschichten, auch Figuren verwendet, die von den Packungen her oder aus Fernsehwerbespots bekannt waren. Die Figuren führen den Internet-Besucher durch die Website oder verschiedene Abenteuer. Ferner gab es die Möglichkeit, elektronische Postkarten zu versenden. Spiele, die in Verbindung zum Produkt bzw. zu der bekannten Figur standen, konnten herunter geladen werden. Selbst neutrale Internetadressen, wie www.detektiv-klub.de oder www.coole-schule.de, führten zu speziellen Kinderlebensmitteln oder deren Produktlogos.

Kleinkinderlebensmittel

Bei den Produktgruppen der erfassten 64 Kleinkinderlebensmittel dominierten Convenience-Erzeugnisse in Form von Kleinkinder-Menüs (66 %) (Tab. 1). Diese bestanden meist aus Gemüse, Nudeln bzw. Reis und Fleisch und wurden in Gläschen oder Zweikammerschalen angeboten (zwei Obstzubereitungen zum Einsatz „ab dem 12. Monat" wurden wegen ihrer Sonderstellung nicht berücksichtigt).

Bei den Getränken überwogen gesüßte Milchmischgetränke. Fruchtsaftgetränke waren ohne Zuckerzusatz. Milchnahrungen wurden als Pulver angeboten und waren wie alle Getränke mit Nährstoffen angereichert. In 18 % der Kleinkinder-LM, meist Getränken (6/9), fanden sich Aromen, in 29 % Zusatzstoffe (Tab. 2). In 41 % der Kleinkinder-LM waren Anreicherungen mit Vitaminen und/oder Mineralstoffen vorgenommen worden. Hier dominierten Vitamin B_1 (71 %) und Vitamin C (63 %) (Tab. 3).

Alle Getreideprodukte für Kleinkinder waren in Übereinstimmung mit der EG-Beikostverordnung mit Vitamin B_1 angereichert [7]. Eisen war Kleinkinder-LM doppelt so häufig (46 %) zugesetzt wie Kinderlebensmitteln (24 %). Die Anreicherung der Kleinkinder-LM erfolgte in geringerer Höhe als die der Kinderlebensmittel.

Getränke für Kleinkinder lieferten 4–10 % der empf. Tageszufuhr von Nahrungsenergie, jedoch 80–100 % der empf. Tageszufuhr von Vitamin B_{12}, 55–70 % von Vitamin B_6 und 39–49 % von Niacin. Bei Verzehr der am höchsten angereicherten Produkte aus jeder Gruppe wurden bei 8 von 13 Nährstoffen mehr als 100 % der empf. Tageszufuhr, bei Vitamin B_6 und B_{12} mehr als 200 % davon erzielt (Tab. 4). Die Energiegehalte der Milchmischgetränke für Kleinkinder lagen mit bis zu 175 kcal pro Portion bzw. 17 % der Tagesenergiezufuhr deutlich über dem Energiegehalt einer Zwischenmahlzeit von „optimiX" (12 %).

Die Kleinkinder-Menüs lieferten mit 3,9–10,5 g Fett pro Portion etwa 10–25 % der Tageszufuhr in „optimiX", wobei der höchste Wert dem empfohlenen Fettgehalt (10 g) einer

Gemüse-Kartoffel-Fleisch-Mahlzeit für Säuglingeim 10.–12. Monat entsprach [1].

Marketing

Beigaben fanden sich bei 7 Kleinkinder-Menüs in Form von aufgedruckten Märchen. Als Blickfänger auf den Verpackungen wurden Tierbilder eingesetzt, und Flakes gab es in Tierform. Ansonsten war das Marketing der Kleinkinder-LM auf die Eltern gerichtet.

Diskussion

Im Vergleicht mit unserer 5 Jahre älteren Untersuchung, hat sich die Anzahl der Produkte zwar verdreifacht, die ernährungsphysiologische Qualität jedoch nicht nennenswert verbessert. Das heißt, Kinderlebensmittel sind im Wesentlichen gesüßte Produkte, Kleinkinder-LM auf eine Fortführung der Säuglingsernährung ausgerichtet.

Gesüßte Produkte zählen in „optimiX" zu den geduldeten Lebensmitteln; diese sollen insgesamt nicht mehr als 10 % der Gesamtenergiezufuhr pro Tag liefern. Abgesehen von Süßwaren und Gebäck, bei denen die Hersteller den Zuckergehalt meist nicht deklarieren, wird mit einer Portion Frühstückszerealien oder einem Milchgetränk aus Kakao-Instantpulver die pro Tag geduldete Zuckermenge (6 % der Gesamtenergiezufuhr) bereits weitgehend ausgeschöpft.

Insgesamt sind die Kinderlebensmittel stark verarbeitete Produkte (unter häufiger Verwendung von Zusatzstoffen und Aromen). Bei Kleinkinder-LM sind solche Zusätze weniger verbreitet. Der Einsatz von Aromen fördert eine Konfektionierung des Geschmacks.

Kleinkinder-LM waren in ⅔ der Fälle Convenience-Produkte, überwiegend zum Einsatz als warme Mahlzeiten im 2. Lebensjahr deklariert. Sie wurden in Zweikammerschalen, z.B. als Nudel-Gemüse-Mischung getrennt von Fleisch in Soße, oder als Gläschenkost wie Säuglingsnahrungen angeboten. Kinder sollten nach dem ersten Lebensjahr jedoch an den Familienmahlzeiten teilnehmen und so frühzeitig an eine altersgemäße Mischkost gewöhnt werden.

Bis auf die Kleinkinder-Menüs waren die Hälfte aller Kleinkinder-LM gesüßt.

Kleinkindermilchgetränke werden von den Regelungen der EG-Richtlinie für Beikost ausdrücklich ausgenommen. Die Ernährungskommission der Deutschen Gesellschaft für Kinderheilkunde und Jugendmedizin hat deshalb eine (rechtlich nicht verbindliche) Empfehlung für die Zusammensetzung so genannter Kleinkindermilchgetränke heraus gegeben. Die derzeit nur von einem Hersteller angebotenen derartigen Produkte entsprechen in ihrem Gehalt an Mineralstoffen und Vitaminen zwar weitgehend dieser Empfehlung, enthalten jedoch mehr Protein und Energie. Bedauerlicherweise wird die Höhe der Zuckerzusätze in Kleinkindermilchen nicht deklariert. Saccharose sollte jedoch nicht mehr als 20 % zum Gesamtkohlenhydratgehalt beitragen [8].

Der Anteil der Kinderlebensmittel mit Nährstoffanreicherungen war im Vergleich zur ersten Erhebung mit etwa 40 % unverändert. Wie im Lebensmittelangebot generell [9] waren Vitamine wesentlich vielfältiger und häufiger zugesetzt als Mineralstoffe.

Auch die Ausschöpfung der Tagesempfehlung war bei den Vitaminen höher als bei den Mineralstoffen. Die deklarierten Anteile von Vitaminen und Mineralstoffen an der Tageszufuhr beziehen sich laut Lebensmittelkennzeichnungsverordnung leider auf den Tagesbedarf von Erwachsenen [10]. Der Bedarf von Kindern wird damit überschätzt, d.h., die Zusätze führen bei Kindern zu einer höheren Bedarfsdeckung als angegeben. In dieser Arbeit sind die aktuellen D-A-CH-Referenzwerte für die Tageszufuhr von 7- bis 9-jährigen Kindern zu Grunde gelegt worden [6]. Dies ist auch die Hauptzielgruppe des Marketings für Kinderlebensmittel.

Bei täglichem Verzehr des höchstangereicherten Kinderlebensmittels aus jeder Produktgruppe, würde die Zufuhr bei allen Nährstoffen (außer Eisen) das Mehrfache der Referenzwerte ausmachen. Angesichts der Vielfalt der Kinderlebensmittel und der unterschiedlichen Art und Höhe der Anreicherung ist es für Ernährungsberater und erst recht für Eltern praktisch

Kinder-LM	Portionsgröße	Energie kJ (kcal)	Zucker [g]	Fett [g]
Süßwaren und Gebäck	12–15 g Süßwaren bzw. 20 g bzw. 75 g Gebäck	118–735 (28–177)	k.A.	0–8,2
Convenience-Produkte	100 g z. B. Kartoffelzube-reitung bzw. 98 g + 200 ml „Pausenmahlzeit"	323–1980 (76–475)	0,9 / k.A.	0–28,0
Getreide-produkte	30 g Zerealien + 125 ml Voll-milch bzw. 20–27 g Riegel	400–838 (90–199)	16,0–20,0	2,1–4,1
Milch-produkte	20 g Frischkäse bzw. 125 g Fruchtjoghurt	271–1024 (65–246)	12,5 / k.A.	1,9–16,9
Getränke	200 ml Fruchtsaftgetränk bzw. 20 g Pulver + 200 ml Vollmilch	128–880 (30–210)	6,4–28,0	19,0
„optimiX"		7100–7900 (1700–1900)	25–28[1]	55–61[2]

Tab. 5: Spannbreite der Gehalte an Energie, Zucker und Fett pro Portion in Kinderlebensmitteln. (Werte von „optimiX" pro Tag zum Vergleich; k. A. = keine Angabe; [1]6 % der Tagesenergie-zufuhr; [2]30–35 % der Tagesenergiezufuhr)

nicht möglich, die Nährstoffzufuhr mit Kinder-lebensmitteln im Einzelnen zu beurteilen.

Zwei Drittel der Hersteller von Kinderlebensmitteln sind im Internet vertreten, die Hälfte davon wendet sich mit vielfältiger Mischung von Werbung und Spiel direkt an die Kinder.

Fernsehwerbung für Kinderlebensmittel zei-gen überwiegend die Wochenendprogramme privater Anbieter, und zwar unter Ausnutzung der Interessen von Kindern [11]. Die Fähig-keit, zwischen Fernsehprogramm und Werbung zu unterscheiden, entwickelt sich bei den meis-ten Kindern im Alter von 6–8 Jahren, die Fä-higkeit, Werbung distanziert zu betrachten erst zwischen dem 10. und dem 12. Lebensjahr [12]. Die Frage, ob Fernsehwerbung den Konsum der beworbenen Produkte bei Kindern fördert, wird widersprüchlich beantwortet [13, 14].

Das seit der ersten Erhebung [1] unverändert große öffentliche Interesse am Thema Kinder-lebensmittel deutet auf eine allgemeine Ambi-valenz gegenüber solchen Produkten hin.

Ernährungsphysiologisch bieten die derzei-tigen Kinder- und Kleinkinder-LM gegenüber herkömmlichen Lebensmitteln keinerlei Vor-teile. Gegen den gelegentlichen Einsatz der-

artiger Produkte ist aus gesundheitlicher Sicht nichts einzuwenden. Aus psychologischer Sicht wäre ein Verbot sogar kontraproduktiv, da ver-botene Lebensmittel für Kinder erst recht an Interesse gewinnen [15].

Multiplikatoren sollten in der Lage sein, Eltern über den ernährungs-physiologischen Wert und das Marketing von Kinderlebensmitteln kompetent zu beraten.

Für Kinder gibt es zum Thema Kinderlebens-mittel bereits Informationsangebote in Form von interaktiven Ausstellungen der Verbrau-cherzentralen [16] bzw. des aid-infodienst [17]. Auch im Schulunterricht könnte das Thema Marketing auf dem Lebensmittelsektor ange-sprochen werden, um Kinder zu mündigen Ver-brauchern zu erziehen. Dies ist um so wichtiger, als die derzeitigen Verhaltensregeln des Deut-schen Werberates, z. B. im Bereich der Fern-sehwerbung, den Schutz der Kinder ziemlich großzügig auslegen [18].

PD Dr. troph. Mathilde Kersting
Forschungsinstitut für
Kinderernährung Dortmund (FKE)
Heinstück 11
44225 Dortmund
kersting@fke-do.de

Lebensmittelverzehr und Nährstoffaufnahme im Säuglings- und Kleinkindalter

Das VELS-Projekt

Claudia Vohmann
Anke Oepping
Helmut Heseker

Säuglinge und Kleinkinder unterscheiden sich in ihren Verzehrsmustern und -mengen (bezogen auf das Körpergewicht) stark von älteren Personengruppen und ihr Ernährungsverhalten ändert sich in den ersten Jahren des Wachstums besonders stark [1]. Das Wissen über Verzehrsgewohnheiten in den verschiedenen Altersstufen ist daher auch aus präventivmedizinischer Sicht unverzichtbar, zumal sich typische Verzehrsmuster älterer Kinder, Jugendlicher und Erwachsener schon im frühen Kindesalter manifestieren [2].

Einleitung

Zur aktuellen Ernährungssituation von Kindern liegen bislang nur wenige Daten in Deutschland vor. Die Nationale Verzehrsstudie 1987/88 [3] und regional begrenzte Studien wie die Bayrische Verzehrsstudie 1995 [4] und die 1. Sächsische Verzehrsstudie 1999 [5] berücksichtigten Kinder ab dem Alter von 4 Jahren. In Ländern wie den USA, Großbritannien, den Niederlanden, Frankreich, Italien oder Dänemark liegen indes detaillierte Verzehrsdaten auch für Kinder unter 4 Jahren vor [6]. Die DONALD-Studie des Forschungsinstituts für Kinderernährung Dortmund (FKE) untersucht seit 1985 Säuglinge, Kinder und Jugendliche hinsichtlich ihres Ernährungsverhaltens, ist aber als Längsschnittstudie konzipiert und auf den Dortmunder Raum beschränkt [7]. Für eine Beurteilung der Ernährungssituation von Säuglingen und Kleinkindern in Deutschland sind jedoch nationale Daten zu erheben, da es von Land zu Land und Region zu Region soziokulturelle Unterschiede in der Lebensmittelauswahl und der Mahlzeitengestaltung zu beachten gilt. Diese Daten fehlen bislang. Ergebnisse des VELS-Projektes können dazu beitragen, diese Lücke zu schließen.

Das VELS-Projekt

Die **V**erzehrsstudie zur **E**rmittlung der **L**ebensmittelaufnahme von **S**äuglingen und Kleinkindern für die Abschätzung eines akuten Toxizitätsrisikos durch Rückstände von Pflanzenschutzmitteln (VELS, 2001–2003) hatte die möglichst vollständige Erfassung der verzehrten Lebensmittelmengen von Kindern im Alter von sechs Monaten bis vier Jahren in Deutschland zum Ziel. Diese Verzehrsdaten bilden heute u. a. die Grundlage für Risikoabschätzungen der Langzeit- und Kurzzeitbelastung durch Rückstände von Pflanzenschutzmitteln in Lebensmitteln des Bundesinstitutes für Risikobewertung (BfR) in Berlin [8].

Ziele des VELS-Projektes

- Genaue mengenmäßige Erfassung aller roh oder verarbeitet/zubereitet verzehrten Lebensmittel in g/Tag und Person
- Erfassung der Zubereitungsart und die Zerlegung der industriell oder küchentechnisch zubereiteten/verarbeiteten Lebensmittel in ihre Zutaten / Grundbestandteile
- Zeitlich versetzte Wiederholung der Verzehrserhebung, um saisonale Unterschiede zu berücksichtigen

Das Projekt wurde von der Universität Paderborn in Kooperation mit neun weiteren Partnern als Multicenterstudie durchgeführt und vom BMVEL gefördert.

Methodik
Auswahl und Beteiligung der Probanden

Die Zielpopulation der Verzehrsstudie waren Säuglinge und Kleinkinder von sechs Monaten bis unter fünf Jahren. Hierzu wurden 5 Altersklassen (1/2– <1 Jahr, 1-Jährige, 2-Jährige, 3-Jährige, 4-Jährige) gebildet. Pro Altersklasse wurde die Teilnahme von 80 Mädchen und 80 Jungen, d.h. insgesamt 800 Probanden, angestrebt. Um eine ausreichende Repräsentativität zu erreichen und um mögliche regionale Besonderheiten und eventuell vorhandene Land-/Stadtunterschiede zu berücksichtigen, wurden in den fünf Regionen Nord, West, Mitte, Ost und Süd jeweils 2 Sample-Points ausgewählt (Kiel, Hamburg, Dortmund, Bonn, Paderborn, Fulda, Jena, Berlin, Regensburg und Sigmaringen).

Die Rekrutierung der Probanden erfolgte in zufällig ausgewählten Krabbelgruppen, PEKIP (Prager-Eltern-Kind-Programm)-Gruppen, Kinderturngruppen, in Kindergärten und Kindertagesstätten, in Mütterzentren und beim Baby-Schwimmen. Auf eine möglichst breite soziale Streuung und auf eine ausgeglichene Land-Stadt-Verteilung wurde in den einzelnen Sample-Points geachtet. Zudem wurden in jedem Sample-Point auch Probanden ausgewählt, die ihr Mittagessen im Kindergarten oder in einer Kindertagesstätte zu sich nahmen.

Vollstillen wurde als Ausschlusskriterium verwendet. Bei teilgestillten Kindern wurden sowohl die Anzahl der Muttermilchmahlzeiten als auch die zugefütterten Lebensmittelmengen erfasst. Die getrunkenen Muttermilchmengen wurden auf Grund der Erfahrung in anderen Studien geschätzt. Ferner war die VELS-Studie auf deutschsprachige Protokollanten beschränkt.

Erhebungsmethode

Die Verzehrserhebung wurde mittels prospektiver direkte Methode im Zeitraum von Juni 2001 bis September 2002 durchgeführt. Für die Erhebung wurde ein 3-Tage-Wiege-/Schätzprotokoll eingesetzt. Um das Protokollieren zu vereinfachen und zu standardisieren, wurde ein speziell für die Studie entwickeltes Protokollheft mit einer genauen Anleitung zur Protokollierung der verzehrten Lebensmittel und Getränke entwickelt. Die Protokollierung erfolgte durch die Eltern, hauptsächlich durch die Mütter, denen für die Protokolldauer eine digitale Haushaltswaage zur Verfügung gestellt wurde. Es wurden verzehrte Mengen protokolliert, d.h. Restmengen ggf. zurückgewogen und notiert. Geschätzte Mengen (z.B. beim Außer-Haus-Verzehr) sind als Portionen (Beispiel: Banane, mittelgroß), Haushaltsmaße (Teelöffel, Tasse) oder Markenprodukte (Speiseeis XY) protokolliert worden. Die verzehrten Mengen konnten daraufhin mit Hilfe von Gewichtstabellen bestimmt werden.

Nach 3–6 Monaten erfolgte eine Wiederholung des 3-tägigen Verzehrsprotokolls, so dass in der Regel der Lebensmittelverzehr pro Kind an insgesamt 6 Tagen erfasst wurde. Bei Säuglingen erfolgte die Wiederholung bereits nach 4–8 Wochen, da es im Alter von 10–12 Monaten zu erheblichen Veränderungen im Lebensmittelverzehr kommt. Durch die wiederholte Protokollierung wurden einerseits saisonale Einflüsse berücksichtigt und andererseits auch längerfristig übliche, mittlere Verzehrsmengen erfasst. Die Datenerhebung erfolgte an Werktagen und Wochenendtagen.

Neben den verzehrten Lebensmittelmengen wurden die Zubereitungsart und der Ort des Verzehrs erfasst. Für Gerichte, die zu Hause selbst zubereitet wurden, wurden die Protokollierenden um Angabe des Rezeptes und die Menge der davon verzehrten Portion gebeten. Um die Zutaten industriell hergestellter Säuglings- und Kleinkindnahrung (z.B. Gläschenkost, Milchbreie) und auch anderer zusammengesetzter, verzehrsfertiger Lebensmittel genau erfassen zu können, wurde um die Angabe der Markennamen im Protokoll gebeten. Zusätzlich wurden anthropometrische Messungen durchgeführt sowie soziodemografische Kenngrößen erfasst.

Dateneingabe und Datenbearbeitung

Die protokollierten Verzehrsdaten wurden mit Hilfe von zwei speziell für das Projekt entwickelten PC-Programmen (Eat 2000 und 2002) und einem auf die Studie abgestimmten VELS-Lebensmittelschlüssel identifiziert und kodiert. Dieser Lebensmittelschlüssel setzte sich aus Teilen des Bundeslebensmittelschlüssels (Version II.3) und Teilen der speziell für Kinderernährung entwickelten Lebensmitteldatenbank LEBTAB des Forschungsinstituts für Kinderernährung Dortmund [1] zusammen und wurde im Laufe der Eingabe um neue oder fehlende Lebensmittel und Gerichte ergänzt.

Das VELS-Projekt erforderte eine möglichst genaue Aufschlüsselung aller verzehrten Nahrungsmittel und Speisen in die Grundnahrungsmittel. Zusammengesetzte Lebensmittel wie Gebäck, Schokoriegel, Fertiggerichte u.a. wurden daher in ihre Bestandteile wie Kartoffeln, Möhren, Weizenmehl, Zucker, Hefe, Kakaomasse usw. zerlegt. Die Rezepturen wurden entweder von den Eltern notiert (selbst zubereitete Gerichte oder Gebäck) oder im Internet bzw. Supermarkt recherchiert, bei Herstellern erfragt und aus Standardrezepten (Koch-, Backbücher) übernommen. Garverluste (bei Fleisch, Fisch) und Quellgewinne (Getreide, Teigwaren, Reis etc.) von Lebensmitteln wurden bei der Auswertung berücksichtigt. Die Verarbeitungszustände der verzehrten Lebensmittel z.B. roh, verarbeitet, getrocknet, gepresst (Saft, Öl) wurden vermerkt.

Datenauswertungen

Mit den mittleren Verzehrsmengen pro Tag wurden getrennt nach den fünf Altersklassen deskriptive Auswertungen durchgeführt. Hierzu sind die im VELS-Projekt erhobenen und nach Grundlebensmitteln aufgeschlüsselten Verzehrsdaten zu Lebensmittelgruppen zusammengefasst worden. Die Auswertungen erfolgten mit dem Statistikprogramm SPSS, Version 12.0. Die Einteilung der Lebensmittel in Lebensmittelgruppen ist auf nationaler und internationaler Ebene bislang uneinheitlich und erschwert somit Vergleiche zwischen verschiedenen Erhebungen. Es wurde, soweit möglich, auf das Euro-Food-Group-System zurückgegriffen [9, 10], das die Einteilung in 33 Lebensmittelgruppen vorsieht. In dieser Arbeit werden ausgewählte Lebensmittelgruppen vorgestellt, zum Teil wurden diese Gruppen noch einmal zusammengefasst, um die Daten mit den Empfehlungen und anderen Studien in Deutschland vergleichen zu können.

Ergebnisse

Zunächst konnten 843 Kinder bzw. deren Eltern zur Teilnahme an der Studie gewonnen werden. In den einzelnen Sample-Points wurden zwischen 74 und 125 Säuglinge und Kleinkinder mit jeweils ähnlicher Alters- und Geschlechterverteilung rekrutiert. Tab. 1 zeigt die Verteilung der Probanden nach Geschlecht und Altersklasse.

Verzehrsprotokolle von 39 Kindern wurden aufgrund von Unstimmigkeiten oder mangelnder Qualität nicht mit in die weiteren Auswertungen einbezogen. Protokolle von 804 Kindern (95 %) gingen in die Verzehrserhebung ein. Von den 804 Probanden haben 662 wie geplant die Verzehrsprotokolle über 2 × 3 Tage geführt. Von weiteren 134 Probanden liegt mindestens ein 3-Tage-Protokoll vor. Entweder standen die Probanden aus verschiedenen Gründen für den 2. Abschnitt der Verzehrserhebung nicht mehr oder nur teilweise zur Verfügung oder Kontrollen der Protokolle auf Vollständigkeit und Plausibilität führten zum Ausschluss einzelner Tage. Von 8 Probanden sind weniger als 3 Verzehrstage mit in die Auswertungen eingeflossen. Insgesamt wurden 4 484 Einzelprotokolltage ausgewertet.

Einen zusätzlich mit dem Erstprotokoll verteilter Strukturfragebogen haben 750 Eltern der Probanden ausgefüllt zurückgegeben. Dieser gab Auskunft über Einkaufs- und Kochgewohnheiten, das Informationsverhalten und die Struktur des Haushaltes, die Wohnortgröße, den Bildungsabschluss und die Erwerbstätigkeit der Eltern.

Altersklasse	Mädchen	Jungen	Gesamt
½ – <1-Jährige	74	84	158
1-Jährige	88	83	171
2-Jährige	86	92	178
3-Jährige	75	73	148
4-Jährige	75	74	149
Gesamt	398	406	804

Tab. 1: Verteilung der VELS-Probanden nach Altersklassen und Geschlecht

Allgemeine Merkmale der Strukturbefragung

Das durchschnittliche Alter des befragten Elternteils (zu 98% weibliche Personen) liegt bei 33 Jahren. Ehe- oder Lebenspartner, die im selben Haushalt leben, sind im Mittel 36 Jahre alt. Ohne Ehe- oder Lebenspartner im eigenen Haushalt leben 6% der befragten Personen. Die Haushaltsgröße liegt im Mittel bei 3,7 Personen. 40% der Befragten leben in 3-Personen- und 46% in 4-Personen-Haushalten, 3% in 2-Personen-, 11% in großen Haushalten mit 5 und mehr Personen. Insgesamt konnte eine breite soziale Schichtung, gemessen an den Schulabschlüssen, erreicht werden. Wie in derartigen Untersuchungen üblich, ließ sich aber eine Überrepräsentanz von Personen mit höherem Schulabschluss nicht vermeiden.

Von den befragten Personen sind 33% in Teilzeit und 9% in Vollzeit erwerbstätig. Die Partner sind zu 90% erwerbstätig (86% in Vollzeit, 4% in Teilzeit). Das Wohnumfeld der meisten Kinder war städtisch geprägt. Fast die Hälfte der Befragten (47,4%) lebte in Städten mit mehr als 100 000 Einwohnern, 18% in Städten mit 10 000–100 000 Einwohnern. Ein Viertel wohnte in Orten mit weniger als 10 000 Einwohnern.

Anthropometrische Merkmale

Tab. 2 zeigt Mediane und Perzentile für die Körperlänge, das Körpergewicht und den Bodymass-Index (BMI). Die Mediane des BMI entsprechen weitgehend den altersbezogenen Referenzmedianen nach KROMEYER-HAUSCHILD et al. [11]. Bei den Jungen gibt es in der Altersgruppe unter 1 Jahr mit 17,4 eine Abweichung des Medians und der Perzentile von den Referenzwerten nach oben. Insgesamt waren nach KROMEYER-HAUSCHILD et al. 6,9% der Jungen und 8,4% der Mädchen untergewichtig, 9,6% der Jungen und 6,3% der Mädchen übergewichtig und zusätzliche 4,4% bzw. 5,8% adipös.

Alters-klasse	Körperlänge (cm) P50 (P10; P90)		Körpergewicht (kg) P50 (P10; P90)		BMI (kg/m²) P50 (P10; P90)	
	Mädchen	Jungen	Mädchen	Jungen	Mädchen	Jungen
½ – <1-Jähr.	70 (66; 75)	73 (69; 78)	8,0 (7,0; 9,6)	9,4 (8,0; 11,3)	16,4 (14,4; 18,7)	17,4 (15,3; 20,1)
1-Jährige	81 (73; 87)	82 (77; 88)	10,8 (8,8; 13,0)	11,4 (9,9; 13,9)	16,5 (14,9; 19,3)	17,0 (15,2; 19,0)
2-Jährige	93 (86; 99)	94 (88; 100)	13,8 (11,6; 16,3)	14,2 (12,5; 16,5)	16,2 (14,0; 18,1)	16,1 (14,7; 17,9)
3-Jährige	101 (95; 107)	102 (97; 107)	15,5 (12,9; 18,4)	16,3 (13,9; 18,8)	15,1 (13,8; 16,8)	15,7 (13,9; 17,4)
4-Jährige	109 (101; 113)	109 (103; 116)	18,0 (14,9; 20,4)	18,5 (15,8; 21,8)	15,3 (13,6; 17,1)	15,5 (13,9; 17,2)

Tab. 2: Körperlänge, -gewicht und Body-Mass-Index der Probanden nach Altersklassen und Geschlecht als Median (P50), 10. und 90. Perzentile angegeben.

Lebensmittelverzehr

Tab. 3 zeigt die mittleren Verzehrsmengen für ausgewählte Lebensmittelgruppen in Abhängigkeit vom Alter, Tab. 4 zum Vergleich die Empfehlungen, wie sie in dem Konzept der Optimierten Mischkost vom FKE Dortmund für die drei hier relevanten Altersgruppen angegeben werden [1]. Nach den Empfehlungen sollen Getränke, Brot, Getreide(-flocken), Kartoffeln, Reis, Gemüse und Obst reichlich verzehrt werden, Milch und Milchprodukte, Fleisch und Wurst sowie Fisch und Eier mäßig, Öle und Fette sparsam.

Beim Obst sowie beim Gemüse fällt auf, dass die verzehrten Mengen mit zunehmendem Alter gleich bleiben bzw. nur sehr leicht ansteigen. Bei allen anderen Lebensmittelgruppen ist ein Mengenzuwachs unterschiedlicher Höhe mit zunehmendem Alter zu verzeichnen. Die empfohlenen Obstmengen werden im Mittel nur von Kindern bis zu 2 Jahren erreicht. Ältere Kinder essen demnach zu wenig Obst im Mittel. Beim Gemüse erreicht kaum ein Kind die empfohlene Menge. Die mittleren Verzehrsmengen liegen bei 50 % der Empfehlungen oder niedriger und sind damit nur halb so hoch wie die Obstzufuhr. Auch die Empfehlungen für die kohlenhydratreichen pflanzlichen Lebensmittel werden von keiner Altersgruppe erreicht. Dies gilt auch für Fisch und Milchprodukte, die bei den 2- bis 4-Jährigen im Mittel die Empfehlungen für 1-Jährige erreichen. Bei Fleisch, Wurst und Eiern werden ab dem ersten Lebensjahr die empfohlenen Mengen im Mittel erreicht bzw. bei den älteren Kindern überschritten. Bei Fetten und Ölen liegt der mittlere Verzehr für alle Altersgruppen im Rahmen der Empfehlungen oder niedriger.

Tabelle 5 zeigt die Situation des Gemüseverzehrs detaillierter. Im Säuglingsalter spielt rohes Gemüse in der Ernährung so gut wie keine Rolle. Ab einem Jahr steigt der roh verzehrte Anteil bei Gemüse leicht an, wobei der gegart verzehrte Anteil etwa gleich bleibt. Bei den Gemüsesorten dominieren im Säuglingsalter mengenmäßig gegarte Karotten, die nahezu die Hälfte des Gemüseverzehrs ausmachen, gefolgt von gegarten Tomaten. Gegarte Karotten sind auch bei den 1- bis 4-Jährigen mengenmäßig die Favoriten. Bei rohem Gemüse machen Schlangengurken und Tomaten mehr als 50 % des mittleren Verzehrs aus.

Tab. 3: Verzehr ausgewählter Lebensmittelgruppen pro Tag (Mittelwert = $\bar{x}$, Median = P50, 10. und 90. Perzentile) nach Alter für alle Probanden (n=804)

Lebensmittel (g/d)	½ – <1-Jähr. (n = 158)		1-Jährige (n = 171)		2-Jährige (n = 178)		3-Jährige (n = 148)		4-Jährige (n = 149)	
	$\bar{x}$	P50 (P10, P90)	$\bar{x}$	P50 (P10, P90)	$\bar{x}$	P50 (P10, P90)	$\bar{x}$	P50 (P10, P90)	$\bar{x}$	P50 (P10, P90)
Obst[1]	127	119 (55,208)	123	114 (38,221)	126	109 (41,228)	126	113 (47,230)	123	113 (29,228)
Obst-/Gem.saft	56	34 (0,144)	130	104 (2,321)	181	151 (18,404)	177	149 (16,362)	183	161 (14,361)
Gemüse[2]	74	76 (33,111)	60	54 (24,101)	63	61 (23,109)	67	58 (24,115)	71	66 (24,123)
Kartoffeln	29	25 (3,61)	31	28 (6,61)	40	34 (6,78)	42	39 (6,84)	42	40 (9,80)
Getreide[3]	51	48 (23,81)	74	70 (40,112)	83	79 (48,120)	90	84 (52,134)	104	101 (68,143)
Fleisch, Wurst	15	12 (0,29)	31	26 (8,59)	44	39 (12,78)	47	40 (14,87)	52	47 (16,94)
Fisch	1	0 (0,3)	3	0 (0,11)	6	0 (0,17)	6	0 (0,19)	5	0 (0,18)
Eier	2	1 (0,6)	12	11 (2,24)	15	13 (4,31)	19	17 (6,34)	20	18 (7,37)
Milch, -produkte[4]	215	209 (23,413)	297	260 (95,535)	305	277 (125,530)	284	246 (108,489)	308	288(129,517)
Fette, Öle	16	16 (7,25)	15	14 (7,22)	18	16 (10,28)	19	18 (10,30)	21	20 (10,31)

[1]Ohne Saft, mit gegartem/verarbeitetem Obst (z.B. aus Konserven, Gebäck, Milchprodukten u.ä.); [2]ohne Hülsenfrüchte, Samen, Saaten; [3]mit Reis, Schälmühlen- und Mahlerzeugnissen; [4]ohne Muttermilch bei gestillten Säuglingen

Empfohlene Lebensmittel	Alter (Jahre)		
	1	2–3	4–6
Obst (g/d)	120	150	200
Gemüse (g/d)	120	150	200
Kartoffeln (g/d)[1]	80	100	130
Brot, Getreide(-flocken) (g/d)	80	120	170
Fleisch, Wurst (g/d)	30	35	40
Fisch (g/Woche)	50	70	100
Eier (Stück/Woche)	1–2	1–2	2
Milch, -produkte (g/d)	300	330	350
Öl, Margarine, Butter (g/d)	15	20	25

Tab. 4: Empfehlungen in der Optimierten Mischkost des FKE [1] für ausgewählte Lebensmittelverzehrsmengen

[1]oder Nudeln, Reis u.a. Getreide

Energie- und Nährstoffzufuhr

Das FKE hat als Kooperationspartner im VELS-Projekt Auswertungen für 794 der Probanden zur Energie- und Nährstoffzufuhr durchgeführt [12]. Tab. 6 und Abb. 1 zeigen ausgewählte Ergebnisse. Verglichen werden die Ergebnisse mit den D-A-CH-Referenzwerten [13] für die drei Altersklassen 4 bis < 12 Monate, 1 bis < 4 Jahre, 4 bis < 7 Jahre. In Tab. 6 sind die Gesamtenergiezufuhr (als Mediane) und die Makronährstoffzufuhr bezogen auf die Energiezufuhr (als Prozentwerte E%) dargestellt. Bei der Gesamtenergiezufuhr liegen die Säuglinge, die 2- und 3-Jährigen leicht über den Richtwerten und die 1- und 4-Jährigen liegen etwas darunter. Die Mädchen führen im Mittel weniger Energie zu als die Jungen.

Bei den energieliefernden Nährstoffen zeigt sich folgendes Bild: Die Eiweißzufuhr liegt mit 10–13 E% über den Empfehlungen von 5–6 E% [15] bzw. 8–10 E% der Soll-Werte nach [2]. Die mittlere Fettzufuhr in E% bleibt bei den Säuglingen unter und bei den Kleinkindern im Bereich der Referenzwerte (35–40 E% bzw. 30–40 E%). Im Mittel werden allerdings zu viele gesättigte Fettsäuren zugeführt (13–15 E% verglichen mit Empfehlungen von unter 10 E%). Bei den Kohlenhydraten liegt die mittlere Zufuhr mit Werten von über 50% im Rahmen. Die Zuckerzusätze liegen mit 7–9 E% bis zum Alter von zwei Jahren in einem akzeptablen Bereich [1] und steigen danach auf 11–14 E% an.

Die Mineralstoff- und Vitaminzufuhr (Medianwerte) ist in Abb. 1 als Prozent der Referenzwerte aufgetragen. Für die unter 1-Jährigen zeigt sich im Mittel eine ausreichende Zufuhr, die – gemessen an den Empfehlungen – prozentual höher lag als bei den Kleinkindern. Ausnahmen stellen die Zufuhr von Eisen, Jod

Tab. 5: Verzehrte Gemüsemengen für alle Probanden (Mittelwert, Median; V=Anzahl Verzehrer)

Gemüse (g/d)	½ – <1-Jähr. (n = 158)			1-Jährige (n = 171)			2-Jährige (n = 178)			3-Jährige (n = 148)			4-Jährige (n = 149)		
	$\bar{x}$	P50	V	$\bar{x}$	P50	V	$\bar{x}$	P50	V	$\bar{x}$	P50	V	$\bar{x}$	P50	V
roh	1	0	45	12	7	143	19	12	167	25	18	138	27	19	134
gegart	73	75	158	48	41	171	45	40	178	42	37	147	44	12	148
gesamt	74	76	158	60	54	171	63	61	178	67	58	148	71	66	149

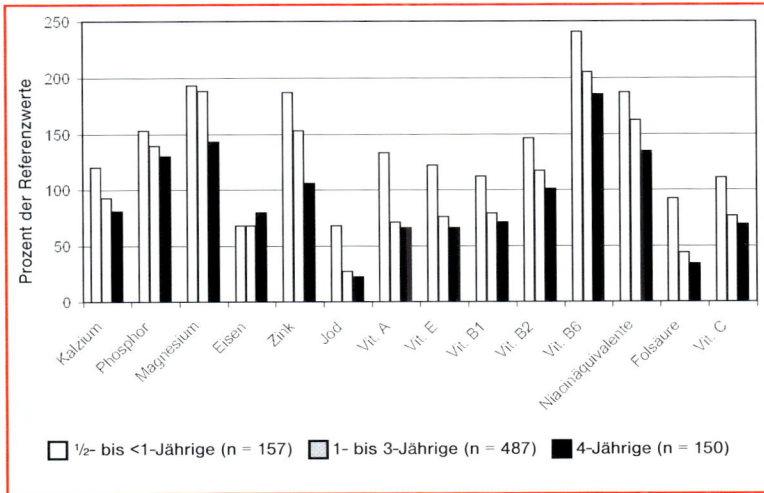

Abb. 1: Zufuhr von Mineralstoffen und Vitaminen (Mediane) in Prozent der Referenzwerte [13] nach Altersgruppen,
verändert nach [12]

und Folsäure dar, bei Kleinkindern außerdem Kalzium, Vitamin A, E, B_1 und C, wobei die Referenzwerte zum Teil erheblich unterschritten werden. Zur Jodzufuhr bleibt anzumerken, dass die tatsächlichen Mengen höher liegen dürften, da jodiertes Speisesalz in der Erhebung nicht extra erfasst wurde.

Diskussion

Erstmalig liegen mit der VELS-Studie bundesweite Verzehrsdaten für die Altersgruppe der ½- bis 4-Jährigen vor. Der Stichprobenumfang der Studie entspricht mit 148–178 Probanden (vgl. Tab. 1) von 680 000 Kindern deutscher Nationalität pro Altersjahrgang (Statist. Bundesamt 2000) einer Stichprobenrate von 0,22–0,26/1000 Kinder eines Altersjahrgangs in der Bundesrepublik Deutschland. In der US-amerikanischen Verzehrsstudie CSFII (1994-1996) wurde für vergleichbare Altersgruppen eine Stichprobenrate von 0,2 angestrebt [14].

Die spezielle, ursprüngliche Fragestellung des Auftraggebers der VELS-Studie zur Abschätzung von Gesundheitsrisiken durch Rückstände von Pflanzenschutzmitteln in Lebensmitteln tierischer und pflanzlicher Herkunft setzte eine möglichst vollständige Erfassung von individuellen Verzehrsdaten voraus. Die Wiegepro-

tokollmethode in Kombination mit der Schätzprotokollmethode bei Außer-Haus-Verzehr und eine möglichst lange Protokolldauer (2 × 3 Tage) waren das Mittel der Wahl. Nachteile dieser aufwändigen Methodik sind in einer erheblichen Belastung der Teilnehmerinnen und Teilnehmer (hier der Eltern der Probanden) zu sehen. Dies führt leicht dazu, dass Personen mit einem ausgeprägten Ernährungs- und Gesundheitsbewusstsein in solchen Stichprobenuntersuchungen überrepräsentiert und solche mit eher ungünstigen Ernährungsgewohnheiten unterrepräsentiert sind [15, 16].

Zur Vermeidung möglicher Stichprobenverzerrungen wurde in der vorliegenden Studie auf eine möglichst vollständige Ausschöpfung der Teilstichproben in den Sample-Points Wert gelegt. Die Gruppendynamik führte bei der Rekrutierung von Probanden nicht selten dazu, dass, wie beabsichtigt, ganze Gruppen zur Teilnahme gewonnen werden konnten. Trotz einer breiten sozialen Schichtung, die erreicht werden konnte, sind Eltern mit höherem Schulabschluss, wie in derartigen Untersuchungen üblich, überrepräsentiert. Kinder nicht deutsch sprechender Eltern sind in dieser Untersuchung gar nicht vertreten. Um Daten dieser wichtigen Zielgruppen zu gewinnen, bedarf es weiterer Erhebungen und der Entwicklung hierfür geeigneter Methoden. Regionale Studi-

	½ – <1-Jähr.		1-Jährige		2-Jährige		3-Jährige		4-Jährige	
	Jungen n = 83	Mädchen n = 74	J. n = 81	M. n = 74	J. n = 89	M. n = 74	J. n = 71	M. n = 74	J. n = 74	M. n = 74
Energie (MJ/d)	3,24	2,98	4,12	3,85	4,8	4,45	5,04	4,76	5,63	5,42
–"– (kcal/d)	774	711	986	920	1147	1063	1205	1138	1344	1296
Eiweiß (E%)	11	10	13	13	13	13	12	12	12	12
Fett (E%)	32	34	33	35	34	34	35	34	33	35
GFS (E%)	13	13	15	15	14	15	15	15	15	15
EUFS (E%)	13	13	13	14	14	14	15	14	14	14
MUFS (E%)	5	6	4	4	4	4	5	4	4	4
KH (E%)	56	55	54	52	53	52	52	53	54	52
Zuckerzus. (E%)	7	7	8	9	12	11	12	13	14	12

GFS = Gesättigte Fettsäuren, EUFS = einfach ungesättigte Fettsäuren, MUFS = mehrfach ungesättigte Fettsäuren, KH = Kohlenhydrate, Zuckerzus. = Zuckerzusätze

Tab. 6: Energiezufuhr und prozentualer Beitrag energieliefernder Nährstoffe (als Mediane) zur Gesamtenergiezufuhr pro Tag nach Alter und Geschlecht [12]

en, wie z.B. die Kitastudie zum Ernährungsverhalten von 3- bis 6-jährigen Kindern verschiedener Ethnien [17; vgl. Kap. 6], können dafür Anhaltspunkte liefern.

Im Rahmen des Kinder- und Jugendgesundheitssurveys (KiGGS) werden von 2003–2006 bundesweit mithilfe eines Verzehrshäufigkeitenfragebogens auch Daten zum Ernährungsverhalten 0–17-Jähriger gesammelt [18]. In der Neuen Nationalen Verzehrsstudie (NVS) 2005 wird das Verzehrsverhalten retrospektiv mit zwei 24-h-Recalls telefonisch bei Personen im Alter von 14–80 Jahren erhoben. Die DONALD-Studie des FKE erhebt seit 1985 Verzehrsdaten und Daten zur Energie- und Nährstoffzufuhr bei Säuglingen, Kindern und Jugendlichen im Raum Dortmund, bis 2003 von ca. 1100 Kinder im Alter von 3 Monaten bis 18 Jahren [1]. Die hier präsentierten Auswertungen zum Lebensmittelverzehr (Tab. 3 und 5) und die ernährungsphysiologischen Auswertungen der VELS-Daten, durchgeführt vom FKE mit dem Instrumentarium der DONALD-Studie (Tab. 6, Abb. 1), konnten im Wesentlichen die Erkenntnisse aus der DONALD-Studie unterstreichen [12].

Hinsichtlich des Lebensmittelverzehrs werden von Kindern, gemessen an den Empfehlungen der Optimierten Mischkost, zu wenig pflanzliche Lebensmittel (insbesondere Gemüse, Brot, kohlenhydratreiche Beilagen) konsumiert und mit zunehmendem Alter zu viele fettreiche tierische Lebensmittel zugeführt. Diese Problembereiche wurden auch in der vorliegenden VELS-Studie sichtbar. Das FKE bezeichnet die Lebensmittelauswahl bei den Kleinkindern als suboptimal.

Die Vorliebe für Karotten, Gurken und Tomaten beim Gemüseverzehr konnten für 4–6 Jahre alte Kinder in der DONALD-Studie ebenfalls beobachtet werden [1]. Es bleibt festzuhalten, dass eine Steigerung des Verzehrs von Gemüse u.a. pflanzlichen Lebensmitteln aus präventivmedizinischer Sicht schon im frühen Kindesalter zu empfehlen ist. Gemüse liefert wichtige Vitamine, Mineralstoffe und sekundäre Pflanzenstoffe und ist kalorienarm. Insbesondere die Zufuhr von Vitamin C, Folsäure und β-Carotin, die sich in der VELS-Studie u.a. als kritisch zeigte, könnte durch einen gesteigerten Gemüsekonsum verbessert werden.

Korrespondenzanschrift:
Dipl. Biol. Claudia Vohmann
Fachgruppe Ernährung und
Verbraucherbildung
Universität Paderborn
33095 Paderborn

Ernährungssituation von Erstklässlern

Ergebnisse einer Ernährungserhebung im Rems-Murr-Kreis

Henrike Merx und Marianne Reuter,
Landratsamt Rems-Murr-Kreis

Gertrud Winkler, Sigmaringen

Die Ernährungserziehung von Kindern hat sich den ihr gebührenden Platz als eines der Topthemen in der Gesundheitsförderung erobert. Dies zeigen zahlreiche Veranstaltungen zum Themenkomplex sowie die Entwicklung und Durchführung verschiedener Programme. Über die aktuelle Ernährungssituation von Kindern in Deutschland liegen allerdings nur wenige Untersuchungen vor. Dieser Beitrag stellt deshalb die Ergebnisse einer Ernährungserhebung an Erstklässlern im Rems-Murr-Kreis vor.

Einleitung

Kenntnisse über die aktuelle Ernährungssituation von Kindern sind grundlegend für die Entwicklung oder Aktualisierung von Programmen zur Ernährungserziehung. Deshalb werden hier die Ergebnisse einer Ernährungserhebung vorgestellt, die 1998 bei Erstklässlern im Rems-Murr-Kreis durchgeführt wurde. Der Schwerpunkt liegt dabei auf der Beschreibung der Ernährungssituation im Vergleich zu aktuellen Ernährungsempfehlungen, um daraus konkrete Ansatzpunkte für die Gesundheitsförderung abzuleiten.

Methodik

Der Fachbereich Kinder- und Jugendgesundheit des Gesundheitsamtes beim Landratsamt Rems-Murr-Kreis (Baden-Württemberg) führte von November 1998 bis Dezember 2000 unter Beteiligung des Staatlichen Schulamtes Waiblingen und der Orthopädischen Universitätsklinik Tübingen eine Längsschnittuntersuchung zur Entwicklung von Haltung und Haltungsschäden bei Grundschulkindern aus 6 Grundschulen des Rems-Murr-Kreises durch.

Die Schulen wurden nach unterschiedlichen Rahmenbedingungen, die sich möglicherweise auf die Haltung der Kinder auswirken, ausgesucht.

Über drei Jahre wurden die Schüler einmal jährlich im Winterhalbjahr von einem/r Kinderarzt/ärztin allgemein pädiatrisch und orthopädisch untersucht. Zu Studienbeginn wurde zusätzlich eine ausführliche Individual- und Familienanamnese der Kinder erhoben.

Zeitgleich mit den orthopädischen Untersuchungen wurden jedes Jahr retrospektiv ein 7-tägiges Aktivitätsprotokoll und ein 24-Stunden-Ernährungsprotokoll (24-h-Recall) erhoben.

Dieser Beitrag beruht auf den Ergebnissen der Basiserhebung, die im November und Dezember 1998 durchgeführt wurde. Der fast 5-jährige Abstand zwischen Erhebung und Auswertung ist durch personelle Engpässe und die aufwendige Dateneingabe begründet. Da sich Ernährungsgewohnheiten auf Bevölkerungsebene nur langsam ändern, dürften die Daten trotzdem ein aktuelles Bild widerspiegeln.

Auswahl der Kinder und Beteiligung an der Basis-Ernährungserhebung

In die Studie einbezogen wurden alle 278 Schüler, die im November/Dezember 1998 an einer der 6 ausgewählten Schulen eine erste Klasse besuchten. 230 der 278 Erstklässler (82,7 %) nahmen an der Erstuntersuchung teil. Von 19 dieser Schüler liegt kein 24-h-Recall vor[1]. Insgesamt liegen damit von 211 Kindern

---

[1] 17 kamen ohne erwachsene Begleitperson – 15 davon wurden nicht zu ihrer Ernährung befragt, die zwei anderen Kinder lieferten qualitativ sehr hochwertige 24-h-Recalls – eine Begleitperson verweigerte den 24-h-Recall und drei 24-h-Recalls wurden auf Grund offensichtlicher Unstimmigkeiten von der Auswertung ausgeschlossen.

Methodik der Ernährungserhebung

Die 24-h-Recalls wurden durch geschultes Personal des Gesundheitsamtes in persönlichen Interviews erhoben und auf standardisierten Formularen für die einzelnen Mahlzeiten getrennt nach Speisen und Getränken festgehalten. Befragt wurde dabei die erwachsene Begleitperson des Kindes zum Lebensmittel- und Getränkeverzehr am Tag vor der Untersuchung (Ausnahme: die beiden o. g. Kinder).

Mengenangaben wurden generell in haushaltsüblichen Maßen, z.B. eine Tasse, eine Scheibe bzw. als Portionsgrößen (groß, mittel...) erhoben.

Von den 211 Kindern, von denen ein auswertbarer 24-h-Recall vorliegt, wurden 176 von der Mutter, 15 vom Vater, 1 von beiden Elternteilen gemeinsam und 6 von sonstigen Personen begleitet. Bei 11 Kindern fehlen die Angaben zur Begleitperson, zwei kamen ohne Begleitperson.

Bedingt durch das Studiendesign sind Werktage bei den Recalls überrepräsentiert (Sonntage: 18,0 %, Montage: 17,5 % Dienstage: 19,4 %, Mittwoche: 23,7 % und Donnerstage: 21,3 %).

Dateneingabe, -transformation und -analyse

Für die klassischen Auswertungen zur Lebensmittel- und Nährstoffzufuhr wurden die Recalls mit dem an der Universität Paderborn (Arbeitsgruppe Prof. Dr. Heseker) erstellten Erfassungsprogramm EAT 2000 kodiert [1, 2]. Die Transformation in Rohdatensätze zur Lebensmittel- und Nährstoffzufuhr fand anschließend an der Universität Paderborn auf der Basis der aktuellsten Version II.3 des Bundeslebensmittelschlüssels [3] statt.

Dabei wurden BLS-interne Rezepte in ihre Einzelzutaten zerlegt und den entsprechenden Grundlebensmittelgruppen zugerechnet. Die Nährstoffzufuhr berücksichtigt Supplemente nicht, da diese nicht erhoben wurden.

Als Grundlage der ergänzenden Auswertungen zum Ernährungsverhalten wurden in einem weiteren Eingabeschritt die entsprechenden Variablen wie Art des Frühstücks, Mittagessen, Abendessen; warm/kalt u. v. a. in einer Excel-Datei erfasst [4].

Plausibilitätskontrollen wurden bei der Dateneingabe und der -analyse durchgeführt. Die Validität des Gesamtdatensatzes wurde nach Goldberg et al. [5] mittels des Verhältnisses der aus den Recalls berechneten Energiezufuhr (EI)/Grundumsatz (BMR) nach den geschlechts- und altersspezifischen prädiktiven Formeln von Schofield [6] überprüft. Sowohl das mittlere EI/BMR-Verhältnis für die 107 Mädchen von 1,69 ($\pm$0,40) als auch das für die 104 Jungen von 1,60 ($\pm$0,39) liegt im jeweils akzeptablen Bereich (1,30–2,10 für 6- bis 13-jährige Mädchen bzw. 1,39–2,24 für 6- bis 13-jährige Jungen) [7].

(107 Mädchen und 104 Jungen) Basisdaten zur Ernährung vor. Dies entspricht einer Beteilung an der Ernährungserhebung von 75,9 % bezogen auf alle bzw. 91,7 % bezogen auf die teilnehmenden Kinder.

Die hier vorgestellten deskriptiven Analysen wurden mit SPSS 11.5 durchgeführt. Die Ergebnisse zur Lebensmittelzufuhr werden mit den optimiX-Empfehlungen des Instituts für Kinderernährung für 7–9-jährige Kinder [8] und die Ergebnisse zur Nährstoffzufuhr mit den D-A-CH-Referenzwerten für 7- bis unter 10-jährige Kinder [9] verglichen. Um den Limitationen einmalig erhobener 24-h-Recalls Rechnung zu tragen [10, 11], werden überwiegend Mittelwerte und Mediane herangezogen.

Merkmal	Jungen (n= 104)			Mädchen (n = 107)			Differenz
	$\bar{x}$	P_{50}	SD	$\bar{x}$	P_{50}	SD	p-Wert[1]
Alter (Jahre)	6,9	6,9	0,4	6,9	6,9	0,4	0,818
Körpergröße (cm)	123,3	123,0	5,1	120,7	120,0	5,3	**0,000**
Gewicht (kg)	24,5	23,8	4,2	23,3	22,5	4,3	**0,045**
BMI (kg/m²)	16,0	15,7	1,9	15,9	15,5	2,0	0,631

[1] t-Test

Tab. 1: Ausgewählte Merkmale (Mittelwert $\bar{x}$, Median P50, Standardabweichung SD) zur Beschreibung der teilnehmenden Kinder nach Geschlecht

Ergebnisse

Tabelle 1 zeigt ausgewählte Merkmale zur Beschreibung der untersuchten Kinderpopulation. Die teilnehmenden Kinder waren im Mittel knapp 6,9 Jahre alt. Der BMI-Median entsprach mit 15,7 bei den Jungen und 15,5 bei den Mädchen den Referenzmedianen von 15,66 für 7-jährige Jungen und 15,62 für 7-jährige Mädchen [12]. 9,6 % der Jungen und 11,2 % der Mädchen waren nach KROMEYER-HAUSCHILD et al. [12] übergewichtig, 3,8 % bzw. 4,7 % adipös.

Das Wohnumfeld der meisten Kinder (69,2 %) war städtisch geprägt, sie wohnten in Orten mit über 20 000 Einwohnern, nur 30,8 % der Kinder wohnten in Orten mit weniger als 20 000 Einwohnern. Von den Vätern waren 91,5 % erwerbstätig (6,6 % keine Angaben), von den Müttern 36,5 % (keine Angaben 4,7 %).

Energie- und Nährstoffzufuhr

In Tabelle 2 sind die Gesamtenergiezufuhr und die Anteile der energieliefernden Nährstoffe dargestellt. Der Vergleich mit den aktuellen D-A-CH-Richtwerten [9] zeigt, dass die mittlere Fettzufuhr dem maximalen Richtwert von 35 Energieprozent (En%) und die mittlere Kohlenhydratzufuhr dem minimalen Richtwert von 50 En% entsprachen, wobei allerdings im Mittel zu viele gesättigte Fettsäuren (15 En% vs. Richtwert <10 En%) aufgenommen wurden und auch die mittlere Saccharosezufuhr mit 12 En% höher als wünschenswert war. Die absolute Zufuhr ausgewählter Nährstoffe zeigt Tabelle 3.

Tab. 2: Energiezufuhr und prozentualer Beitrag energieliefernder Nährstoffe zur Gesamtenergiezufuhr (Mittelwert $\bar{x}$, Median P_{50} und Standardabweichung SD) nach Geschlecht

Nährstoff	Jungen (n= 104)			Mädchen (n = 107)			Differenz
	$\bar{x}$	P_{50}	SD	$\bar{x}$	P_{50}	SD	p-Wert[1]
Energie (MJ/d)	7,03	6,73	1,66	6,74	6,60	1,56	0,282
Energie (kcal/d)	1677	1604	395	1608	1575	372	0,280
Protein (En%)	14,2	13,6	3,2	14,4	13,8	3,6	0,793
Fett (En%)	34,2	34,9	6,8	35,5	36,0	7,8	0,218
GFS² (En%)	15,2	15,2	3,6	15,5	14,7	4,3	0,759
EUFS² (En%)	12,1	11,9	3,3	12,4	12,3	3,3	0,550
MUFS² (En%)	4,5	4,0	1,7	5,1	4,2	2,4	0,204
Kohlenhydrate (En%)	51,6	50,9	7,4	50,2	49,5	8,5	0,186
Saccharose (En%)	12,0	12,0	5,0	12,0	12,1	5,0	0,968

[1]Man-Whitney-Test; ²GFS = gesättigte Fettsäuren; EUFS = einfach ungesättigte Fettsäuren; MUFS = mehrfach ungesättigte Fettsäuren

Nährstoff (g/d)	Jungen (n= 104)			Mädchen (n = 107)			Differenz
	$\bar{x}$	P_{50}	SD	$\bar{x}$	P_{50}	SD	p-Wert[1]
Protein	58,4	56,8	18,3	56,4	53,8	17,9	0,341
– pflanzlich	21,0	20,1	5,5	20,5	19,3	7,6	0,224
Fett	64,1	63,0	22,5	62,8	60,8	20,5	0,652
– GFS[2]	28,4	28,2	10,5	27,2	26,6	9,1	0,422
– EUFS[2]	22,7	21,3	9,2	22,2	20,7	8,9	0,520
– MUFS[2]	8,5	7,9	4,1	9,1	7,5	5,2	0,681
– Cholesterin	0,286	0,245	0,163	0,271	0,241	0,138	0,628
Kohlenhydrate	210,9	204,7	51,5	199,0	189,1	59,1	0,117
– Saccharose	50,1	46,9	25,2	48,3	45,3	25,3	0,613
– Polysaccharide	104,0	100,0	31,2	96,5	96,0	29,5	0,119
– Ballaststoffe	16,3	15,1	5,5	14,7	14,2	5,7	0,035
– lösliche	5,1	4,9	1,8	4,7	4,6	1,9	0,108
– unlösliche	11,2	10,6	3,9	10,0	9,6	4,0	0,019
Wasser	1475	1535	327	1459	1435	352	0,562

[1] Man-Whitney-Test; [2] GFS = gesättigte Fettsäuren; EUFS = einfach ungesättigte Fettsäuren; MUFS = mehrfach ungesättigte Fettsäuren

Tab. 3: Zufuhr Energie liefernder Hauptnährstoffe
(Mittelwert $\bar{x}$, Median P_{50} und Standardabweichung SD) nach Geschlecht

Hinsichtlich der Proteinzufuhr erreichten bis auf zwei Kinder alle die für diese Altergruppe empfohlenen 24 g täglich. Die mittlere Proteinzufuhr lag mit 2,5 ± 0,85 g/kg Körpergewicht/Tag (Median: 2,4) deutlich über der Empfehlung von 0,9 g/kg /Tag. Die mittlere Nährstoffdichte von Protein betrug bei den Mädchen 8,4 ± 2,09 g/MJ (Median: 8,0) und bei den Jungen 8,3 ± 1,89 g/MJ (Median: 8,0) (vs. empfohlenen 3,4 bzw. 3,0 g/MJ). Die Ballaststoffdichte lag im Mittel bei 2,3 ± 0,69 g/MJ (Median: 2,20) und damit unter dem Richtwert von 2,4 g/MJ bzw. 10 g/1000 kcal. Den Richtwert für die Wasserzufuhr aus Getränken und fester Nahrung von 1570 ml/Tag erreichten 31,8 % der Mädchen und 32,7 % der Jungen am Tag der Erhebung.

Tabelle 4 zeigt die Zufuhr an Vitaminen, Mengen- und ausgewählten Spurenelementen. Der Vergleich mit den aktuellen D-A-CH-Empfehlungen bzw. Schätzwerten für eine angemessene Vitaminzufuhr [9] wies die Aufnahme an Vitamin D und Folsäure als problematisch aus. Allerdings wird bei adäquater UVB-Exposition ausreichend Vitamin D durch die Eigensynthese der Haut produziert. In den D-A-CH-Referenzwerten wird trotzdem während des gesamten Wachstumsalters

eine tägliche alimentäre Zufuhr von 5 µg Vitamin D empfohlen, da die für das Erreichen der maximalen Knochenmasse notwendige Vitamin-D-Zufuhr nicht bekann ist.

Die mittlere Zufuhr von Natrium und Chlorid überschritt die Schätzwerte für die Minimalzufuhr [9] erheblich. Hier muss allerdings ausdrücklich darauf hingewiesen werden, dass die Daten für die Natrium- und Chloridzufuhr lediglich als sehr grobe Anhaltspunkte betrachtet werden dürfen, da die tatsächliche Verwendung von Kochsalz mit der angewandten Methode der 24-h-Recalls nicht erfasst werden konnte.

Im Vergleich zu den aktuellen D-A-CH-Referenzwerten [9] stellte sich die Aufnahme von Kalzium und Jod als kritisch dar, wobei die tatsächliche Jodaufnahme über der hier errechneten liegen dürfte, da die Verwendung von Jodsalz methodenbedingt ebenfalls nicht erfasst werden konnte.

Lebensmittelverzehr

Ein Vergleich des Lebensmittelverzehrs mit den optimiX-Empfehlungen [8] zeigte folgende Problembereiche:
Die mittlere Getränkemenge lag unter den empfohlenen 0,9 l pro Tag. Diese Menge er-

Nährstoff	Referenz	Jungen (n= 104)			Mädchen (n = 107)			Differenz
		$\bar{x}$	P_{50}	SD	$\bar{x}$	P_{50}	SD	p-Wert[1]
VITAMINE								
Vitamin A (mg/d)	0,8	1,0	0,8	0,8	0,8	0,9	0,7	0,209
Vitamin D (µg/d)	5	1,8	1,4	1,4	2,0	1,4	2,9	0,799
Vitamin E (mg/d)	10 bzw. 9	8,6	7,4	4,4	8,7	7,3	5,7	0,744
Vitamin K (µg/d)	30	186	164	97	179	173	80	0,852
Thiamin (mg/d)	1,0	1,0	0,9	0,4	0,9	0,9	0,4	0,168
Riboflavin (mg/d)	1,1	1,2	1,1	0,4	1,1	1,1	0,3	0,322
Niacin (mg/d)	12	19,2	18,4	6,5	18,4	17,3	7,2	0,192
Vitamin B$_6$ (mg/d)	0,7	1,2	1,2	0,4	1,1	1,1	0,4	0,050
Folsäure (µg/d)	300	147,4	143,3	48,0	141,6	135,6	52,3	0,371
Pantothenat (mg/d)	5	3,8	3,6	1,1	3,5	3,4	1,0	0,146
Biotin (µg/d)	15–20	35,9	33,7	12,8	33,0	31,1	12,1	0,110
Vitamin B$_{12}$ (µg/d)	1,8	3,7	3,2	2,2	3,4	3,0	1,8	0,431
Vitamin C (mg/d)	80	95,2	76,2	71,0	78,0	69,3	55,5	0,077
MENGEN- und ausgewählte SPURENELEMENTE								
Natrium (mg/d)	460	1795	1708	653	1710	1620	603	0,236
Chlorid (mg/d)	690	2931	2900	996	2751	2607	936	0,131
Kalium (mg/d)	1600	2278	2224	687	2082	2108	716	0,028
Kalzium (mg/d)	900	663	623	256	662	641	265	0,964
Phosphor (mg/d)	800	1003	967	307	969	942	265	0,562
Magnesium (mg/d)	170	247	236	69	238	228	76	0,199
Eisen (mg/d)	10	10,1	9,6	2,7	9,4	9,0	2,9	0,100
Jod (µg/d)	140	73,9	63,9	40,8	67,4	65,1	23,6	0,648
Zink (mg/d)	7,0	8,5	8,2	2,5	8,4	8,1	2,4	0,878
Kupfer (mg/d)	1,0–1,5	1,6	1,5	0,4	1,5	1,4	0,5	0,119
Mangan (mg/d)	2,0–3,0	3,4	2,9	1,7	3,4	3,2	1,6	0,380

[1]Man-Whitney-Test

Tab. 4: Zufuhr von Vitaminen sowie Mengen- und ausgewählten Spurenelementen (Mittelwert $\bar{x}$, Median P_{50} und Standardabweichung SD) nach Geschlecht, im Vergleich zu den D-A-CH-Referenzwerten für 7- bis <10-jährige Kinder [9]

reichten nur 41,3 % der Jungen und 42,1 % der Mädchen am Recall-Tag. Ebenfalls geringer als empfohlen war der mittlere Verzehr der kohlenhydratreichen pflanzlichen Lebensmittel, von Gemüse und Obst, von Milch/Milchprodukten sowie von Fisch. Dagegen wurden mehr Fleisch, Wurst und Eier sowie mehr Backwaren und Süßigkeiten als empfohlen gegessen. Innerhalb der Lebensmittelgruppe Brot war Graubrot die beliebteste Sorte, der Verzehr von Vollkornbrot spielte mengenmäßig nur eine untergeordnete Rolle.

Rind- und Schweinefleisch sowie Brathähnchen dominierten beim Fleischverzehr, Salami, Wiener Würstchen und Streichleberwurst bei den Fleischwaren und Fischstäbchen uneingeschränkt beim Fischverzehr. Die Spitzenreiter bei Milch und Milchprodukten waren Vollmilch und Kakao, bei Käse war es Schnittkäse der Vollfettstufe.

Mahlzeitenstruktur

Von den 211 Kindern verzehrten 6,2% drei Mahlzeiten am Tag, 24,6% vier und 18,5% sechs oder mehr Mahlzeiten am Tag. Dabei hatten 98,1% der Kinder mindestens eine, über ein Drittel sogar zwei warme Mahlzeiten am Tag. 19,9% der Kinder nahmen eine, 58,3% zwei und 20,4% der Kinder drei Zwischenmahlzeiten zu sich, 3 Kinder (1,4%) verzehrten keine Zwischenmahlzeit.

Nur knapp die Hälfte der Kinder (47,4%) trank zu jeder ihrer Mahlzeiten.

Erstes Frühstück

Ein erstes Frühstück nahmen 90,0% der Kinder zu sich. Bei über der Hälfte bestand es aus einer Brotmahlzeit, wobei die süße Aufstrichvariante dominierte, knapp ein Drittel der Kinder aßen Frühstückscerealien. Zwei Kinder tranken lediglich Milch bzw. Kakao. Getrunken wurde beim Frühstück am häufigsten Kakao (26,5% der Kinder), gefolgt von Tees (17,5%), Milch (15,2%), Saft bzw. Saftschorle (10,4%), Wasser (7,6%) und Limonaden (0,9%). 21,8% der Kindern tranken nichts zum Frühstück.

Zweites Frühstück

Ein zweites Frühstück verzehrten 88,6% der Kinder. Am häufigsten wurden dabei Brote gegessen, gefolgt von Frühstückscerealien. 10% der Kinder verzehrten hauptsächlich Süßigkeiten zum zweiten Frühstück. Getrunken wurde Saft bzw. Saftschorle (31,7% der Kinder), vor Wasser, Kakao, Tees, Limonaden und Milch, 16,1% der Kinder tranken nichts.

Mittagessen

97,2% der Kinder aßen zu Mittag. Bei 90,5% war das Mittagessen eine warme, bei 6,6% eine kalte Mahlzeit. Über die Hälfte der Kinder (50,2%) erhielten ein Gericht mit einer Fleisch- bzw. Wurstkomponente, wobei Spaghetti bzw. Nudeln mit Hackfleischsoße und Kalbs- oder Putengeschnetzeltes am häufigsten gegessen wurden. 24,6% der Kinder verzehrten ein Gericht ohne Fleisch (am häufigsten Nudeln mit Tomatensoße), 7,1% eine Süßspeise (meistens Pfannkuchen), 6,2% ein Fischgericht und 5,7%

ein Suppen- oder Eintopfgericht. Pizza war nicht häufiger als z. B. das traditionelle Gericht Spinat, Kartoffel und Ei oder die regionaltypische Kombination Linsen, Spätzle und Würstchen vertreten.

Bei den kohlenhydrathaltigen Beilagen dominierten Teigwaren deutlich vor Kartoffeln und Reis. Frittierte Beilagen (v. a. Pommes Frites) wurden von 7,1% der Kinder verzehrt. Bei knapp einem Viertel der Kinder ergänzte ein Salat und bei gut einem Fünftel der Kinder ein Nachtisch das Mittagessen (überwiegend Süßwaren, vor Obst und Desserts auf Milchbasis).

Getrunken wurden hauptsächlich Saft bzw. Saftschorle gefolgt von Wasser und Limonaden. Milch, Kakao und Tees spielten beim Mittagessen kaum eine Rolle. 9,0% der Kinder tranken nichts zum Mittagessen.

Zwischenmahlzeit am Nachmittag

Eine Zwischenmahlzeit am Nachmittag verzehrten 81,0% der Kinder. Die Hauptkomponente bestand bei 44,5% der Kinder aus Kuchen oder Keksen, bei 14,2% aus Obst, bei 10,0% aus Brot, bei 5,2% aus Joghurt, Quark o. ä. und bei 4,7% aus Obst und einer Süßigkeit. 18,5% der Kinder tranken nichts; die anderen bevorzugten Saft und Saftschorle (36,0%), Wasser (24,2%) und Limonaden (13,7%).

Abendessen

96,7% der Kinder verzehrten ein Abendessen, das bei 40,8% eine warme Mahlzeit darstellte. Für 46,9% der Kinder war das Abendessen eine klassische Brotmahlzeit (Vesper), bei der deutlich mehr Kinder zu Wurst als zu Käse griffen (36,5 vs. 8,1%). 23,2% der Kinder erhielten ein warmes Gericht mit einer Fleisch- bzw. Wurstkomponente, 15,6% ein warmes Gericht ohne Fleisch. Süßspeisen, Fischgerichte, Suppen- oder Eintopfgerichte o. ä. spielten kaum eine Rolle. Als kohlenhydrathaltige Beilagen in den warmen Gerichten dominierten wiederum Teigwaren deutlich vor Reis und Kartoffeln. Bei 28,4% der Kinder gab es zusätzlich einen Salat und bei 22,3% einen Nachtisch zum Abendessen (Süßwaren 9,0%, Obst 7,1%, Desserts auf Milchbasis 6,2%). 7,1% der Kinder tranken nichts zum Abendessen, die anderen bevorzugten Saft bzw. Saftschorle (33,1% der Kinder), gefolgt von Wasser (24,2%), Limonaden (13,3%), Tees (12,8%) sowie Milch und Kakao (9,4%).

Nach dem Abendessen

Nach dem Abendessen aßen 28,0% der Kindern noch etwas, und zwar hauptsächlich Süßwaren, Kekse oder Kuchen (20,4% der Kinder), gefolgt von Obst (5,2%). Bei 17,1% der Kinder gab es noch etwas zu trinken, am häufigsten waren Wasser (8,1%) und Limonaden (2,4%) vertreten.

„Take five a day" – Obst und Gemüse versus Süßwaren?

Am Recall-Tag verzehrten 34,6% der Kinder kein, 43,1% einmal und nur 22,3% zweimal oder häufiger Obst. Bevorzugt wurden dabei Äpfel, Birnen, Zitrusfrüchte und Bananen.

Das ist sicherlich auch saisonal bedingt (November, Dezember). Mit Abstand am häufigsten wurde Obst zum zweiten Frühstück gegessen, gefolgt von der Zwischenmahlzeit am Nachmittag (Tab. 6).

Ein ähnliches Bild ergibt sich für den Gemüseverzehr: 39,8% der Kinder aßen kein, 38,4% einmal und nur 21,8% zweimal oder häufiger Gemüse, wobei 26,5% ausschließlich rohes, 20,9% ausschließlich gekochtes und 12,8% beide Varianten verzehrten. Bevorzugt wurden die klassischen Salatgemüse Blattsalat, Tomaten und Gurken, gefolgt von Möhren. Gemüse wurde fast ausschließlich zum Mittag- oder Abendessen gegessen, in geringerem Umfang auch zum 2. Frühstück (Tab. 7).

Wird der Obst- und Gemüseverzehr gemäß der Definition der „Take five a day"-Kampagne berechnet (5-mal Obst und Gemüse am Tag, davon max. 2 Gläser Saft), erfüllten 15,6% der Kinder diese Empfehlung. 16,6% hatten danach 4 Portionen am Tag, 22,3% 3 Portionen, 20,4% 2 Portionen, 18,0% 1 Portion und 7,1% keinerlei Obst und Gemüse am Recall-Tag.

Dagegen verzehrten nur 18,0% der Kinder am Recall-Tag keine Süßigkeiten. 47,4% der Kinder aßen einmal, 27,0% zweimal und 7,5% dreimal oder öfter Süßigkeiten. Am häufigsten waren dies mit weitem Abstand süße Backwaren und Schokolade. Süßigkeiten wurden besonders zur Zwischenmahlzeit am Nachmittag gegessen (Tab. 6).

Diskussion

24-h-Recalls zur Erhebung der Ernährung wurden bisher in Deutschland nur selten eingesetzt [13]. Insbesondere für Kinder in dieser Altersgruppe wurden nach Wissen der Autorinnen keine auf dieser Methode basierenden Daten veröffentlicht (s. a. Tab. 8). International sind 24-h-Recalls eine gängige Methode, die auch bei Kindern angewendet wird. Ein einmalig erhobener 24-h-Recall lässt aber üblicherweise nur die Berechnung der durchschnittlichen Nährstoffzufuhr einer Personengruppe,

Mahlzeit	von n Verzehrsgelegenheiten entfallen ...% auf		
	Süßwaren (n = 260)	Obst (n = 203)	Gemüse (n = 117)
1. Frühstück	15,4	7,1	0,6
2. Frühstück	8,1	41,8	9,6
Mittagessen	11,2	8,7	54,2
Zwischenmahlzeit am Nachm.	43,5	24,5	4,5
Abendessen	6,9	11,2	29,9
nach dem Abendessen	15,0	6,6	1,1

Tab. 6: Häufigkeit des Verzehrs von Süßwaren, Obst und Gemüse zu den einzelnen Mahlzeiten in % der Verzehrsgelegenheiten

nicht aber Auswertungen zum Verzehr des einzelnen Individuums zu [10, 11].

Untersuchungen zur Validität von 24-h-Recalls bei Kindern, die v.a. für jüngere Altersgruppen bis 7 Jahren vorliegen, bestätigen, dass valide Daten für Auswertungen auf Gruppenebene zu erhalten sind [14, 15]: Verglichen mit den Methoden der direkten Beobachtung des Verzehrs, der Duplikatmethode und der Energieumsatzmessung mit doppelt stabil markiertem Wasser lagen die Abweichungen der mittleren Energieaufnahme im Bereich von max. 10 %. Tendenziell wird der Verzehr unterschätzt, u.a. da Lebensmittel eher vergessen als fälschlicherweise hinzugefügt werden ("underreporting"). Dies betrifft offenbar eher Snacks und Nachspeisen als Speisen bei den Hauptmahlzeiten [14, 15].

Da die kognitiven Anforderungen einer Ernährungserhebung Kinder unter 7 Jahren vor allem hinsichtlich der Quantifizierung der verzehrten Speisen und Getränke und des zeitlichen Rahmens überfordern, ist es gängige Praxis, die Eltern zum Verzehr ihrer Kinder zu befragen [14, 15]. Mehrere Untersuchungen deuten darauf hin, dass Eltern über den Verzehr ihrer Kinder im häuslichen Umfeld verlässlich Auskunft geben können. Die Reliabilität ist vermutlich geringer bei berufstätigen Eltern und für Kinder, die ganz oder teilweise außerhalb des Familienhaushalts versorgt werden [14]. Da in der vorliegenden Untersuchung jeweils die Begleitperson befragt wurde, ist anzunehmen, dass dies die Person ist, der die Betreuung des Kindes obliegt und die damit die beste Einsicht in dessen Ernährungsgewohnheiten hat.

Auf Nährstoffebene sind im Grundschulalter derzeit als Hauptprobleme eine überhöhte Fettzufuhr mit ungünstiger Fettzusammensetzung und eine zu geringe Kohlenhydratzufuhr mit einem zu hohen Saccharoseanteil sowie die geringe Zufuhr von Kalzium, Jod und Folsäure bekannt [16–18]. Tabelle 7 zeigt die prozentuale Energiezufuhr aus den Hauptnährstoffen in verschiedenen Erhebungen bei Kindern. Zwischen den einzelnen Erhebungen bestehen keine wesentlichen Unterschiede. Allerdings entsprechen in der vorliegenden Untersuchung die Mittelwerte der Fett- und Kohlenhydratzufuhr erstmals den Limits der Richtwerte. Mit einigen Einschränkungen lässt sich aus dem Zeitvergleich die Hypothese ableiten, dass tendenziell der Fettverzehr zu Gunsten eines höheren Kohlenhydratverzehrs abnimmt. Eine signifikante Abnahme des Fettverzehrs bei signifikanter Zunahme des Kohlenhydratverzehrs wurde auch in allen Altersgruppen der Donald-Population zwischen 1985 und 2000 gefunden [19].

Die vorliegenden Ergebnisse bestätigen die bekannte Problematik einer ungünstigen Fettqualität mit einem zu hohen Anteil gesättigter Fettsäuren, die sich auch in der hohen Cholesterinaufnahme ausdrückt.

Ebenfalls stellen sich in der Erhebung Folsäure als "Problemvitamin" sowie Kalzium und Jod als kritische Mineralstoffe dar. Zusätzlich zeigte sich eine geringe Aufnahme von Vitamin D. Eine defizitäre Zufuhr an Vitamin D und Folsäure im Vergleich zu den Referenzwerten ist aktuell auch in der erwachsenen deutschen Bevölkerung prävalent [20].

Hinsichtlich des Lebensmittelverzehrs werden im Grundschulalter vorrangig die zu geringe Zufuhr von Getränken, von pflanzlichen Lebensmitteln allgemein (v. a. Gemüse, Brot und kohlenhydrathaltige Beilagen) und von Vollkornprodukten im Besonderen sowie die zu hohe Zufuhr fettreicher tierischer Lebensmittel (vollfette Milch und Milchprodukte, fettreiche Fleisch- und Wurstsorten) und besonders von Süßwaren und Backwaren bemängelt [17, 21]. Diese Hauptproblembereiche zeigen sich auch in der hier vorgestellten Untersuchung.

Das Ergebnis der Donald-Studie, dass Mädchen mehr Obst und Gemüse und weniger Fleisch und Wurstwaren essen als gleichaltrige Jungen [22], kann nicht bestätigt werden.

Zum Mahlzeitenverhalten bei Kindern liegen nach unserer Kenntnis nur wenig vergleichbare Daten vor: Eine Analyse der Donald-Studie zeigte u. a., dass die Zusammensetzung der Zwischenmahlzeiten mit einem hohen Zuckeranteil ernährungsphysiologisch häufig ungünstig ist [23]. Ein hoher Süßigkeitenverzehr am Nachmittag und nach dem Abendessen wur-

Zeitraum, Autoren, ggf. Studie	Alter (J)	n	Methode	Zufuhr (EN%)	
				P:F:KH[1]	GFS:EUFS: MUFS[2]
1998, eigene Untersuchung	6–8	211	24-h-Recall	14:35:51	15:12:5
1995, Koletzko et al. [27][3]	6–11	158	7-Tage-Checklist-Recall	15:41:44	20:15:6
1995, Karg et al. [28][5]	4–18	110	7-Tage-Protokoll	14:36:50	16:13:5
1995, Laryea et al. [29][3]	5–9	47	4-Tage-Protokoll	12:41:47	k. A.
1993–99, Öhrig, PEP Nürnberg [30][5]	4–9	1378	7-Tage-Protokoll	13:37:50	16:13:5
1985–95, Alexy et al., Donald [16][4]	4–18	397	3-Tage-Protokoll	13:39:49	17:16:5
1985–89, Adolf et al., NVS [31][5]	7–9	k. A.	7-Tage-Protokoll	13:41:46	17:14:5
1982–83, Pudel [32][3]	3–18	1500	3-Tage-Protokoll	13:39:48	k. A.

[1]P = Protein, F = Fett; KH = Kohlenhydrate; [2]GFS = gesättigte Fettsäuren; EUFS = einfach ungesättigte Fettsäuren; MUFS = mehrfach ungesättigte Fettsäuren; [3]Erhebung beschränkt auf Kinder, Daten beziehen sich auf das Gesamtkollektiv; [4]Erhebung beschränkt auf Kinder, Daten beziehen sich auf ein vergleichbares Teilkollektiv; [5]Erhebung an Erwachsenen und Kindern; Daten beziehen sich auf ein vergleichbares Teilkollektiv

Tab 7: Zufuhr von Makronährstoffen (in En%). Ergebnisse der hier vorgestellten Studie im Vergleich zu anderen Ernährungserhebungen bei Kindern und Jugendlichen in Deutschland.

de auch in unserer Untersuchung nachgewiesen. Bei einer 1995 von der Firma Dole in Auftrag gegebenen repräsentativen Befragung von 1000 Kindern zwischen 6 und 14 Jahren wurde u. a. eine recht „klassische" Verteilung der Lebensmittel auf die einzelnen Mahlzeiten gefunden (z.B. zum Frühstück am häufigsten Brot mit süßen Aufstrichen, abends eine kalte Brotmahlzeit mit Wurst und Käse; [24]). Die in der vorliegenden Studie untersuchten Kinder wiesen ein ähnliches Verteilungsmuster von Lebensmitteln auf die einzelnen Mahlzeiten auf. Die beschriebene Vorliebe für Nudelgerichte und z. B. Geschnetzeltes als Mittagsgericht ist bekannt [25], ebenso die Tatsache, dass Fast Food oder Convenience-Produkte wie Pizza und Hamburger trotz ihrer Beliebtheit bei Kindern nicht ständig gegessen werden [26], sondern eher traditionelle Gerichte überwiegen.

Die bekannten und diskutierten Probleme in der aktuellen Ernährung von Kindern werden durch die hier vorgestellte Ernährungserhebung weitgehend bestätigt. Lediglich hinsichtlich des Fettverzehrs lassen die Ergebnisse auf eine günstige Entwicklung hoffen, die aber weiterer Untersuchungen bedarf. Die Analyse der Mahlzeitenmuster und die Verteilung der Lebensmittel auf die einzelnen Mahlzeiten zeigen über die reine Beschreibung der Ernährungssituation hinaus konkrete Ansatzpunkte auf, die in Programmen zur Ernährungserziehung bzw. Gesundheitsförderung aufgegriffen und praktisch umgesetzt werden können (z.B. schnelle, schmackhafte und „gesunde" Alternativen zu Süßwaren am Nachmittag und nach dem Abendessen, Getränke zu jeder Mahlzeit).

Danksagung: Die Autorinnen bedanken sich bei den Kindern und ihren Eltern für die Bereitschaft, an der Erhebung teilzunehmen sowie bei den LehrerInnen der Grundschulen Oberweissach, Oberbrüden, Unterbrüden, der Mörikeschule Backnang, der Rinnenäckerschule Waiblingen und der Schillerschule Backnang. Den MitarbeiterInnen der Fachbereiche Kinder- und Jugendgesundheit und Gesundheitsberichterstattung des Gesundheitsamtes in Waiblingen danken wir ganz herzlich für die Durchführung der Recall-Interviews und die vielfältige Unterstützung. Unser besonderer Dank gilt Herrn Prof. Dr. Helmut HESEKER und seiner Arbeitsgruppe – allen voran Herrn Dipl.-Informatiker Kristian WILKENING – für die Bereitstellung des Nährwertberechnungsprogramms EAT 2000 und die hilfreichen Ratschläge bei dessen Anwendung.

Für die Verfasserinnen:
Landratsamt Rems-Murr-Kreis
Dr. Marianne Reuter
Gesundheitsamt, Bahnhofstr. 1
71332 Waiblingen

Vitaminversorgung in Deutschland

Stellungnahme der Deutschen Gesellschaft für Ernährung

DGE , Bonn

Zwischen den oft tendenziösen Pressemitteilungen pseudo-wissenschaftlicher Institutionen über die Vitamingehalte in natürlichen und verarbeiteten Lebensmitteln oder über die Vitaminversorgung der deutschen Bevölkerung und den publizierten Studienergebnissen ernährungsepidemiologischer oder lebensmittelwissenschaftlicher Untersuchungen bestehen erhebliche Diskrepanzen. Überzogene und gelegentlich auch falsche Darstellungen in der Laienpresse führen zu einer erheblichen Verunsicherung von Verbraucher/innen und beeinflussen in nicht unerheblichem Maße Konsumentscheidungen.

Die DGE – Deutsche Gesellschaft für Ernährung e. V. – nahm dies zum Anlass, die Vitaminversorgung der deutschen Bevölkerung auf der Basis der verfügbaren wissenschaftlichen Studien zu analysieren, zu bewerten und in einer zitierfähigen Form zu publizieren.

Wegen der großen Bedeutung wird Stellungnahme auch für Bevökerungsgruppen, die nicht Gegenstand dieses Buchs sind, ungekürzt wiedergegeben.

Einführung

Schlagzeilen wie „Deutschland leidet unter allgemeinem Vitaminmangel – alle sind betroffen" garantieren zwar ein breites Medienecho und erhöhen möglicherweise den Bekanntheitsgrad des Schlagzeilenverursachers oder den Absatz von Supplementen unterschiedlichster Zusammensetzung. Diese oder ähnliche Behauptungen spiegeln jedoch die reale Situation der Vitaminversorgung unserer Bevölkerung nicht wider und führen bei Verbrauchern und Verbraucherinnen zu einer erheblichen Verunsicherung.

Die DGE betont, dass Deutschland kein „Vitaminmangel-Land" ist. In dieser Stellungnahme wird die tatsächliche Vitaminversorgungssituation beschrieben und dargestellt, dass die Pauschalwarnungen Fehleinschätzungen sind. Danach wird aufgezeigt, in welchen Teilbereichen wirklich Probleme auftreten und Handlungsbedarf besteht. Negativmeldungen werden häufig ausgelöst durch:

- eine nicht reflektierte, synonyme Verwendung der Begriffe „Vitaminmangel" und „Vitaminunterversorgung" (Nicht-Erreichen der Referenzwerte);
- einen nicht sachgerechten Umgang mit den von Fachgesellschaften erarbeiteten Referenzwerten für die Nährstoffzufuhr;
- fehlendes Wissen über die Aussagekraft, die Unterschiede und die Bewertung verschiedener Ernährungserhebungsmethoden;
- fehlende Repräsentativität der untersuchten Stichproben und die Nichtbeachtung weiterer Stichprobenfehler.

Rechnerische „Vitaminunterversorgung" ist kein „Vitaminmangel"

Zwischen der Vitaminunterversorgung, dem rechnerischen Nichterreichen der Referenzwerte und einem Vitaminmangel liegt eine große Spanne. Die Verwendung des Begriffs „Vitaminmangel" setzt voraus, dass es infolge einer chronisch unzureichenden Vitaminversorgung bereits zu klinisch relevanten, messbaren Störungen bzw. charakteristischen Mangelsymptomen gekommen ist.

Heute werden erfreulicherweise die früher gefürchteten Vitaminmangelkrankheiten (z.B. Skorbut und Pellagra) bei im Übrigen gesunden Menschen in Deutschland nicht mehr beobachtet. Fälschlicherweise wird ein Nichterreichen der Referenzwerte für die tägliche

Vitaminzufuhr nicht selten ebenfalls als „Vitaminmangel" bezeichnet.

Die Begriffe „Vitaminunterversorgung" bzw. „unzureichende Vitaminversorgung" beschreiben eine mengenmäßige Unterschreitung der Referenzwerte für die tägliche Vitaminzufuhr, ohne dass bereits Vitaminmangelsymptome zwingend vorhanden sein müssen.

Da der menschliche Organismus teilweise über erhebliche Vitaminspeicher und auch über ein gewisses Adaptationsvermögen an unterschiedlich hohe Vitaminzufuhrmengen verfügt, ist eine akribische tägliche Einhaltung der Referenzwerte nicht erforderlich.

Die Referenzwerte für die Nährstoffzufuhr

Die Referenzwerte für die Nährstoffzufuhr [8] dienen der Bewertung der Versorgungssituation von Bevölkerungsgruppen. Für Individuen sind sie als Ziel- bzw. Orientierungsgrößen zu verstehen, z.B. bei der individuellen Mahlzeitenplanung oder der Menüplanung in Großverpflegungseinrichtungen, um eine ausreichende Zufuhr an Nährstoffen annähernd sicherzustellen.

Die Referenzwerte gelten für gesunde Personen in unterschiedlichen Altersgruppen, nach Geschlecht differenziert.

Die empfohlenen Vitaminmengen sollen allen individuellen, physiologischen Schwankungen gerecht werden und eine ausreichende Vitaminspeicherung sicherstellen. Deshalb sind jeweils Zuschläge von 20 bis 30 Prozent einbezogen, so dass das Nichterreichen eines Referenzwertes nicht gleichzusetzen ist mit dem Unterschreiten des Bedarfs. Auch bedeutet das Nichterreichen der Referenzwerte nicht zwangsläufig, dass ein Vitaminmangel vorliegt.

Ein Referenzwert ist kein Grenzwert! Referenzwerte für die Nährstoffzufuhr lassen keine unmittelbare Beurteilung der Versorgung des Einzelnen mit Vitaminen zu.

Beurteilung der Vitaminversorgung

Die genaue Beurteilung des Vitaminversorgungszustands eines Individuums durch einen Vergleich von berechneter und empfohlener Vitaminzufuhr (= Referenzwerte) ist nicht möglich, denn hierzu wäre die Kenntnis des individuellen Vitaminbedarfs erforderlich. Trotzdem wird dieses Verfahren häufig durchgeführt. Die individuelle Beurteilung ist aus wissenschaftlicher Sicht nicht zulässig. Ein direkter Vergleich von berechneter und empfohlener Vitaminzufuhr würde unweigerlich zu einer erheblichen systematischen Fehleinstufung führen, d.h., es würde wesentlich häufiger, als dies in Wirklichkeit der Fall ist, eine „unzureichende Vitaminversorgung" festgestellt werden.

Auch die Erfassung des Lebensmittelverzehrs und der Nährstoffzufuhr als Maßstab der Versorgung ist problematisch. Dazu sind verschiedene Erhebungsmethoden(-instrumente) mit unterschiedlicher Aussagekraft entwickelt worden. Zur Vermeidung von Fehlinterpretationen müssen diese Unterschiede bei der Bewertung der Ergebnisse selbstverständlich berücksichtigt werden. So führen die üblichen Von-Tag-zu-Tag-Unterschiede der Nahrungsaufnahme bei eintägigen Erhebungszeiträumen (pro- oder retrospektiv) zu sehr flachen Verteilungskurven und einer systematischen Überschätzung des Anteils sehr niedriger Nährstoffzufuhr. Eine über mehrere Protokolltage gemittelte Nährstoffzufuhr ergibt dagegen sehr viel steilere Verteilungskurven. Zusätzlich ist damit zu rechnen, dass einige Personen unter dem Einfluss der Protokollführung weniger essen („undereating") oder weniger protokollieren („underreporting") als üblich.

Eine zuverlässige und genaue Beurteilung des individuellen Vitaminstatus kann streng genommen nur durch geeignete, klinisch-chemische Kenngrößen erfolgen. Fehlerhafte Angaben zur Vitaminversorgung können sich auch aus einer mangelhaften Repräsentativität der untersuchten Bevölkerungsstichproben ergeben. Erfahrungsgemäß verweigern Personen aus unteren sozialen Schichten oder weniger ernährungsbewusst lebende Personen überproportional häufig die Teilnahme an Ernährungsstudien.

Hieraus können sich erhebliche Stichproben-verzerrungen ergeben, die bei der Auswertung nur teilweise berücksichtigt werden können.

Vitaminversorgung in verschiedenen Lebensphasen in der Bundesrepublik Deutschland

In den vergangenen Jahren wurden von verschiedenen Arbeitsgruppen ernährungsepidemiologische Studien durchgeführt, die trotz unterschiedlicher Erhebungsmethoden eine Bewertung der Vitaminversorgung in verschiedenen Lebensphasen zulassen. Die Ergebnisse dieser Studien lagen teilweise auch den Bewertungen der Nährstoffversorgung unserer Bevölkerung in den Ernährungsberichten [6, 7] zu Grunde (Tabelle 1):

Diese Untersuchungen zeigen, dass die Versorgung mit Vitaminen – mit Ausnahme der Vitamine D, Folat und evtl. Vitamin E – im Mittel ausreichend ist, d.h., die Referenzwerte werden erreicht oder überschritten. Gleichzeitig wird deutlich, dass die Vitaminzufuhr unserer Bevölkerung eine große Streuung aufweist, und dass nicht alle Personen die Referenzwerte auch tatsächlich erreichen. Es können in jeder Altersgruppe Risikogruppen mit vergleichsweise ungünstiger Nahrungsauswahl und ungünstiger Vitaminversorgung identifiziert werden.

Die Charakterisierung von Risikogruppen ist eine notwendige Voraussetzung für eine zielgruppengerechte Ansprache in der Ernährungs- und Gesundheitsberatung und in der ärztlichen Praxis.

Wichtige Risikofaktoren für eine ungünstige Vitaminversorgung – mit zumeist mehreren Vitaminen – konnten identifiziert werden. Dazu zählen:

- freiwillig oder unfreiwillig geringe Nahrungsaufnahme bei negativer Energiebilanz (z.B. bei energiereduzierten Diäten oder im Alter bei Appetitverlust);
- stark einseitige Ernährungsgewohnheiten;
- chronisch hoher Genussmittelkonsum;
- Störungen der Verdauung, Resorption und Verwertung;
- erhöhte Nährstoffverluste bei der Lagerung und Zubereitung der Lebensmittel;
- vegane oder andere extreme alternative Kostformen;
- Arzneimittel.

Gesunde, reifgeborene Säuglinge

In den ersten vier Lebensmonaten erfolgt die Ernährung ausschließlich über Muttermilch, deren Nährstoffzusammensetzung als Ideal/(Gold-) Standard gilt, oder über industriell hergestellte, nährstoffadaptierte Säuglingsmilchnahrungen.

Studie, Zeitraum	Stichproben-größe (Personen)	Alters-gruppe (J)	Methode	Literatur
NVS-Studie: 1985–1988	23 209	4–90	7-Tage-Verzehrsprotokoll	[1]
VERA-Studie: 1986–1988	2 006	18–90	klinisch-chemische Kenngrößen zur Vitaminversorgung	[9]
Nationaler Gesundheitssurvey: 1998	4 030	18–79	Diet History (DISHES 98)	[2, 11, 12]
EPIC-Studie: Prospektive Kohortenstudie im Raum Potsdam und Heidelberg	4 021	35–64	24-h-Erinnerungsprotokoll (EPIC-SOFT)	[15]
Bonner Seniorenstudie: regionale und nationale Stichprobe	1 648	>65	3-Tage-Verzehrsprotokoll	[16]

Tab. 1: Wichtige Studien zur Nährstoffversorgung der deutschen Bevölkerung.

Die Zusammensetzung dieser Nahrungen entspricht dem Nährstoffbedarf des normal geborenen Säuglings. Besondere Probleme bestehen in dieser Lebensphase bei der Versorgung mit den Vitaminen D und K. Vitamin D ist in beiden Nahrungen nicht in ausreichenden Mengen enthalten. Daher erfolgt zur allgemeinen Rachitisprophylaxe im ersten Lebensjahr grundsätzlich eine Vitamin-D-Supplementation mit 10 µg bzw. 400 IE Vitamin D pro Tag.

Um Vitamin-K-Mangel bedingte Blutungen beim Neugeborenen zu vermeiden, wird prophylaktisch eine orale Applikation von 3 × 2 mg Vitamin K am 1. und 5. Lebenstag sowie in der 4.–6. Lebenswoche empfohlen.

Ab dem 4. Lebensmonat kann der Eisen- und Vitamin-C-Bedarf des Säuglings durch Frauenmilch allein nicht mehr gedeckt werden. Daher und wegen der gereiften Verdauungskapazität des kindlichen Magen-Darm-Traktes wird in diesem Alter schrittweise Beikost eingeführt. Die MÖLLER-BARLOW-Krankheit („infantiler Skorbut") kommt als klassischer klinischer Vitamin-C-Mangelzustand des Säuglingsalters heute in Mitteleuropa auf Grund dieser Maßnahme praktisch nicht mehr vor.

Vegane Ernährungsformen ohne ausreichende Zufuhr an Milch und Milchprodukten (z. B. Makrobiotik), fehlende Sonnenexposition und Vernachlässigung der Vitamin-D-Prophylaxe sind heute Ursachen für ein erneutes Auftreten von Rachitis.

Ein Vitamin-K-Mangel kann bei vollgestillten Neugeborenen ohne Vitamin-K-Prophylaxe auftreten.

Ursachen hierfür sind der im Vergleich zu Fertigmilchnahrungen auf Kuhmilchbasis geringe Vitamin-K-Gehalt der Frauenmilch und insbesondere ein zu geringes Milchangebot bei verzögertem Laktationsbeginn.

Kinder

Besondere Ernährungsprobleme und -erfordernisse sind bei Kindern in erster Linie Folge von einer einseitigen oder zu geringen Nahrungsaufnahme. Hierzu zählen z. B.: kein/wenig Obst und Gemüse, kein/geringer Fleischverzehr, keine/wenig Milch und Milchprodukte, geringe Nahrungsaufnahme („schlechte Esser"), Erkrankungen.

Eine die Referenzwerte deutlich überschreitende Vitaminzufuhr führt bei Kindern nicht zu messbaren Verbesserungen körperlicher oder geistiger Leistungen.

Vitamine haben eine wichtige Rolle im Energie- und Nervenstoffwechsel. Gravierende Defizite führen daher zwar zu einer Beeinträchtigung der körperlichen und geistigen Leistungsfähigkeit. Bis heute liegen aber keine wissenschaftlichen Belege vor, dass in dieser Altersgruppe eine erhöhte Vitaminversorgung, die deutlich über den empfohlenen Referenzwerten liegt, zu messbaren Verbesserungen körperlicher oder geistiger Leistungen führt.

Da die Aufnahme vieler Vitamine eng mit der Energieaufnahme korreliert, ist bei einer relativ geringen Nahrungsaufnahme („schlechte Esser") eine ausreichende Versorgung mit vielen Vitaminen (und Mineralstoffen) nicht immer möglich.

Besondere Aufmerksamkeit verdient die Vitaminversorgung von Kindern mit rasch aufeinander folgenden, multiplen Infektionskrankheiten und entsprechenden Körpergewichtsverlusten. Hier kann die Gefahr bestehen, dass sich kombinierte Vitamindefizite entwickeln.

Einerseits gehen Infektionen häufig mit einer vorübergehenden Anorexie bzw. geringer Nahrungs- und folglich Vitaminaufnahme einher. Andererseits können virale, bakterielle und parasitäre Infektionen die Absorption, Utilisation und Elimination von Vitaminen empfindlich stören. So wird während systemischer Infektionen (z. B. Pneumonien, Bronchitis) eine signifikante Abnahme des zirkulierenden Vitamin-A-Pools beobachtet. Bei Erkältungskrankheiten kommt es zu einem signifikanten Abfall der Vitamin-C-Konzentrationen in den Leukozyten und im Plasma. Der über längere Zeit fehlende Aufenthalt im Freien führt außerdem auf Grund der starken Reduktion der körpereigenen Vitamin-D-Synthese zu einem erhöhten exogenen Vitamin-D-Bedarf.

In Familien mit alternativen Kostformen oder Außenseiterdiäten wurden wiederholt Fälle von schwerem Vitamin-B_{12}- und Vitamin-D-Mangel beschrieben [3, 10].

Jugendliche

Die im Kindesalter bestehenden besonderen Ernährungsprobleme und -erfordernisse gelten auch in der Altersgruppe der 15- bis 18-jährigen Personen. Auf Grund des starken Wachstums ist dies die Lebensphase mit einem besonders hohen Nährstoffbedarf.

Versorgungsprobleme können insbesondere auch dann entstehen, wenn auf Grund realer oder vermeintlicher Gewichtsprobleme über längere Zeit stark energiereduzierte Diäten durchgeführt werden. Betroffen sind dann nahezu alle essenziellen Nährstoffe, weil mit einer 1 000- bis 1 500-kcal-Diät eine Bedarfsdeckung nur mit speziellen Lebensmittelkenntnissen möglich ist. Die Gefahr einer allgemeinen Unterversorgung gilt in besonderem Maße für Patientinnen mit Anorexia nervosa.

Isolierte Nährstoffdefizite entwickeln sich bei ansonsten gesunden Jugendlichen eher selten (Ausnahme: Jodmangel).

Bis heute liegen auch für diese Altergruppe keine wissenschaftlichen Belege vor, dass eine die Referenzwerte deutlich überschreitende Vitaminversorgung zu messbaren Verbesserungen körperlicher oder geistiger Leistungen führt.

Erwachsene im Erwerbsleben

Klinisch manifeste Vitaminmangelerkrankungen werden bei im übrigen gesunden Erwachsenen in unserem Land nur selten festgestellt. Es können aber ebenfalls Risikogruppen mit vergleichsweise ungünstiger Nährstoffversorgung identifiziert werden. Hierzu zählen z.B. Personen mit geringer Nahrungsaufnahme – bei häufiger Durchführung von Reduktionsdiäten (betroffen: alle essenziellen Nährstoffe), – Patienten mit Anorexia nervosa (betroffen: alle essenziellen Nährstoffe).

Bei einer durchschnittlichen Energieaufnahme von 1 000 bis 1 500 kcal/Tag (4,2–6,3 MJ/Tag) ist auch beim Erwachsenen eine ausreichende Nährstoffbedarfsdeckung fast nicht möglich und kann nur durch eine sehr gezielte Lebensmittelauswahl erreicht werden.

Personen mit hohem Genussmittelkonsum: – regelmäßiger Zigarettenkonsum (betroffen: Vitamin C, Carotinoide), – regelmäßiger, hoher Alkoholkonsum (betroffen: B-Vitamine). Zigarettenkonsum erhöht den Bedarf an antioxidativen Vitaminen. Gleichzeitig essen Raucher/innen im Allgemeinen weniger Obst und Gemüse bzw. trinken weniger vitaminhaltige Obstsäfte [9, 13].

Dieser Zusammenhang darf jedoch nicht zu der Schlussfolgerung führen, dass durch eine höhere Vitaminzufuhr der gesundheitliche Schaden, der durch das Rauchen hervorgerufen wird, kompensiert werden könnte. Wirksame Prävention ist nur durch Verzicht auf das Rauchen zu erreichen.

Regelmäßiger und hoher Alkoholkonsum reduziert die Absorption von B-Vitaminen, verschlechtert die Retention in der Leber und führt zu einer erhöhten Vitaminausscheidung durch die Nieren, so dass der Körper allmählich an B-Vitaminen verarmt. Im fortgeschrittenen Stadium kann sich ein WERNICKE-KORSAKOW-Syndrom entwickeln, das ohne rechtzeitige und hochdosierte Thiamingaben und Alkoholverzicht rasch zu irreversiblen Schädigungen im Bereich des Bewegungsapparates und bei der geistigen Leistungsfähigkeit führt. Betroffen ist auch die Vitamin-D- (und Kalzium-)Versorgung, so dass bei Alkoholikern eine erhöhte Inzidenz von Knochenbrüchen zu beobachten ist. Bei schwerer Leberschädigung kommt es infolge gestörter Vitamin-K-Absorption und -Utilisation zu Störungen der Blutgerinnung.

Personen mit einseitigen Ernährungsgewohnheiten

- alleinstehende Personen, besonders Männer (betroffen: Vitamin C, Carotinoide, Folat)
- Personen, die selten warme Mahlzeit einnehmen (betroffen: B-Vitamine, Vitamin C, E)

Bei Personen, die sich z.B. überwiegend von belegten Broten ernähren und frisches Obst und Gemüse meiden, wird regelmäßig eine niedrige Versorgung mit Vitamin C, Folat und Carotinoiden festgestellt. [9]. Warme Mahlzeiten bieten den Vorteil, dass hierdurch ein größerer Abwechslungsreichtum erreicht wird und vermehrt nährstoffreiche Lebensmittel verzehrt werden.

Schwangerschaft und Stillzeit

Der Vitaminbedarf ist in der Schwangerschaft und Stillzeit generell erhöht. Durch einen aktiven Transport in die Plazenta wird die Nährstoffversorgung des Fetus begünstigt, so dass dieser seinen Bedarf decken kann und gegebenenfalls bis zu einem gewissen Grad auch auf Kosten der Mutter deckt. Insbesondere in der zweiten Hälfte der Schwangerschaft werden erhebliche Nährstoffmengen auf den Feten übertragen.

Aufgrund der insgesamt höheren Nahrungsaufnahme und bestehender Adaptationsmechanismen (z.B. erhöhte Absorption, verminderte Elimination) kann der erhöhte Bedarf bei den meisten essenziellen Nährstoffen durch eine abwechslungsreiche Mischkost sicher gedeckt werden. Besondere Probleme bestehen allerdings bei der Versorgung mit Folat, Vitamin D, Kalzium, Eisen und Jod.

Wie klinische Studien zeigen, kann das Risiko für Neuralrohrdefekte und andere Schwangerschaftskomplikationen durch Supplementation mit Folsäure signifikant reduziert werden.

Frauen mit Kinderwunsch sollten zur Vermeidung von Schwangerschaftskomplikationen daher besonders auf eine ausreichende Folatversorgung zum Zeitpunkt der Konzeption achten. Besonders, wenn während einer früheren Schwangerschaft bereits Neuralrohrdefekte auftraten oder wenn bei Blutsverwandten Schwangerschaftsprobleme bekannt sind, ist eine Folsäuresupplementation angezeigt. Diese sollte mindestens 4 Wochen vor der Konzeption beginnen und während des ersten Drittels der Schwangerschaft beibehalten werden.

Bei Mehrlings- bzw. kurz aufeinanderfolgenden Schwangerschaften ist eine völlige Erschöpfung der Vitaminreserven häufig nur durch gezielte Vitaminsubstitution zu vermeiden.

Seniorenalter

Die Ernährung und Vitaminversorgung jüngerer Senioren unterscheiden sich nicht wesentlich von den noch im Erwerbsleben stehenden jüngeren Erwachsenen. Es wird aber bei chronisch kranken, älteren Menschen mit zunehmendem Alter u.a. auf Grund des reduzierten Energiebedarfs, auf Grund von Kau- und Schluckbeschwerden und von Appetitverlust eine insgesamt geringere Lebensmittel-und Nährstoffaufnahme festgestellt.

Bei einer Energieaufnahme von unter 1 500 kcal/Tag (6,3 MJ/Tag) ist eine sicher ausreichende Bedarfsdeckung mit essenziellen Nährstoffen durch den Verzehr einer landesüblichen Mischkost nur schwer möglich.

Störungen im Gastrointestinaltrakt, Absorptionsprobleme und chronische und multiple Medikamenteneinnahme sind weitere Faktoren, welche sich ungünstig auf die Nährstoffversorgung auswirken.

Eine ausreichende Aufnahme an Calcium, Vitamin D und möglicherweise Vitamin K ist in der Lage, das Auftreten einer Osteoporose zu verzögern und die Progression einer Osteoporose zu verlangsamen. Osteoporose stellt besonders bei Frauen nach der Menopause eines der gravierendsten Gesundheitsprobleme dar. Da mit zunehmendem Alter die Fähigkeit zur Vitamin-D-Synthese in der Haut nach UV-Exposition abnimmt und viele ältere Menschen zumindest zeitweise ans Haus gebunden sind, verdient die ausreichende Vitamin-D-Versorgung älterer Menschen besondere Aufmerksamkeit. Selbst im hohen Alter gehen von erhöhten Calcium- und Vitamin-D-Aufnahmen noch positive Effekteaus. So wird z.B. die Progression einerOsteoporose verlangsamt [4].

Etwa ein Drittel der über 70-Jährigen verfügt nicht mehr über eine ausreichende Magensäureproduktion. Dadurch wird der im Rahmen der Verdauung notwendige Aufschluss der Nahrung, d.h. die Freisetzung von Nährstoffen, beeinträchtigt. Dies betrifft besonders das Vitamin B_{12}. Eine chronische Magenschleimhautentzündung, die häufig die Ursache für eine verminderte Magensäureproduktion ist, führt auch dazu, dass ein in der Magenschleimhaut gebildeter und der für die Vitamin-B_{12}-Resorption dringend benötigter Intrinsic factor nicht in ausreichenden Mengen gebildet wird. Dies hat zur Folge, dass im Alter auch bei bedarfsgerechter Vitamin-B_{12}-Zufuhr das Risiko für einen Vitamin-B_{12}-Mangel stark ansteigt. Ein Vitamin-B_{12}-Mangel ist daher in Deutschland der am häufigsten zu therapierende Vitaminmangel und oft mit einem Krankenhausaufenthalt verbunden.

Vitamingehalte in Lebensmitteln

In der Laienpresse und in Werbeaussagen zu Nahrungsergänzungsmitteln wird weiterhin behauptet, dass Lebensmittel auf Grund der in der Landwirtschaft vorherrschenden Anbau- und Aufzuchtmethoden arm an lebensnotwendigen Vitaminen und Mineralstoffen sind. Dies ist nicht zutreffend.

Die DGE ist diesen Behauptungen bereits im Jahr 1999 nachgegangen und hat in einer früheren Stellungnahme darauf hingewiesen, dass „Daten und Fakten, auf denen diese Hypothesen basieren, insgesamt spärlich, vielfach widersprüchlich sind und einer genaueren wissenschaftlichen Analyse nicht standhalten".

Durch entsprechende Düngemaßnahmen, durch eine optimierte Zusammensetzung der Tierfuttermittel und durch Anreicherungsmaßnahmen werden sowohl in Lebensmitteln pflanzlichen als auch tierischen Ursprungs heute im Vergleich zu früher eher höhere Nährstoffgehalte festgestellt.

Wichtige Informationsquellen für Verbraucher

Verbraucher werden in zunehmendem Maße mit Informationen über Ernährungsthemen überflutet und nicht selten durch widersprüchliche Aussagen verunsichert. Viele Laien sind häufig überfordert, zwischen wissenschaftlich gut belegten Darstellungen und Aussagen einerseits und einseitigen oder gar fehlerhaften, irreführenden Darstellungen andererseits zu unterscheiden.

Daher kann nur empfohlen werden, sehr genau auf den Absender oder Verursacher oder Autor einer Nachricht über ein Ernährungsthema zu achten.

Bezeichnungen wie „Institut für ...", „Gesellschaft für ..." oder „Europäisches Institut für ..." sind (leider) rechtlich nicht geschützt und können auch von Privatpersonen oder nicht öffentlichen Gesellschaften oder eingetragenen Vereinen gegründet worden sein. Verlässliche, wissenschaftlich abgesicherte, seriöse Informationen erhält der Verbraucher bei unabhängigen wissenschaftlichen Fachgesellschaften oder bei anderen, ebenfalls zur Neutralität verpflichteten öffentlichen Institutionen, z.B. unter folgenden Internetadressen:

- Deutsche Gesellschaft für Ernährung (DGE), www.dge.de;
- Auswertungs- und Informationsdienst (aid), www.aid.de;
- Bundesamt für Verbraucherschutz und Lebensmittelsicherheit (BVL), www.bvl.bund.de;
- Bundesinstitut für Risikobewertung (BfR), www.bfr.bund.de;
- Bundeszentrale für gesundheitliche Aufklärung (BzgA), www.bzga.de;

- Forschungsinstitut für Kinderernährung (FKE), www.fke-do.de;
- Bundesministerium für Verbraucherschutz, Ernährung und Landwirtschaft (BMVEL),
- www.verbraucherministerium.de;
- Robert-Koch-Institut (RKI), www.rki.de;
- Verbraucherzentrale Bundesverband (vzbv), www.vzbv.de.

Darüber hinaus werden auch von vielen Krankenkassen und Stiftungen (z.B. Deutsche Krebshilfe) auf dem aktuellen Wissensstand basierende Schriften herausgegeben.

Fazit

Auf Grund der vorliegenden Ergebnisse verschiedener, ernährungsepidemiologischer Untersuchungen ist daher ganz klar zu sagen: Deutschland ist kein Vitaminmangelland. Früher gefürchtete Vitaminmangelkrankheiten werden in unserem Land bei im Übrigen gesunden Menschen heute nicht mehr beobachtet.

Die Vitaminversorgung großer Teile der Bevölkerung hat inzwischen ganzjährig ein hohes Niveau erreicht. Hierzu tragen das weitgehend saisonal unabhängige Angebot nährstoffreicher Obst- und Gemüsesorten sowie nährstoffreicher und gleichzeitig preiswerter Milchprodukte und Fleisch bei. Auch die Nährstoffanreicherung von Lebensmitteln, der starke globale Handel und Austausch von Lebensmitteln und der Einsatz nährstoffschonender Herstellungs- und Zubereitungstechniken haben zu dieser erfreulichen Situation geführt. Die von der DGE seit Jahren empfohlene abwechslungsreiche Mischkost mit einem hohen Anteil an Obst und Gemüse schützt einerseits vor einer unzureichenden Versorgung mit essenziellen Vitaminen, Mineralstoffen und Spurenelementen und reduziert andererseits das Risiko einer überhöhten Aufnahme unerwünschter Nahrungsbegleitstoffe (z.B. Cholesterin, Purine, Rückstände, etc.).

Die Vitaminzufuhr unserer Bevölkerung weist aber eine große Streuung auf. Es gibt daher in verschiedenen Altersgruppen besondere Risikogruppen mit vergleichsweise ungünstiger Nahrungsmittelauswahl bzw. Vitaminzufuhr.

Hierzu zählen z. B. Personen mit freiwillig oder unfreiwillig geringer Nahrungsaufnahme, mit sehr einseitigen Ernährungsgewohnheiten, mit hohem Genussmittelkonsum oder mit Digestionsstörungen.

Korrespondenzanschrift:
Deutsche Gesellschaft für Ernährung e.V.
Godesberger Allee 18
53175 Bonn

Gesundheitsfördernde Ernährung in der Schule

Helmut Heseker, Paderborn

Das Ernährungsverhalten manifestiert sich in der Regel bereits im Kindesalter und einmal erworbene Ernährungsmuster werden häufig ein Leben lang beibehalten. Daher ist die frühzeitige Vermittlung einer gesundheitsförderlichen Ernährung besonders wichtig. Wenig hilfreich und nicht glaubwürdig ist es, wenn Kindern im Unterricht die Richtlinien einer „gesundheitsfördernden Ernährung" vermittelt werden, das Angebot am Schulkiosk oder bei der Mittagsverpflegung dieses aber in keiner Weise widerspiegeln. In offenen Ganztagsschulen bieten sich vielmehr durch Gestaltung und Organisation des Mittagessens und durch innovative Ernährungs- und Verbraucherbildung Chancen, angestrebte Gesundheitsziele durch die Verknüpfung von Verhältnis- und Verhaltensprävention zu erreichen.

Ernährungsempfehlungen für Kinder und Jugendliche

Eine abwechslungsreiche, vollwertige Ernährung enthält alle für Wachstum, körperliche und geistige Entwicklung notwendigen Nährstoffe in ausreichenden Mengen [7]. Diese minimiert einerseits das Risiko für eine eventuelle Unterversorgung mit lebensnotwendigen Nährstoffen (z.B. Mineralstoffe, Vitamine) und andererseits das Risiko einer überhöhten Zufuhr bestimmter Nahrungsinhaltsstoffe (z.B. Fett, Cholesterin) oder unerwünschter Nahrungsbegleitstoffe (z.B. Acrylamid). Zu den Prinzipien einer vollwertigen Ernährung zählen [13]:

- abwechslungsreiche Lebensmittelauswahl
- bevorzugt fettarme Lebensmittel
- täglich ballaststoffreiche (Vollkorn-)Getreideprodukte
- täglich frisches Obst und Gemüse
- regelmäßig Milch und Milchprodukte
- regelmäßig mageres Fleisch, wöchentlich Fisch und Eier

- schmackhafte und schonende Zubereitung
- reichlich ungesüßte oder wenig gesüßte Getränke

Für Kinder im Vorschul- und Grundschulalter sind außerdem zwei physiologische Besonderheiten zu berücksichtigen, welche die Leistungsfähigkeit beeinflussen: ein relativ hoher Flüssigkeitsbedarf und relativ geringe Glykogenreserven in Leber und Muskulatur. Da in diesem Alter die Energiereserven bei körperlicher Bewegung besonders schnell erschöpft sind, haben kohlenhydratreiche Zwischenmahlzeiten eine besondere Bedeutung [36].

Von besonderer Bedeutung: kohlenhydratreiche Zwischenmahlzeiten

Eine ausgewogene, bedarfsgerechte Ernährung ist für die geistige und körperliche Leistungsfähigkeit und die Gesundheit von Kindern und Jugendlichen von hoher Bedeutung. Es ist nicht nur wichtig, dass die Kinder vor dem Unterricht zu Hause ein Frühstück einnehmen und ausreichend trinken. Genauso wichtig ist, dass in den Schulpausen eine geeignete Zwischenmahlzeit und bei Ganztags- oder Nachmittagsunterricht in der Mittagspause eine schmackhafte, vollwertige Mittagsmahlzeit eingenommen werden [20]. Eine vollwertige Ernährung ist am ehesten zu erreichen, wenn täglich eine warme Mahlzeit eingenommen wird, weil der Speiseplan dadurch abwechslungsreicher und schmackhafter gestaltet werden kann. Untersuchungen zur Nährstoffversorgung haben gezeigt, dass Kinder und Jugendliche heute im Durchschnitt gut versorgt sind und bei abwechslungsreicher, energetisch ausreichender Nahrungsaufnahme keine wesentlichen Defizite in der Vitamin- und Mineralstoffversorgung zu erwarten sind [6; 1].

Häufige Ernährungsprobleme

Dennoch gibt es Handlungsbedarf. Defizite in der Vitamin- und Mineralstoffversorgung können u.a. bei einseitiger Ernährung auftreten (z. B. bei Verzicht auf Obst und Gemüse oder Milch und Milchprodukte) oder wenn über längere Zeit energiereduzierte Diätformen eingehalten werden [27]. Im Kindes- und Jugendalter treten zwar nur sehr selten durch Fehlernährung verursachte, schwerwiegende Gesundheitsstörungen auf, aber ein ungünstiges Ess- und Trinkverhalten führen nicht selten zu erheblichen Problemen [18], wie

- Einschränkung der schulischen Leistungsfähigkeit, Konzentrationsschwäche und Müdigkeit, wenn kein Frühstück oder Mittagessen eingenommen wurde,
- postprandiale Müdigkeit, z.B. nach einer fett- und kalorienreichen Mittagsmahlzeit („ein voller Bauch studiert nicht gern"),
- Zahnschäden (Karies), z. B. bei häufigem Süßigkeitenverzehr in Verbindung mit mangelhafter Mundhygiene,
- Übergewicht und Adipositas, z.B. bei chronisch positiver Energiebilanz (zu viel Fett und zu wenig Bewegung),
- psychischen und physischen Beeinträchtigungen, wenn zu wenig getrunken wird.

Darüber hinaus finden sich mit zunehmendem Alter Essstörungen wie Anorexia nervosa, Bulimia nervosa und Binge Eating, die als psychische Probleme gelten und mit Normal-, Über- oder Untergewicht einhergehen können. Auch der bei Kindern und Jugendlichen zunehmende Missbrauch alkoholischer Getränke (z.B. Alcopops) stellt eine erhebliche Herausforderung dar [39].

Repräsentative Querschnittsstudien und auch Musterungsdaten belegen eindeutig, dass die Prävalenz von Übergewicht und Adipositas auch im Kindes- und Jugendalter zunehmen [43]. Die bayrischen Einschulungsuntersuchungen (Abb. 1) zeigen, dass die Übergewichtsprävalenz z. Zt. pro Jahr um 0,3 % zunimmt [22].

Besonders besorgniserregend ist, dass bei adipösen Kindern und Jugendlichen inzwischen auch die bislang nur im Erwachsenenalter auftretenden Folgeerkrankungen der Adipositas auftreten. So wurde in der Murnauer Komorbiditätsstudie bei 6% der adipösen Kinder und Jugendlichen bereits eine Störung im Glukosestoffwechsel, bei 1% ein Typ-2-Diabetes, bei über 30% ein metabolisches Syndrom (Hypertonie, Lipidämien, Hyperurikämie) und bei 35% orthopädische Folgestörungen festgestellt. Außerdem wurden erhebliche Störungen der psychosozialen Entwicklung und der Lebensqualität beobachtet [42].

In dem vom Robert-Koch-Institut (RKI) bundesweit durchgeführten Jugendgesundheitssurvey wurde ein signifikanter Einfluss der sozialen Lage der Familien auf die Ernährung und das Körpergewicht festgestellt [23]. Demnach sind 11- bis 15jährige Schülerinnen und Schüler aus Familien mit geringem Wohlstand 2–3 mal häufiger von Übergewicht betroffen als Kinder aus Familien mit hohem Wohlstand (Abb. 2). Übergewichtigen Kinder und Jugendliche eröffnen sich deutlich schlechtere Bildungs- und Karrierechancen [24].

Die Weltgesundheitsbehörde WHO [44] sieht die Ursachen für die weltweit zu beobachtende epidemische Zunahme von Übergewicht und Adipositas in den drastisch veränderten Lebens- und Umweltbedingungen der Indus-

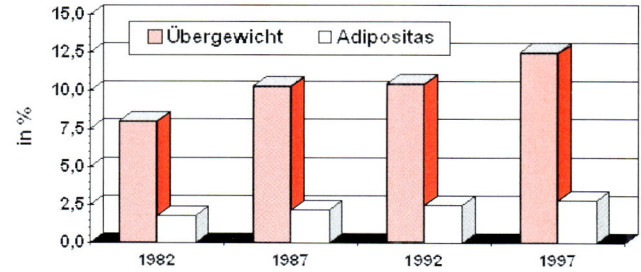

Abb. 1:
Anstieg der Prävalenz von Übergewicht und Adipositas bei bayrischen Einschulungsuntersuchungen (nach [22])

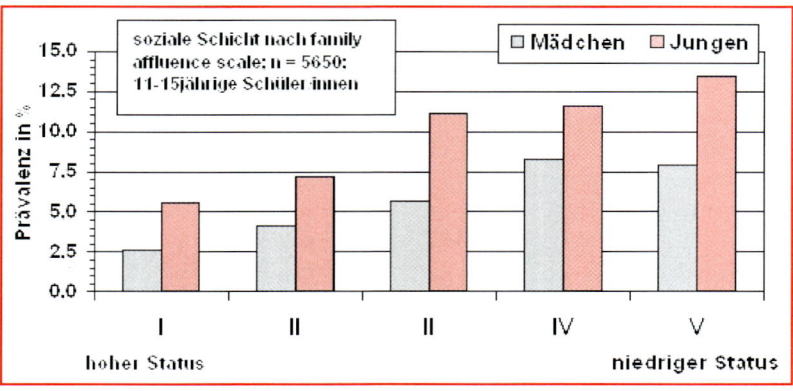

Abb. 2:
Assoziation zwischen sozialer Schichtzugehörigkeit und Übergewichtsprävalenz im Jugendgesundheitsurvey (nach [23])

triegesellschaft und spricht von einer adipogenen Umwelt (*obesogenic environment*). Einerseits hat sich der Energiebedarf durch die Abnahme der körperlichen Aktivität in Beruf und Freizeit, durch eine überwiegend sitzende Lebensweise, durch den zunehmenden Medienkonsum und durch wenig bewegungsfreundliche Städte [34; 14; 11] erheblich reduziert. Andererseits sind grundlegende Veränderungen im Essverhalten und der Esskultur zu beobachten [28; 42]. Hierzu zählen der vermehrte Verzehr von raffinierten Lebensmitteln mit hoher Energiedichte [32; 31] und hohem glykämischen Index [25], steigender Fast-Food-Verzehr [12; vgl. Kapitel 3] sowie zunehmende Portionsgrößen von Lebensmitteln und Mahlzeiten [35]. Die Ernährung von Kindern und Jugendlichen wird in erheblichem Umfang durch die Werbung für (Kinder-)Lebensmittel beeinflusst [15].

Essen und Trinken in Schulen

Verschiedene Untersuchungen ergaben, dass 10–25% der befragten Jugendlichen ohne Frühstück zur Schule gehen und häufig auch zu Hause und in den Schulpausen nichts trinken [38; 26]. Das auf dem Weg zur Schule gekaufte Ersatzfrühstück entspricht nur selten ernährungswissenschaftlichen Vorstellungen. In der gymnasialen Oberstufe ebenso wie in den höheren Klassen der Haupt- und Realschulen findet vielerorts bereits Nachmittagsunterricht statt, ohne dass seitens der Schule ein Mittagessen angeboten wird. Die Mehrzahl der Jugendlichen isst mitgebrachte Brote oder nutzt Angebote des Schulkiosks oder umliegender Restaurants bzw. Imbissstuben [33]. Die Zusammensetzung dieser Mahlzeiten ist zumeist kaum geeignet, die schulischen Leistungen des Nachmittagsunterrichts positiv zu beeinflussen. Viel eher leiden Aufmerksamkeit und Konzentrationsvermögen der Schüler und Schülerinnen durch die eintretende postprandiale Müdigkeit [21].

Traditionelle Regeln: Nicht selten kontraproduktiv!

Oft stehen tradierte Schulregeln mit einer gesundheitsfördernden Ernährung nicht im Einklang. So besteht z.B. in den meisten deutschen Schulen die Regel, dass während des Unterrichts nichts getrunken werden darf. Beispiele von Schulen, in denen das Trinken von Wasser während des Unterrichts erlaubt worden ist, zeigen, dass dies ohne Störungen möglich ist. In einer Stichprobe von 973 Schülern und Schülerinnen wurde im Sommer 2002 an der Universität Paderborn das Trinkverhalten von Kindern und Jugendlichen vor und während des täglichen Schulbesuchs mithilfe eines strukturierten Fragebogens untersucht: 4,5% der Schüler nahmen vor dem Schulbesuch zum Frühstück zu Hause nie ein Getränk zu sich und weitere 7,1% nur selten. In den Schulpausen tranken 7,1% nie und 16,8% nur selten. Dies bedeutet, dass knapp ein Viertel der Schüler während des Schulbesuchs keine oder nur selten Flüssigkeit zuführte.

Während Grundschüler in den Schulpausen zu 93,5% immer oder häufig ein Getränk tranken, traf dies nur für ca. 75% der Realschüler, Hauptschüler bzw. Schüler an einem Berufskolleg und für 65% der Gymnasiasten zu. Beim häuslichen Frühstück dominierten Milch, Kakao und andere Milchmischgetränke sowie Orangensaft und Mineralwasser, hingegen wurden in den Schulpausen bevorzugt Orangensaft, Multivitaminsaft, Apfelsaftschorle und Mineralwasser getrunken. Weniger als 10% der Befragten tranken in der Schule Milch oder ein Milchmischgetränk.

Besonders prekär stellt sich die Situation in manchen Förder- und Hauptschulen bzw. Schulen in Stadtteilen mit einem besonderen Erneuerungsbedarf dar. Neben einer unzureichenden schulischen Versorgung mit Lebensmitteln und Getränken sind problematische familiäre Ernährungsgewohnheiten weit verbreitet [18]. Weder die mitgebrachte noch die angebotene Pausenverpflegung entsprechen den gewünschten Qualitätsstandards und Elternvertreter setzen sich seltener für eine ausgewogene Verpflegung ein. Ein schulisches Essensangebot könnte in diesen Fällen daher kompensatorisch und präventiv wirken [41; 9].

Essen in der Ganztagsschule

In Deutschland werden in den nächsten Jahren neue Ganztagsschulen eingerichtet. Schulleitungen, Schulträger, Schulaufsicht, Kollegien, Eltern und Schüler werden daher in zunehmendem Maße mit der Umstellung ihrer Schulen auf Ganztagsschulangebote konfrontiert. Zum Programm einer Ganztagsschule gehört neben den schulspezifischen Freizeit- und Unterstützungsangeboten auch die Bereitstellung eines attraktiven Mittagessens, das den sensorischen und ernährungsphysiologischen Erfordernissen von Kindern und Jugendlichen gerecht wird. Bei der Einrichtung von Ganztagsschulen bietet sich durch die Gestaltung und durch die Organisation des Mittagessens die Chance, angestrebte Gesundheitsziele durch die Verknüpfung von Verhältnis- und Verhaltensprävention zu erreichen.

Schulverpflegung darf nicht nur „sattmachen", sondern muss eine vollwertige Ernährung ermöglichen. Eine gute, gesundheitsfördernde Mittagsverpflegung soll die Leistungsfähigkeit und Gesundheit der Kinder bzw. Jugendlichen unterstützen und der Entwicklung von Übergewicht und anderen Ernährungsproblemen vorbeugen. In einer Zeit, in der gemeinsame Mahlzeiten in den Familien in kultivierter Atmosphäre oder die Einnahme eines häuslichen Frühstücks keine Selbstverständlichkeit mehr sind, bietet die Schulverpflegung die Chance, ein gesundheitsförderndes Essverhalten zu lernen und zu festigen. Gemeinsames Essen motiviert zu einer bewussten Lebensmittelauswahl und kann positiv Einfluss auf die Esskultur und auf geltende Tischsitten nehmen [17]. Das gemeinsame Mittagessen in der Schule ist gleichzeitig eine gute Möglichkeit zur Kommunikation und kann zur Förderung eines guten sozialen Schulklimas beitragen. Bei der Planung des Angebots müssen neben den räumlichen Gegebenheiten die Wünsche der Eltern und Schüler ebenso berücksichtigt werden wie das Angebot vor Ort und die personelle Situation.

Durch das weitgehende Fehlen gesetzlicher Regelungen zur Qualität des Mittagessens ist die Gefahr groß, dass eine pragmatische, aber unter ernährungswissenschaftlichen Gesichtspunkten ungünstige Lösung für das Mittagessen gewählt wird (z. B. herkömmliche Fast-Food-Angebote aus dem Schulumfeld). Dies darf nicht als Freibrief verstanden werden, nach einfachsten und schnellsten Lösungen zu suchen. In NRW hat das Ministerium für Schule, Jugend und Kinder gerade aktualisierte Empfehlungen zur Mittagsverpflegung in Kindertageseinrichtungen und in Ganztagsschulen sowie zum Verkauf von Speisen und Getränken in Schulen herausgegeben, die allerdings keinen Erlasscharakter haben [30].

Die Mittagsverpflegung in Ganztagsschulen darf nicht einfach örtlichen kommerziellen Anbietern oder dem Hausmeister überlassen werden. Eine zeitgemäße Schulverpflegung muss ernährungsphysiologisch ausgewogen, geschmacklich attraktiv und außerdem wirtschaftlich sein. Neben den bereits genannten

Verpflegungssysteme für die Schulverpflegung

Zubereitungsküche
(= Frischküche) durch kommunales, fest angestelltes Personal
Zubereitungsküche
durch Elterninitiativen (z. B. Mensavereine)
erweitertes Schulkioskangebot
(z. B. Hausmeister, SMV)
Verteilerküche
(Zubereitung durch externe Großküche, Anlieferung in Thermophoren)
Aufbereitungs- oder Regenerationsküche
(Cook-Chill-Speiseversorgung)
Kombination verschiedener Systeme
(z. B. Fertigkomponenten plus frisch hergestellte Salate oder Desserts)
Kaltküchenverpflegung
(inkl. Obst und Salate)

Aus ernährungsphysiologischer und sensorischer Sicht bestehen erhebliche Unterschiede zwischen den bestehenden Verpflegungsmöglichkeiten, wobei die Zubereitungsküche viele Vorteile hat. Das unübersichtliche Angebot verschiedenster Verpflegungsmöglichkeiten unterschiedlichster Anbieter erschwert die Entscheidungsfindung hierfür ganz außerordentlich. Da anfänglich gewählte Schulverpflegungskonzepte meist über längere Zeit in den Schulen beibehalten werden, sind unabhängige Informationen und Bewertungskriterien für die Entscheidungsfindung dringend erforderlich.

Von der Deutschen Gesellschaft für Ernährung (DGE) und dem aid Infodienst wurde ein Kompendium zur praktischen Gestaltung des Mittagessens in Ganztagsschulen erstellt [8], der auf Veranlassung des Bundesministeriums für Verbraucherschutz und Landwirtschaft (BMVEL) neuen Ganztagsschulen kostenlos zur Verfügung gestellt wird. Außerdem bietet die DGE bundesweit eine kostenlose Anfangsberatung für Schulen an, die eine Mittagsverpflegung neu einrichten bzw. ein bestehendes Angebot optimieren wollen (http://ganztagsschule.dge.de).

übergeordneten bestehen allgemeine Anforderungen an die Speisenplangestaltung in Ganztagsschulen. Hierzu zählen [9]:

- die Sicherstellung eines ernährungsphysiologisch vorbildlichen Angebots,
- die Sicherstellung eines hohen Genusswertes bei Speisen und Getränken,
- die Sicherstellung von Abwechslungsreichtum und Vielfalt im Speisenangebot,
- die Berücksichtigung der Essenswünsche der Schüler,
- die Wirtschaftlichkeit und ein günstiger Preis.

Eine Mittagsverpflegung, die diese Forderungen erfüllen kann, ist mit unterschiedlichen Verpflegungssystemen möglich, die sich in der Regel an den räumlichen und sächlichen Gegebenheiten einer Schule orientieren (s. Kasten „Verpflegungssysteme").

Aufgabe und Bedeutung der Ernährungsbildung

Kinder und Jugendliche stellen eine Bevölkerungsgruppe dar, bei der gesundheitsgefährdende Verhaltensweisen entscheidend geprägt werden und der Aufbau von Gesundheitsressourcen für das spätere Gesundheits- und Krankheitsverhalten eine wichtige Rolle spielt [19]. Die Herausbildung gesundheitsfördernder bzw. -riskanter Verhaltensweisen beginnt frühzeitig in der Kindheit und Jugend und steht in engem Zusammenhang mit Problemen der Sozialisation [5]. Das Essverhalten des Menschen unterliegt einer soziokulturellen Prägung, die mit der Geburt beginnt. Die Entscheidung, was gegessen wird, hängt entscheidend vom Angebot an Nahrungsmitteln, den familiären Gewohnheiten, den kulturellen Bedingungen und dem ständig wachsenden Wissen um eine gesunde Ernährung ab.

Da alle Menschen die Fähigkeit haben, Fettzellen zu bilden und Energiedepots in Form von Fettgewebe zu bilden, sind Übergewicht und Adipositas in Zeiten mit Nahrungsüberfluss und Bewegungsmangel die natürlichen Folgen, wenn nicht gegengesteuert wird. Gene können nicht kurzfristig geändert werden, daher ist es besonders wichtig, Kindern und Jugendlichen jetzt eine gute Ernährungs- bzw. Gesundheitsbildung zukommen zu lassen und sie zu mehr Sport und anderen Alltagsaktivitäten zu motivieren.

Aufgrund veränderter Familienstrukturen, Lebensrhythmen und Arbeitsbedingungen findet traditionelle Ernährungserziehung und die gemeinsame Einnahme von Mahlzeiten immer weniger im Elternhaus statt [17]. Eltern sind inzwischen auch nicht mehr die zentrale Instanz in Ernährungsfragen. Vorbilder aus Fernsehsendungen und Peergroups beeinflussen das Essverhalten viel stärker und nachhaltiger.

Bei der Herstellung und Bewertung von Lebensmitteln ist außerdem ein deutlicher Kompetenzverlust festzustellen. Immer weniger Menschen sind in der Lage aus Grundnahrungsmitteln schmackhafte Gerichte herzustellen, so dass Fertigprodukte weiter an Bedeutung gewinnen werden [41]. Dabei hat vielfältige Kompetenz auf dem Gebiet der Ernährung den Rang einer Kulturtechnik und ist ein unverzichtbares Basisgut. Nicht von ungefähr wird im Rahmen des *„Literacy-Konzepts"* der OECD auch von einer *„Nutrition literacy"* gesprochen [37]. Kinder und Jugendliche haben einen Anspruch darauf, dass ihnen diese Kulturtechnik bestmöglich zugänglich gemacht und vermittelt wird [4].

Schule ist daher aus mehreren Gründen gefordert, sich intensiver als bisher mit der Gesundheits-, Ernährungs- und Verbraucherbildung auseinanderzusetzen [17; 2]. Hierzu bestehen besonders in Ganztagsschulen im Rahmen der schulischen Ernährungsbildung und der Schulverpflegung vielfältige Möglichkeiten. Diese werden bisher noch nicht in ausreichendem Maße genutzt.

Durch eine reflexive, emanzipatorische und handlungsorientierte Ernährungsbildung, die von Alltagssituationen der Schülerinnen und Schüler ausgeht, die sinnliche Wahrnehmung von Lebensmitteln und Speisen fördert, die Hintergründe und Zusammenhänge des eigenen Ernährungsverhaltens bewusst macht, kann die Eigenverantwortlichkeit gestärkt

werden. Das Reflexionsvermögen und die Entscheidungsfähigkeit sowie die Handlungskompetenz werden gefördert [29]. Hierbei müssen rein individualisierende, verhaltensorientierte Ansätze selbstverständlich durch verhältnisorientierte Ansätze ergänzt werden [3].

Schlussbetrachtung

Schulen haben einen klaren Erziehungs- und Bildungsauftrag, der zur Mitwirkung in der Gesundheitsbildung verpflichtet. Eine gesundheitsfördernde Schule umfasst alle Aspekte des Lebens in der Schule. Sie begreift Schule als Lern- und Lebensraum. Deshalb zählt zur Gesundheitsförderung einerseits die Behandlung gesundheitsrelevanter Themen im Unterricht. Anderseits gehört hierzu auch die praktische Umsetzung im Schulalltag. So kann z.B. durch Verbinden von Ernährungsthemen im herkömmlichen Unterricht oder in Projekten mit dem schulischen Mittagessen ein enger Theorie-Praxis-Bezug hergestellt werden, der sich nachhaltig auf das Ernährungsverhalten auswirkt. Es ist wenig hilfreich und nicht glaubwürdig, wenn Kindern im Unterricht die Richtlinien einer „gesundheitsfördernden Ernährung" vermittelt werden, das Angebot am Schulkiosk oder bei der Mittagsverpflegung dieses aber in keiner Weise widerspiegelt. Wünschenswert ist, dass die Mittagsverpflegung in die Schulentwicklungs- und Gesundheitsförderungskonzepte der Ganztagsschule eingebunden werden, um zu einer nachhaltigen Verbesserung der Ernährungs- und Gesundheitssituation der Schüler zu gelangen. Eine gesundheitsorientierte Gestaltung des Schulalltags, die Ernährung, Bewegung und Stressbewältigung umfasst, ist ein wichtiges Qualitätsmerkmal guter (Ganztags-)Schulen.

Prof. Dr. Helmut Heseker
Fachgruppe Ernährung und
Verbraucherbildung
Department Sport & Gesundheit
Universität Paderborn
Warburger Straße 100
33098 Paderborn
E-Mail: heseker@evb.upb.de

Ernährung in der Ganztagsschule

Notwendigkeit und Problematik von Schulverpflegung

DGE-Arbeitskreis
„Ernährung und Schule"

Werden Schüler oder Schülerinnen, die Ganztagsschulen besuchen, nach ihren Erfahrungen mit dieser Schulform gefragt, dann berichten sie häufig sehr positiv über die Freizeit- und Sportangebote. Nicht selten folgt jedoch der Nachsatz, „aber das Essen ist eine Katastrophe". In der Tat hat das in Schulen angebotene Mittagessen nicht selten eine mangelhafte ernährungsphysiologische und sensorische Qualität. Angebote für eine sinnvolle Pausen- und Mittagsverpflegung fehlen besonders Schulen, in denen bedingt durch den Stundenplan auch nachmittags unterrichtet wird. Das führt zu unausgewogener Ernährung, Leistungsminderung und Unzufriedenheit mit der Schule. Zusätzlich wird die Chance verpasst, über die Schulverpflegung das Ernährungsverhalten von Kindern und Jugendlichen und das soziale Klima in einer Schule positiv zu verändern.

Einführung

Die Bedeutung einer ausgewogenen Ernährung für die geistige und körperliche Leistungsfähigkeit und die Gesundheit von Kindern und Jugendlichen zieht sich wie ein roter Faden durch die Beiträge dieses Buches. Ernährungswissenschaftliche und -medizinische Erkenntnisse zeigen das große Potenzial einer ausgewogenen, bedarfsgerechten Ernährung in der Prävention ernährungsmitbedingter Erkrankungen. Dieses muss nicht zuletzt deshalb genutzt werden, weil schon jedes 5. Kind übergewichtig ist [7]. Bedingt durch die zunehmende körperliche Inaktivität und eine nicht bedarfsangepasste Ernährung hat die Adipositas in den letzten 25 Jahren stark zu- und inzwischen epidemische Ausmaße angenommen [11, 12].

Bei der Konzeption von Ganztagsschulen muss daher berücksichtigt werden, dass Kinder und Jugendliche in der Mittagspause ein vollwertiges Mittagessen erhalten. Die Verantwortlichen im Setting Schule stehen vor der Aufgabe, neben dem Nachmittagsprogramm auch eine schulnahe Lösung für das Mittagessen zu finden. Hierfür ist neben der Definition von Rahmenbedingungen die Vorgabe von (ernährungsphysiologischen) Qualitätsstandards durch Erlass oder Verordnung erforderlich.

Die Mittagsverpflegung sollte möglichst in Schulentwicklungs- und Gesundheitsförderungskonzepte der Schule eingebunden werden. Dann besteht die Chance, dass ein gesundheitserhaltendes und -förderndes Ernährungsverhalten bei Kindern nachhaltig aufgebaut und gefestigt wird. Auch ergeben sich Möglichkeiten zur Beteiligung von Schüler/innen und Eltern.

Ernährungsempfehlungen und -richtlinien für Kinder und Jugendliche

Die wissenschaftlich begründeten, praxisnahen Ernährungsempfehlungen und -richtlinien für Kinder und Jugendliche wurden bereits dargestellt (s. Kap. 12). Eine vollwertige Ernährung ist am ehesten zu erreichen, wenn täglich eine warme Mahlzeit eingenommen wird, weil der Speiseplan dadurch abwechslungsreicher und schmackhafter gestaltet werden kann. Viele Lebensmittel können nur im gegarten Zustand verzehrt werden.

Optimierte Mischkost

Vom Forschungsinstitut für Kinderernährung in Dortmund wurde die optimierte Mischkost – genannt optimix – entwickelt [1]. Dieses Konzept basiert auf den D-A-CH-Referenzwerten für die Nährstoffzufuhr [3]. „Optimiert" ist die Kost, da sie den Bedarf an allen Nährstoffen deckt und gleichzeitig dazu beitragen kann, sog.

Zivilisationskrankheiten (Bluthochdruck, Herz-Kreislauf-Krankheiten, Osteoporose, Gicht) vorzubeugen. Welche Kriterien bei der Entwicklung der optimierten Mischkost berücksichtigt wurden, zeigt Abbildung 1. Insbesondere sind dies die Ernährungsgewohnheiten und -vorlieben von Kindern und Jugendlichen.

Neben Basisinformationen für eine „gesunde" Ernährung wurden auch Speisenpläne entwickelt, die in der Gemeinschaftsverpflegung eingesetzt werden können.

Bedeutung der Ernährung im Kindes- und Jugendalter

Eine optimierte Ernährung enthält alle für Wachstum, körperliche und geistige Entwicklung notwendigen Nährstoffe in ausreichenden Mengen und vermeidet ungünstige Inhalts- bzw. Zusatzstoffe. Durch Fehlernährung verursachte, schwerwiegende Gesundheitsstörungen treten in Deutschland im Kindes- und Jugendalter zwar kaum auf, ungünstiges Ess- und Trinkverhalten führen aber nicht selten zu erheblichen Problemen (vgl. Kap. 17 u. Kap. 19).

Für Kinder im Grundschulalter sind außerdem einige physiologische Besonderheiten zu berücksichtigen. Sie haben einen relativ hohen Flüssigkeitsbedarf (hoher Wassergehalt des kindlichen Körpers, geringes Konzentrationsvermögen der Nieren), aber gerade Kinder und Jugendliche trinken zu wenig. Insgesamt ist das schulische Umfeld bis heute in Hinsicht

auf eine adäquate Flüssigkeitsversorgung der Schüler und Schülerinnen eher hinderlich als förderlich (z.B. Trinkverbot auch für Wasser an vielen Schulen).

Die geringen Glykogenreserven in Leber und Muskulatur von Kindern sind bei intensiver Bewegung schnell erschöpft und müssen durch kohlenhydratreiche Zwischenmahlzeiten aufgefüllt werden. In Abhängigkeit von der körperlichen Aktivität schwankt der Energiebedarf stark. Außerdem ist es bei den Jugendlichen gelegentlich „in", vormittags wenig zu essen, um Gewichtszunahmen zu verhindern.

Ist-Situation

Studien zur Nährstoffversorgung haben gezeigt, dass Kinder und Jugendliche heute im Durchschnitt gut versorgt sind und bei abwechslungsreicher kalorisch ausreichender Nahrungsaufnahme keine Defizite in der Vitamin- und Mineralstoffversorgung zu erwarten sind [5]. Unterversorgungszustände können auftreten bei einseitiger Ernährung (z. B. bei Verzicht auf Obst und Gemüse oder Milch und Milchprodukte) oder wenn über längere Zeit energiereduzierte Diätformen eingehalten werden.

Das Hauptproblem stellt heute eine unausgewogene Zufuhr der Hauptnährstoffe dar: zu viel Fett, besonders zu viele gesättigte Fettsäuren, zu wenig wertvolle, d. h. langkettige, Kohlenhydrate (= Stärke) und Ballaststoffe.

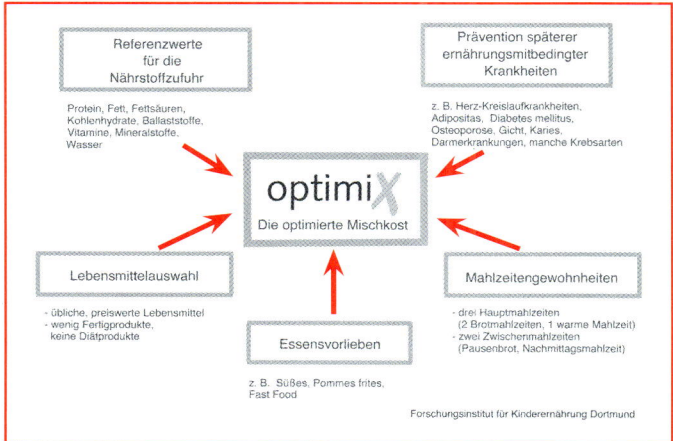

Abb. 1: Die optimierte Mischkost [1]

103

10–25 % der Jugendlichen gehen ohne Frühstück zur Schule [4, 6] und trinken häufig auch zu Hause und in den Schulpausen nichts [9]. Das auf dem Weg zur Schule gekaufte Ersatzfrühstück ist nur selten ernährungsphysiologisch ausgewogen.

Viel häufiger als mit Mangelernährung – oder auch in Kombination mit dieser – haben wir es heute mit den Folgen von Überernährung und Bewegungsmangel zu tun. Von 1980 bis 1995 stieg der Anteil übergewichtiger Kinder von 12 auf 19 %. Kinder sitzen im Durchschnitt 1,5 Stunden täglich vor dem Fernseher; 20 % der 11-jährigen Jungen und 15 % der Mädchen sehen mehr als 4 Stunden täglich fern. Hinzu kommt der Konsum weiterer Medien, z. B. PC- und Gameboy-Spiele [8, 10].

In der gymnasialen Oberstufe ebenso wie in den höheren Klassen der Haupt- und Realschulen findet vielerorts bereits Nachmittagsunterricht statt, ohne dass seitens der Schule ein Mittagessen angeboten wird. Die Erfahrung zeigt, dass nur schulnah wohnende Jugendliche das Mittagessen zu Hause einnehmen können. Die Mehrzahl der Jugendlichen isst mitgebrachte Brote, nutzt die meist einseitigen Angebote des Schulkiosks oder besucht umliegende Restaurants bzw. Imbissstuben mit einem Fastfood- oder All-you-can-eat-Angebot. Die Zusammensetzung dieser Mahlzeiten kann Aufmerksamkeit und Konzentrationsvermögen der Schüler und Schülerinnen durch die eintretende postprandiale Müdigkeit nachhaltig verschlechtern.

Bei differenzierter Betrachtung stellt man fest, dass häufig zwei Problemlagen zusammenkommen: Eine unzureichende Ernährungsversorgung in der Schule und familiäre, problematische Ernährungsgewohnheiten, so dass auch die mitgebrachte und angebotene Pausenverpflegung den gewünschten Qualitätsstandards nicht entsprechen. Dies betrifft vor allem Förder- und Hauptschulen bzw. Schulen in Stadtteilen mit besonderem Erneuerungsbedarf. In diesen setzen sich seltener als bei besser versorgten Kindern und Jugendlichen Elternvertreter für eine ausgewogene Verpflegung ein.

Ein Essensangebot könnte in diesen Schulen auch kompensatorisch und präventiv wirken.

Durch Kritik an der schulischen Ernährungsversorgung hat sich besonders im Land Nordrhein-Westfalen eine Besonderheit herausgebildet: In großer Zahl haben Elterninitiativen oder Mensavereine die Versorgung übernommen. Damit ist das Angebot in den Schulen jedoch nicht „krisenfest" institutionalisiert (s.u.). Zuverlässige und qualitativ hochwertige Lösungen sind eine Aufgabe der Kommunen, also der Schulträger. Elternengagement ist notwendig, um den entsprechenden politischen Druck aufzubauen und zu erhalten.

Mittagsverpflegung in der Schule

In Ganztagsschulen und anderen Schulen mit längerem bzw. Nachmittagsunterricht ist ein sinnvolles Pausen- und Mittagsangebot dringend erforderlich. Die bisher übliche Verpflegung basiert vielfach auf belegten Broten und Brötchen (mitgebracht oder gekauft), süßem Gebäck oder Snacks wie Schokoriegeln. Diese Lebensmittel sind meist ballaststoffarm, enthalten aber reichlich Fett und einfache (niedermolekulare) Kohlenhydrate.

Vor allem fehlt in einer solchen Ernährung der gewünschte hohe Obst- und Gemüseanteil. Wenn morgens wenig oder nichts, tagsüber in den Pausen belegte Brote und Müsliriegel und abends wieder eine gemüsefreie bzw. -arme Mahlzeit gegessen werden, wird es nahezu unmöglich, das akzeptierte Konzept „5 am Tag" durchzusetzen. Der Arbeitskreis betont deshalb, dass Schulverpflegung nicht nur „satt machen" darf, sondern eine vollwertige Ernährung ermöglichen muss, die einen ausreichend hohen Anteil an Obst und Gemüse enthält. Dies ist eine Aufgabe, die nicht dem örtlichen kommerziellen Angebot oder dem Hausmeister überlassen werden kann.

Ein vollwertiges Mittagessen ist in vielen Schulen nur mit großen Schwierigkeiten, teilweise erst nach größeren Baumaßnahmen zu realisieren. Abhängig von den räumlichen Möglichkeiten sind verschiedene Schulverpflegungssysteme denkbar. Dabei ist zu berücksichtigen, dass Kinder eher als Jugendliche ein warmes Mittagessen verlangen bzw. akzeptieren.

Aus ernährungsphysiologischen Gründen ist ein warmes Mittagessen nicht zwingend erforderlich, wenn dies bei den anderen Mahlzeiten berücksichtigt wird und ein attraktives Angebot an Gemüse (Rohkost) und Obst zu den Zwischenmahlzeiten vorhanden ist.

Bei der Einrichtung von Ganztagsschulen erfordert die Gestaltung und Organisation des Mittagessens besondere Überlegungen. Nur so kann die Chance zur Ernährungs- und Ess-Sozialisation und zur Förderung eines guten sozialen Schulklimas durch die Entwicklung einer gemeinsamen Esskultur genutzt werden.

Das gemeinsame Mittagessen in der Schule ist eine gute Möglichkeit zur Kommunikation und kann gleichzeitig ein wichtiger Beitrag zur gesundheitsbewussten Ernährung sein.

Allerdings müssen bei der Planung des Angebots neben den räumlichen Gegebenheiten die Wünsche der Eltern und Schüler ebenso berücksichtigt werden wie das Angebot vor Ort und die personelle Situation. Haben Schulen (wie häufig) räumlich und personell wenig Spielraum, ist die Gefahr groß, dass man eine pragmatische, aber unter ernährungswissenschaftlichen Gesichtspunkten ungünstige Lösung für das Mittagessen wählt (z.B. herkömmliche Fast-Food-Angebote aus dem Schulumfeld). Meist ist das Engagement der Lehrkräfte erforderlich, um durch die Entwicklung und Verankerung eines gesundheits- oder gemeinschaftsorientierten Schulprofils der Schulverpflegung den notwendigen Stellenwert zu verschaffen.

Gesetzliche Regelung und Institutionalisierung von Schulverpflegung

Um ein vollwertiges Mittagessen sicherzustellen, sollten durch die zuständigen Ministerien entsprechende Qualitätsstandards durch Erlass oder Verordnung festgelegt werden. In vielen Bundesländern wird zurzeit an entspre-

chenden Regelungen gearbeitet, in einigen wenigen Bundesländern (z. B. Niedersachsen und Sachsen-Anhalt) wurden diese bereits in Kraft gesetzt.

Niedersachsen

Der Erlass zur „…. Arbeit in der öffentlichen Ganztagsschule" vom 8.3.2002 führt aus:

> 3.6 Mittagspause und Mittagessen Zwischen den schulischen Veranstaltungen am Vormittag und denen am Nachmittag müssen die Schülerinnen und Schüler eine Mittagspause haben. In dieser Zeit sollen sie in der Schule ein Mittagessen einnehmen können sowie Gelegenheit zur Ruhepause oder Teilnahme an Freizeitangeboten haben.
>
> Das Mittagessen soll eine ausgewogene Ernährung … sicherstellen.

Sachsen-Anhalt

Im Runderlass „Die Arbeit in der öffentlichen Ganztagsschule" vom 16.11.1998 ist Folgendes geregelt:

> 1.6. Der Schulträger hat gemäß § 72a des Schulgesetzes des Landes Sachsen-Anhalt ein Mittagessen anzubieten. Er stellt zusätzliche Zuschüsse zur sächlichen Ausstattung der Schule zur Verfügung.
>
> 2. Gestaltung der Ganztagsschule
>
> 2.1. Die Ganztagsschule umfaßt den Unterricht der Halbtagsschule als Kernbereich, eine Mittagspause, in der ein warmes Mittagessen angeboten wird, und ganztagsschulspezifische Angebote.
>
> 4.2.1.Mittagessen und Mittagsbetreuung
>
> „Das Mittagessen soll eine ausgewogene und möglichst vollwertige Ernährung sicherstellen."

Nordrhein-Westfalen

In NRW existieren lediglich Rahmenbedingungen für die Einrichtung und den Betrieb von Ganztagsschulen. Im Jahr 2004 wurden neue Empfehlungen zur Mittagsverpflegung in KITA-Einrichtungen und Ganztagsschulen sowie zum Verkauf von Speisen und Getränken in Schulen herausgegegeben [www.opus-NRW.de].

Berlin

Für Schulen, die eine Mittagsverpflegung planen, wurden im Auftrag der Senatsverwaltung und der AOK für die Anbieter von Speisen- und Getränkeangeboten ein vorbildliches Leistungsverzeichnis und Qualitätskriterien erstellt [www.vernetzungsstelle-berlin.de].

Aus Sicht des DGE-Arbeitskreises Schulverpflegung sollten in den neuen Erlassen und Verordnungen eindeutige Aussagen zur Qualität des Mittagessens gemacht werden, die wenig Spielraum für Interpretationen lassen. Eine Angabe wie „Mittagessen/Mittagimbiss" begründet z. B. keinen Anspruch auf ein vollwertiges oder warmes Mittagessen und kann bereits durch das Angebot am vorhandenen Schulkiosk erfüllt werden. Offen bleibt die Frage, wie die Qualität des Mittagessens gesichert werden kann.

Übersicht über Verpflegungsmöglichkeiten

Je nach räumlichen und sächlichen Gegebenheiten der Schule bestehen für die Mittagsverpflegung verschiedene Möglichkeiten. Diese unterscheiden sich einerseits durch den Ort der Nahrungszubereitung (z. B. innerhalb oder außerhalb der Schule) und andererseits durch den Convenience-Grad der überwiegend verwendeten Lebensmittel (Tab. 1).

Aus ernährungsphysiologischer und sensorischer Sicht bestehen erhebliche Unterschiede zwischen den verschiedenen Verpflegungsmöglichkeiten. Die Qualität wird aber auch wesentlich von den eingesetzten Produkten und den Rezepturen beeinflusst. Die Vor- und Nachteile dieser Verpflegungsmöglichkeiten werden in Tabelle 2 vorgestellt und erläutert. Eine gute, praxisnahe Zusammenstellung ist auch dem DGE/aid-Ordner „Essen und Trinken in Tageseinrichtungen für Kinder" zu entnehmen [2].

Mensavereine

In vielen Bundesländern haben sich Mensavereine o. ä. unter der Leitung von Eltern und/oder Lehrern/innen gebildet. Diese übernehmen die organisatorische, teilweise auch wirtschaftliche Verantwortung für die Mittagsverpflegung. Gefördert wurde diese Entwicklung durch den zunehmenden Rückzug der Kommunen aus der Finanzierung der Verpflegungsangebote und durch Konflikte mit Caterern und Großküchen über Speisenqualität und -angebot sowie durch mangelnde Flexibilität im Hinblick auf schulische Bedürfnisse.

Einerseits bestimmen Eltern so mit über eine sinnvolle Ernährung und fühlen sich für die Versorgung ihrer Kinder während der Schulzeit verantwortlich, andererseits ist damit das Angebot in den Schulen aber nicht „krisenfest" institutionalisiert. Denn das Essensangebot hängt

Convenience-Grad	Bezeichnung	Beispiele
0	nicht küchenfertige Lebensmittel	ungeputztes Gemüse, Tierhälften
I	küchenfertige Lebensmittel	geputztes Gemüse, geschälte Kartoffeln, Schweineschnitzel
II	garfertige Lebensmittel	paniertes Schweineschnitzel, Fischstäbchen, Tiefkühlgemüse
III	mischfertige Lebensmittel	Salatdressing, Müslimischung
IV	regenerierfertige Lebensmittel	Tiefkühlfertiggerichte, sterilisierte Eintöpfe
V	portionsfertige Lebensmittel	Joghurt aus Großgebinde
VI	verzehrsfertige Lebensmittel	Süßwaren, Dessert

Tab. 1:
Convenience-Grad
von Lebensmitteln

Zubereitungsküche (Frischkostsystem)
Kochen vor Ort in der Schule

Vorteile	Nachteile	Kommentar des DGE-Arbeitskreises
■ Zubereitungsform ermöglicht eine hohe sensorische Qualität ■ attraktives Aussehen der Menüs/ hoher Frischegrad ■ geringe Nährstoffverluste, da keine oder nur kurze Warmhaltephasen ■ kurzfristige Reaktion auf geänderte Zahl der Essensteilnehmer/innen möglich ■ Rhythmisierung auf den Schulalltag möglich (z. B. bei Unterrichtsausfall) ■ höchstmöglicher Einfluss auf die Qualität der Ausgangsprodukte ■ keine Einschränkung der Lebensmittelauswahl ■ Schaffung von Arbeitsplätzen ■ flexible Anpassung an die Wünsche der Schüler/innen ■ gute Variationsmöglichkeiten	■ erfordert moderne Geräteausstattung ■ hoher Raumbedarf für Küche, Vorrat und Spülbereich ■ hoher Personalbedarf; besondere Qualifikation des Küchenpersonals ■ umfangreiche Planungsarbeiten für Einkauf, Lagerhaltung etc. ■ Kontrolle der gelagerten Lebensmittel ■ Entsorgung von Abfällen und nicht verzehrter Lebensmitteln ■ relativ hohe Essenskosten ■ rentabel ab ca. 100 Essensteilnehmer/innen	■ Wenn die äußeren Bedingungen (Räume, qualifiziertes Personal) dies zulassen, ist das Frischkostsystem zu bevorzugen. ■ Beispiele u.a. aus Finnland zeigen zudem, dass bei der Herstellung der Speisen in der Schule durch die Kommunikation zwischen Küchenmitarbeitern und Schülern auch eine erhöhte Akzeptanz des Angebotes geschaffen und sogar die Identifikation mit der Schule verbessert werden kann.

Verteilerküche (Warmverpflegungssystem)
Zubereitung durch eine externe Großküche und Anlieferung in Thermophoren; die Speisen sind vorportioniert oder die Portionierung erfolgt in der Schule.

Vorteile	Nachteile	Kommentar des DGE-Arbeitskreises
■ erfordert keine umfangreiche Geräteausstattung ■ im Vergleich zum Frischkostsyste relativ geringer Raumbedarf ■ geringer Personalbedarf (nur für die Essensausgabe) ■ keine besondere Qualifikation des Personals erforderlich ■ keine umfangreichen, zeitintensiven Planungsarbeiten für Einkauf, Lagerhaltung etc.	■ nicht immer optimale sensorische und optische Qualität (z. B. Kurzgebratenes) ■ bei stundenlangen Warmhaltezeiten sind erhebliche Nährstoffverluste möglich ■ kaum Einfluss auf die Qualität der Ausgangsprodukte ■ Rhythmisierung auf den Schulalltag oft nicht möglich (z. B. bei Unterrichtsausfall) ■ Großküche liefert oft an mehrere unterschiedliche Abnehmer; nicht immer schülergemäße Angebote	■ Zur Verbesserung der ernährungsphysiologischen Qualität wird eine Ergänzung durch frische Salate und Obst empfohlen. ■ Dieses Verpflegungssystem kann nur empfohlen werden, wenn kurze Warmhaltezeiten garantiert sind und die Speisenplangestaltung (inkl. Portionsgrößen) mit der Schule abgestimmt wird. ■ Den im Vergleich zum Frischkostsystem geringeren Essenskosten steht u. U. eine geringere Essensqualität gegenüber. ■ Es muss darauf geachtet werden, dass das Speiseangebot auf Schüler/innen ausgerichtet ist. Es ist nicht akzeptabel, wenn Großverpflegungseinrichtungen (z. B. Krankenhaus- oder Altenheimküchen) die Schulen mit ihren Standardmenüs versorgen.

Tab. 2: Verpflegungsmöglichkeiten für Ganztagsschulen im Vergleich, Fortsetzung S. 108 + 109

meist von dem Engagement einer relativ kleinen Gruppe ab, das spätestens mit dem Schulabschluss der eigenen Kinder ein Ende findet, so dass eine Kontinuität nicht gesichert ist.

Schlussbemerkung
Die Verpflegung von Schülerinnen und Schülern dürfte in den nächsten Jahren in der Öffentlichkeit zunehmend diskutiert werden. Bedingt durch die leeren öffentlichen Kassen ist zu befürchten, dass die Schulträger die Schulverpflegung ausschließlich bzw. vorrangig unter ökonomischen Gesichtspunkten auswählen. Daher ist es wichtig, die bestehenden, vielfältigen Zusammenhänge aufzuzeigen, die kurz- und langfristigen Folgen deutlich zu machen, pragmatische Lösungen mit zu entwickeln und

Aufbereitungs- oder Regenerationsküche

Schulen erhalten Speisen in tiefgefrorener oder gekühlter Form von industriellen Herstellern oder vom Caterer (meistens: Cook & Chill-Verfahren). Das Aufwärmen der Lebensmittel findet in der Schule statt.

Vorteile	Nachteile	Kommentar des DGE-Arbeitskreises
■ gute sensorische Qualität möglich ■ attraktives Aussehen ■ geringe Nährstoffverluste ■ kurzfristige Reaktion auf geänderte Zahl der Essensteilnehmer/innen ■ Rhythmisierung auf den Schulalltag möglich (z.B. bei Unterrichtsausfall) ■ im Vergleich zum Frischkostsystem reduzierte Investitionen in die apparative und räumliche Ausstattung	■ erfordert spezielle Geräteausstattung (z.B. Kühlgeräte, Konvektionsöfen) ■ mittlerer Personal- und Raumbedarf ■ eingeschränkte sensorische und optische Qualität bei empfindlichen Speisen (z.B. Kurzgebratenes, Salzkartoffeln, Frittiertes) ■ höherer Planungsaufwand für Speisenplangestaltung, Einkauf, Lagerhaltung etc. ■ Kontrolle der gelagerten Lebensmittel ■ im Vergleich zum Frischkostsystem mittlerer Mahlzeitenpreis ■ bei geringer Variation der Menüs Abnahme der Akzeptanz	■ Zur Verbesserung der Qualität wird eine Ergänzung durch frische Salate etc. empfohlen. ■ Das Aufbereitungssystem ist unter Umständen geeignet bei geringer bis mittlerer Essensteilnehmerzahl (< 100 Portionen).

Mischküchensysteme

Kombination von Fertigkomponenten und selbst zubereiteten Ergänzungen

Vorteile	Nachteile	Kommentar des DGE-Arbeitskreises
■ gute sensorische Qualität möglich; geringere Nährstoffverluste ■ Ergänzung durch frische Salate und Obst sowie Kartoffeln und Kurzgebratenes möglich ■ kurzfristige Reaktion auf geänderte Zahl der Essensteilnehmer/innen ■ Rhythmisierung auf den Schulalltag möglich (z.B. bei Unterrichtsausfall) ■ teilweise Einfluss auf die Qualität der Ausgangsprodukte ■ Schaffung einiger Arbeitsplätze	■ erhöhter Raumbedarf für Küche, Vorrat und Spülbereich ■ erfordert höhere Geräteausstattung und mehr Personal ■ erfordert Planungsarbeiten für Einkauf, Lagerhaltung etc. ■ Kontrolle der gelagerten Lebensmittel ■ erforderlich	■ Ist aus wirtschaftlichen Gründen ein reines Frischkostsystem nicht realisierbar, dann ist zur Sicherstellung einer vollwertigen Ernährung das Mischkostsystem zu empfehlen. ■ Es gibt Anbieter, die sich auf die Ernährung von Kindern/Jugendlichen spezialisiert haben und eine hochwertige Essensversorgung anbieten. ■ Auch eine Ergänzung z.B. durch kalte Speisen (wie Sandwichs) kann sinnvoll sein (s. Kaltküchenverpflegungssystem). Hierdurch ist es möglich, differenzierte Preise anzubieten.

Tab. 2: Verpflegungsmöglichkeiten für Ganztagsschulen im Vergleich (Fortsetzung)

Argumente gegen ausschließlich ökonomisch orientierte Lösungen zu entwickeln.

Aus ernährungsphysiologischen Gründen und wegen der Vorteile frisch zubereiteter Lebensmittel für die Sinnesbildung wird einem Frischkostsystem der Vorrang eingeräumt. Lassen die räumlichen Gegebenheiten und finanziellen Möglichkeiten dies aber nicht zu, muss ein anderes Verpflegungssystem gewählt werden. Ein warmes Mittagessen ist nicht zwingend erforderlich, wenn die gesamte Tagesernährung berücksichtigt wird und wenn ein attraktives Angebot an Rohkost und Obst als Zwischenmahlzeit vorhanden ist. Eine Kaltverpflegung kann unter diesen Umständen für eine Übergangszeit, z.B. bei der neueinführung einer Ganztagsschule akzeptiert werden.

Für den Arbeitskreis "Ernährung und Schule":
Prof. Dr. Helmut Heseker
Universität Paderborn
Fakultät für Naturwissenschaften
33095 Paderborn

Erweiterter Schulkiosk

Betrieb durch Schülermitverwaltung, Eltern oder Hausmeister

Vorteile	Nachteile	Kommentar des DGE-Arbeitskreises
■ geringer Verwaltungsaufwand ■ nicht unerheblicher Reinerlös für Betreiber (wird z. T. dem Hausmeister im Arbeitsvertrag zugesichert) ■ kurzfristige Reaktion auf geänderte Zahl der Essensteilnehmer/innen ■ Rhythmisierung auf den Schulalltag möglich (z. B. bei Unterrichtsausfall)	■ Milch und Milchprodukte sowie andere Frischlebensmittel müssen kühl gelagert werden, daher Bevorzugung lagerfähiger oder schnell zubereitbarer Produkte, wie fleisch- und fettreiche Fast-Food-Gerichte (z. B. Bockwurst) sowie von Dosengetränken und Schokoriegeln ■ selten frisches Obst und Gemüse ■ selten vollwertige Mahlzeiten	■ Eine gute ernährungsphysiologische Qualität der angebotenen Lebensmittel/Mahlzeiten ist nicht gewährleistet. Es wird daher dringend davon abgeraten, ein lediglich erweitertes Kioskangebot einzuführen. ■ Denkbar wäre allenfalls, dass ein optimiertes Kiosk-Speiseangebot geschaffen wird, das aber nicht in Konkurrenz zum Standardangebot stehen darf („entweder/oder").

Belieferung durch eine herkömmliche Fast-Food-Kette

Fast-Food-Betrieb übernimmt die gesamte Versorgung und Entsorgung

Vorteile	Nachteile	Kommentar des DGE-Arbeitskreises
■ kein besonderer Raum- und Gerätebedarf ■ geringer Verwaltungsaufwand ■ Lieferant übernimmt Ver- und Entsorgung ■ kein Bereitstellen und Spülen von Geschirr und Besteck ■ von Schülern/innen mehrheitlich akzeptiertes Speisenangebot ■ akzeptables Preisniveau (bei relativ kleinen Portionen) ■ kurzfristige Reaktion auf geänderte Zahl der Essensteilnehmer/innen ■ Rhythmisierung auf den Schulalltag möglich (z. B. bei Unterrichtsausfall)	■ Bevorzugung von Fast-Food-Gerichten (d. h. fettreiche, ballaststoffarme Lebensmittel, einseitige Ernährungsform, fehlende Geschmacksvielfalt und vorgegebene Geschmacksstandards, keine abwechslungsreiche Speisenplangestaltung) ■ selten/wenig frisches Obst und Gemüse ■ z. T. hoher Müllanteil	■ Eine gute ernährungsphysiologische Qualität der angebotenen Mahlzeiten ist kaum gewährleistet. Die ernährungssozialisatorische Wirkung ist bedenklich. ■ Es wird daher dringend davon abgeraten, eine herkömmliche Fast-Food-Versorgung zu akzeptieren.

Kaltküchenverpflegung

Anstelle warmer werden Komplettmahlzeiten kalte Speisen angeboten, z.B. Sandwichs, mit Salat gefüllte Tortillas, Wraps, Pitas oder Dönerkebab, Salate, Gemüse, Obst, Joghurt und andere Milchmischprodukte.

Vorteile	Nachteile	Kommentar des DGE-Arbeitskreises
■ geringer Bedarf an Räumen, Geräteben, Geschirr und Besteck ■ von Schülern/innen gut akzeptiertes Speisenangebot ■ akzeptables Preisniveau ■ keine höhere Qualifikation des Personals erforderlich ■ kurzfristige Reaktion auf geänderte Zahl der Essensteilnehmer/innen ■ Rhythmisierung auf den Schulalltag möglich (z. B. bei Unterrichtsausfall) ■ Schaffung von Arbeitsplätzen	■ weniger abwechslungsreiche Speisenplangestaltung ■ mittlerer Personalbedarf ■ erfordert Planungsarbeiten für Einkauf, Lagerhaltung etc. ■ Kontrolle der gelagerten Lebensmittel	■ Ein Kaltverpflegungssystem kann ein Frischküchensystem nicht ersetzen. Bei phantasievoller Zusammenstellung ist aber eine hinreichende ernährungsphysiologische Qualität der angebotenen Mahlzeiten durchaus erreichbar. ■ Für eine Übergangszeit, z. B. bei Neueinführung einer Ganztagsschule, ist ein Angebot an kalten Speisen akzeptabel. Dabei ist die Gesamttagesernährung zu berücksichtigen und Eltern sollten zu einem warmen Abendessen explizit ermuntert werden. ■ Das Akzeptieren einer kalten Mittagsmahlzeit dürfte viel Zündstoff aus innerschulischen Diskussionen nehmen. Außerdem bietet dies Verpflegungssystem größere Möglichkeiten, Speisen zu attraktiven Preisen anzubieten.

Tab. 2: Verpflegungsmöglichkeiten für Ganztagsschulen im Vergleich (Fortsetzung)

Abschnitt 2
Unterrichtsmaterialien,
Programme und Initiativen

Die Darstellung von Ernährungsthemen in Schulbüchern

Eine fachwissenschaftliche Analyse

Helmut Heseker,
Paderborn

Einleitung

Die Bedeutung einer bedarfsgerechten Ernährung für die Gesundheit bzw. einer ungünstigen Ernährungsweise für die Pathogenese weit verbreiteter chronischer Erkrankungen kann heute als gut belegt angesehen werden [5]. Auch wenn es noch schwierig ist, den ernährungsbedingten Anteil an den in Deutschland und anderen Industrieländern dominierenden Krankheiten im einzelnen zu quantifizieren, kommt dem Einfluss der Ernährung doch eine besondere Bedeutung zu, da diese veränderbar ist und somit eine wesentliche Präventionsmöglichkeit darstellt [14; 11].

Bisherige Ansätze zur Verbesserung der Ernährungssituation, hin zu einer gesünderen Ernährung, haben z.B. die Zunahme der Verbreitung von Übergewicht und Adipositas und den damit einhergehenden Folgeerkrankungen (z.B. Typ-2-Diabetes mellitus, Fettstoffwechselstörungen, Bluthochdruck, Gicht, Herz-Kreislauf- oder Gelenkerkrankungen) nicht aufhalten können.

Da sich Ernährungsverhalten in der Regel bereits im Kindesalter manifestiert und einmal erworbene Ernährungsmuster oft ein Leben lang beibehalten werden [17], kommt einer frühzeitigen Vermittlung von Wissen über Ernährungsphysiologie und der Zusammenhänge zwischen Ernährung und Gesundheit eine besondere Bedeutung zu.

Die Kenntnisse unserer Bevölkerung über richtige und wichtige Zusammenhänge zwischen Ernährung und Gesundheit sowie über wirksame Präventionsmaßnahmen sind bisher allerdings eher als gering einzustufen. Sensationsmeldungen in der Laienpresse über echte oder vermeintliche Lebensmittelskandale, über vermeintliche Wundermittel und pseudowissenschaftliche Bücher z.B. über Irrtümer der Ernährungs- und Lebensmittelwissenschaft sind überaus populär. Derartige Berichte und Meldungen fallen besonders bei nicht- bzw. fehlinformierten Personen auf fruchtbaren Boden, tragen zur allgemeinen Verunsicherung bei und konterkarieren nicht selten wichtige Präventionsmaßnahmen. Eine notwendige Differenzierung zwischen wichtigen und unwichtigen bzw. zwischen richtigen und falschen Ernährungsinformationen überfordert die meisten Personen.

Leider ist auch die Praxis der Gesundheits- und Ernährungserziehung in unseren Schulen seit Jahren zu Recht Gegenstand der Kritik [19; 15; 22; 21; 12; 10]. Die von Staeck [19] und Stulgies et al. [20] durchgeführten Schulbuchanalysen zeigten:

- Viele Biologiebücher verzichten auf ernährungs- und lebensmittelkundliche Themen.
- Informationen zu diesem Themenkreis sind fehlerhaft oder unvollständig.
- Aussagen über gesund erhaltende Ernährung fehlen fast gänzlich.

Da die Bundesländer die Ausgaben für Schulbücher seit 1991 pro Kind um durchschnittlich ca. ein Drittel (Abb. 1) reduziert haben, dürfte sich die Situation sowohl in qualitativer als auch in quantitativer Hinsicht weiter verschlechtert haben.

Da Lehrer und Lehrerinnen häufig nicht über die für die Unterrichtung von Ernährungsthemen notwendige ernährungswissenschaftliche Qualifikation verfügen, sind sie in besonderem Maße auf fachlich richtige, qualitativ hochwertige Schulbücher angewiesen.

Schulbücher besitzen eine wichtige Multiplikatorenfunktion und haben gleichzeitig eine lange Lebensdauer. Daher gibt es wichtige Forderungen an sie:

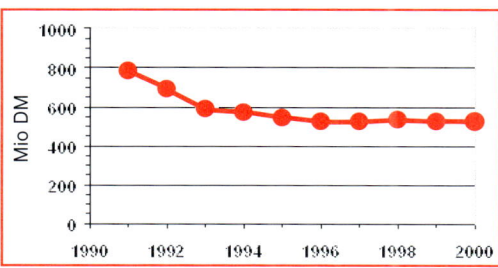

Abb. 1: Ausgaben der Länder für Schulbücher
(Institut der dt. Wirtschaft, 2001)

■ Aus der Wissensfülle des Fachgebiets muss eine auf den Lehrplan bezogene Themenauswahl getroffen werden.

■ Die ausgewählten und dargestellten Inhalte sollen den aktuellen Stand der jeweiligen Wissenschaftsdisziplin korrekt widerspiegeln (Wissenschaftsorientiertheit).

■ Die oft komplexen wissenschaftlichen Zusammenhänge müssen didaktisch reduziert werden.

■ Neue methodisch-didaktische Aspekte sollen Berücksichtigung finden.

Die Realisierung dieser Anforderungen wird durch äußere Rahmenbedingungen zunehmend erschwert: Der Wissenszuwachs im letzten Jahrhundert hat sich zunehmend beschleunigt, so dass z.B. in den Naturwissenschaften eine Verdoppelung des Wissens in immer kürzeren Abständen stattfindet. Die Ernährungswissenschaft ist als relativ junge Disziplin hiervon in besonderem Maße betroffen.

Ernährungsfaktoren werden zunehmend mit der Entstehung chronischer Erkrankungen in Verbindung gebracht. Neue wissenschaftliche Erkenntnisse der Ernährungswissenschaft und der Medizin führen nicht nur zu einem besseren Verständnis der Zusammenhänge und damit zu wirksamen Präventionsmöglichkeiten, sondern gelegentlich auch zur Widerlegung von lange Zeit für richtig erachteten Hypothesen. Dies führt z.B. auch dazu, dass Empfehlungen für die tägliche Nährstoffzufuhr und

daraus abgeleitete Ernährungrichtlinien in regelmäßigen Abständen überprüft und gegebenenfalls revidiert werden müssen [6]. Hinzu kommt, dass – anders als in exakten naturwissenschaftlichen Disziplinen – in der Ernährungswissenschaft valide Untersuchungsergebnisse auf Grund der großen Variabilität und der multifaktoriellen Beeinflussung viel schwieriger zu erzielen sind und einer Absicherung durch zusätzliche Studien bedürfen. Einzelbefunde sind daher oft wenig aussagekräftig. Gelegentlich sind Befunde sogar widersprüchlich oder alte Aussagen werden als Dogmen entlarvt.

Besonders in ernährungsepidemiologischen Untersuchungen werden neue Hypothesen z.B. über die präventive Bedeutung eines Nahrungsinhaltsstoffes aufgestellt, die sich allerdings zunächst nur auf korrelative Zusammenhänge stützen. Bevor derartige Beobachtungen bei der Formulierung einer Ernährungsempfehlung berücksichtigt werden dürfen, ist zunächst die Kausalität durch weitere, aussagekräftige Studien zu belegen. Wirkmechanismen sind mit Hilfe der Biochemie und der Molekularbiologie aufzuklären und die Wirksamkeit ist in gut kontrollierten klinischen Studien zu belegen [16].

Schritt halten mit neuen ernährungswissenschaftlichen Erkenntnissen – eine besondere Herausforderung für Schulbuchautoren und -verlage

Schulbücher und andere Unterrichtsmaterialien haben es aus den genannten Gründen besonders schwer, mit der aufgezeigten Entwicklung hinreichend Schritt zu halten, um nicht als veraltet, überholt und unvollständig zu gelten. Dies erfordert auch von den Schulbuchautoren/innen ein hohes Maß an fachwissenschaftlicher und fachdidaktischer Kompetenz.

Fachwissenschaftliche Bewertung von Ernährungsthemen in Schulbüchern
In der hier beschriebenen Untersuchung wurden daher die in den Schulbüchern dargestellten ernährungs- und lebensmittelwissenschaft-

	Anzahl Titel	
	aktuelle Auflage	ältere Auflagen
Sachunterricht	118	28
Biologie, Sekundarstufe I	131	32
Biologie, Sekundarstufe II	21	10
Hauswirtschaft, Sekundarstufe I	91	15
Hauswirtschaft, Sekundarstufe II	12	1
Berufsschule	15	2
Gesamt	388	88

Tabelle 1: Insgesamt analysierte Schulbücher

lichen Themen fachwissenschaftlich analysiert. Die aktuellen Auflagen von 388 Schulbüchern (und vergleichend 88 ältere Schulbücher) der Unterrichtsfächer bzw. Lernbereiche Sachunterricht, Biologie, Hauswirtschaft, Arbeitslehre, Ernährungslehre, Gesundheitserziehung wurden berücksichtigt. Berücksichtigt wurden dabei Bücher aus 22 Verlagen.

Als Referenzliteratur wurden die aktuellen Auflagen der in Tab. 2 gezeigten Standardwerke herangezogen.

Ergebnisse der Buchanalyse

Die fachwissenschaftlichen Analyse zeigte, dass Ernährungsthemen in Schulbüchern erschreckend häufig fehlerhaft dargestellt werden. Schwerwiegende inhaltliche Mängel bestehen v.a. bei der Beschreibung der Ursachen ernährungsabhängiger Krankheiten. Weiter finden

sich in großer Zahl kleinere Mängel, wie z.B. veraltetes Datenmaterial, ungenaue, irreführende oder stark einseitige Angaben. Da viele fehlerhafte Darstellungen in den analysierten Schulbüchern wiederholt vorkommen, wurde hier eine aggregierte, alphabetische Darstellung gewählt. Neben einem Stichwort werden die falsche Darstellung und ggf. ein Verbesserungsvorschlag wiedergegeben (Tab. 3).

Eine Auswertung der zahlreichen falschen, irreführenden oder stark einseitigen Darstellungen läßt einige Fehlerschwerpunkte erkennen (Tab. 4, S. 123).

Erstaunlicherweise sind die Darstellungen über Vitamine besonders fehlerträchtig. In den untersuchten Schulbüchern fanden sich 156 Behauptungen bzw. Darstellungen über Vitamine, die aus fachwissenschaftlicher nicht korrekt sind. Bei der Beschreibung der Verbreitung,

Autor(en)/Herausgeber	Lehrbuch [Quellenangabe]
Bässler KH, Golly I, Loew D, Pietrzik K	Vitamin-Lexikon [1]
Biesalski HK et al.	Ernährungsmedizin [2]
Biesalski HK, Grimm P	Taschenatlas der Ernährung [3]
DGE, ÖGE, SGE/SVE	Referenzwerte für die Nährstoffzufuhr [6]
Elmadfa I, Leitzmann C	Ernährung des Menschens [7]
Food and Nutrition Board, IOM	Dietary reference intakes [8]
Garrow JS, James WPT	Human nutrition and dietetics [9]
Kasper H	Ernährungsmedizin und Diätetik [13]
Shils ME, Olson JA, Shike M, Ross	Modern nutrition in health and disease [18]
Ziegler EE, Filer JL	Present knowledge in nutrition [23]

Tabelle 2: Die zur Beurteilung der Schulbuchinhalte verwendete Referenzliteratur

Stichwort	falsche und **korrigierte Darstellung bzw. Kommentar**
Adipositas: Prävalenz	„60% sind adipös" **Der Anteil ist wesentlich geringer. Hier wurde adipös mit übergewichtig verwechselt. Adipositas liegt bei einem BMI >30, Übergewicht bei einem BMI >25 vor.**
Adipositas: Ursachen	Es wird nur die Ernährung als Ursache für Adipositas erwähnt. **Der Bewegungsmangel bzw. der sitzende Lebensstil werden als weitere wesentliche Ursache nicht berücksichtigt.**
Aminosäuren: Anzahl	„Es gibt 25 Aminosäuren." **Beim Menschen sind 20 Aminosäuren als Bausteine der Proteine bekannt.**
Arteriogenese und Fette	„Überflüssige Fette sickern in die Wände der Blutgefäße und führen zu Arteriosklerose." **Diese Darstellung ist falsch.**
Arteriosklerose: Pathogenese	„Überschüssige Stoffe werden in den Gefäßen abgelagert." **Diese Darstellung ist irreführend.**
Ballaststoffe: empfohlene Zufuhr	„20 g Ballaststoffe = Hälfte der benötigten Menge." **Die tägliche empfohlene Ballaststoffzufuhr beträgt 30 g und nicht 40 g.** „Wir sollten täglich 20 g Ballaststoffe aufnehmen." **Die tägliche empfohlene Ballaststoffzufuhr beträgt 30 g und nicht nur 20 g.**
Ballaststoffaufnahme und Zivilisationskrankheiten	„Ein Mangel an Ballaststoffen führt zu Gicht bzw. Altersdiabetes." **Die postulierten Zusammenhänge sind wissenschaftlich nicht belegt.**
Ballaststoffe und Cholesterin	„Ballaststoffen binden Cholesterin." **Ballaststoffe binden nicht Cholesterin, sondern Gallensäuren. Normalerweise werden die Gallensäuren reabsorbiert. Werden sie aber durch Ballaststoffe gebunden, dann muss vermehrt Cholesterin in neue Gallensäuren umgewandelt werden.**
Ballaststoffe: Unterrichtsversuch	„Die Inhaltsstoffe des Weißmehls werden nach der Verdauung nahezu vollständig absorbiert, so dass nichts mehr verklumpen kann." **Der Versuch ist irreführend. Bei Verstopfung entstehen – anders als im Versuch gezeigt – keine Mehlklumpen im Darm.**
Beriberi: Ursachen	„Beriberi wird durch Mykotoxine verursacht." **Diese Hypothese wurde bereits im ersten Drittel des 20. Jahrhunderts durch wissenschaftliche Studien widerlegt.**
Bierhefe als Vitaminquelle	„Bierhefe ist eine gute Vitaminquelle." **Bierhefe trägt in Deutschland kaum zur Versorgung mit B-Vitaminen bei. Fleisch, Vollkorn- und Milch-produkte sind unsere besten Quellen.**
Bleibelastung: Problematik	Bleibelastung von Lebensmitteln. **Bleibelastung von Lebensmitteln ist gering und stellt kein vorrangiges Gesundheitsproblem dar.**
Blutglukosespiegel	„Der Blutglukosespiegel erhöht sich nur geringfügig nach einer kohlenhydratreichen Mahlzeit." **Dies Aussage ist nicht richtig und trifft allenfalls für den Verzehr eines mit Butter bestrichenen Vollkornbrotes zu.**
BMI-Bewertung: Kinder	Kind mit BMI >25 gleich Übergewicht **Der genannten BMI-Bereich gilt für Erwachsene, nicht für Kinder.**
Broca-Index	Verwendung des Broca-Index. **Der Broca-Index wurde inzwischen durch den Body-Mass-Index (BMI) ersetzt.**
Brotsorten, dunkle und helle	„Dunkle Brotsorten sind nährstoffreicher." **Dunkle Brotsorten sind häufig gefärbt und enthalten nicht unbedingt mehr Nährstoffe. Nährstoffreicher sind Vollkornprodukte.** „Helle Brotsorten führen zu einem nicht gedeckten Thiaminbedarf." **Eine unzureichende Bedarfsdeckung mit Thiamin ist in Deutschland bei gesunden Menschen sehr selten.**
Cadmiumgehalt von Innereien	Cadmiumgehalt in Leber und Nieren **Nur Leber und Nieren alter Tiere sind übermäßig belastet. Diese sind aber gleichzeitig faserig und zäh und als solche nicht im Handel.**
Calciumbedarf	Calciumbedarf = 1000 mg/Tag. **Der genannte Werte stellt eine *Empfehlung* für die tägliche Calciumzufuhr und nicht den *Bedarf* dar.**
Calciumbedarf: Veganer	„200 mg Calcium/Tag sind für Veganer ausreichend." **Diese Aussage ist hat keinerlei wissenschaftliche Basis.**
Calciumquellen	**Fleisch und Fisch sind schlechte Quellen für Calcium.**

Tab. 3: Fehlerhafte bzw. veraltete Aussagen in aktuellen Lehrbüchern (grau) und Richtigstellung (orange)

Stichwort	falsche und korrigierte Darstellung bzw. Kommentar
Cholesterin	„Cholesterin ist ein Nahrungsfett.“ Cholesterin zählt nicht zu den Nahrungsfetten sondern ist ein Fettbegleitstoff.
Cholesteringehalt	„Fettes Fleisch enthält viel Cholesterin.“ Cholesterin ist Bestandteil aller tierischen Zellmembranen. Der Cholesteringehalt in magerem Fleisch ist daher fast so hoch wie in fettem Fleisch.
Coca-Cola	„Coca-Cola greift Magenwände an.“ Für die genannte Nebenwirkung von Coca-Cola liegen keine wissenschaftlichen Belege vor.
Coffein als Risiko-faktor	„Coffein ist ein Risikofaktor für eine Hyperlipoproteinämie.“ Die Hypothese ist wissenschaftlich nicht belegt.
Diabetiker: Zuckerverbot	„Leichtverdauliche Kohlenhydrate wie Zucker oder Honig dürfen nicht gegessen werden“ Die moderne Diabetikerernährung ist weniger restriktiv und toleriert auch geringe Mengen Zucker. Sie unterscheidet sich kaum von der Ernährung des gesunden Menschen.
Diabetikerprodukte: Bedeutung	Positive Bedeutung von Diabetikerlebensmitteln Die genannten Diabetikerprodukte sind überflüssig und teuer. Dazu zählt auch die Verwendung von Fruchtzucker, die kaum Vorteile bietet und schnell zu Blähungen und Durchfällen führen kann. Außerdem sind Diabetikerprodukte häufig fett- und kalorienreich.
Eisen: Versorgungsdefizite	„Jede 2. Frau braucht Eisen.“ Jede Frau braucht Eisen. Ein Eisenmangel ist aufgrund der geringeren Geburtenzahl und der verbreiteten Verwendung oraler Kontrazeptiva heute eher selten. „Eisenmangel ist weit verbreitet.“ Eisenmangel tritt in Industrieländern bei gesunden Personen und ausreichender Nahrungsaufnahme heute eher selten auf.
Energiegehalte der Nährstoffe	„1 g Fett liefert 39 kJ, 1 g Alkohol liefert 30 kJ“ Gemäß einer EU-Richtlinie enthalten 1 g Fett 37 kJ und 1 g Alkohol 29 kJ.
Energieumsatz	„70% der [Nahrungs-]Energie werden in Wärme umgesetzt.“ Der Grundumsatz macht bei überwiegend sitzender Tätigkeit ca. 70 % des Gesamtenergiebedarfs aus. Zum Grundumsatz zählt aber neben der Erhaltung der Körpertemperatur auch die Energie, die unsere inneren Organe im Ruhezustand benötigen (z. B. Herztätigkeit, Atmung).
Energiezufuhr und -verbrauch	„Die durchschnittliche Energiezufuhr nimmt bei uns ständig zu und der Energieverbrauch ab.“ Die durchschnittliche Energieaufnahme ist seit 1970 gesunken, allerdings nicht in dem Maße, wie der Energiebedarf abgenommen hat.
Erepsin	Erepsin Veraltete Bezeichnung für Peptidasen.
Ernährung und Krebs	„Jede 2. Krebserkrankung wird durch falsche Ernährung verursacht.“ Seriöse Schätzungen gehen davon aus, dass 1/3 der Krebserkrankungen durch Rauchen und 1/3 durch Ernährung verursacht werden.
Ernährungsabhängi-ge Krankheiten	„Immer mehr Krankheiten sind auf falsche Ernährung zurückzuführen.“ Die Anzahl ernährungsabhängiger oder -mitbedingter Krankheiten ist seit Jahren konstant.
Ernährungsricht-linien	Empfehlung: 40 % KH, 25 % F, 35 % Eiweiß Die DGE empfiehlt folgende Nährstoffzusammensetzung: 55–60% Kohlenhydrate; 30 % Fett; 10–15% Eiweiß. „Der Körper wird durch 6 Mahlzeiten [pro Tag] nicht so stark belastet.“ Die Aussage impliziert, dass Essen eine Belastung darstellt. Wissenschaftlich ist nicht belegt, dass 13-jährige Schüler noch sechs Mahlzeiten benötigen.
Fabrikfood	„Industriell hergestellte Lebensmittel sind die Ursache für die ernährungsabhängigen Erkrankungen.“ Falsche Behauptung ohne wissenschaftliche Basis.
Fast-Food und Ge-sundheitsstörungen	„Fast-Food führt zu Gesundheitsstörungen.“ Es gibt keine wissenschaft-lichen Studien, in denen diese Hypothese bestätigt wurde. Es sind keine Ergebnisse aus wissenschaftlichen Untersuchungen bekannt, dass z.B. der Verzehr von Hamburgern Vitamin- oder Mineralstoffmangelzustände ausgelöst hätte.
Fette, Kohlenhydrate und „Sünde“	Begriff „Sünde“ im Zusammenhang mit Lebensmitteln Seriöse Ernährungswissenschaftler bezeichnen weder den Verzehr von Fett noch von Kohlenhydraten als Sünde.
Fette, tierische	„Tierische Fette sind minderwertig.“ Tierische Fette enthalten fütterungsbedingt in etwa gleich viel gesättigte wie ungesättigte Fettsäuren.

Tab. 3 (Fortsetzung): Fehlerhafte bzw. veraltete Aussagen in aktuellen Lehrbüchern (grau) und Richtigstellung (orange)

Stichwort	falsche und korrigierte Darstellung bzw. Kommentar
Fettsäuren, essenzielle	„Die Aufnahme an Linolsäure, nicht aber der Linolensäure, EPA und DHA, ist zu hoch." Die Empfehlung ω6- und ω3-Fettsäuren im Verhältnis 5:1 aufzunehmen, wird nicht berücksichtigt.
Fettsäuren, mehrfach ungesättigte	„Ungesättigte Fettsäuren senken den Cholsterinspiegel." Nicht alle mehrfach ungesättigten Fettsäuren senken den Cholesterinspiegel (z.B. Linolsäure). In der Nahrung wird daher ein ω6 zu ω3-Fettsäurenverhältnis von 5:1 angestrebt!
Fettsucht: Ursachen	„Fettsucht hat meist seelische Ursachen." Bewegungsmangel und Überernährung sind die Hauptursachen für Übergewicht und Adipositas.
Fettverteilung	„Fett wird in den Fettzellen der Unterhaut gespeichert." Beim Adipösen findet sich viel gespeichertes Fett im Bauchraum.
Fettzufuhr: Empfehlungen	„Die Aufnahme an gesättigten Fettsäuren sollte 30% der Gesamtenergiezufuhr nicht überschreiten." Die Empfehlung einer Fettzufuhr von < 30% Energie bezieht sich auf die gesamte Fettzufuhr, nicht nur auf die gesättigten Fettsäuren. Gesättigte, einfach ungesättigte und mehrfach ungesättigte Fettsäuren sollten etwa im Verhältnis 1 : 1 : 1 zugeführt werden.
Fettzusammensetzung tierischer Fette	„Tierische Fette bestehen aus gesättigten Fettsäuren." Schweine- und Hühnerfett enthalten heute zu gleichen Teilen gesättigte und einfach ungesättigte Fettsäuren.
Fleisch und Wurst: Fettgehalte	Die genannten Fettgehalte sind veraltet. Fleisch und Wurstwaren weisen heute deutlich geringere Gehalte auf.
Fleisch, Nierenbelastung	„Ein erhöhte Proteinaufnahme belastet die Nieren." Für den gesunden Menschen stellt eine erhöhte Proteinaufnahme keine Belastung für die Nieren dar. Die Nieren verfügen über eine hohe Reservekapazität.
Fleisch, rohes	Würmer in rohem Fleisch Würmer sind in rohem Fleisch äußerst selten vorhanden.
Fleischverzehr als Krankheitsursache	„Man vermutet, dass Fleischverzehr Ursache für vielerlei Erkrankungen ist." Die genannte Vermutung ist zu pauschal und wissenschaftlich nicht belegt.
Flüssigkeitszufuhr	„Eine hohe Flüssigkeitsaufnahme führt beim gesunden Menschen zu Gesundheitsschäden und belastet." „Zu viel trinken ist ungesund." Diese Darstellungen sind völlig falsch.
Folsäure: Hypovitaminose	Darstellung von Folatmangelsymptomen Die wichtigsten Mangelsymptome fehlen. Folsäuredefizite erhöhen das Risiko für Geburtsdefekte und führen zu erhöhten Homocysteinspiegeln. „Folsäuremangel führt zu Fortpflanzungsstörungen." Es kommt weniger zu einer Störung der Fortpflanzung, sondern vielmehr zu einem erhöhten Risiko für Missbildungen und anderen Schwangerschaftskomplikationen.
Frischkräuter als Vitaminquellen	„Frische Kräuter sind gute Vitaminquellen." Kräuter tragen aufgrund der geringen Verzehrsmengen nur unwesentlich zur Vitaminversorgung bei.
Fruktose: Resorption	„Fruktose wird in Glukose umgewandelt und dann resorbiert ." Der Fruktoseanteil der Saccharose und der Galaktoseanteil der Laktose werden unverändert resorbiert und nicht in Form von Glukose.
gentechnisch veränderte Lebensmittel: Kennzeichnung	„Gentechnisch veränderte Lebensmittel sind nicht gekennzeichnet." Die Kennzeichnung von gentechnisch veränderten Lebensmitteln ist EU-weit geregelt.
Genussmittel: nährstofffrei	„Genussmittel liefern keine Nährstoffe." Diese Aussage ist falsch. Alkohol wird energetisch verwertet (7 kcal/g), Kaffee enthält das Vitamin Niacin und Tee ist eine wichtige Fluoridquelle.
Getränke und Keime	„Erfrischungsgetränke enthalten häufig Keime." Der Hersteller ist dafür verantwortlich, dass die Getränke keimfrei sind. Verdorbene Getränke sind eher selten.
Gewichtsreduktion	„Übergewichtigen bleibt nur eine Diät." Die Bedeutung regelmäßiger körperlicher Betätigung wird übersehen.
Gicht: Proteinstoffwechsel	„Gicht ist eine Krankheit des Eiweißstoffwechsels und wird durch Fleischverzehr ausgelöst." Diese Darstellung ist falsch. Gicht tritt infolge allgemeiner Überernährung und bei purinreicher Nahrung auf.
Gicht: Proteinzufuhr	Aminosäuren werden nicht in Purine umgebaut und führen auch nicht zu Gicht oder anderen Stoffwechselerkrankungen. Auch besteht keine kausale Beziehung zwischen der Höhe der Proteinzufuhr und dem Gichtrisiko.

Stichwort	falsche und **korrigierte Darstellung bzw. Kommentar**
Gicht, organische Säurencht, organische Säuren	**Gicht wird nicht durch Verzehr organischer Säuren ausgelöst.**
Glukosebildung aus Fett	„Aus Fett entstehen Kohlenhydrate." **Aus dem Glyzerinanteil der Fette kann im Kohlenhydratmangel im Rahmen der Glukoneogenese in sehr beschränktem Umfang Glukose gebildet werden. Insgesamt ist die Bedeutung dieses Stoffwechselweges eher als gering einzustufen.**
Glycerin	„Glycerin wird über die Lymphe transportiert." **Glycerin wird als wasserlöslicher Stoff über die Pfortader zur Leber transportiert.**
Hagebutten als Vitamin-C-Quelle	Vitamin-C-Quellen: Hagebutten, Petersilie **Hagebutten und Petersilie stellen aufgrund des geringen Konsums keine wichtige Vitamin-C-Quelle dar.**
Harnsäurebildung	„Proteine werden zu Harnsäure angebaut." **Der dargestellte Zusammenhang ist falsch. Proteine werden nicht zu Harnsäure abgebaut. Eine erhöhte Proteinaufnahme führt nicht zu Gicht.**
H-Milch	„H-Milch ist nährstoffarm." **Aufgrund der modernen Ultrahocherhitzung von H-Milch kommt es kaum noch zu Nährstoffverlusten. Durch diese Verarbeitung entsteht ein haltbares, sicheres Lebensmittel.**
Hunger in der Welt	„Über die Hälfte der Menschheit hungert." **Neuere Angaben von FAO / WHO sind weniger dramatisch.**
Hunger und Sättigung	„Bei einer energiereichen – zuckerreichen – Nahrung tritt das Sättigungsgefühl dagegen häufig zu spät ein und hält nicht lange vor." **Nach zuckerreichen Mahlzeiten stellt sich aufgrund der Insulinantwort schnell Sättigung ein, nur hält diese nicht lange an. Bei fettreichen Mahlzeiten stellt sich erst relativ spät Sättigung ein.**
Hypertonie	**Alkoholkonsum wird als wichtiger Risikofaktor wird nicht erwähnt.**
Idealgewicht	**Die Bezeichnung „Idealgewicht" wird schon seit Jahren nicht mehr verwendet, da irreführend.**
Jodmangel	„In Deutschland werden keine Maßnahmen zur Verbesserung der Jodversorgung durchgeführt." **In Deutschland wird die Jodanreicherung von Speisesalz propagiert und ein Jodmonitoring durchgeführt.**
Jodmangelsymptome	„Jodmangel führt u.a. zu Kretinismus." **Bei einer Jodunterversorgung wird ein Kretinismus nur selten beobachtet. Häufiger ist eine Strumabildung, die oft symptomlos verläuft.**
Kaffee und Gesundheit	„Täglicher Kaffeekonsum schadet dem Herzen und dem Kreislauf." **Ein erhöhtes kardiovaskuläres Risiko konnte bei Kaffeetrinkern nicht nachgewiesen werden.**
Kaliumbedarf	„Der Kaliumbedarf beträgt 5 g." **Der Schätzwert für eine angemessene Kaliumzufuhr wird mit 2 g angegeben.**
Karies: Ursachen	„Karies ist eine Mangelerkrankung." **Karies ist *keine* Mangelerkrankung. In anderen Werken ist Kariesentstehung zu stark vereinfacht dargestellt, z.B. fehlt der wichtige Schritt der Plaquebildung**
Karies: Prävalenz	„90 von 100 Schulkindern haben bereits Zahnschäden." **Die Kariesprävalenz ist heute erfreulicherweise deutlich niedriger.**
Kohlenhydrate	„Kohlenhydrate bestehen aus langen Ketten." **Nur Stärke ist aus langen Glucoseketten aufgebaut. Kohlenhydrate ist der Oberbegriff für Mono-, Di- und Polysaccharide.**
Kohlenhydrate als Dickmacher	„Kohlenhydrate machen dick." **Es ist eher davon auszugehen, dass ein Übermaß an Fett dick macht. Da der Kohlenhydratanteil an der Energiezufuhr im Mittel unter der empfohlenen Zufuhrmenge liegt, ist das Statement wenig hilfreich.**
Körperzusammensetzung	„Der Mensch besteht zu 10 % aus Fett." **Nur für gut trainierte Sportler zutreffend. Bei Männern beträgt der mittlere Fettanteil 15–20 %, bei Frauen bei 20–25 %.**
Kosten ernährungsabhängiger Krankheiten	„17 Mrd. DM ($\approx$8,5 Mrd. €)werden für die Behandlung ernährungsabhängiger Krankheiten ausgegeben." **Die Kosten sind um ein Vielfaches höher! Ca. 30 % aller Krankheitskosten, d.h. ca. 65 Mrd. € entstehen durch ernährungs(mit)bedingte Erkrankungen.**

Tab. 3 (Fortsetzung): Fehlerhafte bzw. veraltete Aussagen in aktuellen Lehrbüchern (grau) und Richtigstellung (orange)

Stichwort	falsche und **korrigierte Darstellung bzw. Kommentar**
Krebserkrankungen und Vitamine	„Bestimmte Krebserkrankungen entstehen durch einen Vitaminmangel." **Die genannten Krebserkrankungen werden in Deutschland nicht durch einen Vitaminmangel verursacht. Ein Vitaminmangel tritt in Deutschland nur selten auf.**
Krebsrisiko und Fett-säuren	„Ungesättigte Fettsäuren erhöhen das Krebsrisiko." **Die Hypothese ist wissenschaftlich nicht belegt.**
Kuh- und Muttermilch	„Kuhmilch ist ähnlich zusammengesetzt wie Muttermilch." **Säuglinge vertragen keine Kuh-milch, würden nicht gedeihen und möglicherweise sogar durch Gabe unverdünnter Kuhmilch sterben. Es bestehen große quantitative und qualitative Unterschiede.**
Kupfer, Mangeler-scheinungen	...weite Verbreitung eines Kupfermangels... **Ein Kupfermangel ist auch bei Kindern sehr sel-ten.**
Laktose in Früchten	**Laktose kommt in Früchten nicht vor.**
Lebensmittelaller-gien: Prävalenz	„30 % der Allergien werden durch Nahrungsmittel ausgelöst." **Die Verbreitung von Lebens-mittelallergien wird allgemein überschätzt. Der Anteil dürfte deutlich geringer sein.**
Magersucht	„...unbewusst wollen sie [die Betroffenen] die Geschlechtsentwicklung stoppen." **Die Ursa-chen für die Anorexia nervosa werden heute viel differenzierter gesehen.**
Magnesium: Zufuhr-empfehlung	Zufuhrempfehlung für Mg: 1g/Tag **Die genannte Zufuhr dürfte bereits eine Diarrhö zur Folge haben. Die tägliche empfohlene Zufuhrmenge für Magnesium beträgt 300–400 mg.**
Magnesium: Überdo-sierung	„Magnesium hat eine narkotische Wirkung." **Wichtiger als die narkotisierende Wirkung von hohen Magnesiumdosen ist die abführende Wirkung.**
Mangelerkrankungen in Industrieländern	„Mangelerkrankungen sind weit verbreitet." **Mangelerkrankungen sind bei gesunden Men-schen in den Industrieländern sehr selten. Die Hauptursachen sind: sehr geringe Nahrungsauf-nahme, Alkoholismus und chronische Digestions- und Absorptionsstörungen.** „Mangelkrankheiten nehmen zu." **Die Versorgung mit Vitaminen und Mineralstoffen hat heute ein so hohes Niveau erreicht, dass Mangelkrankheiten bei gesunden Menschen nur sehr sel-ten vorkommen.**
Mangel durch Vita-minpräparate	„Der Körper verlernt bei konzentrierter Vitaminaufnahme, natürliche Vitamine aus der Nahrung herauszulösen. Es kann zu Vitaminmangelerscheinungen kommen." **Durch die Einnahme-von Vitaminpräparaten kommt es nicht zu einer Hypovitaminose.**
Mineralstoffgehalt von Mehlen	...hoher Calciumgehalt in Mehl... **Mehle sind keine besonders guten Calciumquellen.**
Molke	„Molke ist ein Abfallprodukt." **Molke enthält ernährungsphysiologisch hochwertige Proteine, die besonders auch in der Säuglingsernährung eingesetzt werden.**
Mutterkorn und Pestizide	**BUCHAUSSAGE FEHLT Es gibt in Deutschland kein Fungizid, durch das Mutterkorn verhin-dert werden kann.**
Nährstoffunterver-sorgung: Ursachen	„Industriell hergestellte Lebensmittel führen zu Unterversorgung." **Verarbeitete Lebensmittel werden zunehmend mit essenziellen Nährstoffen angereichert. Außerdem führt Verarbeitung häufig zu einer höheren Bioverfügbarkeit der enthaltenen Nährstoffe. In Deutschland sind ein-seitige oder zu geringe Lebensmittelaufnahme, hoher Genussmittelkon-sum und chronische Erkrankungen die wesentlichen Ursachen für eine Nährstoffunterversorgung.**
Natriumausschei-dung	...Natriumausscheidung nur durch die Niere... **Auch die Haut scheidet beim Schwitzen beacht-liche Mengen Natrium aus.**
Öle, kaltgepresst	**BUCHAUSSAGE FEHLT Die Art der Gewinnung beeinflusst nicht den Gehalt an ungesättigten Fettsäuren.**
Olestra und Vitamin-mangel	„Der Fettersatzstoff Olestra ruft einen Vitaminmangel hervor." **Nur langfristig hohe Olestra-aufnahmen können zu einer Vitaminverarmung führen. Eine Vitaminmangelerkrankung kann aber nicht hervorgerufen werden. Olestra fällt nicht in die Kategorie „Sondermüll".**
Optimalgewicht	**Der Begriff „optimale Körpermasse" ist irreführend und sollte daher heute nicht mehr verwen-det werden. Das Normalgewicht wird außerdem zuverlässig durch den BMI berechnet.**
Osteoporose und Gene	„Osteoporose ist eine Erbkrankheit." **Anderen Faktoren (Ca, Vit. D, Bewegung) spielen eben-falls eine wichtige Rolle.**

Stichwort	falsche und korrigierte Darstellung bzw. Kommentar
Pantothensäure	„Pantothensäure gehört zum Vitamin-B$_{12}$-Komplex." Es handelt sich hierbei um 2 eigenständige Vitamine.
Pektin	„Pektin wirkt stopfend." Für diese Aussage liegen keine wissenschaftlichen Belege vor.
Pflanzenöle	„Maiskeim- und Distelöl sind besonders wertvoll." Diese Öle haben aufgrund des relativ geringen Vitamin-E-Gehalts keine besonderen Vorteile. Stattdessen sollten Raps- und Olivenöl genannt werden, da diese aus ernährungsphysiologischer Sicht besonders günstige Eigenschaften aufweisen.
Phenylketonurie	...hohe Sterblichkeit... Dank der generell durchgeführten Neugeborenen-Screeningverfahren und effektiver Therapiemöglichkeiten ist die Sterblichkeit heute wesentlich geringer.
Phosphatzufuhr	„Phosphat entzieht dem Körper Vitamine." Für die Hypothese liegen in der wissenschaftlichen Fachliteratur keine Belege vor.
Protein: Zufuhrempfehlung	„Eiweiß muss mit jeder Mahlzeit aufgenommen werden." Das Speichervermögen für Proteine ist größer als 4–6 h!
Proteinbedarf von Sportlern	„Der Proteinbedarf des Sportlers ist deutlich erhöht." Eine leistungssteigernde Wirkung stark erhöhter Proteinaufnahme ist nicht belegt.
Proteinmangelernährung	„Proteinversorgung kann nur durch tierische Proteine sichergestellt werden." Eine ausreichende Proteinversorgung ist auch durch eine Kombination pflanzlicher Proteine möglich. Milchpulver ist in Ländern der 3. Welt nur bedingt zur Eiweißanreicherung geeignet.
Proteinquellen: Gemüse	„Gemüse sind wichtige Proteinquellen." Gemüse tragen nur zu 3–4 % zur Eiweißversorgung bei; Getreideprodukte dagegen zu 25 %.
Provitamine	„Für alle Vitamine gibt es Provitamine." Provitamine stellen eher die Ausnahme dar und sind nur für Vitamin A, D und Niacin bekannt.
Purine in Lebensmitteln	„Purine kommen ausschließlich in eiweißhaltigen Lebensmitteln vor." Dies Aussage ist falsch. Purine kommen in allen zellreichen pflanzlichen und tierischen Lebensmitteln vor.
Rückstände in Lebensmitteln	„Immer bedenklicher wird der gesundheitsschädliche Fremdstoffgehalt." Die Belastung mit Schwermetallen und organischen Chlorkohlenwasserstoffen hat in den letzten 20 Jahren kontinuierlich abgenommen.
Salzzufuhr	„Durch Nachsalzen wird zu viel Salz aufgenommen." Salz wird überwiegend mit verarbeiteten Lebensmitteln zugeführt (z.B. Brot, Wurst, Käse). Zusalzen ist i.d.R. keine wichtige Salzquelle.
Schlacken	„Im Stoffwechsel entstehen Schlacken, die dann Pickel ergeben." Es besteht kein Zusammenhang zwischen der im Beispiel genannten Fehlernährung und Hautproblemen.
Schonkost	Der Begriff Schonkost wurde schon vor Jahren durch die Begriffe „leichte Vollkost" und „Vollkost" ersetzt.
Schweinefleisch: Nährwertgehalt	Der mittlere Fettgehalt von Schweinefleisch ist heute im Durchschnitt mit 10 g/100 g wesentlich geringer als oft angegeben. Der Energiegehalt wird heute mit 700 KJ/100g angegeben. Mageres Fleisch weist nur 2 g Fett/100 g bzw. 450 KJ/100 g auf.
Spinat	„Spinat ist eine gute Eisenquelle." Spinat ist nicht so eisenreich, wie in der älteren Literatur angegeben. Der Fehler ist lange bekannt.
Spurenelemente: Versorgung	„Die Spurenelementversorgung ist gesichert" Falsch. Das Beispiel „Jod" zeigt, dass Jodmangelzustände in Deutschland weit verbreitet sind und die Versorgung zumindest mit diesem Spurenelement nicht gesichert ist.
Süßstoffe	„Süßstoffe können Krebs auslösen." Die in Deutschland zugelassenen Süßstoffe sind aus gesundheitlicher Sicht unbedenklich. Dies wurde in zahlreichen wissenschaftlichen Studien wiederholt belegt, ein erhöhtes Krebsrisiko konnte auch in neueren Studien nicht beobachtet werden.
Taurin: Essenzialität	„Taurin ist ein essenzieller Nährstoff." Falsch. Taurin wird in ausreichenden Mengen vom Körper synthetisiert. Eine Zufuhr mit der Nahrung ist nicht notwendig.

Tab. 3 Fortsetzung): Fehlerhafte bzw. veraltete Aussagen in aktuellen Lehrbüchern (grau) und Richtigstellung (orange)

Stichwort	falsche und **korrigierte Darstellung bzw. Kommentar**
Taurin: Wirkungen und Herkunft	„Taurin hat eine aufputschende Wirkung." **Eine aufputschende Wirkung von Taurin ist nicht belegt. Es wird synthetisch hergestellt. Die** „Gewinnung aus Gallensaft" **hat keine Bedeutung.**
Thiamin: Bedarf	**Der Thiaminbedarf hängt von der Energiezufuhr und nicht wie angegeben von der Kohlenhydratzufuhr ab.**
Thiamin: Resorptionsmechanismus	„Der Resorptionsmechanismus für Thiamin ist nicht bekannt." **Falsch. Der Resorptionsmechanismus ist sehr wohl bekannt.**
Thiaminmangel: Ursachen	„Körperliche Überlastung führt zu Thiaminmangel." **Es liegen keine wissenschaftlichen Studien vor, die diese Aussage stützen.**
Trinken zu Mahlzeiten	„Zum Essen nicht trinken." **Eine rationale Begründung ist nicht bekannt.**
Trinken kalter Getränke	Schädlichkeit kalter Getränke **Millionen Amerikaner trinken nur eisgekühlte Getränke. Über bleibende Schäden wurde in der wissenschaftlichen Literatur nie berichtet.**
Übergewicht und Fehlernährung	**Die Hauptursache für die Entstehung von Übergewicht ist die überwiegend sitzende Lebensweise und die an den veränderten Energiebedarf nicht angepasste überhöhte Energieaufnahme. Auch** „gute Ernährungsgewohnheiten" **schützen allein nicht vor Adipositas.**
Übergewicht und Salz	Übergewicht durch zu salzreiches Essen **Der Verzehr salziger Speisen führt nicht zu Übergewicht.**
Übergewicht und Zuckerkonsum	...Zuckerkonsum und Übergewicht... **Eine kausale Beziehung zwischen Zuckerkonsum und Übergewicht konnte in wissenschaftlichen Studien nicht beobachtet werden.**
Vitamine: Anzahl und Bezeichnungen	„Vitamin A= Autofahrervitamin" Diese Bezeichnung ist nicht üblich und irreführend. „Vitamin B" **Richtige Bezeichnung lautet B-Vitamine. Die weiteren Inhalte beziehen sich ausschließlich auf das Thiamin. Beriberi ist heute auch in Asien selten. Es gibt keine wissenschaftlichen Belege für einen Einfluss des Zuckerkonsums auf die Thiaminversorgung.** „Vitamin B9" **Dies ist keine offizielle Bezeichnung für ein Vitamin.** „Vitamin H" **Dies ist keine offizielle Bezeichnung für ein Vitamin.** **Viele der genannten Vitaminbezeichnungen (z.B. Aneurin) sind veraltet und werden schon seit Jahrzehnten nicht mehr verwendet.** „mehr als 20 Vitamine..." **Bis heute sind genau 13 Vitamine bekannt.**
Vitamine: Bedeutung	**Die dargestellten Aspekte wurden aus den bekannten Mangelsymptomen (z. B. Nachtblindheit, Hautläsionen) abgeleitet. Diese treten nur im Vitaminmangel auf. Bei ausreichender Vitaminversorgung kann aber keine Verbesserung der genannten Vitaminfunktionen erzielt werden.**
Vitamin-A-Mangel, Symptome	Mangelsymptom „Augendürre" **Eine** „Augendürre" **als Vitamin-A-Mangelkrankheit ist in der wissenschaftlichen Literatur unbekannt.**
Vitamin-B6-Bedarf bei oraler Kontrazeption	„Orale Kontrazeptiva erhöhen den Vitamin-B6-Bedarf." **Heute auf dem Markt befindliche orale Kontrazeptiva beeinflussen den Vitamin-B6-Bedarf nicht.**
Vitamin B12	„Veganer decken ihren Vitamin-B12-Bedarf durch die mikrobielle Synthese im Darm." **Vitamin B12 wird zwar von der Darmflora synthetisiert, ist im Kolon aber nicht bioverfügbar – auch nicht beim Veganer. Veganer führen das Vitamin über Sauerkraut und andere, durch milchsaure Gärung produzierte bzw. durch kontaminierte Lebensmittel zu.**
Vitamin-B12-Mangel	„Vitamin-B12-Mangel ist häufig." **Ein Vitamin-B12-Mangel ist nur im Alter häufig, wobei die Prävalenz mit steigendem Alter deutlich zunimmt.** „...Defizite..." **Vitamin B12 zählt nicht zu den kritischen Vitaminen und kommt auch nicht in besonders großen Mengen in Gemüse vor.**
Vitamin-B-Mangel	**Ein Mangel an B-Vitaminen tritt in Deutschland bei gesunden Menschen nicht auf. Vitamine werden im Kohlenhydratstoffwechsel nicht verbraucht. Sie haben lediglich eine Katalysatorfunktion.**
Vitamin C	„Vitamin C findet sich in allen pflanzlichen Lebensmitteln." **Vitamin C kommt nur in Obst, Gemüse und Kartoffeln in größeren Mengen vor, nicht aber in Getreide und Mehl. Die wichtigsten Quellen in Deutschland sind Orangen(saft), Äpfel und Salate. Sanddorn, Acerolakirsche und Petersilie haben zwar hohe Gehalte, tragen aber kaum zur Versorgung bei.**
Vitamin C	„Tierische Lebensmittel liefern Vitamin C." **Tierische Lebensmittel sind schlechte Vitamin-C-Quellen.**

Stichwort	falsche und **korrigierte Darstellung bzw. Kommentar**
Vitamin C und Frühjahrsmüdigkeit	„Frühjahrsmüdigkeit wird durch einen Vitamin-C-Mangel ausgelöst." **Diese Hypothese konnte in wissenschaftlichen Studien nicht belegt werden. Die Vitaminversorgung ist u.a. auf Grund des hohen Zitrusfrüchtekonsums im Winter sogar höher als in anderen Jahreszeiten.**
Vitamin C und Leistungsfähigkeit	„Vitamin C steigert die Leistungsfähigkeit." **Hierfür gibt es keine wissenschaftlichen Beweise.**
Vitamin D	„Vitamin D muss nicht zugeführt werden." **Ans Haus gebundene Personen (z.B. Hochbetagte) sind auf exogene Zufuhr angewiesen.**
Vitamin D: Zufuhrempfehlung	„Die empfohlene Tageszufuhr bei Vitamin D beträgt 5 mg." **Der genannte Wert dürfte zu einer Vitamin-D-Vergiftung führen. (hier wurden *Milli*gramm aus *Mikro*gramm)**
Vitamin E: Zufuhrempfehlung	„Die empfohlene Tageszufuhr für Vit E beträgt 1 mg." **Die genannte Empfehlung würde zu einer Mangelerkrankung führen. (Korrekter Wert, je nach Alter und Geschlecht zwischen 3 und 17 mg/Tag)**
Vitamin-E-Mangel	...Vitamin-E-Mangel und Sterilität... **Beim Menschen werden bei Vitamin-E-Mangel keine Störungen der Fortpflanzung beobachtet.**
Vitaminbedarf im Alter	„Der Vitaminbedarf ist im Alter unverändert". **Falsch! Der Vit. D- und C-Bedarf z. B. ist höher, der Vit. A-Bedarf geringer.**
Vitaminbedarf, Sportler	„...erhöhter Vitaminbedarf des Sportlers..." **Die Angaben in der Tabelle spiegeln nicht die aktuelle wissenschaftliche Diskussion wieder. Der Vitaminbedarf von Sportlern ist wesentlich niedriger als dargestellt.**
Vitamindefizite: Ursachen	**Die wichtigste Ursache für Vitamindefizite in Deutschland fehlt: geringe Nahrungsaufnahme (z.B. bei Senioren oder aufgrund von Reduktionsdiäten).**
Vitamine und Mineralstoffdefizite	„Bei der heutigen Ernährung fehlen oftmals Vitamine und Mineralstoffe." **Die ausreichende Vitaminversorgung großer Teile der Bevölkerung ist heute gewährleistet. Vitaminmangel wird nur bei Personen mit geringer Nahrungsaufnahme, hohem Genussmittelkonsum oder bei kranken Personen beobachtet.**
Vitaminpräparate	„Vitaminforscher befürchten ..." **Die Hypothese, dass die Einnahme von Vitaminpräparaten zu einer schlechteren Ausnutzung natürlicher Vitamine aus Lebensmitteln führt, wurde wissenschaftlich nie bewiesen. Diese Aussage ist falsch.** „Vitaminpräparate sind gefährlich." **Seriöse Vitaminexperten haben die genannten Befürchtungen nie geäußert. Im Gegenteil: Vitamine weisen aus Präparaten eine höhere Bioverfügbarkeit auf als aus vielen pflanzlichen Lebensmitteln.**
Vitaminquellen	„Vitamine werden nur mit pflanzlicher Nahrung aufgenommen." **Vitamin D und B12 kommen (fast) nur in Lebensmitteln tierischen Ursprungs vor. Vitamin B1 und Vitamin B12 kommen besonders in Fleisch und Milch vor.** „In Obst und Gemüse sind die meisten Vitamine..." **Falsch, hier sind vorwiegend Vitamin C, Folsäure und ß-Carotin enthalten.**
Vitamine: Speicherfähigkeit	„Wasserlösliche Vitamine können nicht gespeichert werden." **Die Speicherkapazität für Vit. B12 beträgt im Durchschnitt 3–5 Jahre!**
Vitaminräuber	**Die Behauptung, Zucker sei ein Vitaminräuber, ist aus biochemischer Sicht falsch. Bei der Verstoffwechselung von Saccharose und ande-ren Kohlenhydraten werden die Vitamine nicht verbraucht. Der Begriff „Räuber" ist irreführend.**
Vollwertnahrungsmittel	**Dieser Begriff ist in den Ernährungs- und Lebensmittelwissenschaften nicht definiert.**
Weltbevölkerung	**Die genannten Zahlen sind lange überholt. Die Weltbevölkerung liegt bei ca. 6 Mrd. etc.**
Zellulose	„Zellulose ist ein Doppelzucker." **Zellulose ist ein Vielfachzucker und kein Doppelzucker.**
Zink: Zufuhrempfehlung	Zinkzufuhrempfehlung: 22 mg. **Die empfohlene Tageszufuhr für Zink ist 7–10 mg.**

Tab. 3: Fehlerhafte bzw. veraltete Aussagen in aktuellen Lehrbüchern (grau) und Richtigstellung (orange)

Ursachen und Folgen ernährungsabhängiger Krankheiten sind den SchulbuchautorInnen ebenfalls zahlreiche Fehler unterlaufen. Besonders gravierend sind fehlerhafte Darstellungen wie *„Fast-Food führt zu Gesundheitsstörungen"*, *„Diabetes mellitus wird durch Zuckerkonsum ausgelöst", „hohe Proteinzufuhr führt zu Gicht"* oder *„Zucker ist ein Vitaminräuber"*.

Fehlerhafte Angaben über einzelne Lebensmittel oder über Nährstoffangaben sind teilweise auf die Verwendung veralteten Datenmaterials zurückzuführen. Als Einzellebensmittel ist der Zucker besonders häufig (n = 54) von fehlerhafte Darstellungen betroffen.

Insgesamt ist festzustellen, dass viele der populären Ernährungsirrtümer offenbar über Schulbücher verbreitet werden. Fehlerhafte Darstellungen in dieser Quantität und Qualität waren bei der Skizzierung des Projekts nicht erwartet worden. Die vorliegende Analyse läßt einen dringenden Handlungsbedarf erkennen.

Thema	falsche, irreführende oder stark einseitige Darstellungen
Ballaststoffe	16
Biochemie/Physiologie	19
Energie	20
Ernährungsbedingte Krankheiten	85
Ernährungsempfehlungen	31
Fette	43
Kohlenhydrate	17
Lebensmittelangaben	63
Mineralstoffe/Spurenelemente	37
Nährstoffangaben	46
Proteine	19
Rückstände/Schadstoffe	18
Statistiken	18
Übergewicht/Adipositas	42
Vitamine	156
Zucker	54

Tabelle 4: Ergebnis der qualitativ-fachwissenschaftlichen Analyse von Schulbüchern

Populäre Ernährungsirrtümer werden auch durch Schulbücher verbreitet!

Ernährungsthemen werden in den Sachunterrichts-, Biologie-, Ernährungslehre- und Hauswirtschaftsbücher in unterschiedlichem Umfang behandelt. Um trotzdem eine Vergleichbarkeit zu erreichen, wurde eine Standardisierung (Fehler/10 Buchseiten) durchgeführt. Berücksichtigt wurden nur Bücher, die tatsächlich auch Ernährungsthemen zum Inhalt haben. In den fachlich weniger anspruchsvollen Büchern zum Sachunterricht werden Ernährungsthemen noch weitgehend richtig dargestellt (Tab. 5). Ungünstiger sieht die Situation bei Bücher des Biologieunterrichts und besonders ungünstig bei den Büchern für den hauswirtschaftlichen Unterricht aus. Bei den Biologiebüchern war nur knapp ein Drittel (31 %) fehlerfrei und ca. 50 % wiesen auf 10 Druckseiten1 bis 5 Fehler auf. In einigen Biologiebüchern fanden sich im Durchschnitt auf 10 Buchseiten mehr als 10 deutliche Abweichungen vom derzeitigen Kenntnisstand der Ernährungswissenschaft. Bei den reinen Ernährungslehrebüchern waren nur 12,5 % ohne Fehler, in 62,5 % wurde auf 10 Seiten bis zu 1 Fehler festgestellt, in 25 % 1–2 Fehler. Bücher für den Unterricht im Fach Hauswirtschaft sind ebenfalls in hohem Maße fehlerhaft.

Das im Vergleich zu der Bewertung der Biologiebücher relativ günstigere Bild sollte aber nicht darüber hinweg täuschen, dass die absolute Fehlerzahl in Ernährungslehrebüchern wesentlich höher ist. Besonders umfangreiche Bücher haben einen Umfang von 450 bis 500 Seiten.

Auswertung der Literaturverzeichnisse
Literaturverzeichnisse deuten – soweit überhaupt vorhanden – auf wichtige Gründe für das große Ausmaß fehlerhafter Darstellungen hin:

■ Die Literaturquellen sind fast immer veraltet. Auch in aktuellen Neuauflagen finden sich häufig keine Literaturstellen, die nach 1990 publiziert wurden. In einigen

Büchern wurden zwar neue Auflagen zitiert. Eine systematische Überarbeitung veralteter Zahlen und Fakten hat aber offenbar nicht stattgefunden.

■ Sehr häufig wird ausschließlich Sekundär- und Tertiärliteratur zitiert. Nicht selten werden zwar umfangreichere, allerdings fehlerbehaftete Schulbücher als Quellen angeführt.

■ Selbst populärwissenschaftliche Bücher ohne seriösen wissenschaftlichen Anspruch dienen als Literaturquelle.

■ Fachwissenschaftliche Primärliteratur und Übersichtsartikel, die den State-of-the-Art widerspiegeln, werden nicht berücksichtigt.

Auswertung von Randinformationen

Ein Blick in das Impressum der Schulbücher verrät, dass Wissenschaftler mit besonderer Expertise für ernährungs- oder lebensmittelwissenschaftliche sowie ernährungsmedizinische Fragestellungen meist nicht konsultiert wurden. Schulbücher werben nicht selten mit einem von einem Hochschullehrer geschriebenen Vorwort. Dies bedeutet aber nicht, dass der Text von dem Hochschullehrer auf fachliche Richtigkeit geprüft worden ist. Eine Neuauflage von Schulbüchern erfolgt nicht selten ohne jegliche Überarbeitung. Hierdurch können zwar verschiedene Auflagen im Unterricht nebeneinander benutzt werden, dringend erforderliche Korrekturen unterbleiben jedoch.

Ausbildung der Schulbuchautoren/innen

Bei den Schulbuchautoren/innen von Biologiebüchern handelt es sich häufig um Autorenkollektive, bestehend aus ausgebildeten Biologielehrern, Diplombiologen (häufig mit Promotion) oder Hochschulprofessoren. Gelegentlich wird erwähnt, dass zusätzlich ein Mediziner konsultiert wurde. Es finden sich aber keine Hinweise, dass Ernährungswissenschaftler an der Erstellung von Schulbuchmanuskripten für den Biologieunterricht beteiligt waren. Ernährungs- und Hauswirtschaftslehrebücher werden überwiegend von Lehrern/innen erstellt, die über einen Abschluss in Ernährungswissenschaft, Lebensmittelchemie oder -technologie – ohne oder mit Promotion – verfügen. Das Festhalten an fachwissenschaftlich lange überholten Inhalten deutet darauf hin, dass die teilweise langjährige schulische Berufspraxis der Autoren/innen nicht immer von einer qualifizierten fachwissenschaftlichen Weiterbildung begleitet war.

Zusammenfassung

Bei unserer qualitativ-fachwissenschaftlichen Analyse von Ernährungsthemen in Schulbüchern sind wir auf teilweise erhebliche und in einigen Fällen auch auf schwerwiegende inhaltliche Mängel gestoßen. Die fachliche Bewertung lässt sich wie folgt zusammenfassen:

Schulbücher für den hauswirtschaftlichen Unterricht:

■ Ernährungswissenschaftliche Grundlagenthemen werden weitgehend richtig dargestellt.

■ Neue Erkenntnisse der Ernährungswissenschaft werden nicht oder nicht hinreichend berücksichtigt.

■ Zusammenhänge zwischen Ernährung und Gesundheit werden häufig fehlerhaft oder einseitig dargestellt.

■ Die falschen Darstellungen sorgen wesentlich für die weite Verbreitung populärer Ernährungsirrtümer.

Schulbücher für den Biologieunterricht:

■ Stark eingeschränkte Themenauswahl

■ Ernährungsphysiologische bzw. humanbiologische Themen werden kompetent und aus fachlicher Sicht weitgehend richtig dargestellt.

■ Ernährungswissenschaftliche, anwendungsbezogene Themen werden häufiger fehlerhaft dargestellt.

Für die völlig unbefriedigende Situation sind unseres Erachtens u.a. folgende Ursachen verantwortlich:

- Der enorme Wissenszuwachs besonders auch in der Ernährungswissenschaft führt dazu, dass das zum Zeitpunkt des Examens vorhandene Wissen der Schulbuchautoren/innen bereits nach kurzer Zeit „veraltet" ist.
- Es findet keine ausreichende Fort- und Weiterbildung statt.
- Es wird viel zu häufig auf Sekundär- und Tertiärliteratur zurückgegriffen.
- Eine fachwissenschaftliche Analyse der dargestellten Zusammenhänge durch die Autoren/innen findet nicht statt.
- In Einzelfällen werden die Schulbücher von fachfremden Autoren geschrieben.
- Ein fachwissenschaftliches Lektorat findet nicht überall statt.
- Schulbücher tragen wesentlich zur Verbreitung populärer Ernährungsirrtümer bei.
- Keine wissenschaftliche Unterstützung durch Ernährungswissenschaftler bei Biologiebüchern

Empfehlungen für die Schulbuchautoren

Vor diesem Hintergrund halten wir in Zukunft qualitätssichernde Maßnahmen für dringend erforderlich. Die Qualität der in Schulbüchern dargestellten Inhalte ließe sich durch folgende qualitätssichernde Maßnahmen verbessern:

- Nur durch wissenschaftliche Studien belegte Fakten darstellen; wissenschaftliche Analyse der dargestellten Zusammenhänge einschließen
- Aktuelle Primärliteratur berücksichtigen
- Bei Sekundärliteratur: nur die neuesten Auflagen der nationalen und internationalen Standardwerke verwenden
- Verwendung anderer, häufig fehlerhafter Schulbücher als Quellen vermeiden
- Keine Tertiärliteratur oder sonstige Bücher aus dem nicht-wissenschaftlichen Bereich verwenden
- Fort- und Weiterbildungsangebote nutzen
- Zusätzliche Experten konsultieren
- Neuauflagen nur zustimmen, wenn diese mit einer Überarbeitung verbunden sind

Empfehlungen für Schulbuchverlage

- Verantwortungsvolles, qualifiziertes fachwissenschaftiches Lektorat einsetzen
- Begutachtung der Manuskripte gegebenenfalls durch externe Experten
- Neuauflagen nur, wenn diese mit einer wirklichen Überarbeitung verbunden sind
- Neben medizinischer ist auch ernärungswissenschaftliche Fachberatung nötig

Empfehlung an die Ernährungswissenschaft

- Definition eines Katalogs mit wichtigen Ernährungs- und Gesundheitsthemen für den Unterricht
- Definition von Standards; Darstellung dieser Standards im Internet
- Spezielle Fort- und Weiterbildungsangebote für Lehrer/innen anbieten, wie dies seit Jahren für Journalisten praktiziert wird

Prof. Dr. Helmut Heseker
Fachgruppe Ernährung und Verbraucherbildung – Department Sport & Gesundheit
Fakultät für Naturwissenschaften
Universität Paderborn
Warburger Straße 100
33098 Paderborn
E-Mail: heseker@evb.upb.de

Das EiS-Projekt

Anstoß für die Reform der Ernährungs- und Verbraucherbildung

Sigrid Beer
Paderborn

Das Forschungsprojekt „Ernährung in der Schule (= EiS-Projekt) führte im Auftrag des Bundesministeriums für Verbraucherschutz, Ernährung und Landwirtschaft von 1998 bis 2001 eine umfassende Analyse der aktuellen Situation und des Stellenwerts des ernährungsbezogenen Unterrichts in den allgemeinbildenden Schulen Deutschlands durch [1]. Neben der Organisation des ernährungsbezogenen Unterrichts in den Bundesländern wurden die Lehrpläne für den Sachunterricht und für die ernährungsbezogenen Schwerpunktfächer Hauswirtschaft und Biologie unter die Lupe genommen. In umfangreichen Befragungen von Lehrerinnen und Lehrern sowie Schulleitungen wurde darüber hinaus die Ist-Situation der Ernährungsbildung in deutschen Schulen erfasst. Die Ergebnisse des EiS-Projekts zeigen den dringenden Entwicklungsbedarf und Perspektiven des ernährungsbezogenen Unterrichts und zugleich den Nachholbedarf bei der Fortbildung.

Ernährungsbezogene Bildung im Fokus der Öffentlichkeit

Die Erkenntnis, dass in den Haushalten insgesamt ein Kompetenzverlust in Sachen Ernährung stattgefunden hat, korrespondiert mit immer wieder auftauchenden Lebensmittelskandalen und kurzlebigen Verbraucherreaktionen. Je nach vorhandener oder nur mangelhaft ausgebildeter Verarbeitungs- und Zubereitungskompetenz sowie Lebensmittelkenntnissen wird das Auswahlspektrum für den Einkauf von Nahrungsmitteln im „Convenience-Zeitalter" beeinflusst.

Vor diesem Hintergrund bekommen Orientierungshilfen und Entscheidungsspielräume in der Auswahl von Nahrungsmitteln einen neuen Stellenwert. Wissen, Verstehen, Reflexion und Handeln in Ernährungsfragen auf der Grundlage individueller und sozialer Bedürfnisse, u. a. gesundheitsorientierter, ökologischer Entscheidungen und ethischer Werte sind mehr in den Fokus gesellschaftlicher Diskussionen gerückt.

Die Angst vor dem möglichen Risiko, das sich in Nahrungsmitteln verbergen kann, die Unsicherheiten im Bereich der Produktion sowie der Vertrauensverlust in der Vermarktung haben schließlich zu einer neuen politischen Prioritätensetzung für den Verbraucherschutz geführt.

Kulturtechnik sichern

Vielfältige Kompetenz im Feld der Ernährung hat den Rang einer Kulturtechnik und ist unverzichtbares Basisgut einer Gesellschaft.

Kinder und Jugendliche haben einen Bildungsanspruch darauf, dass ihnen diese Kulturtechnik bestmöglich zugänglich gemacht und vermittelt wird. Dass der familiäre Anteil an einer ernährungsbezogenen Grundbildung und Kompetenzvermittlung im Zuge der komplexen gesellschaftlichen Entwicklungen im Rahmen der Veränderung von Familiensituationen und der zunehmenden Entfremdung von der Lebensmittelproduktion immer weiter geschrumpft ist, ist zwar bedauerlich, verlangt aber nach gesellschaftlichem Handeln. Das Verharren an der Klagemauer reicht nicht.

Kindertageseinrichtungen und die allgemein bildenden Schulen sind die Orte, die den umfassenden, kompensatorischen und emanzipatorischen Bildungsauftrag gerade auch in Bezug auf das „Lernfeld Ernährung" offensiv aufnehmen müssen. Ihre Rolle wird zunehmend wichtiger, denn hier sind alle Kinder und Jugendlichen potentiell erreichbar. Allerdings sind KITA und Schule – als Sozialisationsinstanzen mit zunehmend familienergänzenden, ja familienersetzenden Aufgaben – angewiesen auf ein entsprechendes Unterstützungsnetzwerk, sachgerechte Ausstattung und multiprofessionelle Zusammenarbeit.

Die Herausforderung des 21. Jahrhunderts: gesundheitliche Chancengleichheit in Zeiten knapper Kassen

Im Bewusstsein einer weiter auseinander klaffenden sozialen Schere, die sich auch auf gesundheitsprotektive Faktoren in Form von Chancenungleichheit auswirkt, stellt sich die Frage, ob und wie Kinder und Jugendliche überhaupt eine Bildungschance im Lernfeld Ernährung erhalten. Gesundheit ist einer der gesellschaftlich und der volkswirtschaftlich relevanten Schlüsselbegriffe für die Zukunft. So formulierte das WHO-Regionalkomitee für Europa in seinem programmatischen Entwurf Gesundheit 21 für die beiden ersten Dekaden im einundzwanzigsten Jahrhundert einundzwanzig Ziele. Auch in diesem Katalog wird die gesundheitliche Chancengleichheit, der Gesundheitsanspruch junger Menschen, die Bedeutung gesundheitsfördernder Settings und gesundheitsprotektiver Lebensgewohnheiten unterstrichen.

Zur Verwirklichung und Ausgestaltung eines gesundheitsförderlichen Lebens gehören entscheidend Kompetenzen im Lernfeld Ernährung. In welchem Umfang und welcher Qualität Kinder und Jugendliche das Erlernen dieser Kulturtechnik ermöglicht wird, um für die Ausgestaltung ihrer Lebensentwürfe genügend vorbereitet zu sein, muss vor dem Hintergrund der Ergebnisse der EiS-Studie bewertet werden.

Immer weniger Ernährungsbildung für alle

Das Lernfeld Ernährung ist in den Bundesländern über die unterschiedliche Organisation von Bildungsgängen in der allgemeinbildenden Schule mit unterschiedlichen Anteilen und Konzepten vertreten. Daraus erwachsen differenziert zu betrachtende Rahmenbedingungen. Ernährungslehre ist in der Regel kein eigenständiges Fach, sondern in allgemeinbildenden Schulen mit wechselnden Anteilen schwerpunktmäßig besonders im Sachunterricht der Grundschule, im Biologieunterricht in den Sekundarstufen und vor allem im Fach Hauswirtschaft vertreten. Die Untersuchung hat sich deshalb auf diese Fächer beschränkt.

Die Bezeichnung Hauswirtschaft wird im Folgenden als Sammelbegriff für die unterschiedlichen Fachbezeichnungen in den Bundesländern benutzt, wie z.B. Haushaltslehre oder (haushaltsbezogene) Arbeitslehre. Dabei ist zu beachten, dass sich in den verschiedenen Bezeichnungen und Zuschnitten unterschiedliche Fachakzentuierungen spiegeln.

Bei der Sichtung der Richtlinien und Lehrpläne scheint sich zunächst ein durchaus positives Tableau der Ernährungsbildung im schulischen Bereich zu erschließen. Dieser Eindruck wird allerdings durch den Blick auf die Ebene der schulischen Realitäten schnell relativiert.

Lehrpläne und Schulrealität klaffen auseinander

Ein kritischer Blick auf die Schulwirklichkeit lässt erkennen, dass in den Lehrplänen insgesamt nur ein idealtypisches Unterrichtsszenario und Themenpaletten entworfen werden, die sich in der Unterrichtsrealität nur reduziert finden lassen. Die Lehrpläne stellen ein Auswahlmenü dar, aus dem sich die Stoffverteilungspläne der Einzelschule speisen. Die Erstellung von Stoffverteilungsplänen sind der erste Schritt im Themenselektionsprozess. Dieser Auswahlprozess unterliegt weiteren Parametern wie

- Auswahl aus dem Lehrplan für den schul-eigenen Stoffverteilungsplans,
- Nutzung der oberen oder unteren Stun-denbandbreite,
- Versorgung mit Fachlehrerinnen, Fach-lehrern,
- Vorrangige Unterrichtsbedarfsdeckung in den so genannten Haupt- oder Kern-fächern,
- Fachraumausstattung.

Die Handicaps der Bildungsgänge

Die universitäre Ausbildung für den Sach-unterricht berücksichtigt die Anforderungen für das Lernfeld durch die Abhängigkeit vom Angebot des Studienstandorts nur fragmen-tarisch. Die in der Sekundarstufe I einsetzen-den gegliederten Bildungsgänge bieten unter-schiedliche organisatorische Anbindungen an das Lernfeld Ernährung. Die größten Defizite weist dabei der gymnasiale Bildungsgang aus, der auf das Fach Hauswirtschaft verzichtet und dem damit entscheidende „Ankerstunden" feh-len. Das Thema Ernährung findet zwar zuneh-mend Eingang in den Biologieunterricht der Sekundarstufe, bleibt jedoch dort in der Regel auf der analytischen Ebene und muss sich in ein insgesamt schon enges Zeitbudget zwängen. Ganzheitliche Bildungsangebote von der Kör-perwahrnehmung, Geschmacksbildung und kulinarisch-ästhetischen Speisengestaltung und einer anwendungsorientierten Verbraucherbil-dung haben deshalb Seltenheitswert. Insgesamt bleiben ernährungswissenschaftliche Angebo-te auf Wahlpflichtangebote ab dem 9. Jahr-gang und einzelne fachgymnasiale Angebote beschränkt.

Das Fach Hauswirtschaft ist bzw. könn-te der eigentliche Kristallisationspunkt in den Sekundarstufen sein, um eine qualifizierte Er-nährungs- und Verbraucherbildung für alle Schüler/innen zu gewährleisten. Jedoch muss die Situation auch dieses Faches einer Analyse unterzogen werden in Bezug auf die organisa-torischen Rahmenbedingungen, das Selbstver-ständnis und das Image des Faches.

Die Bildungsgänge von Haupt- und Real-schulen bieten das Lernfeld Ernährung im hauswirtschaftlichen Unterricht entweder in Wahlpflichtbereichen (Schwerpunkt Real-schulen) oder in so genannten Lernbereichen (Schwerpunkt Hauptschulen) an. In Gesamt-schulen ist das Fach Hauswirtschaft in der Re-gel ebenfalls in den Lernbereich Arbeitsleh-re integriert, der als Wahlpflichtfach ab der 7. Klasse vertieft werden kann.

Die Konsequenz:

- Auch in diesen Bildungsgängen wird nur noch ein Teil der Schülerinnen und Schü-ler im Lernfeld erreicht, nämlich der, der sich gegen konkurrierende Wahlpflicht-angebote für das Lernfeld entscheidet!
- die ernährungsbezogenen Anteile stehen im Lernbereich in Konkurrenz zu den üb-rigen Fachanteilen und müssen sich die für den Lernbereich insgesamt vorgese-nen Stunden der Stundentafel teilen!
- Die Stundendeputate reichen nicht für ei-nen kontinuierlichen ernährungsbezoge-nen Unterricht aus!

Trotz existierender Lehrpläne hat das reale Unterrichtsangebot im Lernfeld Ernährung eine überwie-gend fragmentarischen Charakter.

Kernunterricht im Lernfeld Ernährung, ernäh-rungsbezogener Unterricht für alle Schüler/in-nen wird immer seltener. Der Erwerb der Ba-sisqualifikationen ist nicht gesichert.

Defizite in der Originalbegegnung mit Nahrungsmitteln

Der Fachraum Schulküche als Ort für das ex-perimentelle Arbeiten mit Nahrungsmitteln, de-ren Verarbeitung, Qualitätsprüfung und Waren-kunde, als Übungsraum für die handwerkliche Fertigkeiten im Umgang mit Nahrungsmitteln ist nicht durchgängig in allen Schulen vorhan-den. In der Regel können nur Haupt-, Real- und Gesamtschulen darauf zurückgreifen. Für den Sachunterricht in der Grundschule bedeu-tet die Tatsache, dass auch hier in der Regel keine Schulküche zur Verfügung steht, oftmals hygienische Unzulänglichkeiten bei unterrichtlichen Vorhaben und Projekten im Lernfeld Ernährung. Es dominieren die Behelfssituationen. Die vorzufindenden strukturellen und schulorganisatorischen Bedingungen sind vor dem Hintergrund einer notwendigen Bildungsoffensive in der Ernährungs- und Verbraucherbildung reformbedürftig.

Die Befragung der Lehrkräfte

An einer freiwilligen Befragung beteiligten sich bundesweit 901 Lehrkräfte, die in den verschiedenen Schulformen und Schulstufen in der Bundesländer tätig waren. Das mittlere Alter der Befragten lag bei 46,5 Jahren. Insgesamt waren knapp 80 % der Befragten 40 Jahre und älter. 81 % der befragten Lehrkräfte im Lernfeld Ernährung waren Frauen, 16 % Männer (ohne Angabe = 3 %).

Fachfremder Unterricht im Lernfeld Ernährung

Der fachfremde Unterricht wurde von den Befragten mit ca. 30 % beziffert. Schulleitungen gehen im Bereich der Hauswirtschaft besonders häufig auf Frauen zu. Vor allem ihnen wird eine geschlechtsbezogene Befähigung und hilfreiche Praxis unterstellt.

Ziele im Lernfeld Ernährung

Trotz der vielfältigen strukturellen Unzulänglichkeiten zeichnen sich die Lehrkräfte im Lernfeld durch ein hohes Engagement und anspruchsvolle Zielsetzungen aus. Für ein Drittel der Befragten soll die gesunde und bewusste Ernährung im Zentrum des Unterrichts stehen. Dabei steht der Anwendungsbezug im Vordergrund. Der Nahrungsmittelzubereitung in der Schule wird ausdrücklich noch einmal eine wichtige Rolle zugesprochen (15 %). Auch das Einbeziehen der Eltern (9 %), die Bedeutung der Mahlzeiten (9 %), die Abkehr vom Fast Food (8 %), der Zusammenhang von Lebensmittelproduktion und Umwelt (8 %) werden als Zielsetzungen noch einmal besonders gewichtet.

Als erzieherisches Ziel genießt das ‚Anwenden können' einer gesundheitsförderlichen Ernährung absolute Priorität (54 %). Ein weiterer Schwerpunkt ist es, den Zugang zum Wissen um Ernährung und Gesundheit zu schaffen und zu kritischem Umgang mit Lebensmitteln zu befähigen (26 %). Verantwortung entwickeln in Bezug auf den eigenen Körper wird mit 13 % als Ziel benannt. Der Zusammenhang von Nachhaltigkeit, Lebensmittelproduktion und Ernährungsweise sind für 7 % der Befragten ein weiterer bedeutungsvoller Bildungs- und Erziehungsinhalt.

Diskussion der Ergebnisse

Säulen einer qualifizierten Ernährungs- und Verbraucherbildung, die einen individuellen und gesellschaftlichen Bildungsanspruch darstellen, sind in den allgemeinbildenden Schulen im Sachunterricht, dem Biologie- und hauswirtschaftlichen Unterricht in der Sekundarstufe I angelegt. Dabei ist der Anteil im Sachunterricht zu profilieren: der Beitrag zur naturwissenschaftlichen Grundbildung (inklusive experimenteller Methoden), das (Wieder-) Entdecken und Erleben von Nahrungsmitteln gehören zu diesem Profil ebenso wie die Grundlagen einer kulinarisch-ästhetischen Bildung und die Entwicklung prosozialen Verhaltens.

Für die Weiterführung in der Sekundarstufe ist u. a. das Stundendeputat des hauswirtschaftlichen Unterrichts vor weiteren Ausdünnungen zu sichern und mit der Perspektive von mindestens zwei Fachstunden im Block pro Jahrgang festzuschreiben. Die Anteile der Biologie müssen im Hinblick auf Synergieeffekte definiert und auf ihren Anwendungsbezug geprüft werden. Weiterführungen im Bereich der Sekundarstufe II (Ernährungswissenschaft) müssen ausgeweitet werden.

Eine deutliche Verbesserung der Situation der Ernährungsbildung in den Schulen kann in einem ersten Schritt bereits innerhalb der gültigen Stundentafeln und Lehrpläne erreicht werden, wenn die dort verankerten Stundenkontingente auch vollständig unterrichtet werden könnten. Angesichts der gesamtgesellschaftlichen Diskussion um die Eigenverantwortlichkeit und die Kompetenz der mündigen Verbraucher/innen muss die Debatte um Unterrichtsqualität auch im und für das Lernfeld Ernährung geführt werden. Dabei gewinnt besonders auch die Ernährungsbildung für das Lernen und Leben in der Schule dort an Bedeutung, wo die Schule Gesundheit aller Beteiligten als grundlegenden Qualitätsfaktor begreift. Die Wahrnehmung in der Schulgemeinde wird gestärkt, Profilschärfung gelingt eher und das Image wird positiv erneuert.

Durch die Vernetzung mit anderen gesundheitsrelevanten Themen gewinnt auch das Lernfeld Ernährung aus Synergien. Jedoch bleibt für die Ernährung- und Verbraucherbildung ein nicht zu vernachlässigender eigenständiger Anspruch im Kanon der Allgemeinbildung und der Kulturtechniken bestehen, der nicht quasi *„en passant"* von anderen Fächern abgearbeitet werden kann.

Es genügt nicht, Ernährung als randständiges Unterrichtsthema in anderen Fächern auszuweisen.

Das Lernfeld Ernährung ist vielmehr ein Bereich, dem auch in der Betrachtung von Schule als Lern- und Lebensort eine besondere Bedeutung zukommt. Für die wachsende Zahl der Ganztagsangebote an Schulen muss zudem gelten, dass sich die Unterrichtsinhalte und die Gestaltung der Versorgung vom Schulkiosk bis zur Mensa nicht widersprechen dürfen.

Schärfung des Profils

Die beteiligten Fächer, Sachunterricht in der Grundschule, Biologie und hauswirtschaftlicher Unterricht müssen ihre Beiträge zur Ernährungs- und Verbraucherbildung vertikal profilieren und horizontal verzahnen. So ist in Form eines Spiralcurriculums ein Gerüst für eine Ernährungs- und Verbraucherbildung zu etablieren, das möglichst allen Kindern und Jugendlichen in allen Schulformen den Zugang

zum Lernfeld und die Entwicklung im Lernfeld garantiert. Wesentliche Bestandteile eines solchen Curriculums sollten sein:

- Essgewohnheiten, kulturelle und soziale Einflüsse unter Einbeziehung von Ernährungsweisen und Ess-Stilen, Essen im Zusammenhang sozialer Gemeinschaften
- Ernährung und persönliche Gesundheit, Ernährungsempfehlungen und Richtlinien, alte und neue Konzepte
- Lebensmittelqualität und Verbraucherentscheidung
- Nahrungsmittelherstellung, -verarbeitung, -verteilung und die Folgen für ihre Qualität in ökologischen, gesundheitlichen und sozialen Bezügen
- Kultur und Technik der Nahrungsmittelzubereitung, ästhetisch-kulinarischer Umgang mit Nahrungsmitteln, (inter)kulturelle, historische, soziale, religiöse Bezüge
- Essen und emotionale Entwicklung: Körper, Identität, Selbstkonzept

Das Modul der Verbraucherbildung ist entsprechend zu entwickeln. Der private Haushalt ist in beiden Dimensionen zentrales Handlungsfeld. Das Kerncurriculum (als Kompetenzbeschreibung) zur Ernährungsbildung ist wesentlicher Bestandteil einer umfassenden Gesundheitsbildung als Gegenwartsaufgabe mit Auswirkungen auf die Zukunftsfähigkeit des volkswirtschaftlichen Gefüges. Gesundheitsfördernde schulische Settings benötigen Unterstützung. Die personelle und sächliche Ausstattung muss der Umsetzung des Bildungsanspruchs genügen. Die Aus- und Fortbildung von Fachkräften in der schulischen Ernährungsbildung muss intensiviert werden. Der Bedarf an Aus- und Fortbildung der FachlehrerInnen mit einer neuen Profilbildung (s.u.) muss erfüllt werden. Die Ausbildungskapazitäten an den Hochschulen (Haushaltswissenschaft/Hauswirtschaft) müssen dazu erhalten bleiben. In ihrer Ausrichtung und ihrem Ausbildungsanspruch unterstützen sie schon heute diese Profilbildung.

Ein qualifizierter Medienverbund könnte die Ernährungsbildung in Bezug auf den fachwissenschaftlichen Erkenntnisstand und die didaktisch-methodische Umsetzung entscheidend stützen. Dieses Netzwerk sollte in ein Internetportal münden und würde einen gebündelten, kostengünstigen und fachwissenschaftlich aktuellen Zugang zu den Fragen der Ernährungsbildung, fächerübergreifendem Arbeiten und Konzepten verhaltensrelevanten Lernens bieten können.

Insbesondere das Fach Hauswirtschaft in seinen vielfältigen Facetten bedarf der Innovation und Schärfung auf das Profil der Ernährungs- und Verbraucherbildung hin. Es könnte damit zum Kern des zentralen Bildungsstranges und -auftrages ab der Sekundarstufe I werden. Die Modernisierung ist im Hinblick auf den gesellschaftlichen Bedarf zwingend geboten und dient auch der Imageverbesserung des Fachs.

In der Vergangenheit hat das Fach zwar seine Bedeutsamkeit vielfach reklamiert, es ist ihm jedoch nicht nachhaltig und öffentlichkeitswirksam gelungen, sich aus seinen Klischees zu befreien.

Ein bundeseinheitlicher Name würde dabei den Zukunftsauftrag und die Identität des Fachs stärken und auch die sich wiederholenden Tendenzen zu einer verengenden Ökonomisierung des Fachs abwehren. Das Fach sollte sich „Ernährung und Verbraucherbildung" benennen.

Dipl. Päd. Sigrid Beer
Pluspunkt Bildung
An der Dicken Linde 30
33106 Paderborn

Auf dem Weg zu einer gesundheitsfördernden Ganztagsschule

Argumente des Deutschen Forums
Prävention und Gesundheitsförderung
Arbeitsgruppe „Gesunde Kindergärten und Schulen"

Kinder und Jugendliche verbringen einen großen Teil ihrer Kindheit und Jugend in der Schule. Damit ist die Schule – neben dem Elternhaus – der Ort im Prozess des Erwachsenwerdens, an dem Kinder und Jugendliche nicht nur ihre Bildung erfahren, sondern an dem sie sich auch einen gesundheitsfördernden Lebensstil aneignen können. Dass es zwischen erfolgreichem Lernen und gesunden Lebens- und Arbeitsbedingungen einen Zusammenhang gibt, wurde in der Vergangenheit häufig unterschätzt. Die aktuellen bildungspolitischen Reformansätze, z. B. in Hinblick auf den Ausbau von Ganztagsschulen, lassen sich deshalb hervorragend mit Maßnahmen der schulischen Gesundheitsförderung verbinden.

Einleitung

Die Reform des Bildungswesens ist in der Folge von PISA zu einem übergeordneten Thema im öffentlichen Bewusstsein geworden. Zurzeit wird eine breite Diskussion über die notwendigen Veränderungen geführt. Dabei ist klar, dass es einer gesamtgesellschaftlichen Anstrengung bedarf, um die Arbeit in den Schulen und die Chancen für alle Schülerinnen und Schüler unabhängig von ihrer sozialen Herkunft zu verbessern. Die Schule sieht sich heute einem erhöhten gesellschaftlichen Erwartungsdruck ausgesetzt: Es werden bessere Leistungen gefordert, das Lernen muss gelernt werden, eine umfassendere soziale Kompetenz wird erwartet, und zentrale Schlüsselqualifikationen wie Teamfähigkeit, Selbstständigkeit, Konfliktfähigkeit, kreatives und vernetzendes Denken müssen vermittelt werden.

Diese hohen Anforderungen beanspruchen Schülerinnen und Schüler wie Lehrkräfte gleichermaßen. Je höher die psychische und physische Stabilität der Beteiligten ist, desto eher ist mit den angestrebten Erfolgen zu rechnen. Die Gesundheit ist ein entscheidender Faktor für die Leistungsbereitschaft und den schulischen Lernerfolg. Die schulischen Leistungen werden durch die „Unternehmenskultur" in Schulen und durch die Schulentwicklungsprozesse beeinflusst.

Das Deutsche Forum Prävention und Gesundheitsförderung, ein Zusammenschluss von über 70 Institutionen, Verbänden und Ministerien, die im Bereich Prävention und Gesundheitsförderung Verantwortung tragen, begrüßt das Investitionsprogramm „Zukunft Bildung und Betreuung" der Bundesregierung, bei dem bis 2007 insgesamt 4 Mrd. Euro für den Auf- und Ausbau von Ganztagsschulen bereitgestellt werden. Mit dem durch dieses Programm angestoßenen Ausbau von Ganztagsschulen bietet sich eine große Chance, die Fördermittel auch in die Entwicklung und Optimierung gesundheitsfördernder Rahmenbedingungen für ein gesundes und effektives Lernen und Lehren zu investieren.

Deshalb will das Deutsche Forum Prävention und Gesundheitsförderung mit den folgenden Argumenten

- Schulen, die planen, sich an dem Regierungsprogramm zu beteiligen und Investitionen in die Entwicklung zu Ganztagsschulen zu tätigen, und die deshalb Förderanträge stellen wollen sowie
- die Verantwortlichen, die über diese Anträge entscheiden,

auf infrastrukturelle Maßnahmen aufmerksam machen, die die Ganztagsschule zu einem gesundheitsfördernden, sicheren und damit gesunden Lebensraum machen können, und sie motivieren, diese Chance im Interesse der Gesundheit aller Beteiligten zu nutzen*.

---

*) Über infrastrukturelle Maßnahmen hinaus bedarf es weiterer Investitionen, z. B. Personalressourcen, Qualifizierung, Organisationsentwicklung etc., zu denen hier entsprechend der Konzentration des Investitionsprogramms auf die Ausstattung keine Ausführungen gemacht werden. Sie sind aber die Grundvoraussetzung für den erwarteten bildungspolitischen Erfolg der Ganztagsschule.

Ganztagsschulen – Neue Aufgaben und Chancen

Lehrerinnen und Lehrer klagen zunehmend über wachsende Konzentrationsschwächen, Unruhe, Nervosität, Aggressivität und Hyperaktivität der Kinder, die sich negativ auf ihre Leistungen auswirken. Studien zufolge kommen rund 10% der Kinder ohne Frühstück in die Schule. Darüber hinaus sind 10–20% aller Kinder und Jugendlichen bereits übergewichtig. Hauptgründe sind Fehlernährung und mangelnde Bewegung.

Für die Kinder und Jugendlichen gibt es insbesondere in den Städten immer weniger Freiraum für spontanes Spielen und elementare körperliche und soziale Erfahrungen. Die körperliche Aktivität im Kindesalter ist zunehmend eingeschränkt. Kinder bewegen sich täglich immer weniger. Die Reduzierung des Sportunterrichts, das Sitzen in der Schule oder zu Hause, z.B. vor dem Fernseher, fördert den Bewegungsmangel im Kindesalter. Bewegungsmangel verbunden mit einseitigen Ernährungs-

gewohnheiten führt immer häufiger zu Übergewicht mit großen gesundheitlichen und emotionalen Problemen.

Auf diese gesellschaftlichen Entwicklungen muss die Schule, und hier insbesondere die Ganztagsschule, in der die Kinder einen großen Teil des Tages verbringen, reagieren, z.B. durch Bewegungs- und Entspannungsangebote, eine Rhythmisierung des Unterrichts bzw. des Schultages und durch gesunde Ernährungsangebote. Daraus entstehen Chancen, denn die Ganztagsschule kann mit entsprechenden Maßnahmen einen nachhaltigen Beitrag zur Förderung der Gesundheit von Kindern und Jugendlichen aller sozialen Schichten leisten.

Heute ist unstrittig, dass es einen positiven Zusammenhang zwischen gesundheitsfördernden Lebensbedingungen und der Gesundheit von Kindern und Jugendlichen und ihren schulischen Leistungen gibt. Ausgewogenes Essen und Trinken, regelmäßige Bewegung und Entspannung stellen wesentliche Bausteine für die Gesundheit von Menschen aller Altersgruppen dar. Gleichzeitig sind sie Basis und Voraussetzung für die Lern- und Leistungsfähigkeit des Menschen.

Ganztagsschulen auf dem Weg zur gesundheitsfördernden Schule

Jede Schule hat unterschiedliche gesundheitsbelastende Rahmenbedingungen und gesundheitsfördernde Potenziale – je nach dem sozialen Umfeld, den baulichen Verhältnissen und den materiellen und personellen Gegebenheiten. Deshalb sollte auch jede Schule, die auf dem Weg zur Ganztagsschule ist und die dafür vorgesehenen Investitionen plant, ei-

---

 **Die Verlängerung des Schultages bedarf einer Balance zwischen Bewegungs- und „Sitzzeiten". Schulische Bewegungsförderung muss ein integraler Faktor der ganzheitlichen Erziehung und Bildung in der Ganztagsschule werden. Über Maßnahmen zur Bewegungsförderung sollen die Heranwachsenden zu einem stabilen, nachhaltigen Gesundheits- und Körperbewusstsein geführt werden, das dem zunehmenden Bewegungsmangel entgegenwirkt und Erkrankungen und Verletzungen vorbeugt, die mit einem Mangel an Bewegung in Verbindung stehen.**

nen eigenen Weg zu einer gesundheitsfördernden Ganztagsschule finden. Sie sollte dabei die
Gelegenheit nutzen, alles auf den Prüfstand zu
stellen. Dies gilt für

- Gebäude inkl. Pausenhöfe und Sportan-
  lagen
- die Unterrichts-, Funktions- und Ruhe-
  räume,
- die Cafeteria bzw. den Schulkiosk,
- die Sicherheitsmaßnahmen,
- die Licht- und Raumklimaverhältnisse,
- die Schadstoffbelastung,
- die Lärmreduktionsmaßnahmen etc.

Die Investitionsmittel sollten so geplant werden, dass ein gesundheitsförderndes Arbeits-
und Lernumfeld entsteht. Die Bedürfnisse der
Lernenden und Lehrenden nach Bewegung
und Ruhe, nach sinnlicher Wahrnehmung, Hygiene und Sicherheit sollten dabei berücksichtigt werden. Planung und Entscheidung über
die Mittelverwendung sollten immer auch im
Hinblick auf ihre Gesundheitsverträglichkeit
und ihre sicherheits- und gesundheitsfördernden Chancen getroffen werden, da sie Einfluss
haben auf die Schulkultur und das Schulklima,
das Arbeitsverhalten und die Arbeitszufriedenheit aller Beteiligten.

Welchen Weg die zukünftige Ganztagsschule wählt, hängt von den geschilderten Voraussetzungen und Bedürfnissen ab. Unbestritten
bleibt, dass eine Institution, in der Lehrkräfte,
Schülerinnen und Schüler sowie nicht unter-
richtendes Personal bis zu acht Stunden täglich
miteinander leben und arbeiten, genauso wie
ein Wirtschaftsunternehmen gesundheitsfördernde Rahmenbedingungen schaffen sollte.
In der Schule sollten alle Beteiligten gute
Möglichkeiten vorfinden, um gesunde Lebens-
weisen im Alltag des schulischen Lebens, Lernens und Arbeitens einzuüben und zu festigen.
Schulen, die sich mit Hilfe des Investitionsprogramms der Bundesregierung zu Ganztagsschulen entwickeln wollen, stehen vor einem
Veränderungsprozess, der viele Chancen bietet. Gesunde Ernährung, Bewegung, Entspan-

▶ **Balance zwischen Bewegungs-
  und Sitzzeiten schaffen**
▶ **Bewegungsförderung in Pausen**
▶ **Regelmäßig gesundheitsfördernder Schulsport**
▶ **bewegungsfördernder Schulweg**

nung und Stressbewältigung können erste, aber
wichtige Elemente einer gesundheitsfördernden Schule sein.

Bewegungsförderung als Element der gesundheitsfördernden Ganztagsschule

Durch die lange Verweildauer und die zusätzlichen Lern- und Spielangebote sind Ganztagsschulen der ideale Ort für eine frühzeitige
Bewegungs- und Sportförderung. Hier kann
das Interesse am Sport besonders gut geweckt
und zum schulischen und außerschulischen,
vielleicht lebenslangen Sporttreiben motiviert
werden. Die positiven Wirkungen von regelmäßiger Bewegung und körperlicher Aktivität auf
die Gesundheit sind gut belegt, z.B. lassen sich
durch Ausdauersportarten das Atmungs- und
das Herz-Kreislauf-System gezielt entwickeln
und funktionstüchtig erhalten. Kräftigende und
dehnende Bewegungsbeanspruchung führt zur
Gesunderhaltung des Bewegungsapparates.

Regelmäßige körperliche Aktivität und Sport
können zu einer besseren kognitiven Leistungsfähigkeit führen. Es sind weiterhin auch positive psycho-mentale Effekte durch Bewegung
und körperliche Aktivität zu verzeichnen. Aufmerksamkeit, Aufnahmefähigkeit, Motivation
und Erinnerungsleistungen steigen.

Darüber hinaus tragen vielfältige Bewe-
gungsformen und Aktivitäten zum Abbau von
Aggression und Gewaltbereitschaft, zu Integration und sozialer Verantwortung bei. Die Bewältigung psychischer Belastungen fällt leichter.
Regelmäßige Bewegung schafft Bewegungssi-
cherheit, hilft Schulunfälle zu verhindern und
fördert die sicherheitsbezogene Kompetenz der
Kinder und Jugendlichen. Durch eine gut entwickelte Risikokompetenz können Kinder ihre

- gesundes ausreichendes Frühstück
- Milchprodukte und Obst als
  Zwischenmahlzeiten
- gesunder Mittagstisch
- ausreichende Flüssigkeitszufuhr
- Ernährungslehre als
  Unterrichtsbestandteil
- Ernährungsinformationen für Eltern

!

eigenen Fähigkeiten einschätzen und ihr Handeln der jeweiligen Situation anpassen. Schon ein 15-minütiges Bewegungstraining pro Tag kann zu einer deutlichen Reduzierung der Unfallzahlen in der Schule führen. Sicherheitserziehung wird durch eine optimale Bewegungsförderung in der Schule wesentlich unterstützt.

Gesunde Ernährung als Element der gesundheitsfördernden Ganztagsschule

Eine ausgewogene Ernährung ist eine Grundvoraussetzung für die optimale geistige und körperliche Entwicklung. Sie kann die Konzentrationsfähigkeit und Ausdauer von Kindern und Jugendlichen deutlich verbessern.

Heute wissen wir, dass die grundlegenden Weichen für das Ernährungsverhalten im Kindes- und Jugendalter gestellt werden. In Ernährungsfragen, wie auch in der Beurteilung von Qualität, Auswahl und Verarbeitung von Lebensmitteln, ist in den Familien immer häufiger eine deutliche Kompetenzlücke festzustellen. Für die Schule heißt das, Situationen aufzugreifen und zu schaffen, in denen Kinder und Jugendliche Kenntnisse über die Zusammensetzung und die Bedeutung von Essen und Trinken erwerben und dieses Wissen im schulischen Alltag aktiv umsetzen können. Dafür bieten sich verschiedene Unterrichtsfächer an. Erst über neues Wissen lassen sich Einstellungen und schließlich auch Verhaltensweisen verändern. Der Wille zur Veränderung muss jedoch auf begünstigende Rahmenbedingungen treffen. Um auch die Eltern in diesen Veränderungsprozess einzubeziehen, könnte die Schule

Ernährungsberatungsangebote für Eltern machen, die von externen Fachkräften oder Organisationen durchgeführt werden.

Das Speisenangebot der Ganztagsschule sollte sich – wenn möglich – nicht auf den schulischen Mittagstisch beschränken. Sinnvollerweise sollten zur Umsetzung einer optimierten Mischkost auch die Förderung des Frühstücks im Klassenverband sowie ausreichender Flüssigkeitszufuhr eingeplant werden. Milchprodukte und Obst sollten hierbei eine zentrale Rolle spielen. All dies muss bei der Planung von Gemeinschaftsküchen und Mensen/Cafeterien (selbstverständlich auch beim Verkaufsangebot des Schulkiosks) bedacht werden.

Ernährung in der Schule betrifft aber nicht nur das WAS, sondern auch das WIE: Essen verlangt nach Rahmenbedingungen, die sowohl Genuss als auch Gemeinsamkeit ermöglichen. Das gemeinsame Essen sollte möglichst zur Verbesserung des Schul- oder Klassenklimas beitragen. Lehrkräfte, Schülerinnen und Schüler begegnen sich in einer angenehmen Atmosphäre, können sich ungezwungener austauschen und über den Unterricht hinaus miteinander kommunizieren. Dabei darf das häusliche Umfeld nicht vergessen werden, weshalb Elternarbeit und individuelle Beratungsangebote für Eltern und Schülerinnen und Schüler weitere Standbeine eines Programms für gesunde Schulernährung darstellen sollten.

Ruhe und Entspannung als Elemente einer gesundheitsfördernden Ganztagsschule

Die Verlängerung des Schultages bedarf neben einer Balance der Bewegungs- und „Sitzzeiten" auch eines ausgewogenen Anteils an Ruhe- und Entspannungsphasen. Denn auch Kinder und Jugendliche brauchen Möglichkeiten der Ruhe, des Rückzugs, der Besinnung und Entspannung. Bei Ermüdung sollten Kinder und Jugendliche die Möglichkeit haben, sich zu erholen und dadurch ihre geistige Wachheit und mentale Frische wiederzuerlangen. Auch der Stress muss abgebaut werden

Beispielhafte Informationsquellen und Arbeitshilfen

Bewegung/Stressreduktion

Der Bundesverband der Unfallkassen (BUK) bietet eine Vielzahl von Broschüren und Informationsschriften zu diesem Thema an, z. B.:
- Kinder brauchen Bewegung, GUV-SI 8007
- Bewegungsfreudige Schule, GUV-SI 8053
- Wahrnehmen und Bewegen, GUV-SI 8050
- Inline-Skaten, GUV-SI 8012
- Sportstätten und Sportgeräte, GUV-SI 8044
- Turnen, GUV-SI 8032
- Vom Durcheinander zum Miteinanderfahren, GUV-SI 8049)

Alle Broschüren des BUK sind kostenlos erhältlich. Kontakt oder download unter http://www.buk.de

In den Elementar- sowie den Lehrerbriefen zu Unfallverhütung und Sicherheitserziehung erhalten Erzieherin und Erzieher sowie Lehrerinnen und Lehrer didaktisch aufbereitete Anregungen für die Sicherheitserziehung in Kindergarten und Unterricht:
- Die Schüler Olympiade – Spaß an Sport und Spiel, GUV 57.2.318
- Bewegungsspiele, GUV 57.2.321
- Spiele und Übungen zum Fallen und Rollen GUV 57.2.327

Darüber hinaus empfiehlt der BUK die gesundheitsfördernde Umgestaltung der Schulfreiflächen und Pausenbereiche. Damit werden Unfälle vermieden, und gleichzeitig Flächen geschaffen, auf denen Spiel, Bewegung und Kommunikation für Schülerinnen und Schüler möglich werden. Folgende Materialien sind erhältlich:
- Sicher nach oben ... Klettern in der Schule, GUV-SI 8013
- Außenspielflächen und Spielplatzgeräte, GUV-SI 8017
- Unser Schulhof – Probleme einer kindgerechten und sicheren Gestaltung, GUV-SI 8031.

Abbau von Stress, Übungen zur Entspannung und Erhöhung der Leistungsbereitschaft:

Laut Kultusministerkonferenz (KMK) ist für die Erledigung der meisten Arbeitsaufgaben in der Schule eine sitzende Arbeitsweise unverzichtbar. Lang andauerndes Sitzen führt zu Haltungsschäden und Rückenschmerzen. Diese Auswirkungen können gemildert werden durch:
- Tische und Stühle, die der Körpergröße der jeweiligen Schülerin, des jeweiligen Schülers angepasst sind,
- dynamisches Sitzen, d. h. häufiger Wechsel der Sitzpositionen,
- Unterbrechung des Sitzens mit Bewegungspausen,
- Tische mit geneigten Tischplatten.

BZgA – Bundeszentrale für gesundheitliche Aufklärung (Hrsg.):
- Lärm und Gesundheit – Materialien für die Klassen 1 bis 4. Köln 2001. Bestell-Nr. 20 390 000 (kostenlos)
- Achtsamkeit und Anerkennung – Materialien zur Förderung des Sozialverhaltens in der Grundschule. Köln 2002. Bestell-Nr. 20 420 000 (kostenlos)

Die Materialien der BZgA können schriftlich unter order@bzga oder per Fax unter 0221/8992-257 angefordert werden.

Beispielhafte Informationsquellen und Arbeitshilfen

Ernährung

Bei der Einrichtung eines schulischen Ernährungsangebotes bieten folgende Materialien eine gute Hilfestellung:

Das **Leistungsverzeichnis zur Vergabe der Verpflegungsorganisation für Berliner Ganztagsschulen an externe Dienstleister** wurde von der AOK Berlin und der Senatsverwaltung für Bildung, Jugend und Sport entwickelt. Enthalten sind z. B. Informationen über die Ausschreibung und Angebotsprüfung, über ein angemessenes Speisen- und Getränkeangebot und die Preisgestaltung.	Kostenlos bundesweit erhältlich bei der Senatsverwaltung für Bildung, Jugend und Sport, Frau Elisabeth Müller-Heck, Beuthstraße 6-8, 10117 Berlin.
Im Auftrag des Bundesministeriums für Verbraucherschutz, Ernährung und Landwirtschaft hat die Deutsche Gesellschaft für Ernährung e. V. (DGE) gemeinsam mit dem aid-Informationsdienst einen Ernährungsleitfaden für Schulen erstellt. Umfangreicher Ringordner mit vielen Informationen über die richtige Ernährung, Gesetzesgrundlagen und praktischen Hilfen wie Rezepten.	EUR 25,00 zu beziehen über DGE-MedienService, Bornheimer Str. 33b, 53111 Bonn, Tel.: 0228/9092626, Fax: 0228/9092610, E-Mail: info@dge-medienservice.de oder aid-Vertrieb DVG, Birkenmaarstraße 8, 53340 Meckenheim, E-Mail: Bestellung@aid.de
Darüber hinaus stellt die DGE ein Beratungsangebot „Verpflegung in Ganztagsschulen" zur Verfügung. Ziel dieses Beratungsservices ist, den Schulen eine individuelle, einrichtungsspezifische Hilfestellung für eine konkrete Umsetzung in die Praxis zu geben. Um die Thematik der Verpflegung in Ganztagsschulen einem großen Personenkreis zugänglich zu machen, finden außerdem größere Fortbildungsveranstaltungen sowie im kleineren Rahmen Multiplikatorenveranstaltungen statt. In diesen wird u. a. anhand von Praxisbeispielen aufgezeigt, wie die optimale Verpflegung an Schulen aussehen sollte.	Eine zentrale Rolle bildet das Internetangebot unter der Adresse http://ganztagsschule.dge.de. Es informiert über zahlreiche Themen rund um Ganztagsschulen und Ernährung. In Foren haben User die Möglichkeit, Fragen zu stellen und sich mit anderen Schulen auszutauschen. Hier können außerdem die Veranstaltungen und andere aktuelle Termine eingesehen werden.
Mit der Jugendaktion Gut Drauf möchte die Bundeszentrale für gesundheitliche Aufklärung BZgA das Ernährungs- und Bewegungsverhalten sowie die Stressbewältigung der 14- bis 18-jährigen Jugendlichen verbessern und damit einen entscheidenden Beitrag zu Gesundheitsförderung leisten.	Gut Drauf richtet sich an Akteure in der pädagogischen Arbeit, wie Jugendarbeiter/-innen, Erzieher/-innen, Lehrer/-innen, Reisebegleiter/-innen, Sportpädagogen und –pädgoginnen. Ausführliche Informationen zu Gut Drauf bietet das Internetangebot unter www.gutdrauf.net.
Unterrichtsmaterialien des BZgA (Hrsg.): ■ Schulfrühstück. Materialien für die Grundschule (1. bis 4. Klasse). Köln 1993. Bestell-Nr. 20 290 003 (kostenlos) ■ Ernährung und Gesundheit. Materialien für die Grundschule (1. bis 4. Klasse). Köln 1995. Bestell-Nr. 20 330 003 (kostenlos) ■ Ernährung und Gesundheit. Materialien für 5. bis 10. Klassen. Köln 1996. Bestell-Nr. 20 340 003 (kostenlos) ■ Essgewohnheiten. Materialien für 5. bis 10. Klassen. Köln 1994. Unter der Bestell-Nr. 20 310 002 (kostenlos)	Die Materialien der BZgA können schriftlich unter order@bzga oder per Fax unter 0221/8992-257 angefordert werden.

können, denn es gibt einen nachgewiesenen Zusammenhang zwischen dem Erleben und Bewältigen von Stress und der Entstehung gesundheitlicher Beeinträchtigungen. Ein ausgewogenes Verhältnis zwischen Beanspruchung und Erholung ist bei allen Menschen – auch bei Kindern und Jugendlichen – eine wichtige Voraussetzung für ein gesundes Leben. Daher sollten in einer gesundheitsfördernden Ganztagsschule ausreichende Ruhe- und Entspannungszonen eingerichtet werden.

eher leistungsbereit und leistungsfähig sein. Für das Deutsche Forum Prävention und Gesundheitsförderung ist die Verbesserung der Bildungsqualität eng mit der Förderung der Gesundheit aller an Schule Beteiligten verknüpft. Die Einrichtung von Ganztagsschulen eröffnet die große Chance, gute, gesunde Häuser des Lehrens und Lernens zu schaffen.

Fazit

Der Gesundheit muss in einer Schule, in der sich die Beteiligten bis zu acht Stunden täglich aufhalten, ein hoher Stellenwert zukommen. Dazu ist es wichtig, den Tag mit seinen Lern-, Übungs- und Nachbereitungsphasen durch Bewegung, Entspannung, Sport und Spiel sowie gemeinsames Essen aufzulockern. Wer gesund ist, sich in seiner Schule wohl fühlt, der wird

Geschäftsstelle des DFPG
c/o Bundesministerium für Gesundheit und Soziale Sicherung
Am Propsthof 78a
53121 Bonn
www.forumpraevention.de

Ernährung, Gesundheit und institutionelle Verantwortung – eine Bildungsoffensive

Ines Heindl
Flensburg

Medienaussagen über das Gesundheitsverhalten der Menschen fasste eine Sendung des ZDF im Jahr 2003 unter dem Titel „Unbewegt und schlecht ernährt – die Preistreiber des Gesundheitswesen" folgendermaßen zusammen:

* Das Auswahlverhalten im Nahrungsüberfluss führt zu Übergewicht
* Bewegungsmangel zu motorischen Auffälligkeiten
* 20 % der Versicherten in Krankenkassen verursachen 90 % der Kosten, vor allem durch entstehende Erkrankungen des Herz-Kreislauf- und Muskel-Skelett-Systems.
* Grundlegende Unfähigkeiten im Ess- und Bewegungsverhalten korrelieren mit dem Bildungsstand, mit materieller und sozialer Ernährungsarmut.
* Widerstände gegen Gesundheitsaufklärung und Information zeigen sich vor allem bei so genannten präventionsresistenten Bevölkerungsgruppen.

Zusammenhänge und Ursachen der preistreibenden Gesundheitsprobleme scheinen bekannt zu sein. Die Beschreibung und Darstellung dessen geschieht auf verschiedenen Ebenen, von wissenschaftlichen Studien bis zur Artikulation von Laienverständnissen. Allen gemeinsam ist die vermittelte Brisanz der aktuellen Lage sowie die Dringlichkeit des Handlungsbedarfs, mit Forderungen, die sich an Politik und Gesellschaft richten.

Zeigen sich erst einmal derart grundlegende Probleme, so rücken bei der Suche nach Lösungen gerne Erziehungs- und Bildungseinrichtungen der Gesellschaft in den Mittelpunkt. Wenn die Familien versagen, sollen vor allem Kindergärten, -tagesstätten und Schulen Verantwortung übernehmen. In der Regel werden dann die neuen Aufgaben dem bestehenden Erziehungsauftrag hinzugefügt. Sollen berechtigte Forderungen an die Bildungspolitik nicht zur Überforderung der Menschen in den Einrichtungen führen, so müssen sich soziale Organisationen und ihre Bildungskonzepte insgesamt verändern. Dieser Beitrag befasst sich mit den Möglichkeiten der genannten Systeme, gesundheitsförderliches Verhalten durch Essen und Ernährung bereits bei Kindern und Jugendlichen anzuregen.

Warum essen Kinder heute, wie sie essen?

Essen lernen vollzieht sich nach wie vor in privaten und häuslichen Bereichen gesellschaftlicher Kulturen. Mittels der Ergebnisse von Studien zum Ess- und Ernährungsverhalten lässt sich die gestellte Frage jedoch nur unvollständig beantworten, wenn neben dem naturwissenschaftlich-medizinischen Verständnis dessen, was gegessen wird, nicht auch die psychosozialen und kulturellen Zusammenhänge des Essens und Trinkens betrachtet werden. Hier geht es darum, wie, warum und in welcher Gemeinschaft alltäglich gegessen wird. Esskultur richtig zu deuten, kann von ihrem Wandel auf den Wandel der Gesellschaft schließen lassen und helfen, die Kultur der Gegenwart besser zu verstehen [vgl. 13].

Bis in die sechziger und siebziger Jahre des vergangenen Jahrhunderts bestimmte die Trias von Fleisch-Kartoffeln-Gemüse das mittägliche Essen in den Familien Deutschlands. Eingebettet war diese Gewohnheit in Essenszeiten und Rituale, die nach Kriegs- und Mangelzeiten wieder verlässliche Angebote und Mahlzeiten ermöglichten. Seit Anfang der 1970er Jahre wird das Essverhalten in Europa auch durch Fast-Food-Ketten geprägt; dies dauert bis heute an. Reisen in fremde Länder eröffneten Einblicke in andere Esskulturen.

Betrachtet man die Veränderungen der Nahrungsangebote, Auswahl, Zubereitung und Verzehrsgewohnheiten in den vergangenen 40 Jahren, so ergeben sich folgende bundesdeutsche Trends [9]:

- Zunahme der Angebotsvielfalt bei gleichzeitiger Abnahme der örtlichen Verfügbarkeit für einzelne Menschen,
- Rückgang des Anteils von frischen herkömmlichen Lebensmitteln bei gleichzeitigem Anstieg von Fertigprodukten,
- Abnahme der Fähigkeiten, Fertigkeiten und der Bereitschaft, in den privaten Haushalten selbst zu kochen, bei gleichzeitig sinkendem zeitlichem Aufwand für das Kochen,
- Zunahme der Außer-Haus-Verpflegung, steigende Angebote und Durchmischung europäischer und internationaler Küchen,
- Verunsicherung der Verbraucher hinsichtlich der Nahrungsqualität,
- Zunahme von Lebensmitteln und von speziellen Nahrungsergänzungen, von denen ein Zusatznutzen für die Gesundheit erwartet wird.

Diese konsumorientierten Veränderungen zeigen den Wandel in seinen Wirkungen auf die Esskultur und Lebensstile der Menschen. Moderne Erzeugnisse der Lebensmittelindustrie sind, vor allem in Gesellschaften des Nahrungsüberflusses, offen für Projektionen von Gefühlen und Wünschen, wie Lust, Ängste und Sicherheitsbedürfnisse. Wahrnehmungen und Erfahrungen heutiger Esskultur in reichen, industrialisierten Ländern lassen sich wie folgt zusammenfassen [mod. nach 9, 17]:

■ Wir sind vor allem Konsumenten, keine Nahrungsproduzenten!

Die verfügbare Nahrung enthält fast keine selbsterzeugten Lebensmittel mehr, sondern Produkte, deren Herkunft, Verarbeitung und Verteilung zunehmend undurchschaubar werden.

■ Zwang und Notwendigkeit, Speisen zuzubereiten, haben abgenommen!

Ein Großteil der heutigen Produkte ist verarbeitet, muss allenfalls erwärmt und schließlich nur noch gegessen werden. Der Prozess von Einkaufen, Zubereiten, Verzehren und Verdauen in der Konzentration auf das Essen verlangt neue Kenntnisse und Entscheidungsfähigkeiten, die das Selbstkochen verdrängen.

■ Individuelle Entscheidungsspielräume ersetzen herkömmliche Verpflichtung!

Sozioökonomische Rahmenbedingungen und die Pluralität der Lebensund Arbeitsformen heute haben die Entscheidungsspielräume des Einzelnen erweitert. Regelmäßig zu kochende Mahlzeiten zu festen Zeiten gehen auf Kosten der Flexibilität. Fertiggerichte und Essen außer Haus entpflichten vor allem Frauen von zeitgebundenen häuslichen Tätigkeiten.

■ Die Emanzipation hat die Küche erreicht, „Trendsetting" aus Inkompetenz!

Obwohl die Rollenverteilung bei jüngeren Paaren nach wie vor stereotype Muster aufweist und Frauen noch immer mehr mit Hausarbeit beschäftigt sind, gleichen sich die Lebens-und Ernährungsstile von Männern und Frauen an. Dabei werden Männer offenbar Trendsetter aus Inkompetenz, denn im Durchschnitt wissen sie weniger über Nahrung und Ernährung, konsumieren weit mehr Fertiggerichte und essen häufiger außer Haus. Frauen übernehmen diese Stile, weil sie aus der traditionellen Rolle von Hausfrau und Mutter heraustreten und männlichen Karrieremustern folgen.

■ **Die Nahrung hat sich qualitativ verändert, sie wirkt entstofflicht!**

Lebensmittel werden industriell verarbeitet, Nahrung erscheint verpackt, gleichsam entmaterialisert und eigenartig unsichtbar. Sie wird kommerziell präsentiert, wird Teil einer künstlichen Gesamterscheinung.

■ **Essen entgleitet den Sinnen durch verpackte Ware und Geschmacksstandards!**

Essen als umfassende sinnliche Erfahrung durch Sehen, Tasten, Hören, Riechen und Schmecken, kann nur noch teilweise vom Menschen selbst bestimmt werden. Überwiegend verarbeitete und verpackte Ware, gewürzte Fertiggerichte und gesetzliche Vorschriften vermindern die Möglichkeiten geschmacklicher Vielfalt.

■ **Die Bedeutung von Lebensmitteln mit Zusatznutzen hat zugenommen!**

Ungerechtfertigte, aber gezielt platzierte Behauptungen, wie z.B. herkömmliche Lebensmittel leisteten nicht mehr die Versorgung mit essenziellen Nährstoffen, verunsichern die Verbraucher und lassen sie nach Ergänzungen greifen. Arzneiliche Darreichungsformen und Functional Food überschwemmen die Märkte.

■ **Moderne Lebensmittel werden zu Projektionen von Wünschen des Alltags!**

Industrie, Marketing und Handel – aber auch die Wissenschaft – versehen Nahrung mit einem Image. Zum Beispiel werden Frische und Natürlichkeit mit Bildern von traditionell gesunder Küche und Heimatgefühl verkauft.

■ **Persönliche und soziale Identitätssuche erfolgt auch über Nahrung und Essen!**

Medien und Werbung setzen bekannte Persönlichkeiten aus Sport und Gesellschaft ein, die sich und ihr Lebensgefühl über Produkte verkaufen.

Vor diesem Hintergrund entwickeln sich Ess- und Nahrungsstile junger Menschen, sie bilden Essmuster und Gewohnheiten heraus, die von der Geburt an in Lebensgemeinschaften erlernt werden [9]:

Vor allem Kinder und Jugendliche nehmen Angebote zur Identifizierung über Lebensmittel und andere Produkte, die von Prominenten beworben werden, gerne an, denn diese Werbung richtet sich gezielt an die Lebensabschnitte der Neuorientierung und Identitätssuche, zur Ablösung von Traditionen und zur Schaffung kollektiver Identitäten.

– Früher fand man einen meist traditionsbehafteten Essstil, den die Kinder von den Eltern übernahmen. Heute praktiziert der einzelne Mensch verschiedene Essstile, vom einfachen und schnellen Essen bis zum zeitaufwändig Kulinarischen verschiedener Kulturen. Essstile und Identitäten wechseln v.a. bei Jugendlichen. Verschiedenste Geschmacksrichtungen scheinen vereinbar und dennoch bleibt eine hohe Intoleranzschwelle, wenn es um den ganz persönlichen Geschmack geht.
– Vorgegebene Geschmacksrichtungen von Convenience bis Fast Food bestimmen Vorlieben und Abneigungen.
– Fehlende Kenntnisse und Fertigkeiten der Familien im Umgang mit unverarbeiteten Lebensmitteln schaffen Abhängigkeiten von industriell vorgefertigten Produkten. Gegessen wird zwischendurch und neben anderen Tätigkeiten, deren Orte und Anlässe jede nur denkbare Möglichkeit eröffnen. Schnelle Befriedigung des Hungers oder Appetits geht vor Warten auf eine Mahlzeit.
– So genannte Medienzeiten [4, 6], das sind bewegungsarme Zeiten u.a. vor dem Fernseher oder Computer, werden mit süßen, salzigen und fetthaltigen Snacks sowie süßen Erfrischungsgetränken verbracht.

Kinder und Jugendliche lehnen Zwänge von Tisch- und Nahrungssitten ab, über Lust und Spaß sprechen sie jedoch auf sinnliche und multimediale Anregung an.

Modi der Weltbegegnung (Kanonisches Orientierungswissen)	Basale Sprach- u. Selbstregulationskompetenzen (Kulturwerkzeuge)				
	Beherrschung der Verkehrssprache	Mathematisierungskompetenz	Fremdsprachliche Kompetenz	IT-Kompetenz	Selbstregulation des Wissenserwerbs
Kognitiv-instrumentelle Modellierung der Welt ■ Mathematik ■ Naturwissenschaften					
Ästhetisch-expressive Begegnung und Gestaltung ■ Sprache/ Literatur ■ Musik/ Malerei/Bildende Kunst ■ Physische Expression					
Normativ-evaluative Auseinandersetzung mit Wirtschaft und Gesellschaft ■ Geschichte ■ Ökonomie ■ Politik/ Gesellschaft ■ Recht					
Probleme konstitutiver Rationalität ■ Religion ■ Philosophie					

Tab. 1: Grundstruktur der Allgemeinbildung, Modi der Weltbegegnung und Fächerkanon [14]

Die Krise des Gesundheitswesens ist eine verkannte Bildungskrise

Aktuelle Studien zum Ess- und Ernährungsverhalten von Kindern und Jugendlichen belegen, dass die Lebensstile der Menschen über ihr Gesundheitsverhalten entscheiden (DONALD-Studie, Dortmund; die Kieler Adipositas-Präventionstudie, KOPS; die Jenaer Studie zur Früherkennung von Essstörungen bei Kindern und Jugendlichen; die empirische Studie zum Ernährungsverhalten Jugendlicher im Kontext ihrer Lebensstile, BzgA). Wenn man angesichts der Ergebnisse und Erkenntnisse dieser Studien weiterhin vor allem danach fragt, was den Menschen krank macht, und die gesundheitlichen Dienste an therapeutischen Konzepten der Kuration und Rehabilitation orientiert, so werden Maßnahmen der Gesundheitsförderung und primären Prävention verhindert. Die Gesundheitssysteme gelangen damit an den Rand des technisch Machbaren und der Finanzierbarkeit von Folgen, die ursächlich auf Ernährungs- und Bewegungsgewohnheiten der Menschen zurückzuführen sind.

Auf der Suche nach Problemlösungen für den dramatischen Anstieg von Adipositas bereits im Kindes- und Jugendalter (gem. der Kieler Adipositas-Präventionsstudie) werden zwar Modelle zur Gesundheitsförderung diskutiert, um zu fragen:

■ Wie entsteht Gesundheit?
■ Was erhält den Menschen gesund?
■ Wie und wann lernt der Mensch, Verantwortung für die eigene Gesundheit zu tragen?

Eine medizinische Versorgung, die auch in Deutschland eng verknüpft ist mit ökonomischen Aspekten von Gewinn und Verlust, vermittelt jedoch noch nicht, dass es sich lohnt, gesund zu leben. Zu unterschiedlich sind die Interessen derer, die für Gesundheit aufkommen.

Mit dem Blick auf Krankenversicherungen sei erlaubt, darauf hinzuweisen, dass Autobesitzer bei den Versicherungen Eigenanteile, Risikobeiträge für Gefahrenklassen unterschiedlicher Einstufung und Rückstufungen nach Unfällen akzeptieren.

Gesundheitsverhalten und Krankheitsgewinn sind Gegensätze im Alltag von medizinischen Laien und Experten.

Ein Bonus-Malus-System seitens der Krankenkassen, das Gesundheit belohnt – wenn eine Gesellschaft zu derartigen Formen der Sekundärmotivation greifen will –, kann keine isolierte Maßnahme ohne Vorbereitung durch das Lernvermögen und ohne Anknüpfung an primäre Motivation und Lernbereitschaft der Menschen sein. Spätestens die begrenzten Erfolge von Therapiekonzepten bei Adipositas im Kindes- und Erwachsenenalter verdeutlichen, dass das Essenlernen zur Gesundheitsförderung rechtzeitig beginnen muss, um u.a. die Inzidenz von Übergewicht zu senken.

Vor dem Hintergrund der Lage in Familien, die offensichtlich überfordert sind, Wissen und Können im Umgang mit dem Essen, Trinken und Ernährung zu vermitteln, richten sich berechtigte Forderungen an Institutionen der Gesellschaft, Bildungskonzepte zur Gesundheitsförderung so zu gestalten, dass sie innerhalb und außerhalb der Privatsphäre der Menschen wirksam werden.

Wenn Gesundheitshandeln bis ins hohe Alter sich lohnen soll, müssen Motivation, Gewohnheiten und Einsichten frühzeitig entstehen. Es geht um Lebensführungskompetenzen innerhalb einer Gesellschaft, für das die Allgemeinbildung in Deutschland keinen Spielraum mehr lässt.

Schulische Gesundheitsbildung nach PISA, TIMSS und IGLU

Es scheint einfacher zu sein, im Alter eine neue Fremdsprache zu lernen, als lebenslang erworbenes Essverhalten zu ändern.

Es ist also wichtig zu fragen, wann und wodurch sich ernährungsbezogenes Lernen ereignet. Eine systematische Erhebung der Wirkung familiärer Ernährungserziehung durch die Bildungsforschung liegt nicht vor. Im Zeitraum von 1998–2000 wurde bundesweit erstmals die Lage des Angebots und der Vermittlung von Themen zur Ernährungserziehung in deutschen Schulen untersucht. Lehrpläne, Schulbücher, die Situation von Lehre und Unterricht in Biologie, Arbeitslehre (Haushalt), Haushaltslehre und Hauswirtschaft – also den Fächern, die Themenfelder von Nahrung, Ernährung und Gesundheit in Praxis und Theorie behandeln – sowie Angebote und Nutzung von Fortbildung standen im Mittelpunkt der Paderborner Studie [10; vgl. Kap. 14 + 15]. Die Ergebnisse waren niederschmetternd: überfrachtete, z.T. veraltete Lehrpläne, Ernährungsirrtümer und deren Verbreitung in Schulbüchern, überholte methodisch-didaktische Konzepte, schlechte Unterrichtsversorgung, fachfremder Unterricht und fehlende Werkstatträume.

Die schulische Allgemeinbildung hat sich offensichtlich aus der Mitverantwortung für Ernährung und Gesundheit der Kinder und Jugendlichen weitestgehend verabschiedet.

Zwar eröffnen Nationale Bildungsstandards, Kompetenzmodelle und Kerncurricula – als Folge der schlechten Ergebnisse für Deutschland bei internationalen Studien im Bildungsvergleich – über sog. *Modi der Weltbegegnung und Kulturwerkzeuge* (Tab. 1) neue Ansätze für zukünftige Bildungskonzepte [14]. Jedoch ist nicht erkennbar, inwieweit neben den traditionell kognitiven Zugängen in den Naturwissenschaften ästhetisch-expressive Zugänge zur Gesundheit und dem Alltagshandeln der Menschen für den Erwerb basaler Sprach- und Selbstregulationskompetenzen genutzt werden könnten. Die Beiträge in der Haushaltslehre und im Biologieunterricht konzentrieren sich zurzeit auf die Vermittlung technischer Fertigkeiten der Nahrungszubereitung und die Behandlung biomedizinischer Fragestellungen zwischen Ernährungsempfehlungen und der Störbarkeit des Essverhaltens. Ess- und Nahrungsstile, Gewohnheits- und Geschmacksbildung, physische und psychische Befindlichkeiten, soziokulturelle Einflüsse, private Daseinsfürsorge mit ihren Auswirkungen auf alltägliche Kaufentscheidungen und das Essverhalten sind offenbar ohne Bedeutung.

Wie bereits erwähnt, belegen GERHARDS und RÖSSEL [6; vgl. Kap. 1] in ihrer empirischen Studie zum Ernährungsverhalten Jugendlicher, dass bei 13- bis 16-Jährigen die Lebensstile den stärksten Einfluss auf das Essverhalten hatten. Diese wiederum werden stark durch den Bildungsstand der Elternhäuser und Schultypen geprägt.

Die immer wieder gestellte Frage nach einem eigenständigen Schulfach Ernährungs- oder Gesundheitserziehung wird derzeit in Deutschland und Europa zugunsten von Konzepten der Gesundheitsfördernden oder Gesunden Schule beantwortet. Themen der Gesundheit bleiben schwerpunktmäßig in den bereits genannten traditionellen Fächern der Gesundheitsbildung verankert, richten sich jedoch gleichzeitig an Lehrkräfte aller Fächer mit mit der Forderung, in themenbezogenen Projekten zu kooperieren. Schulprogramme und -profile spiegeln die Gesundheitsförderung als Schulentwicklungskonzept wider. Gleichzeitig nehmen Forderungen nach einem stärkeren Praxisbezug bei der Vermittlung von Ernährungsthemen zu, um den Umgang mit der Nahrung und dem Essen zu erlernen. Italien und Frankreich bilden hier insgesamt eine Ausnahme: Geschmacksunterricht wurde kultusministeriell zur Erprobung genehmigt (*Slow Food Italia*). Sicher ist dies kein Zufall in Ländern, wo Speisen und Mahlzeiten als „Kulturwissen" tief in der Gesellschaft verwurzelt sind [8, 9].

Ästhetische Kommunikation als Voraussetzung für Bildung überhaupt

Kinder wachsen heute unter Bedingungen auf, die in den vergangenen 50 Jahren aus veränderten Lebensumständen entstanden sind, zu denen auch Quantität und Qualität der Gefahrenquellen gehören. Beobachtet man das konsequente Verhalten von Eltern bei der Verkehrserziehung ihrer Kinder oder spricht man mit Eltern, deren Kinder mit Behinderungen leben müssen, so wird als gemeinsames Interesse deutlich, dass Unfälle zu vermeiden sind und die Bereitschaft besteht, jedes Mittel einzusetzen, Behinderungen zu beheben oder wenigstens Leiden zu mildern.

1. **Essen und emotionale Entwicklung:**
   Körper, Identität und Selbstkonzept

2. **Essgewohnheiten, kulturelle und soziale Einflüsse:**
   Ernährungsweisen, Ess- und Nahrungsstile, Essen in sozialer Gemeinschaft

3. **Ernährung und persönliche Gesundheit:**
   Ernährungs empfehlungen und Richtlinien, alte und neue Konzepte

4. **Prozesse der Erzeugung, Verarbeitung und Verteilung von Nahrung:** Lebensmittelqualität und globaler Handel

5. **Lebensmittel, Märkte, Verbraucher und Konsum:**
   Marketing, Werbung und Einkauf

6. **Konservierung und Lagerung von Nahrung:**
   Lebensmittelverderb, Hygiene, europäische Bestimmungen

7. **Kultur und Technik der Nahrungsmittelzubereitung:**
   Ästhetisch-kulinarischer Umgang mit Nahrungsmitteln, (inter)kulturelle, historische, soziale, religiöse Bezüge

Abb. 1: Die sieben Themenfelder des europäischen Kerncurriculums zur Ernährungsbildung

1. Handlungsebene des Individuums
Trendwende in den Köpfen von Schülerinnen, Schülern und Lehrkräften

- Gesundheitsressourcen der Ernährung im einzelnen Menschen stärken;
- Sinneserfahrung und Genuss im Umgang mit Nahrung als Ausgangspunkt für ernährungsbezogenes Lernen und Lernen überhaupt gestalten;
- das gemeinsame Essen als Mittel der individuellen Kommunikation verstehen.
- Trendwende im fachbezogenen Unterricht
- Traditionelle Fächer der Ernährungs- und Gesundheitserziehung gemäß den Lernfeldern des Europäischen Kerncurriculums (s.o.) neu orientieren;
- themenbezogene Fächerkooperationen ermöglichen;
- Lernprozesse und -ergebnisse an Kompetenzmodellen orientieren;
- Lebensführungskompetenzen zur zentralen Aufgabe der Ernährungs-, Gesundheits- und Verbraucherbildung machen.

2. Handlungsebene der Förderung von Gruppen
Trendwende durch gemeinsames Lehren und Lernen

- Lehr- und Lernprozesse durch differenzierenden Unterricht gruppenbezogen gestalten, Lehren und Lernen im Team;
- gemeinsame Essenszeiten im Unterricht und in den Pausen ermöglichen;
- interkulturelle Begegnungen durch gemeinsame Erfahrung verschiedener Esskulturen gestalten.

3. Handlungsebene der sozialen Organisation Schule
Trendwende in den Institutionen

- Das soziale Setting Schule als schützenswerten Raum für eine ästhetische Kommunikation der Ernährung verstehen und gestalten;
- Tageseinrichtungen schaffen, die einen angemessenen Stellenwert für Essen und Trinken in guter Atmosphäre und Raum für Bewegung eröffnen;
- Lehrende, die Gesundheit durch Ernährung und Bewegung vertreten, bei der Einstellung, durch Fort- und Weiterbildung fördern;
- Vertrauenspersonen für eine gesunde Organisation Schule wählen;
- Schulleitungen machen Gesundheitsförderung zu ihrem persönlichen Anliegen;
- Schulprogramm und Schulprofil Gesundheit entwickeln.

4. Handlungsebene der Lebenswelt Schule und ihres Umfeldes
Trendwende im alltäglichen Schulleben

- Qualität der Essensangebote in Ganztageeinrichtungen selbst bestimmen;
- durch die Atmosphäre beim Essen das Schulklima beeinflussen;
- Schulträger und externe Unterstützungssysteme entwickeln eine Agenda „Ernährung, Bewegung und Gesundheit" und verpflichten sich zu entsprechender Ausstattung von Bewegungs- und Entspannungsräumen, von Werkstatträumen zur Ernährungsbildung.

5. Handlungsebene der Gesellschaft und Politik
Trendwende durch politische Unterstützung

- Stundentafeln reformieren: Themenfelder der Ernährung ab der 3./4. Klasse, Ernährungs- und Verbraucherbildung in den 5. bis 10. Klassen aller Schularten etablieren;
- Pädagogische Konzepte von Ganztagseinrichtungen entwickeln, die die Empfehlungen
- für Verpflegungskonzepte der Deutschen Gesellschaft für Ernährung berücksichtigen [vgl. 11 u. 12];
- Erlasse und Empfehlungen zur Verpflegung in Schulen überprüfen und dem europäischen Kerncurriculum anpassen;
- Konzepte fördern, die sich an bildungsresistente Schichten richten;
- Bildungsstandards für Gesundheit entwickeln.

Abb. 2: Schulentwicklungskonzept zur ästhetisch-kulturellen Ernährungsbildung

Versteht man Adipositas als körperliche Behinderung, muss man fragen: Weshalb wenden sich Eltern nicht dem Essen, Trinken und Ernähren zu, um Übergewicht zu vermeiden, zum Schutz *und* für die Entwicklung ihrer Kinder? [9]

Kinder sind am Anfang ihres Lebens den Essensangeboten durch die Eltern ausgeliefert, bis sie eigene Entscheidungen treffen können. Mit den Essgewohnheiten entstehen Grundlagen für späteres Übergewicht. Ein adipöses Kind beim Schulsport zu erleben, zeigt die körperliche Behinderung mit weitreichenden psychosozialen Folgen.

Essen lernen ereignet sich für Kinder und Jugendliche stets im soziokulturellen Kontext. Essen im alltäglichen Zusammenleben mit anderen Menschen, in Familien, mit Freunden, in der Gemeinschaft gesellschaftlicher Einrichtungen ist Kommunikation, als deren Anteil sich Menschen, Nahrungsgestaltung und Atmosphäre erschließen. Gewohnheitsmäßig unbewusst, aber auch im direkten Austausch zwischen den Menschen und in bewusster Reflexion werden Nahrung und Essen zu Mitteln der Kommunikation, die untrennbar mit Sinnlichkeit verbunden sind. Diese umfasst sowohl den gesamten Bereich der organischen Wahrnehmungen und körperlichen Bedürfnisse als auch die seelischen Empfindungen des Menschen [15].

Anlässe und Orte gemeinsamen Essens lassen sich hervorragend nutzen, um durch Sinnesbildung die Entstehung von Essgewohnheiten in Richtung einer Geschmacksvielfalt zu entwickeln.

Außerdem könnte das gemeinsame Mahl als ein Ort dieser „ästhetischen Kommunikation" [2] wieder ins Zentrum sozialer Gemeinschaft zurückgeholt werden. Der Terminus Ästhetik orientiert sich hier an der ursprünglichen griechischen Bedeutung von *aisthesis* (= sinnlich vermittelte Wahrnehmung). Die geschichtliche Entwicklung des Ästhetikbegriffs verlief im 18. Jahrhundert von der aisthesis zur Ästhetik und führte von der Sinneswahrnehmung im Allgemeinen zur Kunst im Besonderen [1]. Ästhetische Kommunikation versteht die Rolle menschlicher „Aisthesis" als Basis und gleichsam organisches Fundament der Kultur und ihrer transformierenden Kraft [15]. Sie führt zu *sinnlicher Intelligenz*, an den Ausgangspunkt für Leben und Lernen überhaupt. In diesem Sinn gesundheitlich gebildet zu sein, entsprechend einem erweiterten Verständnis von *Health Literacy*, heißt, Fähigkeiten und Fertigkeiten im Umgang mit der eigenen Gesundheit zu entwickeln, den Wert von Gesundheit zu erfassen und zu bewahren, Wissen und Verständnis gesundheitswissenschaftlicher Zusammenhänge zu erwerben, die Grenzen naturwissenschaftlichen Verstehens zu erkennen, Verantwortung für die eigene Gesundheit zu entwickeln [3]. Als Prüfstein hoher Erwartungen an den Wissenstransfer schulischen Lernens eignen sich die Alltagsgewohnheiten des menschlichen Essverhaltens in idealer Weise.

Allgemeinbildung für Gesundheit und Wohlbefinden der Menschen

Das alltägliche Gesundheitsverhalten des Menschen wird von sinnlicher und leiblicher Erfahrung geprägt, die die Voraussetzung für kognitive Erkenntnis bildet. Bei einer vergleichenden Überprüfung von Erziehungs- und Bildungskonzepten wird deutlich, dass der europäische Leitfaden *Healthy eating for young people in Europe* von dieser Tatsache ausgeht und das tägliche Essverhalten des Menschen als einen Kernbereich gesunder Lebensführung erkennt [5]. In einem Kerncurriculum für alle Altersstufen (4–18 Jahre) verknüpfen sieben Themenfelder zum ersten Mal in Europa ernährungs- und gesundheitswissenschaftliche Kompetenzen mit einer ästhetisch-kulturellen Wertorientierungen für eine situations- und problemgerechte Anwendung des Wissens (Abb. 1), anschlussfähig für lebenslanges Lernen [9].

Das alltägliche Schulleben bietet vielfältige Möglichkeiten, Ess- und Verpflegungsanlässe mit dem Kerngeschäft des Unterrichtens zu verbinden.

Die Schlussfolgerungen aus der eingangs erwähnten Paderborner Studie verändern die Ansätze und Konzepte der schulischen Ernährungsbildung insgesamt: Im Mittelpunkt steht die Schärfung des Profils im Lernfeld Ernährung durch den Aufbau eines „Kerncurriculums". Es werden Themenfelder und Lerninhalte gefordert, die das europäische Konzept berücksichtigen und im Rahmen einer Reform der Ernährungs- und Verbraucherbildung in Schulen (Modellprojekt REVIS, Laufzeit: 2003–2005, s. Kap. 27) umgesetzt werden. In der Kooperation zwischen den Bundesländern Nordrhein-Westfalen (Federführung: Universität Paderborn), Baden-Württemberg und Schleswig-Holstein leistet das Forschungsprojekt REVIS die grundlegenden Arbeiten, um für den Bildungsbereich der Ernährungs- und Verbraucherbildung ein tragfähiges gemeinsames Rahmenverständnis zu formulieren und zu vermitteln, mit dem sich die Akteure in die allgemeine Bildungsdiskussion einbringen können. Dazu gehören unter anderem auch die Formulierung von Bildungszielen, die Klärung des Kompetenzbegriffs, die Entwicklung von Bildungsstandards und eines Kerncurriculums (*www.ernaehrung-und-verbraucherbildung.de*).

Wenn derartige neue Konzepte, die zur Gesundheitsförderung beitragen, nicht wie Bleigewichte an dem leckgeschlagenen Schiff Schule wirken sollen, indem sie lediglich zum bestehenden Fächerkanon hinzugefügt werden, muss sich das soziale Setting Schule insgesamt verändern. Eine Bildungsoffensive zur Gesundheitsförderung, deren Ziel es ist, kooperative, umfassend gesunde Wissensarbeiter auszubilden, die ihre Fähigkeiten und Ideen einsetzen, um Probleme zu angemessenen Kosten zu lösen, wird vermutlich über die Zukunft der weltweiten Wirtschafts- und Gesundheitssysteme der Gesellschaften entscheiden.

Um den „Knappheitsfaktor Mensch" [7] in unseren Schulen zu qualifizieren, wird eine Trendwende auf allen 5 Handlungsebenen der Ottawa-Charta von 1986 zur Gesundheitsförderung nötig sein. In dem in Abb. 2 vorgestellten Schulentwicklungskonzept wird dies beispielhaft an der ästhetisch-kulturellen Ernährungsbildung verdeutlicht.

Die Ergebnisse der PISA-Studie führten u.a. zu Forderungen nach mehr Ganztagseinrichtungen, woraus Verpflichtungen für Essensangebote entstehen (vgl. Kap. 13 + 16). Wenn die Institution Schule die sich daraus ergebenden Konsequenzen nicht wirtschaftlichen Interessen überlässt, sondern als Bildungsanliegen versteht, und es gelingt, mit allen in Schulen Tätigen eine gemeinsame pädagogische Konzeption zu entwickeln, so wird die ästhetische Gestaltung dessen zu einem guten Schulklima beitragen und Lehren und Lernen effizienter machen.

Ein Blick auf die Erfolgskriterien der Spitzenreiter der PISA-Studie bestätigt den Zusammenhang der Einflussnahme einer guten Atmosphäre auf das Kommunikations- und Lernklima sowie die Identifizierung der Mitglieder mit ihrer Einrichtung. Entwicklungen in Deutschland von der traditionellen Halbtagsschule zu Ganztagseinrichtungen können von diesen Erkenntnissen profitieren. Denn was wir nicht frühzeitig in der Bildung leisten, kommt uns später teuer zu stehen.

Prof. Dr. Ines Heindl
Institut für Ernährungs- und Verbraucherbildung
Universität Flensburg
Auf dem Campus 1
24943 Flensburg
E-Mail: iheindl@uni-flensburg.de

Ernährungslehre an berufsbildenden Schulen – Entwicklung handlungsorientierten Unterrichts

Brigitte Borrmann und Ulrike Weyland
Osnabrück

Ernährungslehre im Unterricht unterscheidet sich von vielen anderen Unterrichtsthemen dadurch, dass nicht in erster Linie Wissen vermittelt, sondern in aller Regel auch das Verhalten beeinflusst werden soll. Die Schülerinnen und Schüler sollen dazu befähigt und motiviert werden, sich gesünder zu ernähren, so wie sie durch Verkehrserziehung lernen sollen, sich sicher im Straßenverkehr zu verhalten.

Problemstellung

Verschiedene Faktoren können dazu beitragen, dass eine beabsichtigte Beeinflussung des Verhaltens ganz oder teilweise misslingt:

- Im Gegensatz zum Verhalten im Straßenverkehr, wo ein Fehlverhalten unmittelbare (und auch unmittelbar einsichtige) Folgen haben kann, löst das Nichteinhalten von Ernährungsregeln nur selten zeitnah negative Folgen oder Sanktionen wie Schmerzen oder Strafen aus.
- Die Gesundheit anderer Menschen wird, außer in der Schwangerschaft und Stillzeit, durch eine im ernährungsmedizinischen Sinne falsche Ernährungsweise nicht unmittelbar gefährdet. Der Zusammenhang zwischen ökologischen und ökonomischen Folgen (Umweltschäden, Kostenexplosion im Gesundheitswesen) und den Ernährungsgewohnheiten ist komplex. Er konkurriert als Einflussfaktor mit zahlreichen anderen Determinanten der menschlichen Nahrungsaufnahme [1, 12].

- In populärwissenschaftlichen Publikationen zum Thema Ernährung/Diäten weichen die Empfehlungen z.T. stark voneinander ab. Nicht selten müssen Expertenempfehlungen wegen neuer Erkenntnisse verbessert, ergänzt oder revidiert werden. Dies führt häufig zu einer Verunsicherung der Verbraucherinnen und Verbraucher.
- Eine Vorbildfunktion von Ernährungsexperten, Lehrkräften und Eltern ist häufig nur eingeschränkt gegeben.

Soll unter solchen erschwerten Bedingungen das Verhalten von Schülerinnen und Schülern beeinflusst werden, kann dies zu einer paradoxen Wirkung führen:

Das Nichtgelingen einer Ernährungsumstellung kann unterschwellige Schuldgefühle bewirken, die möglicherweise durch gesundheitsschädigendes Verhalten kompensiert werden [2].

Im hier vorgestellten Unterrichtskonzept wird deshalb auf die Ernährungsumstellung als Unterrichtsziel und damit auch auf die Weitergabe von Empfehlungen gänzlich verzichtet. Die Zielgruppe (Schülerinnen und Schüler an berufsbildenden Schulen) soll zwar befähigt werden, die eigene Ernährung zu beurteilen und auf eigenen Wunsch hin auch zu ändern, aber die Lehrkraft soll keinerlei Wertung der Ernährungsgewohnheiten vornehmen.

Merkmal	Erläuterung
Ganzheitlichkeit	Geprägt durch: ■ Mehrdimensionalität (neben der kognitiven Dimension sind die affektive und psychomotorische Dimension einzubeziehen) ■ Denken und Handeln in vollständigen bzw. komplexen Handlungsvollzügen (eigenständige Planung, Durchführung und Kontrolle bzw. Bewertung) ■ engen Praxisbezug ■ fächerübergreifende Betrachtung (die Fallsituationen stellen quasi die „neuen" Fächer dar)
Schüleraktivierung	Die Lerngegenstände sollen weitestgehend selbständig angeeignet werden, durch: ■ Ermöglichung eines Problem lösenden, relativ selbständigen – also gelenkt-entdeckenden – Lernens ■ – Ermöglichung auch äußerlich schüleraktiver Aktions- und Sozialformen ■ – eine interaktionsbetonte Unterrichtsgestaltung
Schülerorientierung	Subjektorientierung durch Individualisierung bzw. Binnendifferenzierung des Unterrichts, u. a. durch: ■ Anknüpfen an/Integration von vorhandenen Erfahrungen ■ Selbstorganisation der individuellen Lernprozesse durch Partizipation der Schüler an der Unterrichtsgestaltung z. B. auch durch die – von Schülern vorzunehmende – Wahl von Aktions- und Sozialformen mit einem hohen Grad an Selbstbestimmungsmöglichkeiten
Reflexion	Arbeitsrückschau auf die ■ Bewältigung der Bezugshandlung (Lernaufgabe) ■ Bewältigung des Lernprozesses

Tab. 1: Synopse: Merkmale handlungsorientierten Unterrichts [13]

Zentrales Anliegen ist es, den Schülerinnen und Schülern eine differenzierte, eigenständige Entscheidungsfindung zu ermöglichen, die langfristig zu einem reflektierten, individuellen Ernährungsverhalten führt, welches wiederum die persönliche Lebensqualität mit ihren Präferenzen (zu denen auch altruistische Motive gehören können) positiv beeinflusst.

Da das Ernährungsverhalten vielfältige kurz- und langfristige Konsequenzen für die eigene Gesundheit und das Wohlbefinden hat, erscheint es angebracht, keine pauschalen Regeln und Empfehlungen weiterzugeben, sondern vielmehr die Entwicklung individuell angepasster Strategien im Umgang mit dem Lebensmittelangebot zu unterstützen. Dies kann auch für die Lehrenden eine Chance sein, kräftezehrende und erfolglose Bemühungen zu vermeiden.

Der so gewählte Ansatz entspricht der 1986 von der WHO in der Ottawa Charta formulierten Definition von Gesundheitsförderung (▶ Kasten auf S. 150) .

Handlungsorientierung ist nach unserer Auffassung ein geeignetes Konzept, diesen Paradigmenwechsel von der am Risikofaktorenmodell orientierten Gesundheitserziehung hin zur salutogenetisch orientierten Gesundheitsförderung im Unterricht praktisch umzusetzen.

Salutogenese und Handlungsorientierung als theoretischer Bezugsrahmen

Die zunehmende Verbreitung des von Antonovsky entwickelten Salutogenese-Modells [4, 5] hat dazu beigetragen, den Blick stärker als bisher auf die Ressourcen und Kompetenzen der Adressaten von Gesundheitsförderung und -lehre zu richten. Nach Antonovsky ist die Nutzung so genannter generalisierter *Widerstandsressourcen* bei der Krisenbewältigung von ausschlaggebender Bedeutung.

Zu den personenbezogenen oder internalen Widerstandsressourcen gehören z.B. Wissen, die Fähigkeit Probleme zu lösen, Selbstvertrauen und internale Kontrollüberzeugung. Zu den äußeren oder externen Ressourcen werden intakte Sozialstrukturen, materielle Sicherheit sowie der Zugang zu Ausbildung und Beruf gezählt.

Die internalen und externen Ressourcen tragen zur Entstehung eines starken Kohärenzgefühls bzw. -sinnes (*„sense of coherence“*) bei. Eine solche Grundorientierung ermöglicht es Menschen, mit Stressoren jeglicher Art so umzugehen, dass sie ihre krank machende Wirkungen verlieren. Um mit diesem Kohärenzgefühl-Konstrukt sinnvoll arbeiten zu können, entwickelte ANTONOVSKY einen Fragebogen, welcher die Komponenten *Verstehbarkeit* (comprehensibility), *Handhabbarkeit* (managebility) und *Bedeutsamkeit* (meaningfulness) erfassen soll [6]. Die Entwicklung des Kohärenzgefühls hängt davon ab, welche Erfahrungen Kinder, Jugendliche und junge Erwachsene mit Eltern und Freunden, in der Schule, mit Medien und beim Eintritt ins Berufsleben machen.

- In sich schlüssige Erfahrungen schaffen die Basis für die Verstehbarkeitskomponente.
- Eine ausgewogene Belastung (weder Überforderung noch Unterforderung) schafft die Basis für die Handhabbarkeitskomponente.
- Die Teilnahme an der Gestaltung der Handlungsergebnisse ist grundlegend für die Bedeutsamkeitskomponente [4].

Später hängen Erfahrungen, die gemacht werden, mehr und mehr von der Stärke des Kohärenzsinns ab. Zahlreiche Studien haben einen Zusammenhang zwischen diesem und Messgrößen körperlicher und vor allem seelischer

Gesundheit belegt. Besonders schwach ausgeprägt ist das Kohärenzgefühl bei Menschen mit Suchtproblematik [5].

In Übereinstimmung mit der salutogenetischen Sichtweise fordern BARKHOLZ et al. [7], *„... Jugendliche mit den Kompetenzen auszustatten, die es ihnen ermöglichen, sich konstruktiv mit jugendtypischen Anforderungen und kritischen sozialen Situationen auseinander zu setzen.“* Damit schulische Gesundheitsförderung möglichst wirkungsvoll ist, sollten die subjektiven Interessen der Lernenden berücksichtigt werden und sollte der Unterricht auf Selbstbestimmung und Selbstverantwortlichkeit abzielen [8].

Im Folgenden wird aufgezeigt, wie handlungsorientierter Unterricht die Zielsetzungen von Gesundheitsförderung und des salutogenetischen Ansatzes von ANTONOVSKY unterstützen kann. Hierbei handelt es sich nicht um eine neue Methode, sondern um ein Unterrichtskonzept[1], das u.a. lernpsychologisch sowie sozialisationstheoretisch legitimierbar ist [10]. Der handlungsorientierte Ansatz greift die wesentlichen Leitgedanken und Zielsetzungen von Gesundheitsförderung konkret auf. Er geht von einem veränderten Verständnis von Unterricht, Lehren und Lernen aus und zielt bei den SchülerInnen auf die Entwicklung von Handlungskompetenz, mit den Teildimensionen Fach-, Methoden-, Sozial- und Personalkompetenz [11].

Mit Bezug auf die bisherige Unterrichtspraxis zum Themenbereich Ernährung spricht sich

> „Gesundheitsförderung zielt auf einen Prozess, allen Menschen ein höheres Maß an Selbstbestimmung über ihre Gesundheit zu ermöglichen und sie damit zur Stärkung ihrer Gesundheit zu befähigen. Um ein umfassendes körperliches, seelisches und soziales Wohlbefinden zu erlangen, ist es notwendig, dass sowohl Einzelne als auch Gruppen ihre Bedürfnisse befriedigen, ihre Wünsche und Hoffnungen wahrnehmen und verwirklichen sowie ihre Umwelt meistern bzw. sie verändern können.“

Definition von Gesundheitsförderung nach der Ottawa Charta der WHO (nach [3])

---

[1] In der Literatur liegen verschiedene Nominaldefinitionen zum Begriff „Handlungsorientierung“ vor [9]. In Anlehnung an GUDJONS [10] soll in diesem Artikel unter Handlungsorientierung ein Unterrichtsprinzip bzw. -konzept verstanden werden.

z.B. Methfessel [12] explizit für eine didaktische Umorientierung und Weiterentwicklung mit der Fokussierung auf den handlungsorientierten Ansatz aus. Die charakteristischen Merkmale handlungsorientierten Unterrichts hat Beck [13] unter Berücksichtigung einer Vielzahl von Autoren zusammengefasst (Tab. 1). Diese Übersicht liefert allerdings ein idealtypisches Bild. In der schulischen bzw. unterrichtlichen Praxis ist eine gleichermaßen zufrieden stellende Ausprägung aller aufgelisteter Qualitätsmerkmale handlungsorientierten Unterrichts selten anzutreffen. Im realen Geschehen werden unter Berücksichtigung situativer, tätigkeits- und adressatenspezifischer Gegebenheiten einzelne Aspekte verkürzt bzw. besonders betont [14].

Vergleicht man die am Anfang getroffenen Aussagen zur Gesundheitsförderung mit den Merkmalen des handlungsorientierten Unterrichts, dann zeigt sich, dass diese das Hauptanliegen von Gesundheitsförderung wesentlich unterstützen können. Denn gerade handlungsorientierter Unterricht ermöglicht Schülerinnen und Schülern, eigene Erfahrungen zum Themenkomplex Gesundheitsförderung ganzheitlich einzubringen und sinnorientiert ver- bzw. aufzuarbeiten. Im Bereich „Ernährung" fordert Methfessel [15] zugleich eine Schulung der sinnlichen Wahrnehmung und der Körperwahrnehmung. Dies kann im handlungsorientierten Ansatz durch Schülerorientierung und Schüleraktivität erreicht werden.

Methfessel [16] stellt im Hinblick auf die Entwicklung des Kohärenzgefühls fest:

„Sowohl die auf Abschreckung beruhenden Kommunikations- und Bildungskonzepte als auch die Empfehlungen verunsichern die Menschen in ihren bisherigen Essgewohnheiten (nur) und nehmen ihnen die stabilisierende Funktion des Essens."

Tabelle 2 verdeutlicht den möglichen Zusammenhang zwischen Merkmalen von Handlungsorientierung und dem Kohärenzgefühl.

Der ohnehin schwer definierbare Begriff der *Ganzheitlichkeit* ist in der tabellarischen Zuordnung nicht berücksichtigt worden, obwohl diesem Merkmal im Sinne des handlungsorientierten Unterrichts eine übergeordnete Bedeutung zukommt. Die Merkmale *Schülerorientierung, Schüleraktivierung* und *abschließende Reflexionsphasen* zielen darauf ab, die jeweiligen Komponenten des Kohärenzgefühls positiv zu beeinflussen.

Unterrichtskonzeption

Die bisherigen Ausführungen sollen anhand eines Unterrichtsbeispiels präzisiert werden. Allerdings wird hier nur eine Art „Grobplanung" vorgestellt, die bei der Umsetzung in die Praxis für eine bestimmte Zielgruppe einer didaktisch-methodischen Konkretisierung bedarf.

Idealtypisch müsste im handlungsorientierten Unterricht sogar von einer selbstständigen Planung, Durchführung und Auswertung des Unterrichts durch die Lernenden ausgegangen werden. Dies erfordert jedoch entsprechende Lernvoraussetzungen. Um die Unterrichtskonzeption einer breiten Basis zugänglich zu machen, wird vom idealtypischen Zustand des handlungsorientierten Konzeptes abgewichen. In Tabelle 3 ist die mögliche Umsetzung zusammenfassend dargestellt.

Einstiegs- und Orientierungsphase

Der Einstieg in die Thematik „Ernährung und Essgewohnheiten" erfolgt über eine visualisierte Zeitreise. In ihr werden, ausgehend vom 19. Jahrhundert, unterschiedliche Kulturen und Menschen in Hinblick auf die jeweiligen Essgewohnheiten vorgestellt. Den Abschluss bildet die Ankunft im 21. Jahrhundert. Hier werden die Themen „Ernährung" und „Essgewohnheiten" näher beschrieben, indem präzise auf unterschiedliche Lebenssituationen/-stadien (z.B. Ernährung von Säuglingen, alten Menschen, Jugendlichen) und Tagesabläufe (Menschen bei der Arbeit, zu Hause, im Restaurant) sowie auf einzelne Entwicklungen (z.B. Fast-Food-Ketten) eingegangen wird. Hierfür soll ein problemorientierter Zugang geschaffen werden,

Merkmale von Handlungsorientierung	Kohärenzgefühl
Schülerorientierung	*Meaningfulness* (Sinnhaftigkeit)
Schüleraktivierung	*Manageability* (Handhabbarkeit)
Reflexion	*Comprehensibility* (Verstehbarkeit)

Tab. 2: Merkmale von Handlungsorientierung in ihrer Zuordnung zu den Komponenten des Kohärenzgefühls [17]

indem gemeinsam mit den Lernenden die Vielschichtigkeit von „Ernährung, Essen und Essgewohnheiten" herausgestellt wird.

Die Schülerinnen und Schüler sollen bereits an dieser Stelle dafür sensibilisiert werden, dass es z.B. unterschiedliche Beweggründe für die jeweilige Essgewohnheit und das damit einhergehende (Wohl-)befinden eines Menschen gibt. Ebenso ist zu verdeutlichen, dass von Ernährungswissenschaftlern festgelegte Ernährungsregeln häufig auch missachtet werden. In diesem Zusammenhang sind die Lernenden bereits mit der Frage zu konfrontieren, ob es die „richtige oder gesunde Ernährung", die eine Steigerung der Lebensqualität bewirken soll, auch wirklich gibt. Dies kann über eine Einpunkt-Abfrage [18] verdeutlicht werden.

Im Anschluss an den problemorientierten Einstieg sollen die Lernenden sich mit ihrer eigenen Altersgruppe befassen, nämlich mit Jugendlichen und deren Essgewohnheiten. Auf eine Befragung zu den Essgewohnheiten in der Lerngruppe wird an dieser Stelle bewusst

verzichtet. Denn es wird davon ausgegangen, dass es bei einigen SchülerInnen wegen ihres „Erscheinungsbildes" (zu dick/zu dünn) eine Hemmschwelle gibt, diese zu beantworten.

Zur Dokumentation von Essgewohnheiten sollte gemeinsam mit den Lernenden ein Befragungsmuster erarbeitet werden. Denkbar wäre eine Orientierung an dem in der Tab. 4 skizzierten Leitfaden.

Wesentlich ist, dass sich das zu entwickelnde „Befragungsinstrument" an der mehrdimensional ausgerichteten Definition der WHO zum Begriff Gesundheit (körperliches, geistiges und soziales Wohlbefinden) orientiert [19].

Die Befragung der Jugendlichen und die der Lehrkräfte sollen als Gruppenarbeit durchgeführt und die Antworten auch in der Gruppe ausgewertet werden. Den Lernenden wird dabei freigestellt, wie sie die Ergebnisse dokumentierten möchten (evtl. sind hierzu noch andere Fächer einzubeziehen). Die Lehrkraft sollte allerdings in den vorherigen Stunden Möglichkeiten der Präsentation bzw. Dokumentation

Merkmale von Handlungsorientierung	Umsetzung/Beispiel	Kohärenzgefühl
Schülerorientierung	■ z. B. Erkundung der Essgewohnheiten von Jugendlichen und Lehrkräften; Fallbeschreibung eigener „Essgewohnheiten" (Selbsteinschätzung/Selbsterfahrung) ■ ressourcenorientierter Zugang zum Thema „Essverhalten"	*Meaningfulness* (Sinnhaftigkeit)
Schüleraktivierung	■ z. B. eigenständige gruppenbezogene Iformationssammlung und -darbietung durch die Lernenden zum Thema Ernährung und Essgewohnheiten unter Berücksichtigung mehrerer Perspektiven bzw. Dimensionen (z. B. soziale, psychische, physische, geschlechtsbezogene, gesellschaftliche Aspekte)	*Manageability* (Handhabbarkeit)
Reflexion	■ Analyse der eigenen und Essgewohnheiten Anderer im Sinne eines tieferen Problemverständnisses	*Comprehensibility* (Verstehbarkeit)

Tab. 3: Konkretisierung der Merkmale von Handlungsorientierung im Zusammenhang mit dem Kohärenzgefühl [17]

von Ergebnissen vorgestellt haben. Die erhaltenen Ergebnisse sollen später den anderen Jugendlichen in der Schule zugänglich gemacht werden (vgl. hierzu ebenso die Auswertungsphase).

Nach der Befragung anderer SchülerInnen sollte in der jeweiligen Kleingruppe schließlich noch über die Essgewohnheiten der jeweiligen Gruppenmitglieder gesprochen und diese anhand des Leitfadens dokumentiert werden.

Über die Fokussierung auf die Zielgruppe Jugendliche soll die bereits angesprochene Problematik an individuellen Essgewohnheiten konkretisiert werden. Ebenso soll unterstrichen werden, wie notwendig eine vielschichtige Betrachtungsweise bei der Beurteilung des Aspektes „richtige Ernährung" ist. Über die Kategorie „Wohlfühlaspekt" kann die individuelle Sichtweise/Wahrnehmung ebenfalls betont werden.

Planungsphase

Wesentlich ist, dass die Lehrkraft den Blick auf die individuell bereits vorliegenden Ressourcen bzw. Widerstandsressourcen, wie Kenntnisse/Fähigkeiten, die im Bereich Ernährung bereits vorhanden sind, und die zu erweiternden Ressourcen bzw. Widerstandsressourcen, wie soziale Kontakte, d.h. Essen in geselliger Runde, richtet.

Für die Gruppenarbeit wird vorausgesetzt, dass die Klasse in die Regeln und Techniken dieser Sozialform [20] bzw. Makromethode [21] gezielt eingeführt worden und mit dieser vertraut ist.

Unter Berücksichtigung der bereits besprochenen Aspekte ist mit den Lernenden ein Cluster zu erstellen, das die Facetten gesundheitsfördernder Essgewohnheiten aufgreift. Die leitende Frage zur Clusterbildung lautet: Welche Ressourcen in Bezug auf Ernährung und Essverhalten gibt es, um die Gesundheit zu erhalten oder zu fördern?

Durch die in der Fragestellung enthaltene Fokussierung auf die salutogenen Faktoren soll

die Sichtweise ressourcenorientiert in den Mittelpunkt gerückt werden. Beispielsweise kann ein Besuch mit Freunden in einem Fast-Food-Restaurant soziale Kontakte festigen und sich damit positiv auf das Wohlbefinden auswirken. Darüber hinaus sollte den Lernenden exemplarisch verdeutlicht werden, warum es auch zu Störungen des Essverhaltens kommen kann (z.B. soziale Normierung, geschlechtsbezogene Vorstellungen $\Rightarrow$ Schlankheitswahn, usw.).

Das Thema „Ernährung und Essgewohnheiten" (sozialer Bereich, psychischer Aspekt, physiologischer Aspekt usw.) wird dann in Gruppen bearbeitet, wobei im Sinne des Partizipationsprinzips die Lernenden selbst entscheiden sollten, welche Einzelthemen bzw. Schwerpunktsetzungen von den verschiedenen Gruppen aufzugreifen sind. Je nach der Methoden- und Sozialkompetenz kann die Zeit- und Arbeitsplanung von den SchülerInnen selbstständig vorgenommen werden. Um sie auch in die Planung mit einzubeziehen, wäre es u.a. vorteilhaft, wenn die Lernenden möglichst selbst entscheiden, wie sie ihre Ergebnisse präsentieren wollen.

Anzudenken und gemeinsam mit den Lernenden zu entscheiden ist zudem, ob eine Ausstellung zum Abschluss der Unterrichtseinheit in der Schule stattfinden soll, zu der andere Klassen eingeladen werden. Hierbei könnten die Lernenden weitere Befragungen zu den Essgewohnheiten anderer MitschülerInnen durchführen. Die Ergebnisse aus schon durchgeführten Befragungen sollten in die Ausstellung eingebunden sein. Außerdem könnten die Schülerinnen und Schüler in einer Art „Expertenfunktion" ihre MitschülerInnen beraten.

Durchführungsphase

Die SchülerInnen erhalten die Aufgabe, in Form von arbeitsteiliger Gruppenarbeit möglichst selbstständig Informationen zu den jeweiligen Kategorien in verschiedenen Einrichtungen/Institutionen einzuholen. Hierzu könnten sie sich z.B. an Stadtbibliotheken, Medienzentren, Ernährungsberater/-innen bei Krankenkassen, Ernährungsinstitute oder Selbsthilfegruppen wenden. Dies setzt natürlich voraus,

Tageszeit (Wann habe ich gegessen/getrunken?)			Soziales Umfeld (Wo habe ich … ?)	Zusammensetzung (Was habe ich … ?)	Wohlfühlaspekt (Wie habe ich mich danach gefühlt?)		
⏱ morgens	ja	nein			☺	☺	☹
⏱ vormittgas	ja	nein			☺	☺	☹
⏱ mittags	ja	nein			☺	☺	☹
⏱ nachmittags	ja	nein			☺	☺	☹
⏱ abends	ja	nein			☺	☺	☹
⏱ spätabends	ja	nein			☺	☺	☹

Tab. 4: Grober Leitfaden zur Erfassung der Essgewohnheiten

dass die SchülerInnen mit Lern- und Arbeitstechniken zur Informationsbeschaffung vertraut sind [21]. Die Lehrkraft sollte in dieser Phase vor allem beratend tätig sein.

Auswertungs- und Reflexionsphase

Die Ergebnisse werden anschließend dem Plenum präsentiert, wobei auf Möglichkeiten einer Bewertung der Ergebnisse und Lernprozesse nicht weiter eingegangen werden kann. Die Bewertung sollte jedoch produkt- und prozessorientiert sein, d.h. auch der Gruppenprozess an sich muss in die Analyse einfließen [22]. Je nach Leistungsstand der Lernenden bezüglich der Lern- und Arbeitstechniken können die Ergebnisse z.B. auf Plakaten, Infoblättern, in Form einer Broschüre oder als Rollenspiel dargestellt und in Form einer Ausstellung in der Schule präsentiert werden.

Abschließend sollen eine Reflexion in der gesamten Lerngruppe (möglichst in Kreisformation) und ein Rückgriff auf das eigene und das Essverhalten Anderer im Sinne einer vertiefenden Analyse und Fokussierung auf die ressourcenorientierte Sichtweise erfolgen. Ferner sollte die Situation in der Schule erneut aufgegriffen werden. Präzisiert werden sollte im Hinblick auf eine Wohlfühlatmosphäre, inwiefern Veränderungen in der Schule, bezogen auf das Thema Ernährung, notwendig sind. Mit Blick auf das Kohärenzgefühl ist geplant, vor Beginn und beim Abschluss dieser und weiterer Unterrichtseinheiten zum Themenkomplex Gesundheitsförderung einen Fragebogen zum Kohärenzgefühl [6] einzusetzen und auszuwerten.

Ausblick

Die Autorinnen plädieren für eine veränderte Sichtweise und damit handlungsorientierte Umsetzung in der Schule bezüglich des Themenkomplexes „Ernährung und Essgewohnheiten". Mit diesem Beitrag wird eine Unterrichtskonzeption hierzu vorgestellt, die auf dem salutogenetischen Modell von ANTONOVSKY und dem handlungsorientierten Ansatz beruht. Der mit ihr erhobene Anspruch geht jedoch über die bloße Planung eines Unterrichtsbeispiels hinaus. Zur Theorie-Praxis-Verzahnung und Unterstützung empirischer Lehr-/Lernforschung soll diese Konzeption in der Praxis erprobt werden. Ein solches Vorhaben stieß in bereits geführten Gesprächen mit Lehrkräften aus dem berufsbildenden Bereich auf eine gute Resonanz. Im Rahmen eines BLK-Modellversuches zum Themenkomplex „Kooperationsentwicklung in der Lehrerbildung" besteht am Beispiel der Gesundheitsförderung ebenfalls die Möglichkeit der Umsetzung und Erprobung des dargelegten Unterrichtsbeispiels.

Dipl.oec.troph. Brigitte Borrmann
MPH Ulrike Weyland

FB 8/Humanwissenschaften –
Gesundheitswissenschaften
Universität Osnabrück
Albrechtstr. 28
49069 Osnabrück

Muntere Magier mampfen mäßig

Die psychomotorische Antwort auf
Übergewicht im Kindesalter

Maria Ebert-Joisten, Birgit Hahnemann
Bonn

Seit dem Jahr 2001 gibt es das Schulungsprogramm „Projekt M – muntere Magier mampfen mäßig"[1]. Der Bonner Förderverein Psychomotorik richtet sich damit an übergewichtige 5- bis12-jährige Kinder sowie deren Eltern.

Einleitung

In der heutigen Zeit, in der Knabbereien und Fast Food überall zu haben sind und der Computer interessanter ist als das Spielen auf der Straße, fällt es übergewichtigen Kindern schwer, nicht weiter zuzunehmen. Dass genetische Faktoren die Entstehung von Übergewicht mitbestimmen, ist inzwischen bekannt. Ob ein Kind mit dieser Veranlagung an Gewicht zunimmt, hängt jedoch von dem ab, was es isst bzw. trinkt, und davon, was es in seiner Freizeit unternimmt.

Die Chance einer wirksamen Verhaltensänderung ist bei Kindern wesentlich größer als im späteren Lebensalter, denn über lange Jahre gefestigte Gewohnheiten lassen sich oft nur noch schwer verändern. Zudem werden Kinder, die noch wachsen, anders als Erwachsene bei gleich bleibendem Gewicht bzw. gleichbleibender Energiezufuhr schlanker.

Das Schulungsprogramm „Projekt M – muntere Magier mampfen mäßig" für übergewichtige Kinder wird seit 2001 vom Förderverein Psychomotorik in Bonn durchgeführt. Es richtet sich an übergewichtige 5- bis 12-jährige Kinder mit einem Gewicht über der 90.-BMI-Perzentilen (z.B. Junge: 59,3 kg und 1,47 m; Mädchen: 52,1 kg und 1,37 m) und ihre Eltern. Im Rahmen des Projekts werden alltagstaugliche Lösungsansätze vorgestellt, die während der Gruppentreffen ausprobiert und nach Abschluss fortgeführt werden können.

[1]Konzept Projekt M: Dr. Maria Ebert-Joisten, Diplom-Oecotrophologin; Birgit Hahnemann, Diplom-Sportlehrerin, Psychomotorik, systemische Familienberatung; Kristine Welter-Erll, Diplom-Oecotrophologin

Das Projekt findet im Förderzentrum E. J. Kiphard in Bonn-Medinghoven statt. Dies verfügt neben einer nach psychomotorischen Gesichtspunkten gestalteten Turn- und Erlebnishalle und einem Entspannungsraum auch über geeignete Seminarräume für die Kinder- und die Elterngruppen. Für Einzelberatungen gibt es einen Beratungsraum. Für das gemeinsame Kochen steht die Schulküche desselben Gebäudekomplexes zur Verfügung.

Ansatz und Betreuung des Projekts

Das Projekt M arbeitet mit einem ganzheitlichen Ansatz. Es stützt sich auf Arbeiten von MÜLLER, PUDEL u.a., nach denen genetisch bedingtes Übergewicht im Wesentlichen durch ungünstige Lebensmittelauswahl und problematisches Essverhalten sowie einseitiges, bewegungsarmes Freizeitverhalten ausgelöst wird.

Nicht nur das übergewichtige Kind wird „therapiert": das Projekt bezieht die gesamte Familie mit ein und unterstützt sie bei Verhaltens- und Einstellungsänderungen. Die Familien werden von einer Ernährungsmedizinerin begleitet, die mit den Haus- bzw. Kinderärzten der Patienten kooperiert. Sie stellt fest, ob die Teilnahme am Programm für die Kinder medizinisch notwendig ist, und führt die Eingangs- und Abschlussuntersuchungen durch. Hierbei werden erfasst: Alter, Größe, Gewicht, Blutdruck, Blutfettwerte und Blutzuckerwerte. Außerdem wird die körperliche Belastbarkeit des Kindes festgestellt. Beide Untersuchungen dokumentieren den medizinischen Erfolg.

Der Ernährungsteil für Eltern und Kinder wird von einer Diplom-Oecotrophologin betreut. Eine Diplom-Sportlehrerin mit Zusatzqualifikation Psychomotorik ist für den „bewegten Stundenanteil" zuständig. Die familien- und verhaltensfördernden Anteile betreut eine systemische Familienberaterin.

Abb. 1: Essen mit Genuss
statt Hungern

Systemisch-familientherapeutischer Ansatz

Der Kursleiter geht auf die individuellen Stärken, Bedürfnisse und Vorlieben der einzelnen Kinder ein. Durch den persönlichen Kontakt kann eine Beziehung aufgebaut werden, die den Kindern Wertschätzung und Respekt entgegenbringt und es ermöglicht, dass die Kinder wieder an ihre Fähigkeiten glauben. Dies wird auf kindgemäße Art und Weise erreicht, beispielsweise durch Erlebnisse auf der spielerischen, persönlichen, körperlichen und sinnlichen Ebene.

So werden Selbstheilungskräfte der Kinder aktiviert, d. h., sie entwickeln genügend Lebensfreude, eigenen Willen, Energie und Durchhaltevermögen, um ihr Leben neu zu gestalten und Teilbereiche in die eigenen Hände zu nehmen. Dies gelingt jedoch nur mit Hilfe der Eltern.

Projektbeschreibung

Nach einer ausführlichen medizinischen Eingangsuntersuchung und Anamnese nehmen die Kinder, die in altershomogene Kleingruppen eingeteilt werden, an dem einjährigen Schulungsprogramm teil. Während der dreimonatigen Intensivphase treffen sie sich jeweils wöchentlich 1½ Stunden zur psychomotorischen Förderung in der Gruppe der „Munteren Magier" sowie 1½ Stunden zur Ernährungsberatung und -schulung in der Gruppe der „Mampf Magier". Darüber hinaus findet eine intensive Elternarbeit in Gruppen- und Einzeltreffen statt.

Um am Projekt M teilnehmen zu können, müssen folgende Kriterien medizinisch abgeklärt sein: körperliche Belastbarkeit, Ausschluss einer endogenen Adipositas, BMI oberhalb des 90. alters- und geschlechtsspezifischen Perzentils gemäß den Leitlinien der Arbeitsgemeinschaft Adipositas. Eine weitere wesentliche Voraussetzung ist das deutliche Interesse seitens der gesamten Familie und der feste Wille, am Übergewicht des Kindes etwas zu verändern. Die Familien verpflichten sich per Vertrag, an dem kompletten Programm teilzunehmen.

Mampf Magier

Die Mampf Magier treffen sich unter dem Motto: Gewicht halten – wachsen – fertig! Ziele der Mampf-Magier:

- Gewichtskonstanz bzw. langfristige Gewichtsreduktion,
- Normalisierung der Fettaufnahme auf 30–35 % der Gesamtenergiezufuhr,

- Erhöhung der Kohlenhydratzufuhr, vor allem der Zufuhr komplexer Kohlenhydrate auf Basis der D-A-CH-Referenzwerte bzw. der optimierten Mischkost,
- Setzen realistischer Ziele und Einüben der flexiblen Kontrolle,
- Erkennen von Risikosituationen und Erprobung von Handlungsalternativen,
- dauerhafte Gewöhnung an das neue Verhalten.

Bei den Mampf-Magiern erfahren die Kinder in regelmäßigen Gruppensitzungen, woher es kommt, dass sie zunehmen und welche Folgen Übergewicht haben kann. Sie lernen, was sie gesund und fit macht und was sie schlapp und krank macht. So sollen in Zukunft möglichst viele „Schlappnix" gegen „Fitmacher" ausgetauscht werden, und man begibt sich als magischer Detektiv auf die Spur der „Schlappnix". Das heißt, die Kinder lernen, Lebensmittel mit hohem Fettgehalt gegen fitmachende Lebensmittel mit niedrigem Fettgehalt und vielen wichtigen Nährstoffen auszutauschen.

Bei verschiedenen Spielen erfahren die Kinder, was es bedeutet, mit allen Sinnen zu genießen. Außerdem machen sie sich mit Risikosituationen (z.B. Langeweile, Frustessen) vertraut und überlegen Handlungsalternativen.

Zu Hause wird regelmäßig ein „Mampf- und Fitnessbogen" ausgefüllt. Diese Selbstbeobachtung sowie eine Belohnungskarte zur Verstärkung positiven Verhaltens sind zentraler Bestandteil der Gruppe.

Insgesamt liegt der Ernährungstherapie die optimierte Mischkost des Dortmunder Forschungsinstituts für Kinderernährung zu Grunde. An zwei Nachmittagen wird das Gelernte in einer Lehrküche in die Praxis umgesetzt und schmackhafte, kalorienarme Speisen zubereitet. So erlernen die Kinder spielerisch, wie sie durch bewusstes Essen und Trinken ihr Körpergewicht langfristig verändern können.

Muntere Magier

Bewegungsspaß mit Wirkung – so lautet das Motto der „Munteren Magier".

Ziele der Munteren Magier:
- Verbesserung der Selbst- und Körperwahrnehmung und der Selbstakzeptanz,
- Verbesserung der Sinneswahrnehmung und damit der allgemeinen Lernfähigkeit,
- Förderung der Persönlichkeitsentwicklung,
- Förderung der Handlungsfähigkeit, Steigerung der aktiven Bewegung
- im Alltag,
- Verbesserung des körperlichen und
- seelischen Wohlbefindens.

Bei der Gruppe „Muntere Magier" soll in erster Linie die Bewegungsfreude der Kinder verbessert bzw. geweckt werden. Denn nur darüber kann sich langfristig, also auch über das Projektende hinaus, das Bewegungsverhalten der Kinder hin zu mehr Aktivität verändern.

Dem Projekt liegt ein psychomotorisches Konzept zu Grunde, das u.a. Prinzipien der Kindzentriertheit berücksichtigt. Das Selbstbild der Kinder verbessert sich, es wird von ihren Stärken, nicht von ihren Defiziten ausgegangen (Abb. am Abschnittbeginn S. 111).

Dies wird beispielsweise in 3 Unterrichtseinheiten sichtbar, die sich mit dem Thema körperliche Kraft auseinandersetzen. Kraft ist fast immer eine Stärke übergewichtiger Kinder, da sie ja täglich mit einigen Kilogramm mehr trainieren als ihre Altersgenossen. In Spielen mit den großen Weichbodenmatten, schweren Schaumstoffwürfeln oder Pezzibällen wird diese Kraft positiv erfahrbar. In kurzen Gesprächseinheiten, die sich mit Praxiseinheiten abwechseln, wird das Thema Kraft – mit seinen Risiken und Chancen im sozialen Zusammenleben – erörtert. So erzählen die Kinder, wie und wann sie mit ihrer Kraft etwas Wichtiges für sich oder andere geschafft haben.

Der Infokasten zeigt beispielhaft die Aktivitäten während der Treffen. ▶

Indem die enge Wechselbeziehung der Motorik zu den anderen Persönlichkeitsbereichen genutzt wird, findet eine sehr effektive und kindgemäße Form der Entwicklungsförderung statt. Im Mittelpunkt steht die Förderung der Persönlichkeitsentwicklung und Handlungsfähigkeit des Kindes.

Im traditionellen Sport- und Bewegungsangebot an Schulen und Vereinen erfahren übergewichtige Kinder sehr schnell, dass sie nicht zu den leistungsfähigen Kindern zählen. Diese

Stundenbeispiele

Mampf-Magier

1. Lebensmittelwahl:
Fettreiche Lebensmittel
„Du begegnest zum ersten Mal den Schlappnix in deinem Butterbrot und bastelst das Magier-Meter"
Hausaufgabe: Nach dem Magier-Meter essen und davon berichten

2. Lebensmittelwahl –
Austauschen statt Verzichten
„Wir machen Fitness-Brote und tauschen Schlappnix gegen Fittmacher aus"
Hausaufgabe: Eine Austauschmöglichkeit für das eigene Brot zu Hause ausprobieren

3. Lebensmittelwahl: Lebensmittel mit komplexen Kohlenhydraten und ihr Anteil am täglichen Speiseplan
„Du besuchst die Fidelos im Fitmacherland und lernst die Verkehrsregeln für das Schlaraffenland kennen"
Hausaufgabe: Seinen Lieblingsfitmacher zur nächsten Stunde mitbringen

Muntere Magier

1. Springen, Fliegen, Fallen im Förderzentrum
Hausaufgabe: Eine Schaukel in der Nähe des Wohnortes aufsuchen, ausprobieren und davon berichten

2. Die Abenteuer der Magier
Hausaufgabe: Eine schwere Arbeit zu Hause erledigen (z. B. Wäschekorb aus dem Keller tragen o. ä.)

3. Alles rollt
Hausaufgabe: Ausprobieren, was zu Hause rollt (z. B. Inliner, Rollschuhe, Roller, Fahrrad, Skateboard ...)

frustrierende Selbsterkenntnis zusammen mit den Hänseleien der anderen Kinder erzeugen häufig einen Teufelskreis:

Übergewicht ⇨ verminderte motorische Leistungsfähigkeit ⇨ Hänselei ⇨ Vermeidung motorischer Vergleichssituationen ⇨ weitere Verschlechterung der motorischen Leistungsfähigkeit ⇨ immer weniger Bewegung ⇨noch mehr Übergewicht.

Mit Hilfe der Psychomotorik lässt sich dieser Teufelskreis durchbrechen. Es geht hierbei nie um den direkten Leistungsvergleich der Kinder untereinander und auch nie um ein von außen verordnetes Ausdauer- und Fettverbrennungsprogramm. Die oben beschriebenen Aspekte der Psychomotorik bewirken, dass auch übergewichtige Kinder wieder Spaß an der Bewegung bekommen, Erfolgserlebnisse haben, sich etwas zutrauen und sich auch effektiv motorisch verbessern. Über die Vermittlung eines neuen Körper- und Selbstwertgefühls wird so langfristig der Zugang zu mehr körperlicher Aktivität und gesünderer Lebensweise ermöglicht.

Die praktischen Maßnahmen bestehen aus einer Sinnesschulung, spaßbetonter und intensiver Belastung der großen Muskelgruppen, spielerischer Verbesserung der Haltung insbesondere im Fuß- und Rumpfbereich (z.B. am großen Trampolin), erlebnisreichen Bewegungsabenteuern, Entspannungs- und Wahrnehmungsspielen, alltagsnahen Bewegungsangeboten, „bewegenden" Hausaufgaben, Einbeziehung der Eltern und Geschwister in einen bewegteren und damit aktiveren Alltag.

Obermagier

Über die Kinder zu den Eltern! Die Elternarbeit ist eine weitere Säule des Projekts M. Da die Eltern nicht nur das Kochen und Essen bestimmen, sondern den gesamten Lebenshintergrund des Kindes, ist ihre Unterstützung und Mitwirkung unerlässlich.

Neben einer eingehenden Ernährungsanamnese erhält jede Familie deshalb eine individuelle Ernährungsberatung, mit dem Ziel, dass die gesamte Familie ihr Ernährungsverhalten überdenkt und hinsichtlich einer ausgewogenen Mischkost verändert. Auf diese Weise wird verhindert, dass das übergewichtige Kind stigmatisiert wird oder als Einziges ein auf lange Sicht nicht durchhaltbares, familienuntypisches Verhalten annimmt. In persönlichen Zwischengesprächen, basierend auf systemischer Familienberatung, werden mit den Eltern gemeinsam Fortschritte, Schwierigkeiten und Möglichkeiten zur Lösung erörtert. Bei Bedarf können die Familien weitere Einzelberatungen in Anspruch nehmen.

In der Intensivphase von 3 Monaten gibt es insgesamt 4 Elternabende, die sich mit 3 Themenkomplexen beschäftigen. Je nach Bedürfnislage in den Gruppen werden dann die Schwerpunkte der Abende individuell gelegt. Die Abende beginnen immer mit einem bewegten Einstieg und enden mit einer Besinnungs- oder Entspannungsübung. Einige dieser Übungen dienen der reinen Selbsterfahrung, andere können zu Hause mit den Kindern nachgespielt werden. Im Folgenden werden die 3 Themenkomplexe genauer beschrieben.

Ernährungsalltag

Die Eltern erfahren, welche Faktoren bei der Entstehung von Übergewicht eine Rolle spielen und wie sie diese beeinflussen und damit ihr Kind unterstützen können. Sie lernen, was ihr Kind braucht, um fit und gesund zu sein und die drei Regeln der optimierten Mischkost kennen (d. h. reichlich pflanzliche Lebensmittel und Getränke, ausreichend tierische Lebensmittel und wenig fettreiche Lebensmittel). Zudem wird die Rolle von Essen und Trinken allgemein erläutert.

Besonders wichtig ist die Unterstützung der Kinder beim Erstellen des Ernährungsprotokolls und bei der Umsetzung seiner Essziele. Praktische Tipps bezüglich Einkaufen, Kochen sowie Handlungsalternativen für das Essen außer Haus, bei Kindergeburtstagen, Festen usw. werden erarbeitet. Spielvorschläge mit gesundem Essen werden gemeinsam ausprobiert, z.B. ein Würfelspiel mit Obst.

Erziehungsalltag

Eine gute Beziehung zwischen Eltern und Kindern ist die Voraussetzung für die angestrebten Veränderungen der Essgewohnheiten. Kommunikationsmuster und eingefahrene Verhaltensweisen sollen anhand von Erfahrungsaustausch und Rollenspielen deutlich werden. Grundbedürfnisse der Kinder, Geben und Empfangen von Rückmeldungen, positive Verstärker, Entwicklung von Bewältigungsstrategien werden thematisiert. Der Schwerpunkt liegt dabei bei den Bedürfnissen und Problemen der jeweiligen Gruppe, sowie den Erfahrungen aus dem konkreten Familienalltag.

Bewegungsalltag

Bei einem bewegten Elternabend erleben die Eltern Psychomotorik am eigenen Leib. So führen sie sich gegenseitig mit verbundenen Augen durch die Erlebnishalle, spielen „fliegender Teppich" am Trampolin und versinken wie ihre Kinder in der Schaumstoffgrube. Es werden die Lieblingsspiele der Kinder nachgespielt und die Wirkungsweise verschiedener Spiele erläutert.

Oft haben auch die Eltern keine positiven eigenen Bewegungserfahrungen gesammelt. Daher ist es wichtig, hier noch einmal neue Erlebnisse zu ermöglichen, damit die Eltern auch im Alltag leichter die eigene Bewegung und die ihrer Kinder freudvoll erleben. Mit den bewegten Hausaufgaben der munteren Magier (z.B. Schwimmbadbesuch, Fahrradtour, Drachensteigen), oftmals nur gemeinsam mit den Eltern möglich, wird der Familienalltag sukzessive aktiver.

Nachbetreuung

Zur weiteren Unterstützung und zur Kontrolle des langfristigen Erfolgs werden im Anschluss an die 3-monatige Intensivphase drei Treffen im Abstand von 3, 6 und 12 Monaten durchgeführt. Die Treffen erstrecken sich über 2 Unterrichtseinheiten Psychomotorik für die Kinder und 2 Unterrichtseinheiten Gesprächskreis für die Eltern.

Kind	Eingangsuntersuchung					Nachuntersuchung				
	Größe m	Gew. kg	BMI kg/m²	90. Perz.	97. Perz.	Größe m	Gew. kg	BMI kg/m²	90. Perz.	97. Perz.
1	1,38	64,8	34,03	19,01	21,11	1,39	65	33,64	19,38	21,64
2	1,37	52,1	27,76	20,42	23,04	1,37	51	27,17	20,80	23,54
3	1,45	46,4	22,07	18,86	20,93	1,47	45,8	21,19	19,25	21,47
4	1,47	59,3	27,44	21,02	23,91	1,48	58,4	26,66	21,61	24,51
5	1,58	58,8	23,55	20,80	23,54	1,60	56,8	22,19	21,20	24,03
6	1,47	42,4	19,62	20,04	22,54	1,48	43,4	19,81	20,42	23,04
7	1,48	49,9	22,78	21,02	23,91	1,49	49,2	22,16	21,43	24,45
MW	1,46	53,39	25,32			1,47	52,80	24,69		
S	0,07	7,94	4,81			0,08	7,64	4,81		
Min	1,37	42,4	19,62			1,37	43,4	19,81		
Max	1,58	64,8	34,03			1,60	65	33,64		

MW = Mittelwert, S = Standardabweichung, Min = kleinster Wert, Max = größter Wert

Tab 1: Vergleich des BMI der einzelnen Kinder zwischen Eingangs- und Nachuntersuchung [PAPE 2003]

Bei jedem Treffen werden Körpergewicht und Größe der Kinder erfasst, und die Eltern werden nach dem weiteren Erfolg der Maßnahme befragt. Außerdem sollen die Kinder nach Möglichkeit in bereits bestehende Psychomotorik-Kurse oder andere Bewegungsangebote vor Ort eingegliedert werden.

Evaluation und Ausblick

Die Evaluation erfolgt mittels folgender Kriterien:

- Gewichtskonstanz (BMI),
- Ernährungsumstellung, Änderung von Koch-, Einkaufs- und Verzehrsgewohnheiten (der Familie/des Kindes),
- vermehrte Aktivität im Alltag,
- Verbesserung von Körperwahrnehmung und motorischer Leistungsfähigkeit,
- Verbesserung des körperlichen und seelischen Wohlbefindens.
- Erhebung anthropometrischer Werte durch die Ärztin,
- Ernährungsprotokolle,
- Beobachtungsprotokolle,
- Fragebögen,
- Interviews,
- wissenschaftliche Begleitung durch die DSHS Köln.

Im Rahmen einer Diplomarbeit an der Kölner Sporthochschule wurde eine Schulungsreihe des Projekts M begleitet. Der Tabelle 1 ist zu entnehmen, dass sich der BMI während der Schulungsreihe signifikant reduzierte. Gleichzeitig wurde bei dieser Diplomarbeit der Einfluss auf die Gesamtkörperkoordination mittels eines Körperkoordinationstests für Kinder (KTK) nach KIPHARD und SCHILLING bestimmt. Hier zeigte sich ebenfalls eine signifikante Verbesserung.

Nach drei Jahren Projekt M ist die Erfolgsbilanz zufriedenstellend. In der Intensivphase gelingt es fast allen Kindern, die Kursziele zu erreichen. Nach Abschluss des gesamten Jahres gibt es allerdings auch einige, die wieder in alte Verhaltensmuster zurückfallen. Die Autorinnen arbeiten daher zurzeit an einem Konzept für einen Aufbaukurs Projekt M, der den langfristigen Erfolg noch verbessert.

Birgit Hahnemann
Förderverein Psychomotorik
Wernher-von-Braun-Str. 3
53113 Bonn
birgit.hahnemann@psychomotorik-bonn.de

Projekt Schulcafeteria

Phantasie, Kreativität und viel Eigenleistung sind gefragt
– Erfahrungen aus einem Wettbewerb für Schulen in Bayern

Regine Faust
Ottobrunn

Unter dem Motto „Wo gibt es die fetzigste Schulcafeteria?" wurde 2000 und 2001 in Bayern ein Projekt mit dem Ziel durchgeführt, durch die Einrichtung von Cafeterien die Ernährungssituation in den Schulen zu verbessern. Gleichzeitig sollten so die fachlichen und sozialen Kompetenzen der Schüler gefördert werden. Zielgruppe waren Schüler ab der 5. Jahrgangsstufe[1].

Projektbeschreibung

Das Projekt umfasste die Entwicklung eines Konzepts für eine Schulcafeteria (Teil 1) und dessen Umsetzung und Erprobung in die Praxis (Teil 2). Anleitung und Hilfestellung für die Teilnehmer lieferten zahlreiche Faltblätter, die Internetseiten des Kuratoriums Schulverpflegung e. V. und der Münchner Aktionswerkstatt für G'sundheit sowie der Beratungsservice der AOK Bayern, die staatlichen Ernährungsberatungsstellen der Landwirtschaftsämter und die staatlichen Schulämter.

Für die Erstellung des Konzepts und des Praxisberichtes konnten sich die Teilnehmer an einem Leitfaden orientieren. Er enthielt u.a. Fragen zur Organisation, Finanzierung, Ausstattung, zum Speisen- und Getränkeangebot und zur Nutzung der Cafeteria sowie Speisenplangestaltung und Beteiligung der Schüler.

Während der Durchführung des Projekts wurde auf eine detaillierte und standardisierte Datenerhebung verzichtet, um die teilneh-

[1] Initiiert und begleitet wurde die Aktion vom Kuratorium Schulverpflegung und der Münchner Aktionswerkstatt G'sundheit in enger Zusammenarbeit mit dem Bayerischen Staatsministerium für Gesundheit, Ernährung und Verbraucherschutz und dem Bayerischen Staatsministerium für Unterricht und Kultus. Zugleich fand die Aktion eine breite Unterstützung durch die Industrie. Die Landesvereinigung der Bayerischen Milchwirtschaft e. V., die AOK Bayern, die Firmen AMC Alfa Metalcraft, Hipp, Danone, Kellogg's, Müller Brot und Nestlé Deutschland sowie die Schulversorgung München und die Süddeutsche Zeitung unterstützten die Aktion.

menden Schulen zu entlasten. Somit mussten die recht individuell verfassten Berichte nachträglich systematisiert und für eine quantitative Auswertung aufbereitet werden. Die Ergebnisse beider Projektteile wurden zusammengefasst, da sich kaum Unterschiede zwischen den erstellten Konzepten und der praktischen Umsetzung ergaben.

Teilnehmer

Von 248 angemeldeten Schulen führten 134 den ersten und 53 den zweiten Teil des Projekts durch. Die relative geringe Beteiligung an der praktischen Phase beruht auf dem dafür erforderlichen hohen Zeitaufwand sowie dem großen Schritt von der Theorie zur Praxis. Mehr als die Hälfte der Beiträge stammten aus Hauptschulen, die wenigsten aus Berufs- und Sonderschulen. Verglichen mit der Schulstruktur in Bayern, waren Gymnasien und Hauptschulen überproportional stark vertreten. Über 50 % der teilnehmenden Schulen hatten bereits Erfahrungen mit dem Betrieb einer Cafeteria.

Konzeption und Umsetzung des Projekts

Lage und Ausstattung: Beinahe zwei Drittel der Teilnehmer planten die Cafeteria leicht zugänglich im Eingangs- oder Durchgangsbereich der Schule. Gelegentlich musste aus organisatorischen oder räumlichen Gründen auf andere Standorte ausgewichen werden. So bauten die Schüler der Berufsschule 3 in Nürnberg äußerst fantasievoll einen Eisenbahnwagen zum Café Ferrovia um.

Die typische Grundausstattung bestand aus Tischen und Sitzgelegenheiten, einer Ausgabetheke sowie diversen Koch- und Kühlgeräten sowie Geschirr.

Etwas mehr als die Hälfte der Cafeterien verfügte über eine eigene Küche. Großen Wert legten die Teilnehmer auf eine ansprechende Dekoration, die von Bildern und Pflanzen bis hin zur kompletten Neugestaltung von Wänden und Decken reichte. Zur erweiterten Ausstattung zählten Computer, Musikwiedergabegeräte, Spiele, Lesestoff und gemütliche Sitzecken.

Für die Einrichtung der Cafeteria schlossen die meisten Schulen einen Kompromiss zwischen Neubeschaffung von Mobiliar und Eigenproduktion. Die Hauptschulen Kempten auf dem Lindenberg und Wertingen zeigten sehr eindrucksvoll, wie die Schüler ihre Fähigkeiten in den Dienst der Schule einbringen können. So wurde aus einem trüben Klassenzimmer die fetzige Cafeteria „Aquaria", aus einfachen Kabeltrommeln entstanden schmucke Bistrotische. Im Kunstunterricht des Markgräfin-Wilhelmine-Gymnasiums Bayreuth wurden, passend zum Namen der Cafeteria „Wellenmeer", Hängelampen entworfen und gebaut.

Finanzierung

Die Anschubfinanzierung in Form von Geld(-spenden), Sachspenden und Handwerksleistungen leisteten die Schulen selbst bzw. die Schulträger sowie Eltern und örtliche Betriebe bzw. Unternehmen. Der laufende Betrieb sowie anstehende Investitionen wurden über die Verkaufserlöse und Sonderaktionen finanziert. Einige Schulen gründeten hierfür eigene Aktiengesellschaften, die jedoch eine zeitaufwändige Finanzverwaltung erfordern.

Die Projekte zeigten deutlich, dass die Einrichtung einer Schulcafeteria häufig an finanziellen Fragen scheitert. Hier ist Fantasie erforderlich, um auch langfristig Geldquellen zu erschließen. So verkaufte man am Adam-Kraft-Gymnasium Schwabach Gutscheine für den Cafeteria-Besuch.

Arbeitsorganisation und Öffnungszeiten

Sowohl Art als auch Qualität und Zeitbedarf der anfallenden Arbeiten wurden in Anweisungen und Arbeitsplänen oft akribisch genau festgehalten. Je nach dem Grad der Schülerbeteiligung reichten die Arbeiten der Teams von der Speisenplanung über die Beschaffung von Lebensmitteln und Speisenzubereitung bis hin zur Abrechnung und Reinigung von Geschirr, Küche und Cafeteriaraum. Jede Schule entwickelte ihr eigenes Konzept für den Einsatz der Teammitglieder.

Bei über drei Viertel der Teilnehmer übernahm eine Lehrkraft übergeordnet die Verantwortung für die Cafeteria, vor allem für die Finanzierung. Die Herstellung von Speisen betreuten gegebenenfalls hauswirtschaftliche Fachlehrerinnen, manchmal auch Eltern.

Für den Betriebsablauf im Cafeteriaraum waren i.d.R. die Teammitglieder allein verantwortlich. Einige Schulen nutzten die Cafeteria, um den Fachunterricht praxisnah zu gestalten, z.B. in den Fächern Arbeitslehre, Hauswirtschaft, Technisches Arbeiten und Mathematik.

Die meisten Cafeterien öffneten an jedem Schultag, meist allerdings nur in der Mittagspause (48%) oder in der Pause am Nachmittag (25%). Einige wenige hatten nur in den Vormittagspausen geöffnet. Konflikte mit dem Pausenverkauf durch die Hausmeister gab es daher kaum.

Speisen- und Getränkeangebot

Das Speisenangebot war vielfältig. Unter den kalten Speisen standen mit Wurst, Käse und Salatdekor belegte Brotwaren an erster Stelle, gefolgt von süßem Gebäck und Obst. Als warme Speisen wurden am häufigsten Pizzen und ähnliche Gerichte angeboten, gefolgt von Süßspeisen. Gelegentlich gab es auch Nudelgerichte und Suppen.

An Getränken wurden am häufigsten Säfte und Früchtetees angeboten. Milchmixgetränke und Kaffee nahmen eine mittlere Position ein.

Da die meisten Teams nur sehr wernig Zeit für die Speisenherstellung hatten, wurden die warmen Speisen vermutlich häufig nicht selbst hergestellt, sondern tiefgekühlt eingekauft (Ausnahme: Schulen mit hauswirtschaftlichem Unterricht). Der ernährungsphysiologische Wert der Speisen ist daher nur schwer zu beurteilen.

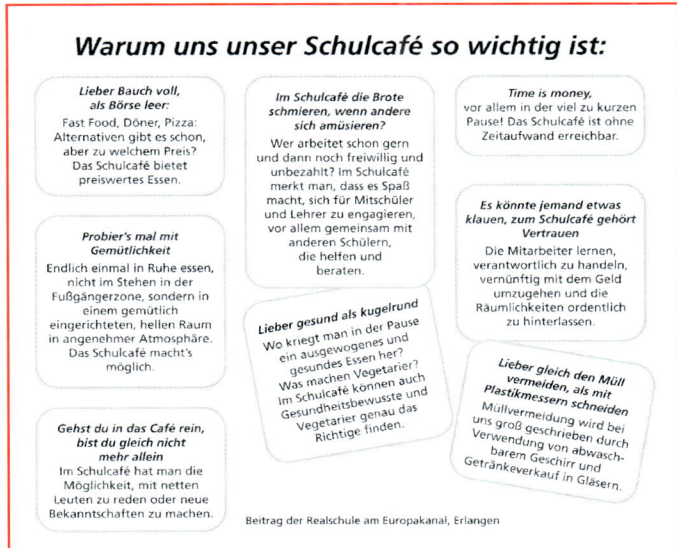

Warum uns unser Schulcafé so wichtig ist:

Lieber Bauch voll, als Börse leer:
Fast Food, Döner, Pizza: Alternativen gibt es schon, aber zu welchem Preis? Das Schulcafé bietet preiswertes Essen.

Im Schulcafé die Brote schmieren, wenn andere sich amüsieren?
Wer arbeitet schon gern und dann noch freiwillig und unbezahlt? Im Schulcafé merkt man, dass es Spaß macht, sich für Mitschüler und Lehrer zu engagieren, vor allem gemeinsam mit anderen Schülern, die helfen und beraten.

Time is money,
vor allem in der viel zu kurzen Pause! Das Schulcafé ist ohne Zeitaufwand erreichbar.

Probier's mal mit Gemütlichkeit
Endlich einmal in Ruhe essen, nicht im Stehen in der Fußgängerzone, sondern in einem gemütlich eingerichteten, hellen Raum in angenehmer Atmosphäre. Das Schulcafé macht's möglich.

Es könnte jemand etwas klauen, zum Schulcafé gehört Vertrauen
Die Mitarbeiter lernen, verantwortlich zu handeln, vernünftig mit dem Geld umzugehen und die Räumlichkeiten ordentlich zu hinterlassen.

Lieber gesund als kugelrund
Wo kriegt man in der Pause ein ausgewogenes und gesundes Essen her? Was machen Vegetarier? Im Schulcafé können auch Gesundheitsbewusste und Vegetarier genau das Richtige finden.

Lieber gleich den Müll vermeiden, als mit Plastikmessern schneiden
Müllvermeidung wird bei uns groß geschrieben durch Verwendung von abwaschbarem Geschirr und Getränkeverkauf in Gläsern.

Gehst du in das Café rein, bist du gleich nicht mehr allein
Im Schulcafé hat man die Möglichkeit, mit netten Leuten zu reden oder neue Bekanntschaften zu machen.

Beitrag der Realschule am Europakanal, Erlangen

Wie bereits angeführt, konnten keine detaillierteren Angaben zum Speisen- und Getränkeangebot erfasst werden. Dennoch lassen die Angaben vermuten, dass das Angebot unter ernährungsphysiologischen Gesichtspunkten Defizite aufweist. Selten wurden Salate, Gemüse und Milchprodukte angeboten, dagegen häufig zuckerreiche Speisen und Getränke. Immerhin strebt knapp ein Fünftel der Teilnehmer künftig ein vollwertiges Speisenangebot an. Selten wurden Lebensmittel aus regionaler und/oder ökologischer Produktion eingesetzt.

Als Folge der Beratung im Rahmen des Projektes wurden bei der Realisierung der Cafeterien in der zweiten Projektphase regionale, saisonale und ökologische Aspekte bei der Lebensmittelauswahl stärker berücksichtigt.

Die Zubereitung der Speisen mit oder ohne Unterstützung von Erwachsenen gehörte meist zu den Aufgaben der Teammitglieder. Besonders Schulen mit dicht gedrängten Unterrichtsplänen (Gymnasien) und knapp bemessenen Mittagspausen vergaben diese Tätigkeiten an Externe.

Beschaffung und Entsorgung

Die Beschaffung der Lebensmittel erwies sich als unproblematisch. Diese wurden von den Teams selbst eingekauft und durch Lieferungen örtlicher Geschäfte an die Schule bzw. den Hausmeister ergänzt.

Die Schülerteams waren sich des Abfallproblems in aller Regel bewusst und sortierten entsprechend den Gemeindeverordnungen nach Müllarten. Aber nur wenige versuchten, Müll zu vermeiden, indem sie bereits bei der Einkaufsplanung unverpackte Waren oder solche in Mehrwegbehältern bevorzugten.

Nutzung der Cafeteria

Für die Schüler hat eine Cafeteria mehrere Funktionen. In erster Linie sollte sie ein Ort sein für die ungezwungene Kommunikation zwischen Schülern, aber auch zwischen Schülern und Lehrkräften. Erst an zweiter Stelle folgte der Aspekt der Verpflegung. Ferner soll die Cafeteria ein gemütlicher Aufenthaltsraum für die unterrichtsfreie Zeit sein. Dort möchten die Schüler sich entspannen, Musik hören, im Internet surfen oder Hausaufgaben erledigen. Ein Viertel der Teilnehmer erwartete durch eine Cafeteria einer Verbesserung des gesamten Schulklimas. Die Teammitglieder schätzten die Möglichkeit, sich in einer Gruppe für ein gemeinsames Ziel zu engagieren, soziale und fachliche Fähigkeiten zu entwickeln.

Mehr als die Hälfte der teilnehmenden Schulen wollte die Cafeteria für weitere Zwecke nutzen, z.B. kulturelle Veranstaltungen (Konzerte, Lesungen etc.), sozialpädagogische Maßnahmen (z.B. Antiaggressionstraining) oder als Treffpunkt für verschiedene Arbeitsgruppen.

Aus den vielfältigen Nutzungsvorstellungen ergab sich die Notwendigkeit langer Öffnungszeiten, teilweise über die üblichen Schulstunden hinaus. Diese Forderung stieß aber bei manchen Schulen auf organisatorische Probleme und juristisch begründete Widerstände.

Langfristigkeit

Der große finanzielle und zeitliche Aufwand für die Gründung einer Cafeteria lässt sich nur dann rechtfertigen, wenn ein solches Projekt auf Dauer angelegt ist. Allerdings machten die wenigsten Teilnehmer dazu konkrete Angaben. Einige nannten z.B. die systematische Rekrutierung von neuen Teammitgliedern aus den unteren Klassen als Maßnahme, um die Cafeteria über eine längere Zeit zu betreiben. Bei den meisten war jedoch nur indirekt auf ein dauerhaftes Engagement zu schließen. Deutlich wurde dies zum Beispiel in den aufwändigen und fantasievollen Formen der Berichterstattung und der intensiven Betreuung (nicht Bevormundung) durch Lehrkräfte, die auf eine starke Identifikation der Schüler mit ihrer Cafeteria hinwiesen. Diese war umso größer, je mehr Mitspracherechte und Eigenverantwortung den Schülern übertragen worden waren.

Fazit

Das Projekt Schulcafeteria stieß auf große Resonanz an den bayerischen Schulen. Von den anfänglich interessierten Schulen nahmen mehr als 50% am Projekt teil – weit mehr, als die Initiatoren erwartet hatten (ca. 10%). Fast die Hälfte der Teilnehmer wurde durch die Ausschreibung angeregt, eine Schulcafeteria zu gründen.

Für die „erfahrenen" Schulen bedeutete die Teilnahme eine Bestätigung oder Wiederbelebung dieser Einrichtung. Die Begeisterung der

Schüler, die sich auch in ihren Berichten ausdrückte, war weder durch Platz- noch durch Geldmangel zu bremsen. Fehlende finanzielle Mittel für die Einrichtung wurden durch handwerkliche Eigenleistungen, Spendenakquisition u.ä. ausgeglichen. Bei der Ausstattung der Cafeteria bewiesen die Schüler sehr viel Fantasie, z.B. gestalteten sie die Räume nach verschiedenen Themen wie Unterwasserwelt, Weltraum oder dem Namen ihrer Schule.

Den Betrieb der Cafeteria organisierten die Schulen entsprechend den jeweiligen Erfordernissen vor Ort sehr unterschiedlich, aber alle erreichten ihr Ziel, bei den Gästen beliebte Speisen möglichst preisgünstig anzubieten.

Aus ernährungsphysiologischer Sicht erwiesen sich die Speisenpläne allerdings häufig als problematisch, da sie den Erfordernissen einer vollwertigen Ernährung nicht oder nur in geringem Maße entsprachen. Sinnvoll wäre es daher, die Teams bei der Speisenplanung professionell zu beraten. So ließe sich die Auswahl und Zubereitung der Speisen verbessern und weitere Aspekte, wie Berücksichtigung des regionalen, saisonalen bzw. ökologisch erzeugten Lebensmittelangebots und Fragen der Abfallvermeidung, einbeziehen.

Von den vielfältigen Funktionen der Cafeteria ist für die Teilnehmer die Kommunikationsmöglichkeit in ungezwungener und gemütlicher Atmosphäre am wichtigsten. Darüber hinaus wollen die Teilnehmer ihre Cafeteria auch für andere kulturelle und soziale Zwecke nutzen.

Ob ein solches Projekt dauerhaft weitergeführt wird, hängt nicht allein von der kontinuierlichen Begleitung durch eine Lehrkraft ab. Entscheidend ist vielmehr die Identifikation der Schüler mit ihrer Cafeteria.

Dr. oec. troph. Regine Faust
Kuratorium Schulverpflegung
Haidgraben 73
85521 Ottobrunn
E-Mail: Cafeteria@kuschu.de

Esspedition Schule

Neue Materialien zur Ernährung für die Klassenstufen 1–6

Sigrid Waibel, Carola Rummel
Stuttgart

Aktuell stehen Curricula und Methodik in der Schule nach der Pisa-Studie auf dem Prüfstand. Das BMVEL hat mit REVIS (Reform der Ernährungs- und Verbraucherbildung in Schulen) ein Modellprojekt in Auftrag gegeben (vgl. Kap. 27), mit dessen Hilfe bis 2005 das bisherige Fach Hauswirtschaft zu einem Unterrichtsfach Ernährung und Verbraucherbildung weiter entwickelt werden soll.

Die neue Betrachtungsweise von Kompetenzen im Bereich Sachkunde verlangt eine neue Methodik und damit neue Handreichungen. Diese Lücke wird durch den Ordner „Esspedition Schule" gefüllt (erhältlich seit Juli 2003). Er bietet praktische und theoretische Unterstützung für Lehrkräfte und Ernährungsfachleute, damit Kinder Kompetenzen im Umgang mit Lebensmitteln, mit Esssituationen, mit Esskultur und als Verbraucher entwickeln.

Materialiensammlung „Esspedition Schule"

Entstehung

Ausgangspunkt für „Esspedition Schule" war die notwendige Überarbeitung des Ringordners „Ernährungserziehung in der Schule" des Ministeriums für Ernährung und Ländlichen Raum Baden-Württemberg. Die Vorarbeiten hierzu machten deutlich, dass eine Überarbeitung der Materialien nicht ausreichte, sondern wegen der Umwälzungen im Erziehungsbereich eine Neukonzeption erforderlich war.

Hilfreich war im Vorfeld die Beschäftigung mit dem Thema bei der Produktion des „Kinder Koch Alphabets" [1]. Im Anschluss wurde eine Diplomarbeit mit starkem Praxisbezug durchgeführt [2]. In der Folge entwickelte das Ministerium für Ernährung und Ländlichen Raum Baden-Württemberg in Kooperation mit Dagmar von Cramm und ihrem Team sowie mit dem aid infodienst eine neue Materialiensammlung in Loseblattform, deren Herzstück 77 Arbeitsblätter sind.

Um die Inhalte möglichst praxisnah zu gestalten, erfolgte im Vorfeld eine Befragung aller 226 Fachfrauen für Kinderernährung in Baden-Württemberg. Basierend auf diesen Ergebnissen wurden in Zusammenarbeit mit einer Gruppe von Fachfrauen die Arbeitsblätter entwickelt und nach einer Evaluation endgültig fertig gestellt. Die Beratung in pädagogischen Fragen erfolgte durch das Staatliche Seminar für schulpraktische Ausbildung in Heilbronn.

Kompetenzen ersetzen Lernziele

Mit den neu erarbeiteten Materialien sollen Kompetenzen erworben, nicht Lernziele erreicht werden. Kompetenzen umfassen Sach- und Fachwissen, Orientierungswissen, verfahrensbezogene Fähig- und Fertigkeiten sowie Wissen um die zu Grunde liegenden Lern- und Steuerungsprozesse. Sie zielen über den bloßen Erwerb von Kenntnissen und Fähigkeiten hinaus auf die Förderung des Verstehens. Zusätzlich werden elementare Methoden wie Beobachten, Experimentieren, Konstruieren und Beschaffen von Informationen angewandt.

Kompetenzen sind Könnensziele. Wissen, Inhalt und Methode werden nicht voneinander getrennt. Entsprechend werden Lernforschritte nicht nur abgefragt, sondern an Hand von Gestaltungs- und Anwendungsaufgaben beurteilt.

Für den Unterricht ist es besonders wichtig, dass Handlungsorientierung nicht mit bloßem Aktionismus verwechselt wird, „Anmalen" nicht mit Gestalten gleichgesetzt wird und das Nachdenken, die Reflexion, die „Metaebene" eine zentrale Rolle erhalten. Nur so wird nachhaltiges Lernen ermöglicht.

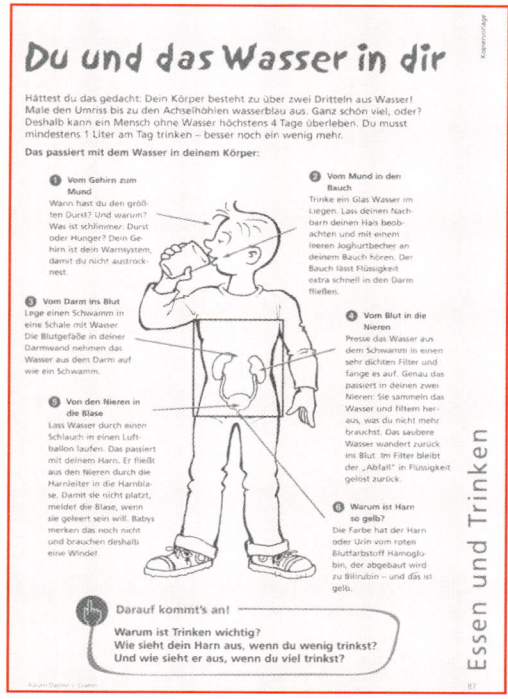

Abb. 1: Schülerseite des Arbeitsblatts:
Du und das Wasser in dir

Inhalte
Die einzelnen Kapitel

Die Einleitung beschreibt die derzeitige Ernährungssituation von Kindern in Familie und Schule. Dabei wird auf den Kinder-Ernährungsbericht Baden-Württemberg [3] Bezug genommen. Dieser empfiehlt, der Ernährungserziehung einen höheren und festen Stellenwert im Bildungssystem zuzuweisen. Ziel ist es, nicht nur theoretisches Wissen, sondern auch praktische Kenntnisse zu vermitteln.

Darüber hinaus wird eine qualitativ bessere Versorgung von Kindern in Institutionen der Gemeinschaftsverpflegung angeregt.

Die in aller Regel fachfremden LehrerInnen werden **im 2. Kapitel** mit den Grundlagen der gesunden Kinderernährung, der Ernährungspsychologie, dem Ernährungsverhalten und möglichen Fehlentwicklungen vertraut gemacht. Dabei wird großer Wert auf den Praxisbezug gelegt. Lebensmittelpyramide und -kreis werden erläutert und eingesetzt. Als Grundlage der Ernährungsempfehlungen dient optimiX

des Forschungsinstituts für Kinderernährung [4]. Eine kleine Einführung in die Lebensmittelkennzeichnung, die Rolle der Werbung und die Bedeutung der Familientafel einschließlich der Tischsitten runden das Kapitel ab. Es schließt mit einem kurzen Abriss über Ernährungsprobleme wie Übergewicht, Allergien und Unverträglichkeiten, Diabetes, Lebensmittelinfektionen und Essstörungen.

Im 3. Kapitel Ernährung und Schule, werden die Entwicklung der Curricula auf europäischer Ebene und in Deutschland aufgezeigt sowie ein Überblick über den Bereich Ernährung in den Lehrplänen der einzelnen Bundesländer gegeben. Zusätzlich wird die Bildungsplanreform in Baden-Württemberg vorgestellt. Beispielhaft wird die Realisierung von Projekten und Aktionstagen aufgezeigt, wobei der Schwerpunkt auf dem Einsatz der Arbeitsblätter liegt. Abschließend wird kurz auf die Pausenverpflegung an der Schule eingegangen.

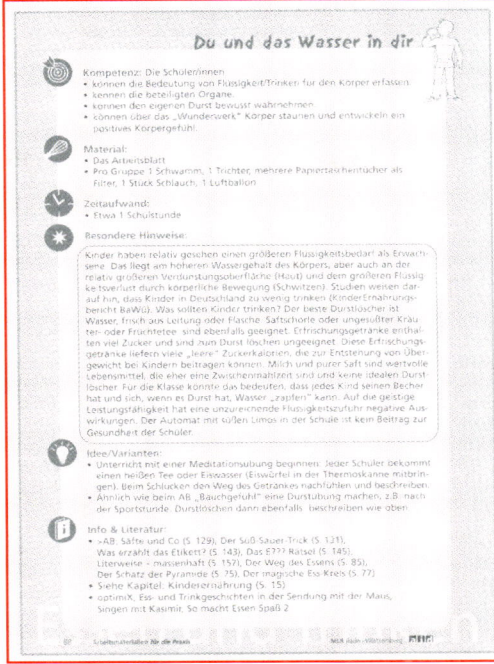

Abb. 2: Lehrerseite des Arbeitsblatts:
Du und das Wasser in dir

Die Verpflegung in Ganztagsschulen (vgl. Kap. 13 + 16) wird im Hinblick auf andere Materialien des aid-infodienstes, nicht ausdrücklich thematisiert.

Das 4. Kapitel vermittelt Tipps und Basisinformationen für die praktische Umsetzung im Unterricht. Fundraising, d.h. die gezielte Einwerbung von Spendengeldern, wird ebenso angesprochen wie die Mengenberechnung für das Schulfest, Küchenorganisation und gesetzliche Regelungen zur Hygiene.

Zusätzlich enthält dieser Abschnitt eine Fülle von Internetadressen und Literaturhinweisen.

Kapitel 5 stellt das Herzstück des Ordners dar: Arbeitsmaterialien für die Praxis in Form von Arbeitsblättern zu den Bereichen Essen und Trinken, Esskultur, Lebensmittel, Zubereitung und Rezepte. Jedes Arbeitsblatt ist für sich allein einsetzbar oder beliebig zu kombinieren. Die „Schülerseite" ist kopierfähig und bietet zu allen Themengebieten lebendige, authentische

und kreative Aufgaben (Abb. 1). Auf der Rückseite finden sich – geordnet mit Hilfe von Piktogrammen – die notwendigen Informationen für den/die Lehrer/-in (Abb. 2).

Kapitel 6 führt umfangreiche Literaturempfehlungen und nützliche Adressen auf, die bei der weiteren Arbeit unterstützen können.

Der Ordner möchte sowohl Fachfremden als auch Fachkräften einen neuen, ganzheitlichen Zugang zur Bereich Ernährungs- und Verbraucherbildung vermitteln. Vor allem soll er LehrerInnen und SchülerInnen Spaß und Freude am gesunden Essen und Trinken vermitteln.

Praxis

Ob klassischer Hauswirtschaftsunterricht oder „Ernährungs-Pädagogik": Kaum ein anderes Fach ermöglicht in so hohem Maße die Verbindung der Lebenswirklichkeit der Kinder mit Lerninhalten, erlaubt naturwissenschaftliche Experimente ebenso wie Selbstbeobachtung oder Phantasiereisen.

Essen und Trinken muss jedes Kind – diese authentische, tägliche Erfahrung kann Ausgangspunkt für ein neues Lernen für das Leben sein. Das bedeutet für die Praxis:

Weg von ...
- den Unterrichtsansätzen mit moralisch erhobenem Zeigefinger, den rein kognitiven Appellen an die Vernunft;
- der mit „moralischem" Unterton vorgetragenen nachdrücklichen Aufklärung;
- Arbeitsblättern zum Anmalen, ohne Bezug zur Lebenswirklichkeit der Kinder;
- lehrerzentrierten Unterrichtseinheiten;
- vorgegebenen Allgemeinplätzen und anderen „festgelegten" Regeln;
- Verboten, Drohungen und Angstmacherei;
- den vielerlei willkürlich addierten Erziehungen: Verkehrserziehung, Geschlechtserziehung, Medienerziehung, Verbrauchererziehung, Ernährungserziehung, Umwelterziehung, interkulturelle Erziehung, Bewegungserziehung ...

Hin zu ...

- Aha-Erlebnissen, Staunen über die Leistungen des Körpers, vielfältigen Experimenten und Aktionen, spielerischem Erkunden und Wahrnehmungsschulung;
- einem Lernen mit allen Sinnen, das die Einheit von Körper und Geist berücksichtigt und Phänomene statt Sachverhalte in das Zentrum des Unterrichts stellt;
- einer Wertschätzung und einem Mögen des eigenen Körpers, die ein positives Gesundheits- und Körpergefühl ermöglichen;
- der Lebenswirklichkeit der Kinder, ihren Interessen, Wünschen, Sorgen;
- einer persönlichen Zugangsweise zur Lebensgestaltung und Alltagsbewältigung des Kindes, die selbst reguliertes Lernen möglich macht;
- der Individualität und Kreativität von Schülern und Lehrern mit gestalterischen Aufgaben nicht nur als Ergänzung, sondern als eigenständige Zugangsweise zur Welt;
- einem integrativen Themenfeld „Wer bin ich – was kann ich", das Zugänge aus unterschiedlichen Fächern wählt und Eltern und Experten einbeziehen kann.

Die Arbeitsblätter

Die Arbeitsblätter können einzeln nach Bedarf in den Unterricht integriert werden. Sie eignen sich aber auch hervorragend zum kombinierten Einsatz im Rahmen von Aktions- oder Projekttagen. Dabei werden Themenfelder gebildet und ganzheitlich erschlossen.

Die 77 Arbeitsblätter sind folgenden Themenbereichen zugeordnet:

Essen und Trinken: Schwerpunkte bilden hier Ernährungsprotokolle, Lebensmittelkreis und -pyramide, Leistungskurve, der Weg des Essens und Trinkens, Schmecken, Riechen und Bauchgefühl.

Esskultur: Der gedeckte Tisch, Riten und Rituale, Werbung, Fast Food, Herkunft von Lebensmitteln und europäische Spezialitäten werden thematisiert.

Zubereitung widmet sich dem Umgang mit Lebensmitteln vom „Schnippeln" über das Tee kochen, verschiedene Kochversuche bis hin zu Gemüseschnitzereien.

Rezepte für ein Müslibüffet und eine Getränkebar, aber auch die Zubereitung von Pfannkuchen werden Schritt für Schritt erklärt. Dazu gehören ein „Küchenknigge" und Regeln für das Kochen).

Die Arbeitsblätter sind einheitlich gestaltet. Dadurch wird der Wiedererkennungseffekt gesteigert: SchülerInnen und LehrerInnen finden sich besser zurecht.

Auf der *Schülerseite* wird in Einzelschritten die Aufgabenstellung gegeben – aufgelockert mit Cartoons und witzigen Titeln. Im Gestaltungselement „Darauf kommt's an!" wird die Aufgabenstellung auf den Punkt gebracht (Abb. 1).

Auf der *Lehrerseite* sind die wichtigsten Hilfen mittels Piktogrammen geordnet (Abb 2):

Kompetenz: Erläutert werden die Erkenntnisse und Fertigkeiten, die SchülerInnen erreichen können und sollen.

Material: Die nötigen „Zutaten" zur Bearbeitung des Arbeitsblattes werden aufgeführt.

Zeitaufwand: Die Zeit wird angegeben, die für die Bearbeitung des Arbeitsblatts erforderlich ist. Diese kann jedoch je nach Alter und Voraussetzungen von Klasse zu Klasse differieren.

Besondere Hinweise: Hier gibt es Hintergrundinformation, genauere Erklärungen oder es werden Stolpersteine und kritische Punkte aufgezeigt.

Idee/Varianten: Jedes Arbeitsblatt kann schlichter oder aufwändiger bearbeitet oder erweitert werden. Hierzu finden sich konkrete Anregungen.

Pannenhilfe: Dieser Vermerk findet sich nur bei den Rezepten – damit sollen übliche Fehler vermieden werden.

Info & Literatur: Hier gibt es Querverweise zur Theorie, zu anderen Arbeitsblättern, zu Empfehlungen aus der Literaturliste oder auch zu speziellen Publikationen.

Evaluation

Der neue Ringordner wurde einer formativen bzw. Komponenten-Evaluation [5, 6] unterzogen. Sie wurde als Fremdevaluation durchgeführt [7] und prüfte folgende Ziele:

- Die Arbeits- und Rezeptblätter sollen die Zielgruppe der Schüler/-innen der Stufen 1 bis 6 ansprechen und für sie gut verständlich sein.
- Die Arbeits- und Rezeptblätter sollen praxisnah sein, so dass sie von Lehrkräften und Fachfrauen für Kinderernährung im üblichen Schulalltag problemlos eingesetzt werden können.

Hierfür wurden die einzelnen Arbeits- und Rezeptblätter unter „spezifischen Kontextbedingungen" (Grundschulunterricht) mittels einer pragmatischen Kombination aus qualitativen und quantitativen Methoden geprüft [5, 8]. Mehrere Fachfrauen arbeiteten in unterschiedlichen Grundschulklassen mit den ersten Entwürfen für die neuen Arbeitsblätter und Rezepte (insgesamt 11 Unterrichtstests). Die beteiligten Fachfrauen und Lehrerinnen wurden anschließend leitfadengestützt befragt.

Gewünscht wurde u.a. weniger Text auf den Schülerarbeitsblättern und z.T. noch mehr praktische Teile. Angemerkt wurde auch, dass viele Arbeitsblätter für die untersten Klassen zu schwierig seien.

In vier dieser Unterrichtstests konnten zusätzlich stille Beobachtungen und informelle, leitfadengestützte Gespräche mit kleinen Schülergruppen (insgesamt 28 Schüler) durchgeführt werden.

Die Schüler beurteilten das neue Arbeitsmaterial dabei insgesamt sehr positiv, v. a. die vielen Illustrationen und Bilder und die gut lesbaren und verständlichen Texte. Weitgehend eigenverantwortlich zu kochen, war für viele eine neue Erfahrung, die großen Spaß machte und motivierte. Kritische Anmerkungen bezogen sich überwiegend auf Details in einzelnen Arbeitsblättern (z.B. Logik von Überschriften, Abbildungen u. ä.), die aus Kindersicht z. T. anders wahrgenommen wurden als beabsichtigt.

Die Arbeitsblätter sollten darüber hinaus von einer größeren Anzahl von Lehrkräften beurteilt werden. Alle 175 Fachfrauen, die in Grundschulen tätig sind, wurden gebeten, dafür je eine Lehrkraft aus ihrem Einsatzumfeld zu rekrutieren, die Beteiligung betrug schließlich 66 %. Die Arbeitsblätter (v. a. Illustration, kindgerechte Sprache, Praxisnähe) und die Tatsache, dass Ernährungserziehung hier mehr umfasst als Lebensmittelinhaltsstoffe und die/den „übliche/n" Ernährungspyramide/-kreis, wurden sehr positiv beurteilt. Kritische Anmerkungen bezogen sich auf zu lange Textpassagen, die gekürzt oder übersichtlicher gegliedert werden sollten, und ebenfalls darauf, dass nur wenige der Arbeitsblätter in den untersten Klassen eingesetzt werden können.

Die Rezeptblätter sollten ebenfalls von einer größeren Anzahl von Lehrkräften im Rahmen eines „normalen" Grundschulunterrichts ohne Unterstützung von Fachfrauen getestet werden. Doch war es schwierig, Lehrkräfte zu finden, die bereit waren, ohne Unterstützung von Fachfrauen im Unterricht zu kochen. Die sich letztlich beteiligenden 5 Lehrerinnen konnten eines oder mehrere Rezepte frei wählen und wurden mittels eines entsprechenden Fragebogens zur Verständlichkeit für die Schüler, Kochzeit, Verfügbarkeit der angegebenen Arbeitsgeräte usw. befragt. Die Rezepte wurden fast ausnahmslos als verständlich und in der angegebenen Zeit durchführbar eingestuft. Da in Grundschulen ohne Schulküche die nötige Ausstattung (Herd, Geschirr etc.) nicht vorhanden ist, wurde mehrfach der Wunsch nach attraktiven, aber einfachen „Klassenzimmer-Rezepten" geäußert.

Die Kritiken und Anregungen aus den unterschiedlichen Evaluationsansätzen sind in die nun vorliegenden Arbeits- und Rezeptblätter eingeflossen.

Für die Verfasserinnen:

Sigrid Waibel

Ministerium für Ernährung und Ländlichen Raum Baden-Württemberg

Kernerplatz 10

70182 Stuttgart

Evaluation von Ernährungserziehungsprogrammen bei Vorschulkindern

Erfahrungen mit verschiedenen Erhebungsmaterialien

Birgit Noller und Gertrud Winkler
Albstadt-Sigmaringen

Gemeinsame Ziele zahlreicher aktueller Ernährungserziehungsprogramme für Kinder sind die Erweiterung des ernährungsbezogenen Wissens und vor allem die Förderung eines gesundheitsbewussten Ernährungsverhaltens. Die Effektivität solcher Programme wird bisher jedoch eher selten überprüft. Um die Auseinandersetzung mit möglichen, flexibel einsetzbaren Erhebungsmaterialien anzuregen, werden hier Erfahrungen mit spielpädagogisch begründeten Materialien zur Evaluation von Ernährungserziehungsprogrammen bei Vorschulkindern vorgestellt.

Für sie wurde eine Vielzahl kindgerechter und einfach einsetzbarer Erhebungsmaterialien erstellt und getestet, die z. T. Weiterentwicklungen bereits existenter Methoden darstellen [2].

In diesem Kapitel wird schwerpunktmäßig über jene Materialien berichtet, zu denen bedenkenswerte Erfahrungsaspekte gewonnen werden konnten. Alle Materialien wurden im Rahmen eines Pretests von pädagogisch geschulten Personen überprüft und an nicht zum Untersuchungskollektiv gehörenden Vorschulkindern auf ihre Verständlichkeit und ihre kindgerechte Gestaltung getestet.

Einleitung

Bisherigen Evaluationen im Bereich der Ernährungsbildung von Kindern liegen unterschiedliche Fragestellungen zu Grunde. So wurden Programme im Hinblick auf ihre Reichweite und die entstandenen Kosten, auf die Erreichung spezifischer Ziele und auf verhaltensrelevante Veränderungen überprüft. Umfassende Ergebnis- und Prozessevaluationen liegen derzeit nicht vor [1]. Häufig konzentrierten sich die Evaluationen auf die mündliche oder schriftliche Befragung von Ernährungsfachkräften, Erzieherinnen und/oder Eltern. Nur zum Teil wurden Veränderungen im Auswahlverhalten der Kinder in konkreten Ernährungssituationen (z. B. Testbuffet) erfasst.

Dieses Kapitel beschreibt die Evaluation des Projektes „Ernährungserziehung bei Vorschulkindern" der AOK Sigmaringen. Diese berücksichtigte neben Erzieherinnen (leitfadengestütztes persönliches Interview) und Eltern (Fragebogen zum Selbstausfüllen) zentral auch die Kinder.

Evaluationsziele und Untersuchungsdesign

Die übergeordneten Ziele des Projektes „Ernährungserziehung bei Vorschulkindern" sind die üblichen, nämlich die Erweiterung des Ernährungswissens und die Verbesserung des Ernährungsverhaltens der Vorschüler.

Daraus ergeben sich als Hauptfragen der Evaluation:

- Hat sich durch die Ernährungserziehung das Ernährungswissen der Kinder erweitert?
- Hat sich durch die Ernährungserziehung das Ernährungsverhalten der Kinder positiv verändert?

Zur Beantwortung wurden Vorschüler, Eltern und Erzieherinnen vor und nach der Intervention „befragt" (Pretest-Posttest-Design), da nur der Unterschied im Ernährungswissen und -verhalten als Indikator für den Erfolg der Maßnahme dienen kann [3].

**Aspekte der Datenerhebung
bei Vorschulkindern**

Durch eine direkte „Befragung" der Kinder können objektive Daten über die Wirksamkeit der Ernährungserziehung gewonnen werden. Die Befragung von Vorschülern ist jedoch schwierig, da Kinder dieser Altersstufe weder lesen noch schreiben können. Die Erhebungsmaterialien müssen also dem alterstypischen Entwicklungsstand der sozio-kognitiven Fähigkeiten der Kinder angepasst sein, dürfen dabei aber weder als langweilig empfunden werden noch überfordern. Zudem ist bekannt, dass Kinder einen erwachsenen Interviewer in aller Regel als kompetent, ehrlich und wissend ansehen und deshalb verstärkt auf seine sozialen Erwartungen reagieren [4]. Zur Minimierung einer bewussten oder unbewussten Beeinflussung wurde deshalb Wert auf eine weitgehende Sprachfreiheit gelegt und eine spielbasierte Befragungstechnik mit bildlich-symbolischer Darstellung gewählt. Die Testsituation wurde also in eine für das Kind von Leistungserwartungen freie Spielsituation überführt.

Abb. 1: Arbeitsblatt „Ampel"

Erhebung des Ernährungswissens

Insbesondere bei Fragen zum Ernährungswissen können vielfach die Methoden der Erziehungsmaßnahme in gleicher oder ähnlicher Weise auch zu deren Evaluation herangezogen werden. Der Stand und die Veränderungen im Ernährungswissen der Vorschüler wurden überwiegend mittels Zuordnungsaufgaben mit Lebensmittelkärtchen und -attrappen, Fotografien sowie Arbeitsblättern zum Ausmalen erfasst, die auf die Programminhalte abgestimmt wurden.

Bei der praktischen Durchführung der Erhebungen wurden die von den Kindern zu lösenden Aufgaben auf drei Stationen verteilt. Damit konnten der zeitliche Aufwand begrenzt und durch die parallele „Befragung" von jeweils drei Kindern eine eventuelle Befangenheit abgebaut werden. Durch den Wechsel in den Methoden wurde zudem die Konzentrationsfähigkeit der Kinder aufrecht erhalten und

die Antwortmotivation blieb hoch. Alle Kinder hatten sichtlich Spaß an den Erhebungen und waren nicht zuletzt durch die ausgesetzten Belohnungen (Luftballon, Urkunde) motiviert.

**Ampel: Viel oder wenig?
Rot, gelb oder grün?**

Ein Anliegen war die kind- und altersgerechte Vermittlung der Grundlagen einer bewussten Ernährung. Die Kinder sollten erfahren, dass zu einer bewussten Ernährung Lebensmittel aus verschiedenen Gruppen gehören und alle Lebensmittel unter Berücksichtigung des Aspekts der Menge verzehrt werden dürfen.

Um zu prüfen, inwieweit die Kinder diese Inhalte verstanden hatten, wurden sie gebeten, ausgewählte, auf einem Arbeitsblatt abgebildete Lebensmittel gemäß ihrem Gesundheitswert und den erwünschten Verzehrshäufigkeiten den Farben rot, gelb oder grün („Ampelprinzip") zuzuordnen (Abb. 1).

Dabei bedeutete die Farbe:
- rot: STOPP – wenig essen
- gelb: VORSICHT – mäßig essen
- grün: GEHEN – reichlich essen

Die Einteilung der Lebensmittel in diese drei anstatt der üblichen zwei Ebenen („gute" und „schlechte" Lebensmittel) war für die Kinder zunächst ungewohnt. Die Aufgabenstellung selbst bereitete ihnen aber durch die Übertragung der Ernährung in den ihnen bekannten Bereich der Verkehrserziehung keine Schwierigkeiten.

Der Pretest, in dem zunächst mit farbigen Abbildungen gearbeitet wurde, zeigte, dass für einige Kinder nicht die Aspekte „Menge" und „Gesundheit" für die Zuordnung zu einer Ampelfarbe ausschlaggebend waren, sondern allein die jeweilige Lebensmittelfarbe (rote Tomate = rote Ampel; gelbe Paprika = gelbe Ampel; grüner Apfel = grüne Ampel). Um dieser Beeinflussung durch die Lebensmittelfarbe vorzubeugen, wurden in der Programmevaluation Schwarzweißabbildungen verwendet. Eine weitere Abbildung, welche eine Ampel mit kleinem roten, mittlerem gelben und großem grünen Feld zeigte, diente als Gedankenstütze.

Körperbild ergänzen

Ein weiteres Ziel der Ernährungserziehung war, den Kindern die Zusammenhänge zwischen Ernährung, Gesundheit und Wachstum aufzuzeigen. Neben Geschichten und Spielen wurde u.a. der Vorgang der Verdauung erklärt.

In einer weiteren zum Wissensbereich zählenden Aufgabe sollten die Kinder deshalb in den Vordruck eines Körpers ihre Vorstellungen darüber, was mit der Nahrung in ihrem Körper geschieht, einzeichnen.

Im Vortest stellte sich der Körper für die Kinder zunächst als ein mit unterschiedlichen Dingen gefüllter Hohlraum dar. Sie zeichneten lediglich einzelne Lebensmittel bzw. den „Bauch" ein.

In der Nacherhebung hatten die Vorschüler wesentlich konkretere Vorstellungen von ihrem Körperinneren. So malten fast alle Kinder Mund, Speiseröhre, Magen und Darm in die Vordrucke ein und gaben an, dass die Lebensmittel auf ihrem Weg durch den Körper in ihre Nährstoffe zerlegt werden, welche dann an verschiedenen Stellen des Körpers wirken (Abb. 2).

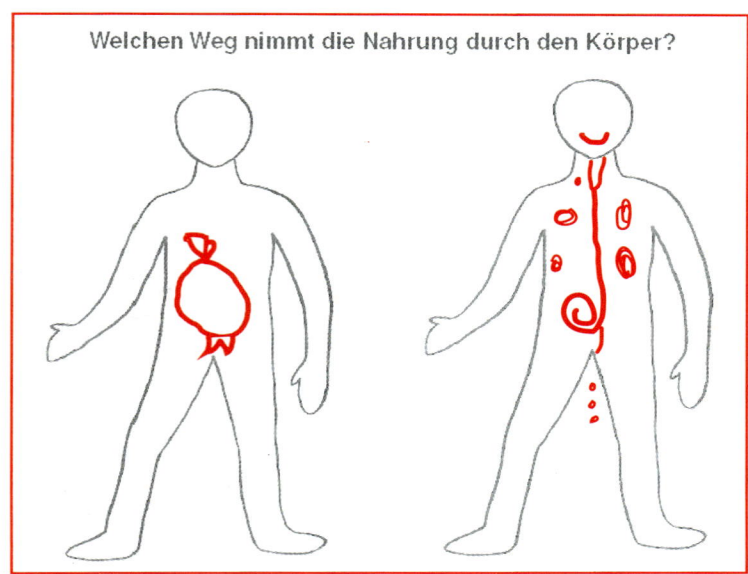

Abb. 2: Arbeitsblatt „Körperbild" mit Ergänzungen vor (li.) und nach der Intervention (re.)

Die Kinder begrüßten diese Aufgabe, da sie leicht verständlich war und sie ohne weitere Vorgaben kreativ tätig werden konnten. Jedoch ist die Deutung und Kategorisierung bzw. „Bewertung" von Kinderzeichnungen oftmals nicht einfach und erfordert ein Mindestmaß an Kommunikation. Diese Methode lässt sich daher nur qualitativ, nicht aber quantitativ auswerten.

Zuordnung Getreideprodukte

Kinder klassifizieren Lebensmittel spontan nach verschiedenen Kriterien wie Geschmack, Vorlieben und Beschaffenheit [5]. Im Laufe der Aktion lernten die Kinder die einzelnen Gruppen des Lebensmittelkreises kennen.

Deshalb sollten sie in einer weiteren Aufgabe aus einer Auswahl von zehn Bildkarten diejenigen Lebensmittel bestimmen, welche zur Gruppe Getreide und Getreideprodukte gehören.

Es handelt sich dabei also um eine Frage im „Multiple-choice"-Stil, d.h., für die Frage sind sowohl richtige als auch falsche visualisierte Auswahlantworten vorgegeben. Der Antwortmodus ist dabei nicht an verbale Kommunikation gebunden. Diese Art der Befragung ist häufig in Vorschulbüchern zu finden und bereitete den Kindern damit erwartungsgemäß keinerlei Verständnisschwierigkeiten.

Erhebung des Ernährungsverhaltens

Im Vergleich zum Ernährungswissen sind die Veränderungen im Ernährungsverhalten nur schwer messbar. Fragebögen für Eltern und Erzieher können dazu lediglich subjektive Eindrücke sammeln. Daher sollte das Auswahlverhalten der Kinder zusätzlich in einer konkreten Ernährungssituation und in spielerischen Simulationen beobachtet werden.

Ein Buffet als Erhebungsinstrument

Um Veränderungen im tatsächlichen Auswahlverhalten der Vorschüler zu erfassen, wurden ihnen im Rahmen eines Frühstücksbuffets verschiedene „gesunde" und „weniger gesunde" Lebensmittel angeboten. Das Buffet umfasste an beiden Untersuchungszeitpunkten die Komponenten Weißbrot und Vollkornbrot, Gurke und Möhre, Apfel und Banane, Käse und Kräuterquark, Schinken und Salami, Milchschnitten und Schokokekse, Marmelade und Nussnougatcreme. Auf Getränke wurde verzichtet, da wegen der Inhalte des Erziehungsprogramms kaum Veränderungen zu erwarten waren.

„Gesunde" und „ungesunde" Lebensmittel wurden in abwechselnder Reihenfolge angeordnet und die Portionen wurden bewusst klein gehalten (Abb. 3). Damit konnten alle Buffetkomponenten von den Kindern gleichzeitig wahrgenommen werden, die spontane

Abb 3: Ausschnitt aus dem Testbuffet mit beschränkter Lebensmittelauswahl und kindgerechten Portionsgrößen

Abb. 4: „Einkaufsladen" mit 21 Lebensmitteln aus den
7 Lebensmittelgruppen des Ernährungskreises, Spielgeld nicht abgebildet

Auswahl wurde nicht durch einzelne zu große Portionen eingeschränkt und die ausgewählten Lebensmittel konnten problemlos mit der Anzahl der Portionseinheiten auf entsprechenden Protokollvordrucken notiert werden. Auf den Tellern zurückbleibende Reste wurden ebenfalls protokolliert, so dass nur wirklich verzehrte Lebensmittel in der Auswertung berücksichtigt wurden.

Die Kinder wählten auf Grund der kleinen Portionsgrößen mehrere Lebensmittel aus. Der begrenzte Umfang an Lebensmitteln ermöglichte es auch bei einer kleinen Gruppe von Kindern, Tendenzen im Auswahlverhalten der Vorschüler festzustellen.

Da die Brote nicht vorbelegt angeboten wurden, sondern alle Komponenten frei wähl- und kombinierbar waren, waren dem kindlichen Auswahlverhalten keine Grenzen gesetzt. Dies führte teilweise zu für Erwachsene befremdlich wirkenden Kombinationen (z. B. Schokokeks mit Salami, Gurke mit Marmelade).

Insgesamt handelt es sich bei der Überprüfung einer veränderten Lebensmittelauswahl anhand eines Frühstücksbuffets um eine relativ aufwändige, aber sehr aussagekräftige Methode.

Einkaufsspiel

Eine Methode zur Überprüfung des Auswahlverhaltens der Vorschüler in einer spielerischen Simulation bestand darin, den Kindern in einem „Einkaufsladen" aus den 7 Lebensmittelgruppen 21 ausgewählte Lebensmittel zum „Kauf" anzubieten (Abb. 4). Jedes Kind hatte 5 Einheiten Spielgeld und konnte 5 Lebensmittel frei wählen. Jedes ausgewählte Lebensmittel wurde protokolliert und abschließend wurden die Gesamttendenzen über alle Kinder gebildet.

Mit dieser Methode konnten Veränderungen im Auswahlverhalten der Vorschüler festgestellt werden. Der Vergleich dieser Ergebnisse mit denen bei der Buffetauswahl zeigte allerdings, dass die im Einkaufsspiel gemessenen Veränderungen zum Teil positiver waren als das beobachtete tatsächliche Auswahlverhalten der Vorschüler in der konkreten Ernährungssituation.

Wir schlussfolgern mit der gebotenen Vorsicht, dass die spielerische Simulation das tatsächliche Ernährungsverhalten der Vorschüler nur unzureichend abbildet, da sie von den Kindern auch als solche wahrgenommen wird.

Mittagsmahlzeit

Bei der Aufgabe „Mittagsmahlzeit" konnten die Kinder sich anhand einer Fotospeisekarte aus drei günstigen und drei ungünstigen Mittagsmahlzeiten dasjenige Gericht auswählen, welches sie am liebsten essen würden.

Da sich die Inhalte der Erziehungsmaßnahme nur indirekt darauf bezogen und die Mittagsmahlzeit kein vertieftes Thema darstellte, ergaben sich keine Veränderungen. Am häufigsten wurden weiterhin die ernährungsphysiologisch ungünstigeren Gerichte ausgewählt, wie Pizza, Hamburger und Pommes frites, welche sich bei den Kindern generell großer Beliebtheit erfreuen [6]. Das Instrument einer Fotospeisekarte erwies sich aber als sehr praktikabel.

Fazit

Zur Evaluation von Ernährungserziehungsprogrammen von Vorschülern können qualitative und quantitative Methoden herangezogen werden. Fragen, welche sich auf den Wissensbereich beziehen, sollten an die Inhalte der Intervention angepasst und weitgehend sprachfrei gestaltet werden. Bei der Prüfung möglicher

Effekte der Erziehungsmaßnahme auf das Ernährungsverhalten empfiehlt es sich jedoch, das Auswahlverhalten der Vorschüler in einer konkreten Ernährungssituation, z.B. bei einem Testbuffet, zu beobachten. Zwar ist diese Methode in Vorbereitung und Durchführung zeitaufwändiger, scheint aber im Vergleich zu den Methoden der spielerischen Simulation doch aussagekräftigere Ergebnisse zu liefern.

In Übereinstimmung mit ähnlichen Untersuchungen [1, 7] wurde auch bei dieser Evaluation festgestellt, dass sich durch eine einmalige Erziehungsmaßnahme das Ernährungswissen der Kinder zumindest kurzfristig außerordentlich verbessert, jedoch nur begrenzt Einfluss auf das Ernährungsverhalten genommen werden kann.

Für die Verfasserinnen:
Prof. Dr. Gertrud Winkler
Fachhochschule Albstadt-Sigmaringen
Fachbereich 3: Studiengang
Ernährungs- und Hygienetechnik
Anton-Günther-Str. 51
72488 Sigmaringen
E-Mail: winkler@fh-albsig.de

10 Regeln für Programme zur Ernährungserziehung in der Schule

Gertrud Winkler
Albstadt-Sigmaringen

Derzeit werden verschiedene Ansätze schulischer Ernährungserziehung diskutiert. Vor diesem Hintergrund stellt der Beitrag Empfehlungen für Programme zur Ernährungserziehung in der Schule zusammen.

Grundlagen der Empfehlungen

Die hier erarbeiteten Empfehlungen basieren v.a. auf gesundheitswissenschaftlich orientierten Übersichtsarbeiten von LYTLE et al. [1], CONTENTO et al. [2, 3] und HOELSCHER et al. [4], in denen aus Evaluationsergebnissen von Ernährungserziehungsprogrammen jene Faktoren herausgearbeitet wurden, die erfolgreiche Programme kennzeichnen. Weiterhin werden Leitfäden [5, 6] und ausgewählte Untersuchungen [7, 8] zur schulischen Ernährungserziehung sowie Leitfäden zur allgemeinen Gesundheitsförderung bei Kindern [9, 10] herangezogen.

Diese werden durch praktische Aspekte vertieft. Dabei fließen Erfahrungen aus fast 25 Jahren Ernährungserziehung bei Kindern in der baden-württembergischen Landesinitiative BeKi („Bewusste Kinderernährung"; ehemals Programm „Ernährungserziehung bei Kindern") [11] und einer Evaluation dieses Programms [12, 13] ein. Ergänzend wird auf eigene Untersuchungen zur Ernährungssituation von Kindern zurückgegriffen [14, 15].

Wie entsteht das individuelle kindliche Ernährungsverhalten?

Das individuelle Ernährungsverhalten eines Kindes ist das Ergebnis vielschichtiger Interaktionen zwischen dem jeweiligen physiologischen Zustand und einer Vielzahl von kognitiven, sozialen sowie sensorischen Einflussfaktoren [16, 17]. Die Ernährungserziehung sollte diese berücksichtigen und aufgreifen.

Beim Neugeborenen ist das Ernährungsverhalten zunächst durch angeborene Präferenzen (süßer Geschmack) und Aversionen (bitterer und saurer Geschmack) sowie durch biologische Regulationsmechanismen (Hunger und Sättigung) gekennzeichnet.

Die genetisch-biologischen Faktoren des Ernährungsverhaltens werden jedoch durch soziokulturelle Lernprozesse modifiziert, die bereits kurz nach der Geburt einsetzen, wobei die genetischen Prädispositionen immer in Wechselwirkung zu den durch die Umwelt geprägten Erfahrungen stehen.

Die Möglichkeit der Ausbildung von Präferenzen wird zunächst durch die Vorlieben der Eltern bzw. der Familie beeinflusst und beschränkt. Je älter das Kind jedoch ist, desto geringer wird ihr Einfluss auf sein Ernährungsverhalten.

Bereits im Vorschulalter nehmen die Einflüsse des Elternhauses auf das Ernährungsverhalten des Kindes ab, die von Erzieherinnen und Peergroup nehmen zu.

Schon ab dem Vorschulalter orientiert es sich nachweislich zunehmend an Vorbildern aus seinem sozialen Umfeld (z.B. Erzieher/innen, Lehrer/innen) und an Gleichaltrigen (Peergroup). Das Kind übernimmt so die in seinem Kulturkreis üblichen und ihm in seinem

Umfeld vorgelebten Ernährungsgewohnheiten und -muster, wobei aus den jeweils individuellen Konstellationen auch ein individuelles kindliches Ernährungs- und Akzeptanzmuster resultiert [8, 18].

Zu bedenken ist, dass das familiäre und gesellschaftliche Umfeld bezüglich Ernährung derzeit häufig von einem ambivalenten und widersprüchlichen Verhältnis zur Ernährung geprägt ist, z.B:

■ Geringe Kenntnisse über (industrielle) Lebensmittelherstellung
■ Misstrauen gegenüber der industriellen Lebensmittelherstellung
■ Unsicherheit bei gleichzeitigem Überflussangebot
■ Gewichtsproblematik und permanente Diätangebote

Letztlich resultiert die Summe aller Lernprozesse in kognitiven Strukturen und in Habitualisierung, die dann im Jugend- und Erwachsenenalter zu einem durch Überzeugungen und Einstellungen geprägten subjektiv optimierten Ernährungsverhalten führen.

Für die Ernährungserziehung besonders wichtig sind folgende Aspekte:

Kinder verfügen über das angeborene Verhalten, neue, nicht bekannte Lebensmittel abzulehnen (Neophobie).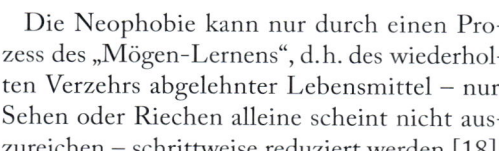

Die Neophobie kann nur durch einen Prozess des „Mögen-Lernens", d.h. des wiederholten Verzehrs abgelehnter Lebensmittel – nur Sehen oder Riechen alleine scheint nicht auszureichen – schrittweise reduziert werden [18].

Kinder assoziieren Lebensmittel und deren sensorische Merkmale stark mit ihren positiven oder negativen physiologischen Konsequenzen (z. B. körperliches Wohlgefühl oder Übelkeit) und positiven oder negativen affektiven Reaktionen (z. B. harmonische Atmosphäre, Zwang zum Essen usw.) [8, 18].

Erst der wiederholte Verzehr eines Lebensmittels in einem positiven Kontext (z.B. angenehme Lernsituation, Lob) kann zu einer wachsenden Präferenz des Lebensmittels führen.

Ein Verbot von bzw. ein beschränkter Zugang zu „ungesunden" Lebensmitteln und die zu starke Forcierung „gesunder" Lebensmittel haben eher negative Effekte.

Etwa in der Art, dass die verbotenen Lebensmittel verstärkt ausgewählt und verzehrt werden, wenn sie denn erreichbar sind [18].

Das (nicht immer korrekte) Vorwissen zum Thema Ernährung ist z.T. sehr „widerstandsfähig" gegenüber neuen Kenntnissen [19, 20].

Wie stabil ist das kindliche Ernährungsverhalten?

Zur Stabilität des Ernährungsverhaltens im Kindesalter ohne Intervention liegen kaum Untersuchungen vor. Studien an norwegischen [21] und schwedischen [22] Jugendlichen zeigen, dass sich beim Übergang vom Jugend- zum jungen Erwachsenenalter das Ernährungsverhalten in beschränktem Umfang ändert. Eine biographische Untersuchung von Brombach [23] an älteren Frauen weist darauf hin, dass in der Kindheit geprägte Ernährungstypologien häufig lebenslang beibehalten werden und es am ehesten in biographisch „sensiblen Phasen" (beim Erwachsenen z.B. Heirat, Geburt eines Kindes, schwere Krankheit u.ä.) zu tiefgreifenden Veränderungen kommt [23].

Eigene Analysen deuten darauf hin, dass bereits bei Kindern im Grundschulalter Ernährungsmuster sehr stabil sind: Aus einer Längsschnittuntersuchung zur Entwicklung von Haltung und Haltungsschäden bei Grundschulkindern, die 1998 und in den beiden Folgejahren bei Erstklässlern aus 6 Grundschulen im Rems-Murr-Kreis durchgeführt wurde [14], liegen von 151 Kindern je drei 24-Stunden-Recalls (Ernährungs-Follow-up 1. bis 3. Klasse) vor. Diese liefern eine Vielzahl von Ernährungsverhaltens-Variablen, die hinsichtlich ihrer Stabilität zwischen der 1. und 3. Klasse geprüft wurden. In der Gruppe der untersuchten Grundschulkinder zeigen sich dabei in den drei Jahren nur wenige, geringfügige Veränderungen (Beispiele Tab. 1) [15]. Zusammenfassend weisen sowohl die Erkenntnisse zur Entwick-

lung als auch zur Stabilität des Ernährungsverhaltens bei Kindern darauf hin, dass erhebliche Anstrengungen seitens der Ernährungserziehung notwendig sind, um es zu verändern.

Tab. 1: Verzehrsveränderungen bei Grundschülern zwischen der 1., 2. und 3. Klasse (n = 151); Längsschnittuntersuchung im Rems-Murr-Kreis, Ernährungs-Follow-up 1. bis 3. Klasse

	Anteil (%) der Kinder mit ...			
	1. Klasse	2. Klasse	3. Klasse	p-Wert
Häufigkeit Obstverzehr/Tag				0,004
0	32,5	41,7	39,1	
1	46,4	44,4	37,0	
2	15,2	10,6	21,9	
3	5,3	3,3	2,0	
4	0,7	0,0	0,0	
Häufigkeit Gemüseverzehr/Tag				0,007
0	37,7	41,7	37,7	
1	38,4	46,4	49,0	
2	19,9	10,6	9,9	
3	4,0	1,3	3,3	
Häufigkeit Obst-, Gemüse- und Saftverzehr/Tag („Take 5 a day")				0,764
0	6,0	7,9	7,3	
1	21,2	25,2	22,5	
2	28,5	37,1	30,5	
3	20,5	17,9	23,2	
4	16,1	9,3	11,9	
>5	7,3	2,7	4,7	
Süßwarenverzehr				0,656
ja	84,1	81,5	82,8	
nein	15,9	18,5	17,2	
Häufigkeit Süßwarenverzehr/Tag				0,000
0	15,9	18,5	17,2	
1	47,7	46,4	38,4	
2	29,1	28,5	34,4	
3	6,6	4,6	6,6	
4 und mehr	0,7	2,0	3,3	
Anzahl Getränke/Tag				0,007
2	3,3	1,3	2,0	
3	9,9	6,0	7,9	
4	36,4	33,1	24,5	
5	40,4	44,4	51,0	
6	9,9	15,2	14,6	
Getränk zu jeder Mahlzeit				0,625
ja	47,7	54,3	49,7	
nein	52,3	45,7	50,3	
Lieblingsgetränk				0,271
Milch/Kakao	5,9	4,6	3,4	
Saft	7,9	10,6	11,3	
Schorle	31,1	31,1	29,8	
Limo	9,9	11,3	13,2	
Tee	7,9	4,6	6,0	
Wasser	37,1	37,7	36,4	

chi-Test: Differenz 1. vs. 3. Klasse

Definition von Ernährungserziehung

Ernährungserziehung ist anerkanntermaßen ein zentrales Handlungsfeld der Gesundheitsförderung und Prävention bei Kindern. Ernährungserziehung zielt immer darauf ab, die Ernährungskompetenz von Kindern positiv zu beeinflussen und zwar über drei Ebenen [nach 9]:

- Vermittlung ernährungsbezogenen Wissens,
- Motivation zu einer gesundheitsförderlichen Ernährung
- Einüben einer gesundheitsgerechten Ernährung

Ernährungserziehung kann damit nach [2] umfassend definiert werden als jegliche Lernerfahrung, die zur Förderung der freiwilligen Übernahme gesundheitsförderlicher Verhaltensweisen hinsichtlich der Ernährung beiträgt.

Empfehlungen für Programme zur schulischen Ernährungserziehung

Weitgehend unabhängig vom Alter der kindlichen Zielgruppe machen nach bisherigen Erkenntnissen folgende Faktoren den Erfolg eines Programms zur schulischen Ernährungserziehung aus bzw. zumindest wahrscheinlicher:

Erfolgreiche Programme zur schulischen Ernährungserziehung ...

... basieren auf einem anerkannten theoretischen Wirkmodell. Die meisten als erfolgreich evaluierten Programme sind theoriegeleitet und beziehen sich explizit auf eine verhaltenszentrierte Theorie zu ihrer Wirkung, wie z.B. der *Social Cognitive Theory* oder dem *Stages of Change Modell* (s. Abb. 1 u. 2) [1, 2, 4, 7].

Möglicherweise bewirkt die intensive Auseinandersetzung mit einem theoretischen Modell zur Wirkung der Ernährungserziehung im Vorfeld eine insgesamt bessere Planung

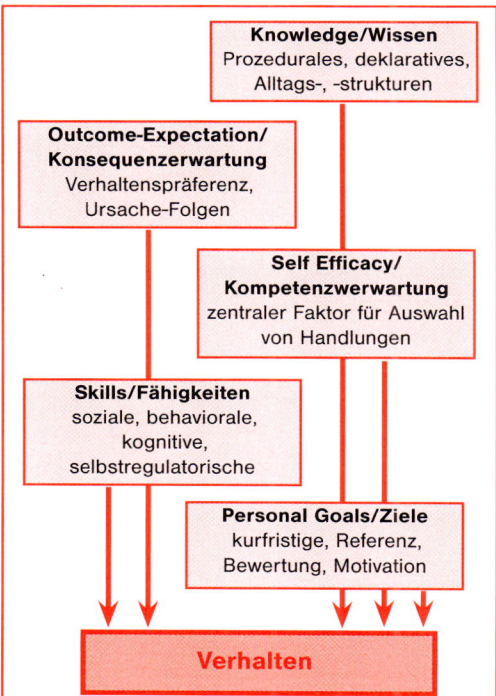

Abb. 1: Factors of Social Cognitive Theory nach Bandura [aus 24]

PC: Precontemplation
Ablehnung, Gleichgültigkeit, keine Einsicht: Kein Interesse an Veränderung, Problem wird nicht erkannt, Notwendigkeit zur Veränderung wird nicht gesehen

C: Contemplation
Überlegungspgase: Nachdenken über Problem und Möglichkeiten der Änderung, unsicher über die Erfolgsaussichten einer Veränderung

PC: Preparation Stage
Probephase: Bereit zur Veränderung, Verpflichtung zur Veränderung, Schritte zur Vorbereitung von Veränderungen

A: Action
Durchführung: Erfolgreiche Verhaltensmodifikation in einem überschaubaren Zeitraum

M: Maintenance
Aufrechterhaltung: Fortdauern von Verhaltensänderungen für längere, nicht festgelegte Zeiträume

Abb. 2: Stage of Change Model nach Prochaska u. DiClemente [aus 24]

und Implementation eines Programms, da verschiedene im Modell vorhandene Stufen oder Bereiche vorab von den Programmverantwortlichen bewusst gemacht und durchdacht werden müssen.

Erfolgreiche Programme zur schulischen Ernährungserziehung ...

2

... verfolgen inhaltlich klar definierte, realistische, beschreibbare sowie mess- bzw. nachweisbare Ziele, die sich auf aktuelle, relevante Problembereiche hoher Priorität beziehen und durch Daten belegt sind [2, 4, 8, 25].

Das Ziel bzw. die Ziele eines Programms zur Ernährungserziehung sollten sich vorrangig auf Ernährungsprobleme beziehen, die von hoher Priorität sind und durch primärpräventive Maßnahmen in der Zielgruppe der Kinder beeinflussbar sind. Zur Zieldefinition sollten aktuelle Daten zur Gesundheits- und Ernährungssituation von Kindern herangezogen werden.

Auch wenn die Datensituation in Deutschland insgesamt nicht befriedigend ist, da Routineerhebungen und Monitoringsysteme weitgehend fehlen, liegen inzwischen durchaus eine Reihe von Datenquellen vor, die zu diesem Zweck herangezogen werden können. Zur Ernährungssituation sind dies beispielsweise die regelmäßig veröffentlichten Ergebnisse der DONALD-Studie [z.B. 26], entsprechende Kapitel in den Ernährungsberichten [z.B. 27] oder der im Rahmen der Gesundheitsberichterstattung verfasste Bericht zur „Kinder-Ernährung in Baden-Württemberg" [28]. Eine gute Übersicht über Datenquellen zur gesundheitlichen Lage von Kindern gibt [29]. Aktuelle Daten sind in Kürze auch vom derzeit laufenden Kinder- und Jugendsurvey zu erwarten [30, 31].

Wenig sinnvoll, da weder realistisch noch nachweisbar, ist ein zu allgemein formuliertes Ziel, wie beispielsweise „die Verbesserung des kindlichen Ernährungsverhaltens". Ein Beispiel für ein Ziel, das den oben genannten Anforderungen entspricht wäre dagegen „die Steigerung des Gemüseverzehrs um durchschnittlich eine Portion pro Tag im Laufe von sechs Monaten".

Programmziele müssen auf die spezifischen Bedürfnisse und Erfordernisse der Zielgruppe abgestimmt sein, und es ist zudem regelmäßig zu prüfen, ob die einmal definierten Ziele weiterhin sinnvoll, d.h. vor allem relevant und aktuell sind.

Erfolgreiche Programme zur schulischen Ernährungserziehung ...

3

... streben an, „Selbstläufer" zu werden. Das wichtigste strukturelle Ziel eines jeden Programms sollte sein, dass es langfristig ein „Selbstläufer" wird, also sich ohne weiteren Input von außen selbst trägt und weiterentwickelt.

Bei Ernährungserziehungsprogrammen in der Schule müssen deshalb die Motivation, Fortbildung und Unterstützung der Lehrer und anderer Multiplikatoren eine zentrale Stellung einnehmen. Ihnen müssen z.B. Kriterien für die Auswahl geeigneter verhaltenszentrierter Curricula und wirksame Lehrmethoden zur Verfügung gestellt werden [2].

Erfolgreiche Programme zur schulischen Ernährungserziehung ...

4

... sind langfristig und intensiv und verfügen über eine große Reichweite [2, 4, 6–10]. Ernährungserziehung muss weit über isolierte Einzelaktionen hinausgehen.

Programme scheinen umso wirksamer zu sein, je langfristiger und intensiver sie sind. Die zu vermittelnden Botschaften sollten mittels verschiedener Strategien wiederholt und damit verstärkt werden [32].

Als günstig erwiesen sich in diversen Untersuchungen die Verankerung der Ernährungserziehung im Lehrplan, die sich mit einer gewissen Regelmäßigkeitüber mehrere Klassen hinzieht und fachübergreifend erfolgen kann oder die Ernährungserziehung als Bestandteil eines umfassenden und langfristigen schulischen Gesundheitsförderungsprogramms.

Der Ernährungsunterricht wird dabei durch weitere Aktivitäten außerhalb des Klassenzimmers ergänzt und verstärkt und alle Bereiche der Schule (z.B. Sportunterricht, Schulverpflegung) werden einbezogen [2, 6, 7].

Ernährungserziehung sollte immer mit der Bereitstellung entsprechender Ressourcen und Materialen und der Durchführung motivierender Lehrerfortbildungen gekoppelt sein.

Da die Effektivität einer Intervention nicht allein von der Wirksamkeit des Programms, sondern auch von der Größe der erreichten Zielgruppe abhängt, sollten erfolgreiche Programme publiziert und ausgeweitet werden.

Erfolgreiche Programme zur schulischen Ernährungserziehung ...
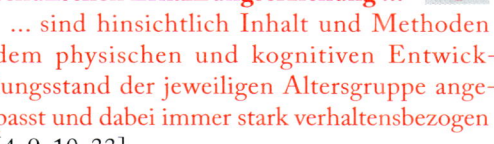

... sind „ganzheitlich" angelegt [2, 6, 7, 9, 10].

Als erfolgversprechend erwies es sich darüber hinaus, in einem „ganzheitlichen" Ansatz miteinander zusammenhängende Probleme zu bündeln und gleichzeitig anzugehen und über das Ernährungsverhalten hinaus auch weitere gesundheitsrelevante Verhaltensweisen (v.a. körperliche Aktivität) mit einzubeziehen [4, 6, 7, 10]. So können gesundheitsförderliche Verhaltensweisen verstärkt und Synergieeffekte geschaffen werden.

Erfolgreiche Programme zur schulischen Ernährungserziehung ... 6

... sind hinsichtlich Inhalt und Methoden dem physischen und kognitiven Entwicklungsstand der jeweiligen Altersgruppe angepasst und dabei immer stark verhaltensbezogen [4, 9, 10, 33].

Das möglichst frühzeitige Einsetzen primärpräventiver Maßnahmen wird einhellig als wichtig erachtet [9]. Dabei sollten Ernährungserziehungsprogramme theoriegeleitet an spezifische Entwicklungsphasen anknüpfen und darauf aufbauen, was Kinder schon wissen und können, und sich auf jene Aspekte der Ernährung konzentrieren, die Kinder interessant finden und die sie direkt betreffen [2, 4].

Ernährungserziehung muss kindorientiert, motivierend, aktivierend und verhaltensbezogen erfolgen.

Im Kindergartenalter wird der Einfluss der Sensomotorik auf das kindliche Verhalten weniger wichtig, parallel werden jedoch kognitive Denkstrukturen entwickelt. Diese sind allerdings noch nicht weit ausgebildet und resultieren lediglich in unsystematischen Schlussfolgerungen und nicht in der Entwicklung von logischen, gedanklichen Prozessen [34]. Bei Vorschülern müssen daher Inhalt und Materialien der Ernährungserziehung besonders genau an den kognitiven Entwicklungsstand angepasst werden:

Begriffe wie „Nährstoffe" und „Verdauung" überfordern leicht das kindliche Denkvermögen, da sie die Fähigkeit zur Abstraktion voraussetzen.

Gelernt wird überwiegend durch Imitation eines Modells. Deshalb sind Einbeziehung, Information und Motivation der Eltern besonders wichtig [2, 5, 6]. Aktivitäten, die auf die gemeinsame Bearbeitung durch Eltern und Kinder und die wechselseitige Zusammenarbeit zwischen Erzieher und Elternhaus zielen, tragen wesentlich zum Erfolg bei.

Von zentraler Bedeutung sind auch ein verhaltensbezogener Ansatz, indem Eltern und Erzieher positive Leitbilder geben und Kindern wiederholt Lebensmittel in einem positiven sozialen Kontext anbieten, sowie die Prinzipien der Selbsttätigkeit und Handlungsorientierung, die an die Neugierde und Entdeckerfreude der Kinder appellieren. So bieten z.B. das gemeinsame Frühstück im Kindergarten, gemeinsame Lebensmittelvor- und -zubereitung sowie die gemeinsame Verkostung unbekannter Lebensmittel vielfältige Erfahrungs- und Handlungsmöglichkeiten, indem sie alle Sinne der Kinder ansprechen und Bezug zu deren Realität herstellen [35–37].

Im Grundschulalter haben Kinder bereits logische Denkstrukturen entwickelt. Sie können Klassen erfassen und besitzen die Fähigkeit zur Reversibilität von Operationen. Das Kind lernt durch Versuch und Irrtum [34].

Notwendig ist deshalb die Möglichkeit zur aktiven Beteiligung z.B. durch die selbstständige Zubereitung einfacher Gerichte und Snacks [6]. Durch praktische, lebensnahe Tätigkeiten werden die Sinne der Kinder geschult und ihre manuellen Fähigkeiten erweitert. Einfache

Phasen der Programmevaluation

Ergebnisse anwenden & weitergeben

Interessen-vertreter beteiligen & verpflichten

Schlussfol-gerungen ziehen & begründen

Standards
Nutzen
Durchführbarkeit
Angemessenheit
Korrektheit

Programm beschrei-ben

Sammlung zuverlässi-ger Daten

Evaluations-design fest-legen

Abb. 3: Empfehlungen zur Durch-führung von Evaluationen von Ge-sundheitsförderungsprogrammen [nach 48]

verhaltensbezogene Strategien ermöglichen das Erleben von Mahlzeiten und unbekannten Lebensmitteln in einem positiven sozial-affektiven Umfeld. Zunehmend wichtig wird dabei der Einfluss der Gleichaltrigen auf das Ernährungsverhalten der Kinder.

Kleingruppenarbeiten und Diskussionen im Klassenverband geben Rückhalt und vergrößern die Bereitschaft, gesunderhaltende Lebensmittel auszuwählen.

Die Einbeziehung der Eltern bleibt bedeutend. Sie stellen – wie auch die Lehrer/innen – nach wie vor wichtige Vorbilder dar und stehen letztlich durch die von ihnen praktizierte Lebensmittelauswahl einer Veränderung des kindlichen Ernährungsverhaltens entgegen oder fördern sie.

Arbeitsblätter, Spiele und andere Materialien, die die Kommunikation zwischen Eltern und Kind fördern, erwiesen sich als wesentlich effektiver als Elternabende und Rundbriefe [2].

Verbales Lob und Belohnungen, z.B. in Form von Gutscheinen, können zur Stärkung eines gesundheitsbewussten Ernährungsverhaltens beitragen. Da das Denken der Grundschüler noch stark gegenwartsbezogen ist, lösen zukünftige Wirkungen eines unzureichenden Ernährungsverhaltens (z.B. Drohung mit Krankheit) keine Betroffenheit aus. Es gilt, alltägliche Situationen zum Ausgangspunkt für die Ernährungserziehung zu machen, und Ziele auf Grund positiver und erlebbarer Werte zu setzen, welche an die Erfahrungen der Kinder anknüpfen und ihre Interessen betonen.

Diese sind bei Jungen vor allem der Einfluss der Ernährung auf die körperliche Leistungsfähigkeit, bei Mädchen der Einfluss der Ernährung auf das Aussehen und bei beiden Geschlechtern der Zusammenhang zwischen Ernährung und Lernfähigkeit [7, 8].

Ältere Kinder und Heranwachsende

Bei älteren Kindern und Heranwachsenden ist die Fähigkeit zum theoretischen Denken und zur Abstraktion entwickelt. Ihre Denkprozesse beziehen sich sowohl auf die Gegenwart als auch auf die Zukunft. Hypothesen können formuliert und die Konsequenzen des eigenen Handelns abgeschätzt werden [34]. Als besonders erfolgreich erweisen sich daher Programme, die auf einer verhaltenszentrierten Theorie (s. Regel 1) basierend die Verantwortung für das eigene Verhalten auf die Heranwachsenden übertragen.

Zentral ist dabei die Stärkung der Selbstwirksamkeit und der internalen Kontrollüberzeugung, d.h. die Überzeugung, durch eigene Kompetenz und eigenes Handeln Veränderungen bewirken zu können. Kennzeichnend für den systematischen Verhaltensänderungsprozess sind die Selbsteinschätzung des eigenen Ernährungsverhaltens und das Einüben effektiver gesundheitsförderlicher Verhaltensweisen. Bei der Definition realistischer Ziele und der Identifikation von Barrieren und Anreizen für ein verändertes Ernährungsverhalten sowie bei der Bewertung alternativer Strategien zur Zielerreichung müssen die Schüler angeleitet werden [6]. Kognitive, affektive und psychomotorische Lernziele müssen zur Förderung der Verhaltenskompetenz der Schüler vermittelt werden. Wirksame Programme berücksichtigen insbesondere das soziale Umfeld der Heranwachsenden (s. a. Regel 7). Sie geben den Schülern Hilfestellung beim Aufbau wirksamer Strategien, um den sozialen Zwängen zu widerstehen und schaffen unter den Gleichaltrigen positive Leitbilder.

Interventionen im Schulumfeld vergrößern den sozialen Rückhalt für ein verändertes Ernährungsverhalten.

Besonders wirksam sind ernährungsbezogene Aktivitäten, die von Gleichaltrigen (peers) angeleitet werden. Lehrmethoden sollten praktisch, erlebbar und aktivierend sein. Da gerade in der Pubertät die Unabhängigkeit gegenüber dem Elternhaus erprobt wird, ist das Einbeziehen der Eltern in die Intervention wenig wirksam. Dagegen wird die stärkere Nutzung neuer Technologien zur Entwicklung innovativer Programme mit breiter Wirkung in der jugendlichen Altersgruppe vielfach empfohlen, z.B. der Einsatz von Internet, Computerprogrammen und CD-ROMs. Diese Möglichkeiten sollten überprüft und ggf. intensiver genutzt werden [4, 7].

Evaluationen von Ernährungserziehungsprogrammen zeigen häufig, dass sich das Ernährungswissen der Kinder verbessert, ohne dass entsprechende Verhaltensänderungen festgestellt werden können [z. B. 32]. Ernährungserziehung sollte deshalb durchaus die notwendigen Wissensaspekte vermitteln, insgesamt aber noch stärker als bisher Ansätze der Kompetenzförderung einbeziehen [9, 10], d.h. vor allem Fähigkeiten und Fertigkeiten im Umgang mit Lebensmitteln, die wichtig sind, um vorhandene gesundheitsförderliche Ernährungsgewohnheiten bei Kindern, Eltern und Lehrern auszubauen und zu stärken (salutogenetischer Ansatz). Den Kindern soll ermöglicht werden, eine Vielfalt nährstoffreicher Lebensmittel kennen zu lernen und wiederholt probieren zu können. Darüber hinaus sind besonders positive Erfahrungen bei der Zubereitung von Speisen und bei gemeinsamen Mahlzeiten wichtig [1, 2, 6, 7].

Erfolgreiche Programme zur schulischen Ernährungserziehung ...

... greifen den kindlichen Alltag und unterschiedliche Lebenswelten der Kinder auf und berücksichtigen das soziale Umfeld sowie kulturspezifische Besonderheiten [2, 4, 9, 10].

Dies bedeutet, dass nicht nur die Bedürfnisse, Interessen und mögliche Umsetzungsbarrieren der Kinder, sondern vor allem auch die von Eltern, Erziehern und Lehrern sowie der jeweiligen Settings – in diesem Fall der Schule – insgesamt abgeklärt und berücksichtigt werden müssen [2, 5].

Empfohlen wird in diesem Zusammenhang auch, die Geschlechter- bzw. Rollendifferenzierung zu berücksichtigen und geschlechtsspezifische Ansätze mit einzubinden [9, 10].

Besonderes Augenmerk sollte auf sozial benachteiligte, schwer erreichbare, hoch belastete soziale Gruppen gelegt werden, für die die Schule einen der besten Zugangswege darstellt. Gerade hier sind aber Ansätze, die sich an deren konkreten Lebenswelten orientieren und z.B. die beschränkte finanzielle Situation, die soziale Bedeutung von Essen und Trinken u.v.m. aufgreifen, besonders wichtig [9, 10].

Nicht zuletzt auf Grund der erhöhten Prävalenz von Übergewicht und Adipositas bei Kindern anderer Nationalitäten [38] erscheint der Aspekt „Migration und Ernährungssituation" zunehmend wichtig, der ebenfalls eine Anpassung der Interventionsstrategien erfordert [10]. (Eine gute Einführung zur kulturellen Anpassung von Interventionsprogrammen gibt [39]).

Dabei dürfen unterschiedliche Ernährungsweisen nicht als defizitär, sondern als Möglichkeit voneinander zu lernen, begriffen werden. Beispielsweise beinhalten die Materialsammlungen der Landsinitiative BeKi für Tageseinrichtungen für Kinder (Ringordner „Ernährungserziehung bei Kindern") und für Schulen (Ringordner „Esspedition Schule", vgl. Kap. 21) [40] jeweils Hinweise auf die Ernährungsgewohnheiten in anderen Kulturen. Eine Untersuchung in Kindergärten in Baden-Württemberg zeigt allerdings, dass diese Thematik sehr selten aufgegriffen wird [41].

Erfolgreiche Programme zur schulischen Ernährungserziehung ...

... sind zusätzlich stark verhältnisorientiert.

Erfolgreiche Programme beschränken sich nicht auf die verhaltenspräventive Ernährungserziehung, sondern greifen zusätzlich den verhältnispräventiven Ansatz auf. Sie wirken auf die Verhältnisse ein und beeinflussen vielfältige Komponenten der Umgebung positiv (z.B. Pausenverkauf, Beschickung von Automaten, Preisgestaltung u.ä.). Mit dem Ausbau von Ganztagsschulen wird zukünftig auch der Mittagsverpflegung eine wichtige Vorbildrolle zukommen (vgl. Kap. 13 + 16).

Dazu ist die Motivation, Fortbildung und Unterstützung der LehrerInnen und anderer agierender Personen (z.B. Hausmeister, hauswirtschaftliches Personal) von zentraler Bedeutung.

Beispielsweise bietet die Landesinitiative BeKi kostenlose Fortbildungsveranstaltungen für ErzieherInnen, LehrerInnen und hauswirtschaftliches Personal an, die direkt in den Einrichtungen erfolgen und zu verschiedenen Themen wie z.B. Speiseplangestaltung, aktuelle Aspekte der Kinderernährung etc. sein können.

Eine Schlüsselrolle nehmen auch in diesem Zusammenhang die Eltern [1, 2, 6, 7] bzw. insbesondere die Mütter ein, denen zum überwiegenden Teil weiterhin die Ernährungsversorgung in den Familien obliegt [z.B. 42, 43]. In der Landesinitiative BeKi werden beispielsweise nach Absprache mit den LehrerInnen auch Elternveranstaltungen zum Themenbereich Ernährung angeboten. Dabei zeigt sich allerdings, dass die Resonanz der Eltern, das Angebot einer Elternveranstaltung wahrzunehmen, insgesamt relativ gering ist. Erreicht werden hauptsächlich die Eltern, welche bereits ein hohes Gesundheitsbewusstsein zeigen, während die eigentliche Zielgruppe häufig unerreicht bleibt.

Gemeinsame Eltern-Kind-Veranstaltungen haben dagegen für Schüler und Eltern einen besonderen Erlebniswert und werden besser angenommen.

Hinsichtlich der Motivation des Umfelds (Lehrer/innen, Mütter) sollten dringend neue Formen, die über die klassischen Lehrerfortbildungen und Elternabende hinausgehen bzw. diese wieder attraktiver machen, angewandt und geprüft werden. Hier könnten sich z.B. auch Partnerschaften und Kooperationen (s. Regel 9) positiv auswirken (z.B. durch „Belohnungs"-Systeme mit Einkaufsgutscheinen, reduzierte Gebühren bei Kursen der Krankenkassen usw.).

Erfolgreiche Programme zur schulischen Ernährungserziehung ...

... streben Kooperationen und Partnerschaften an und vernetzen sich mit anderen Akteuren des Ernährungs- und Gesundheitssektors [10].

Die breite Unterstützung der schulischen Ernährungserziehung durch Gesellschaft, Schulleiter, Lehrer, Eltern und andere ist entscheidend für die Förderung eines gesundheitsbewussten Ernährungsverhaltens. Positiv wirken sich deshalb auch weitere Kooperationen und Partnerschaften aus (z.B. mit Elternverbänden, Sportund anderen Vereinen, Kinderärzten, Gesundheitsämtern, Lebensmittelherstellern und -handel, Caterern) [5, 7], u.a. im Hinblick auf die Nutzung vielfältiger und verschiedenartiger Zugangswege und Kommunikationskanäle [9] sowie auf die Erschließung von Incentives.

In der Praxis sind Kooperationen und Partnerschaften häufig zeitaufwändig, denn es müssen Berührungsängste ab- und Vertrauen aufgebaut, gemeinsame Strukturen gefunden, Kompetenzen geklärt werden usw. Trotzdem sollte interdisziplinäre und arbeitsteilige Zusammenarbeit angestrebt werden.

Erfolgreiche Programme zur schulischen Ernährungserziehung ... 10

... müssen evaluiert werden. Die Evaluationsergebnisse sollten zeitnah umgesetzt werden [2, 4–6, 8].

Die überwiegende Mehrzahl von Evaluationen von Ernährungserziehungsprogrammen wurde in den USA durchgeführt, nur wenige in Europa; insgesamt sind viele Evaluationen lückenhaft oder unzulänglich [7]. In Deutschland wurden unserer Kenntnis nach bisher nur wenige Ernährungserziehungsprogramme evaluiert bzw. nur wenige Ergebnisse veröffentlicht.

Dies bestätigt auch eine Übersicht über ernährungsbezogene Präventionsstudien bei Kindern und Jugendlichen in Deutschland von KERSTING [44]. Ausnahmen bilden u.a. die Kieler Adipositaspräventionsstudie (KOPS) [45], das Programm „Ernährungserziehung Sachsen", dessen Effektivität evaluiert wurde [46, 47] sowie die Landesinitiative BeKi [u.a. 40].

Zum Nachweis der Effektivität eines Programms und der Effizienz der eingesetzten Mittel müssen Evaluationen durchgeführt werden. Sie sollten nach dem Prinzip der kontinuierlichen Qualitätsverbesserung sofort zur Pro-

grammanpassung und -verbesserung beitragen (Abb. 3). Dabei können folgende Hinweise dienlich sein:

- Evaluationen sollten integrierter Bestandteil jeder gesundheitsfördernden Maßnahme sein [2], der bereits bei der Programmplanung berücksichtigt wird. Die Kosten sind vom Design der Evaluation abhängig [49] (Richtwert: ca. 5 % des Programmbudgets für eine Selbstevaluation, ca. 10–15 % für eine externe Evaluation [50]).
- Die Fragestellungen der Evaluation müssen klar definiert und an die Ziele der Intervention (Wissen, Einstellungen und/oder Verhaltensweisen) angepasst werden. Inzwischen herrscht Konsens darüber, dass nicht nur medizinische Parameter und Verhaltensänderungen, sondern auch Faktoren, die das Verhalten bedingen (z.B. kognitive Fähigkeiten, Selbstwirksamkeit, Verhaltensabsichten, Umfeld) geeignete Ergebnisse sind [2].
- Produktevaluationen mit quasiexperimentellem Design, Kontrollgruppen und Pretest-Posttest-Design haben sich bewährt [7].
- Daneben sollten Prozessevaluationen durchgeführt werden. Sie liefern Gründe für den Erfolg bzw. Misserfolg von Komponenten und geben Hinweise auf Verbesserungen einer Maßnahme.
- Die Entwicklung neuer Materialien sollte durch eine formative Evaluation begleitet werden.
- Erhebungsinstrumente müssen auf die Fragestellung abgestimmt werden. Es können qualitative und quantitative Methoden zum Einsatz kommen. Verschiedene Leitfäden geben dazu einfach und ohne Aufwand einsetzbare, pragmatische Ansätze an die Hand [z.B. 5, 48, 50]
- Evaluationsergebnisse (auch negative!) sollten veröffentlicht werden. Nur so können die Erkenntnisse um die Wirksamkeit verschiedener Maßnahmen ausgebaut werden und zukünftige Programme von den Erfahrungen profitieren.

Fazit und Zusammenfassung

Die Schule ist ein hervorragend geeignetes Setting für die Ernährungserziehung von Kindern und Jugendlichen.

Sie bietet die Möglichkeit des kontinuierlichen Kontakts zu den Schülern von der Grundschule bis zur Sekundarstufe, die Schüler werden in ihrem natürlichen Umfeld erreicht, auch anderweitig nicht oder schwer erreichbare Gruppen können – die entsprechenden Anstrengungen vorausgesetzt – einbezogen werden und es ist ausgebildetes Personal vorhanden [4, 7].

Kinder können durch schulische Ernährungserziehung in ihrer Ernährungs- und damit Gesundheitskompetenz wirksam gefördert und unterstützt werden. Um dies zu erreichen, müssen allerdings weit über einmalige Aktionen hinausgehende, langfristige Programme konzipiert werden, die mutig und kreativ neue Wege beschreiten, diese aber auch überprüfen und ihre Erfahrungen weitergeben.

Für die Verfasserinnen:
Prof. Dr. Gertrud Winkler
Hochschule Albstadt-Sigmaringen

Fachbereich Life Sciences:
Studiengang Ernährungs- und
Hygienetechnik
Anton-Günther-Str. 51
72488 Sigmaringen
E-Mail: winkler@fh-albsig.de

Empfehlungen für Programme zur schulischen Ernährungserziehung

1. Erfolgreiche Programme basieren auf einem anerkannten theoretischen Wirkmodell.
2. Erfolgreiche Programme verfolgen klar definierte, realistische, beschreibbare und mess- bzw. nachweisbare Ziele. Die Ziele beziehen sich auf aktuelle, relevante Problembereiche hoher Priorität und sind durch Daten belegt.
3. Erfolgreiche Programme streben an, „Selbstläufer" zu werden.
4. Erfolgreiche Programme sind langfristig, intensiv und verfügen über eine große Reichweite.
5. Erfolgreiche Programme sind ganzheitlich angelegt.
6. Erfolgreiche Programme sind hinsichtlich Inhalt und Methoden dem physischen und kognitiven Entwicklungsstand der jeweiligen Altersgruppe angepasst und stark verhaltensbezogen.
7. Erfolgreiche Programme berücksichtigen den kindlichen Alltag, unterschiedliche Lebenswelten der Kinder, das soziale Umfeld sowie kulturspezifische Besonderheiten und greifen diese auf.
8. Erfolgreiche Programme sind auch verhältnisorientiert.
9. Erfolgreiche Programme streben vielfältige Kooperationen und Partnerschaften an und vernetzen sich mit anderen Akteuren des Ernährungs- und Gesundheitssektors.
10. Erfolgreiche Programme werden evaluiert und setzen die Ergebnisse der Evaluationen zeitnah um.

Schulwettbewerb „Wie frühstückt die Welt?"

Impuls für innovative Ansätze in der Ernährungsbildung

Sigrid Beer
Paderborn

Wie frühstücken Kinder in anderen Ländern der Welt? Dieser Frage widmete sich ein bundesweiter Schulwettbewerb im Bereich Ernährung, der im Schuljahr 2001/2002 durchgeführt wurde (Initiator: Kellog Deutschland GmbH, wissenschaftliche Beratung: Fachgruppe Ernährung und Gesundheit, Universität Paderborn). Dieser Beitrag fasst die Erfahrungen zusammen.

Der Wettbewerb integrierte die folgenden Bereiche:

- ernährungsbezogenes Lernen vor dem Hintergrund des salutogenetischen Gesundheitsbegriffs[1],
- interkulturelles Lernen,
- Methodenvielfalt und Medienkompetenz sowie
- Öffnung von Schule und Elternbeteiligung.

Eigens für den Wettbewerb wurde eine Internetseite (www.wie-fruehstuecktdie-welt.de) konzipiert und diente den Schulen als Informationspool und Ausgangspunkt für eigene Recherchen.

Die Ausschreibung richtete sich an Grundschulen und Orientierungsstufen. Gleichberechtigt waren auch Sonderschulen zur Teilnahme eingeladen, durchaus keine Selbstverständlichkeit bei Schulwettbewerben. Bis zum Einsendeschluss Anfang 2002 gingen rund 100 Projektdokumentationen aus ganz Deutschland ein.

---

[1]Hierbei steht nicht mehr die Krankheit – das Defizit – im Zentrum der Betrachtung. Vielmehr wird danach gefragt, warum und wie es gelingt, gesund zu bleiben oder zu werden und eine Balance zwischen den Polen Krankheit und Gesundheit immer wieder neu in aktiven Prozessen herzustellen.

In die Endauswertung gelangten schließlich 54 Projekte, deren Realisierung mit umfangreichen Unterlagen (Projektskizze, Durchführungs- und Erfahrungsbericht, Schüler- und/oder Eltern-Feedback, Bilder, Unterrichtsmaterialien, Presseberichte) dokumentiert worden war. Der Jury gehörten Vertreter aus Wissenschaft, Schulpraxis, Schulentwicklung, des Bundeselternrats und der Firma Kellogg's an.

Aus Grundschulen stammten 33 Wettbewerbsbeiträge (Klassen 1–4), 14 aus den Jahrgängen 5/6 und 7 aus Sonderschulen (LB und GB). Bedingt durch die angesprochenen Schulstufen und Themen sind die Projekte „Frauensache". Insgesamt beteiligten sich nur 7 Lehrer als Projektleiter, davon 2 gemeinsam mit Kolleginnen. Die zusammenfassende Projektanalyse der Projekte wird hier vorgestellt:

Zugang zum Wettbewerb

Die Lehrerinnen und Lehrer wurden bei der Suche in schulamtlichen Veröffentlichungen auf den Wettbewerb aufmerksam. In aller Regel waren die Lehrkräfte schon an der Ernährungsbildung interessiert. Die Attraktivität des Wettbewerbs beruhte auf der Kombination von Ernährungsbildung und interkulturellem Lernen. Es wurde deutlich mehr verlangt als bisher schon eingeübte und an sich wertvolle (Schul-) Frühstücksroutinen.

Bei der Durchsicht der Unterlagen fällt auf: Alle, die am Projekt teilnahmen, sind mit großer Intensität und enormen Arbeitsaufwand ans Werk gegangen. In aller Regel entstanden fächerübergreifende Projektreihen aus den unterschiedlichsten Fachperspektiven (z.B. Sach-, Deutsch-, Kunst-, Textil-, Biologie-, Religionsunterricht).

Ernährungsbezogenes Lernen

Das Schulfrühstück erweist sich immer wieder als aktueller Ausgangspunkt für eine ernährungsbezogene Betrachtungsweise. Diese umfasst u.a.

- die Bestandsaufnahme von Gewohnheiten, z.B. des Einzelnen, der Lerngruppe, der Schulgemeinde, der Familie,
- die Reflexion der Frage, wodurch Ernährungsgewohnheiten und Verhalten geprägt und bestimmt werden,
- eine Sinnes- und Geschmacksschulung,
- die Entwicklung von Handlungsalternativen und die Vermittlung entsprechender Kompetenzen.

Erfreulicherweise war der Umgang mit ungewohnten Speisen in fast allen Projekten sehr offen und problemlos. Anfängliche Hemmschwellen überwanden die Schülerinnen und Schüler schnell. Es wurde nur von einem Kind berichtet, das nicht alle Gerichte probieren wollte. Vielmehr war eine erfrischende Neugierde zu verzeichnen.

Die Kinder begaben sich auf eine Entdecker-Tour in Sachen Geschmack. Auch spezielle Fragen wurden bearbeitet. So gab die Deutsche Raumfahrtbehörde auf Anfrage einer Schülerin bereitwillig Auskunft zum Thema „Astronautenfrühstück".

Vielerorts besteht der Wunsch nach Weiterführung des Projekts. Durch die Wettbewerbsteilnahme haben sich positive Frühstücksrituale in den Lerngruppen entwickelt oder gefestigt, ist ernährungsbezogener Unterricht aus vorangegangenen Lernphasen wiederbelebt oder nachhaltiger verankert worden. Die Verantwortlichen wissen: Ernährungsbildung braucht Kontinuität. Die Verbindung mit der praktischen Umsetzung, dem Kennenlernen und Zubereiten einer großen Lebensmittelvielfalt motiviert die Kinder über das vorläufige Projektende hinaus.

Das (Schul-)Frühstück ist nach Überzeugung beteiligter Pädagoginnen nicht nur von großer Bedeutung für die Lernfähigkeit, es wird auch als die Mahlzeit im familiären Raum angesehen, die Kinder am stärksten beeinflussen können.

Das bestätigt das Projekt. Kinder formulieren selbstbewusst ihre Ansprüche und Frühstückswünsche gerade gegenüber ihren Eltern, wenn sie eigenverantwortliches Handeln lernen, ihnen diese Kompetenz zugetraut, ihr Selbstwertgefühl gestärkt wird und sie das nötige Knowhow besitzen. Daraus folgt: Lehrer dürfen Kinder nicht nur mit Theorie „füttern", sondern müssen ihnen Handlungskompetenzen für eigene Entscheidungen erschließen.

Das gilt nicht nur für die Kommunikationsprozesse in so genannten Mittelschichtfamilien, in denen das Frühstück zum Thema wird. Lehrerinnen und Lehrer, die über schwierige und belastete Lernausgangs- und Lebenslagen ihrer Schüler und Schülerinnen berichteten, konnten solche Prozesse ebenfalls beobachten. So wurde z.B. beschrieben, dass ein Kind zu Hause andere Brotsorten einforderte (statt billigen Weißbrots) und seinen Wunsch durchsetzte, weil ihm gehaltvolleres, dunkles Brot besser schmeckte.

Kinder forderten von ihrer Familie Zeit für gemeinsames Essen ein. Sie schrieben Briefe an ihre Eltern mit ihren Frühstückswünschen. Andere artikulieren jetzt in der Schule ihren Hunger. Sie unterdrücken das Gefühl nicht mehr. Bemerkenswert ist, dass schon vor der Durchführung des Wettbewerbs in etlichen Klassen eine Frühstücksreserve vorhanden war, um eine Grundversorgung der Kinder zu sichern, die familiär nur mangelhaft oder gar nicht versorgt werden.

Elternarbeit

Zusätzlich ist es gelungen, Eltern erstmals intensiver als bisher in Schulaktivitäten einzubinden. Das gilt vor allem für Familien mit Migrationshintergrund. Die Mitarbeit im Projekt vermittelte nicht nur den Kindern, sondern auch den Eltern ein Gefühl der Wertschätzung; ihr Selbstwertgefühl nahm zu. Die innerfamiliäre Kommunikation wurde angeregt und der Austausch zwischen Schule und Elternhaus verbessert.

Schüler und Eltern beurteilten das Projekt durchweg positiv und lobten das große Engagement der Lehrerinnen und Lehrer. Eine Rückmeldung, die sonst eher Seltenheitswert genießt.

Mangelnde Anerkennung der Lehrertätigkeit ist als Manko unseres Bildungssystems längst ausgemacht. Insgesamt wurde durch das Projekt die Zusammenarbeit von Elternhaus und Schule gestärkt.

Von den beteiligten Lehrerinnen und Lehrern hat sich niemand über den zusätzlichen Arbeitsaufwand beschwert oder beklagt. Vielmehr ist den Berichten eine große Arbeitszufriedenheit zu entnehmen. Ein deutlicher Hinweis darauf, dass die Prinzipien des salutogenetischen Ansatzes – Verstehbarkeit, Handhabbarkeit und Bedeutsamkeit des eigenen Tuns – auch für Lehrkräfte und ihre Arbeitszusammenhänge gelten!

Interkulturelles Lernen

Die Dimension des interkulturellen Lernens hat den Wettbewerb in besonderer Weise geprägt und bereichert.

Gemeinsames Essen ist von jeher Symbol der Gemeinschaft und des Friedens sowie ein Ort der Integration. Das sinnliche Erleben und die gemeinsamen Erfahrungen festigen Integrationsprozesse auf emotionaler und sozialer Ebene. Sie sind emotionale Ankerpunkte, die kognitive Lernprozesse zum Teil erst ermöglichen und regelrecht „freischalten".

Die ernährungsbezogene Bildung erwies sich als Plattform, die interkultureller Bildung einen besonderen Raum gibt. Schülerinnen und Schüler, die sonst im Unterricht eher mit ihren Defiziten konfrontiert wurden, waren plötzlich für den Erfolg der gesamten Lerngruppe von zentraler Bedeutung.

Sie erfuhren: Es geht nicht ohne mich. Das, was ich leiste, ist etwas wert – auch im Vergleich mit Anderen.

Von Minderwertigkeits- und Versagenserfahrungen sind in unserem Bildungssystem vor allem Kinder mit Migrationshintergrund betroffen, wie die PISA-Studie deutlich belegt. Das Problem verschärft sich noch einmal für die Jungen im Hinblick auf die Geschlechterfrage. Umso wichtiger sind Lernräume, die positiv motivierende Erfahrungen möglich machen.

Dass sich ein solches Verständnis jedem folkloristischen Ansatz entzieht, wird vor diesem Hintergrund deutlich. Leider ist die interkulturelle Dimension in der Ernährungsbildung bisher vernachlässigt worden.

Auf ein falsches Gleis kann aber folgender Ansatz führen: In einem Projekt wurden die Speisen einzelner Nationen nach den Regeln der DGE auf ihren „Gesundheitswert" untersucht. Ohne dies in eine gesellschaftliche, ökonomische und sozio-kulturelle Analyse der Lebensbedingungen einzubetten und die Vorgaben der Deutschen Gesellschaft für Ernährung kritisch zu reflektieren, besteht dann die Gefahr, Bedingungen zu verkennen, „Äpfel mit Birnen" zu vergleichen, andere Ernährungstraditionen abzuwerten.

Methodenvielfalt – Medienkompetenz

Allen Kindern Lernchancen zu eröffnen, bedeutet vielfältige Lernwege anzubieten und gesicherte Lernräume zu schaffen, in denen Wissenserwerb, emotionales und soziales Lernen gleichermaßen möglich sind. Integrativ arbeiten heißt gleichzeitig auch immer binnendifferenziert arbeiten, damit individuell und gleichwertig, jedoch nicht gleichartig gelernt werden kann.

Die Projektberichte belegen, dass beides gelungen ist. Hier wurde der Umgang mit heterogenen Lerngruppen erfolgreich praktiziert. Das erfordert eine Methodenkompetenz, wie sie sich vorrangig in Grundschulen und Sonderschulen findet.

Innerhalb dieses Wettbewerbbausteins spielte das Einbeziehen der Neuen Medien eine wichtige Rolle. Nicht nur wurde über das Internet eine Vielzahl von Informationen zum Wettbewerb bereitgestellt, der Umgang mit Neuen Medien weist immer noch ganz spezielle Qualitäten auf: Die Motivation der Kinder wird gesteigert.

Meist sind Kinder auf diesem Gebiet mit ihrem Lerntempo den Erwachsenen voraus. Häu-

BEISPIEL Klasse 3a, Gersprenzschule

Seit 31 Jahren ist Rosemarie TÖPELMANN im Schuldienst. Sie ist Lehrerin an der Gersprenzschule, einer Grundschule in Reinheim im Landkreis Darmstadt-Dieburg.

Durch die Veröffentlichung in den Schulamtsblättern ist sie auf den Wettbewerb gestoßen. *„Diese Ausschreibung traf genau meine Interessen und gab die Möglichkeit, an meine Vorerfahrungen anzuknüpfen"*, beschreibt Rosemarie Töpelmann ihre Motivation, am Wettbewerb teilzunehmen.

Aus den Wettbewerbsunterlagen geht hervor, dass an der Schule im dritten Schuljahr zwei Pflicht„kurse" für die Schülerinnen und Schüler eingerichtet worden sind: die Computer-AG und die Koch-AG!

Zu dieser Kombination befragt, lüftet Rosemarie Töpelmann das „Geheimnis". Sie ist Hauswirtschafts- und Kunstlehrerin, ausgebildet eigentlich für die

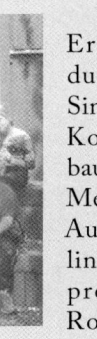

Sekundarstufe I. Seit vielen Jahren in der Grundschule tätig, möchte sie – überzeugt von der Bedeutsamkeit des Themas für alle Kinder – erreichen, dass die Schülerinnen und Schüler Lebensmittel sowie deren Zubereitung kennen lernen, sie ihre Kompetenzen erweitern und Eigenverantwortung entwickeln in Sachen Ernährung, Esskultur in der Schule vermittelt wird, die Kinder das gemeinsame Zubereiten von Speisen als soziales Erlebnis erfahren. Mit Hilfe der Eltern konnte die engagierte Lehrerin ihre Ziele verwirklichen.

Ein Raum in der Schule, zu klein, um als Klassenraum genutzt zu werden, wurde zur Küche umgebaut. Dabei liegt der gelernten Hauswirtschaftsfachkraft viel daran, die Vorbehalte und das eher altbackene Image zu überwinden, das diesem Bildungsbereich immer noch anhaftet.

Dies wird u. a. unterstützt durch die aktive Verbindung mit dem Lernfeld Neue Medien. Da die Gersprenzschule Pilotschule für die Ausstattung mit Neuen Medien ist, ist die Infrastruktur hierfür vorhanden.

Aber nicht nur die Ausstattung ist wichtig, sondern auch die Bereitschaft eines Kollegiums, sie adäquat zu nutzen. Beide Bereiche, die Ernährungsbildung und der Umgang mit Neuen Medien, sind im Schulprofil verankert.

Als Rosemarie Töpelmann dann noch die Primolo-Seiten im Internet entdeckte, eine speziell für Grundschulen eingerichtete Plattform zur Gestaltung und Veröffentlichung von Homepages, war das für sie das Tüpfelchen auf dem „i".

Neben der Ernährungsbildung mit allen Sinnen und dem Konstruktionsbaukasten „Neue Medien" für das Aufbereiten gelingender Lernprozesse liegt Rosemarie Töpelmann eine dritte Säule im Wettbewerb besonders am Herzen: die interkulturelle Bildung.

Sie teilt den Ansatz, dass es nicht um Folklore geht, sondern um die Wertschätzung von Menschen in ihrer Vielfalt. Ihr Bemühen zielt darauf, andere Erfahrungen und Traditionen als Bereicherung spürbar werden zu lassen.

Der Wettbewerb eröffnete neue Möglichkeiten, Kinder und Familien mit Migrationshintergrund positiv und aktiv in das schulische Geschehen einzubeziehen. *„Auch das ist gelungen"* lautet das Resümee aus Reinheim.

„Gerade Kinder, die vor ihrem Migrationshintergrund sonst eher Leistungsschwächen zeigen, hatten im Wettbewerb das Gefühl: Auf meinen Beitrag kommt es für die Klasse an. Den kann kein anderer leisten. Das hat ihrem Selbstwertgefühl enorm gut getan."

fig sind sogar sie die Experten, was ihnen eine andere Rolle im Verhältnis zu Lehrern und Eltern ermöglicht.

Andererseits wurden Eltern mit entsprechenden technischen Möglichkeiten und Kenntnissen „in den Dienst" genommen. Sie organisierten den Netzzugang, recherchierten mit ihren Kindern, lieferten wertvolle Hinweise auf ergänzende Internetseiten. Der Schwerpunkt lag jedoch nicht auf der Nutzung des Internets, sondern auf der Arbeit mit dem PC, um Projektergebnisse zu sichern, zu dokumentieren und für eine Präsentation kreativ aufzubereiten. Der Computer wurde zum Konstruktionsbaukasten im Lernprozess. Die Verbindung der thematischen Stränge mit der Nutzung der Neuen Medien gab dem Wettbewerbsinhalt insgesamt eine sehr aktuelle und im besten Sinne „moderne" Prägung. Fälschlich entwickelte Polarisierungen (Ernährungsthemen, Essen zubereiten = altbacken und hausmütterlich; Neue Medien = weltoffen, zukunftsorientiert) wurden aufgelöst.

Besonders deutlich wird dies im Siegerprojekt: Fast alle Projekte nutzten die Möglichkeit, mit ihrem Beitrag in der örtlichen Presse für die schulische Arbeit zu werben. Für die Schülerinnen und Schüler waren die Zeitungsberichte eine wichtige Bestätigung ihrer Arbeit.

Insgesamt bleibt zu wünschen, dass die vielfältigen Projektideen durch einen umfassenden Projektbericht für Interessierte nutzbar gemacht werden.

Anschrift der Verfasserin:
Dipl.-Päd. Sigrid Beer
Universität Paderborn
Freiberufliche Mitarbeiterin
Fachgruppe Ernährung und
Verbraucherbildung
An der Dicken Linde 30
33106 Paderborn
E-Mail: sigrid.beer@paderborn.com

Primärprävention durch gesundheitsfördernde Ernährung[1]

F. Arnold Gries
Neuss

Gesundheitsfördernde Ernährung gibt uns den Schlüssel in die Hand, um den ernährungsabhängigen Gesundheitszustand der Bevölkerung nachhaltig verbessern.

Eine wichtige Basis solcher Maßnahmen der Primäprävention ist das Definieren und Erkennen von Risikofaktoren. Falsch verstanden, kann das Konzept der Risikofaktoren allerdings zu dem fatalen Fehlschluss führen, hier würden „neue Krankheiten erfunden", und in Folge die wichtigen Ansätze der Primärprävention zur Vermeidung der großen Volksseuchen Diabetes, Hypertonie, Fettstoffwechselstörungen und Gicht untergraben.

Einleitung

Wenn in archaischer Zeit Gefahr drohte, herrschte Angst. Die Menschen erstarrten oder versuchten, sich entweder durch Flucht, Beschwörung oder Anrufung ihres Schutzgottes zu retten. Diese archaischen Verhaltensweisen gibt es auch heute noch. Aber die Menschheit hat weitere Wege gefunden, sich gegen Gefahren zu wappnen. Sie finden sich in Volksweisheiten wieder wie: „Wehret den Anfängen" oder „Vorbeugen ist besser als Heilen".

Jeder weiß sofort, was gemeint ist und nie hat jemand widersprochen. Der Unterschied zwischen den verschiedenen Schutzmechanismen besteht darin, dass der archaisch reagierende Mensch der Gefahr ausgeliefert ist, während der sich vorbeugend verhaltende Mensch das Gesetz des Handelns in der Hand behält. Vorbeugung, oder professioneller ausgedrückt, Prävention ist Ausdruck einer vorausschauenden Intelligenz. Das gilt für das Leben allgemein und für die Gesundheit ganz besonders.

Definition und Ziele der Primärprävention

Unter Primärprävention versteht man in der Heilkunde Maßnahmen, um das Auftreten von Krankheiten zu verhindern. Sie unterscheidet sich also von der Therapie, deren Ziel es ist, Krankheiten zu heilen und deren Folgen zu verhindern.

Die Gesundheitspolitik hat die Prävention erst in den letzten Jahren verstärkt für sich entdeckt. Die medizinischen Fachgesellschaften beschäftigen sich seit langem damit. Die Deutsche Gesellschaft für Ernährung hat dem Thema unter dem Gesichtspunkt Ernährung im Jahr 2003 einen ganzen Kongress gewidmet und die Fachpresse bietet zahlreiche Informationen dazu an.

Primäre Aufgaben einer gesundheitsfördernden Ernährung sind die Verhütung von Mangelkrankheiten und die Vermeidung der Aufnahme von Schadstoffen toxischer, mikrobieller und gegebenenfalls allergener Natur mit der Nahrung. Diese wichtigen Qualitätsanforderungen dienen der Sicherung unserer Lebensgrundlagen. Sie haben den Rang staatlicher Aufgaben und sind in Deutschland so etabliert, dass sie für viele Menschen selbstverständlich geworden sind. An zwei Beispielen sollen sie erläutert werden.

---

[1] Überarbeitete Fassung eines Vortrags anlässlich der Jubiläumsveranstaltung „20 Jahre DGE-Sektion Hessen" am 14. Mai 2004 in Frankfurt.
Meinem Bruder Prof. Dr. Günter Gries gewidmet

Bedeutung von Referenzwerten

Als wissenschaftliche Grundlage für die Verhütung von Ernährungsmängeln dienen die Referenzwerte für die Nährstoffzufuhr, die von Fachgesellschaften erarbeitet werden. Die Ernährungsempfehlungen für Jedermann, besonders auch für die Gemeinschaftsverpflegung am Arbeitsplatz, in Kindergärten, Schulen und im Krankenhaus basieren hierauf.

Das Thema Mangelkrankheiten scheint auf den ersten Blick in Deutschland nicht mehr aktuell zu sein. Wie aber das Beispiel Jod zeigt, trügt dieser Eindruck. Erst vor wenigen Jahren haben die Referenzwerte in Verbindung mit epidemiologischen Studien und Aufklärungskampagnen den Anstoß zur allgemeinen Akzeptanz von jodiertem Speisesalz gegeben. Jetzt treten auch in Deutschland Strumen zunehmend seltener auf.

Vermeidung von Schadstoffen

Beiträge zur Vermeidung von Schadstoffen in der Nahrung werden in großem Maßstab von der staatlichen Lebensmittelüberwachung geleistet. Ihre Arbeit ist so effizient, dass die Öffentlichkeit darüber praktisch nur etwas erfährt, wenn sich ein Drama wie der Reaktorunfall von Tschernobyl abspielt oder ein Skandal aufgedeckt wird, wie die BSE-Seuche oder neuerdings Acrylamid.

Ernährungsmitbedingte Erkrankungen

Seit etwa einem halben Jahrhundert haben sich in den Überflussgesellschaften die Probleme der ernährungsabhängigen Krankheiten in den Vordergrund der Diskussion geschoben. Hier ist Primärprävention unbedingt erforderlich. Worum geht es dabei?

1990 kam eine fundierte Schätzung zu dem Schluss, dass in (West-)Deutschland die ernährungsabhängigen Krankheiten jährliche Kosten in Höhe von 80 Mrd. DM verursachten.

Die Kosten entstanden hauptsächlich durch bösartige Neubildungen und chronische Stoffwechselkrankheiten wie den Diabetes mellitus und die Dyslipoproteinämie mit ihren desolaten Folgen auf das Blutgefässsystem und ver-

schiedene Organfunktionen. Diese sog. Zivilisationskrankheiten haben sich zu regelrechten Seuchen entwickelt und nehmen weiter zu.

Dass eine Krankheit ernährungsabhängig ist, muss nicht automatisch heißen, dass sie auch durch gesundheitsfördernde Ernährung geheilt werden kann. Das ist sogar eher selten der Fall. Häufig kann aber ihr Verlauf gemildert werden oder es gelingt, das Auftreten zu verzögern oder sogar zu verhindern. Vor allem bei den Stoffwechselkrankheiten kann man wirksam Primärprävention betreiben. Der Erfolg der Primärprävention beruht wesentlich auf der Früherkennung. Am besten wäre es, wenn man eine Erkrankung bereits vor ihrer klinischen Manifestation an so genannten Risikofaktoren erkennen könnte.

Risikofaktoren – Schlüssel zur Früherkennung

Als Risikofaktoren bezeichnet man die reversiblen Frühstadien einer Erkrankung, deren klinische Zwischenstadien durch Diagnosen wie Arteriosklerose oder Diabetes mellitus beschrieben werden und deren Endstadien irreversible Komplikationen wie Myokardinfarkt, Nierenversagen und letztlich der Tod sind.

Oberflächlich sieht es so aus, als wären durch diese Definition der Risikofaktoren neue Krankheiten geschaffen worden. Das ist aber nicht der Fall. Es werden nur die frühen Stadien eines Krankheitsablaufs begrifflich schärfer gefasst, so dass die chronischen Krankheiten mit ihren wechselnden klinischen Bildern als nosologisch einheitlicher Prozess besser verstanden werden. Es leuchtet dann unmittelbar ein, warum es vernünftig ist, den Krankheitsprozess möglichst frühzeitig in seinen reversiblen Stadien aufzuhalten, denn nur so treten irreversible Veränderungen gar nicht erst ein.

Primärprävention ist die Therapie reversibler Risikofaktoren, d. h. der Frühstadien eines chronischen Krankheitsgeschegens. Der Versuch einer Prävention in späteren Krankheitsstadien wäre Sekundär- oder Tertiärprävention.

Dieses Konzept bedeutet einen Meilenstein des Fortschritts der modernen Medizin. Wenn das Konzept nicht richtig verstanden wird, kann es allerdings zu fatalen Irrtümern kommen.

Ein Beispiel dafür ist das Buch „*Die Krankheitserfinder. Wie wir zu Patienten gemacht werden*" des Spiegelredakteurs Jörg BLECH. Darin werden nicht ohne Grund bestimmte Modekrankheiten wie das Fatigue-Syndrom und die soziale Phobie angeprangert.

Auf solche Diagnosen greifen Ärzte hilfsweise gerne zurück, wenn sie Patienten mit Versagensängsten und anderen Befindlichkeitsstörungen ernst nehmen wollen, ohne ihnen gleich helfen zu können. Es geht hier aber nicht darum, zu untersuchen, ob und wann es vielleicht sinnvoll sein kann, mit solchen hohlen, aber gelehrt klingenden Begriffen zu arbeiten. Dass der Autor in diesem Zusammenhang eine Kumpanei der Ärzte mit der Pharmaindustrie zur Förderung des Verkaufs unnützer, aber teurer Arzneimittel unterstellt, ist allerdings ein starkes Stück. Aber auch darum geht es hier nicht.

Es geht vielmehr um den fatalen Irrtum, der dem Autor unterläuft, wenn er neue wissenschaftliche Erkenntnisse über sehr häufige Krankheiten, wie z.B. über die Initialzündung des arteriosklerotischen Prozesses durch Störungen des Cholesterinstoffwechsels oder über die Rolle der Adipositas für die Entwicklung von Diabetes, Hypertonie, Fettstoffwechselstörungen und Gicht mit Modekrankheiten gleichsetzt. Er macht auf diese Weise Begriffe lächerlich, die die Pathogenese der großen Volksseuchen beschreiben. Noch schlimmer ist, dass er dadurch die rationalen Ansätze für eine Primärprävention dieser Seuchen untergräbt. Dass muss im Interesse der Prävention dringend korrigiert werden!

Damit komme ich auf die Zivilisationskrankheiten und deren Primärprävention zurück. Die Fehleinschätzung der Hypercholesterinämie durch BLECH hat heftige Reaktionen in der Fachöffentlichkeit ausgelöst, so dass die gefährliche Verharmlosung dieser Fettstoffwechselstörungen (bei der unter dem Begriff Hypercholesterinämie verschiedene Krankheitsbilder pauschal zusammengefasst werden), korrigiert

sein dürfte. Die Fehleinschätzung der Adipositas ist wahrscheinlich aber noch gravierender, weil die Adipositas im Mittelpunkt des Metabolischen Syndroms steht, das zusätzlich mit Glukosetoleranzstörungen bzw. Typ-2-Diabetes-mellitus, Dyslipoproteinämie sowie arterieller Hypertonie verbunden ist. Diesen und weiteren assoziierten Störungen ist gemeinsam, dass sie die Arteriosklerose und damit Herzinfarkt sowie Schlaganfall begünstigen. Tatsächlich ist das Metabolische Syndrom, früher auch Syndrom X oder tödliches Quartett genannt, der Auslöser für die kostenträchtigsten Komplikationen und die meisten Todesfälle in unserer Gesellschaft.

Das Metabolische Syndrom ist der Auslöser für die kostenträchtigsten Komplikationen und die meisten Todesfälle in unserer Gesellschaft.

Darüber hinaus ist Adipositas auch mit bösartigen Neubildungen assoziiert, besonders mit hormonabhängigen Karzinomen und Karzinomen des Gastrointestinaltraktes. Dementsprechend nimmt die Krebsmortalität mit dem Übergewicht zu.

Die Adipositas spielt eine besondere Rolle nicht nur, weil sie die Massenerkrankung mit der am stärksten steigenden Tendenz ist. Sie ist von besonders großer therapeutischer Bedeutung, weil eine Reduktion des Übergewichts die anderen Komponenten des Metabolischen Syndroms nachhaltig bessert und damit die Risiken für Folgekrankheiten senkt. Adipositas ist ein Schlüssel zu vielen modernen Volkskrankheiten, und Gewichtsreduktion ist ein Schlüssel zu deren Prävention.

Adipositas selbst kann nicht ohne Überernährung entstehen, ist also prinzipiell einer Prävention durch gesundheitsfördernde Ernährung zugänglich.

Ernährung ist aber nicht alles. Immer spielen auch unsere Gene und unser Lebensstil und oft auch Umwelteinflüsse eine Rolle. Das gilt für fast alle Volkskrankheiten und spiegelt sich in fast allen Empfehlungen zur Prävention wider.

Gesundheitsfördernde Ernährung

An drei Beispielen soll gezeigt werden, wie eine gesundheitsfördernde Ernährung zusammengesetzt sein soll. Diese Empfehlungen basieren auf dem derzeitig verfügbaren Wissen, wie es die Deutsche Gesellschaft für Ernährung und andere Fachgesellschaften vertreten. Sie erfüllen aber nicht die Kriterien einer evidenzbasierten Medizin; denn es gibt bisher keine prospektiven Studien, die beweisen, ob und wie stark präventiv die empfohlene Ernährung wirkt.

Bezüglich der **Krebsprävention** ist offenkundig, dass sich Ernährungsmaßnahmen erst im Laufe von Jahrzehnten auswirken. Recht gut gesichert scheinen günstige Effekte einer gemüse- und obstreichen Ernährung auf die Entstehung von Karzinomen des Gastrointestinaltraktes und der Lunge zu sein. Präventive Effekte auf die Entstehung von Kehlkopf-, Pankreas-, Brust- und Blasenkarzinomen sind wahrscheinlich. Zusätzlich sind Übergewicht und Zigarettenrauchen zu vermeiden. Der Alkoholkonsum ist einzuschränken, d.h., jede Woche sind einige alkoholfreie Tage einzuhalten. Von den diskutierten Schadstoffen sind besonders Nitrosamine, die bei der Reaktion von Nitrat mit Proteinen entstehen können und Acrylamid, das beim Rösten von Lebensmitteln entstehen kann, zu meiden.

Zur Prävention **kardiovaskulärer Erkrankungen** sollte die Fettzufuhr auf etwa 30 % der Energiezufuhr begrenzt werden, wobei nicht hydrogenisierte ungesättigte Fettsäuren zu bevorzugen sind. Kohlenhydrate sollten möglichst in Form von Polysacchariden aufgenommen werden und lösliche Ballaststoffe enthalten, wie das bei Vollkornprodukten der Fall ist. Phytosterine und Omega-3-Fettsäuren wirken unterstützend. Ein teilweiser Ersatz von tierischen Proteinen durch Sojaprotein ist günstig. Bei erhöhten Triglyzeridwerten kann ein Alkoholverzicht erforderlich sein. Auch hier sind Übergewicht und Zigarettenrauchen zu vermeiden. Körperliche Aktivität ist wie bei der Adipositasprophylaxe anzustreben. Ein günstiger Effekt der zusätzlichen Zufuhr von Antioxidanzien ist nicht nachweisbar.

Zur **Adipositas**prophylaxe wird eine Ernährung mit geringer Energiedichte empfohlen, also Lebensmittel mit hohem Wasser- und Ballaststoffgehalt sowie niedrigem Fettgehalt. Es ist ausdrücklich davor zu warnen, die Fettreduktion durch erhöhten Verzehr von anderen Lebensmitteln wie zuckerhaltigen Softdrinks zu kompensieren.

Der Alkoholkonsum ist wie bei der Krebsprophylaxe einzuschränken. Wichtig ist die Förderung der körperlichen Aktivität im Sinne einer Dauerbelastung. Dies wäre z.B. eine tägliche Aktivität von 30 Minuten, bei der einem so warm wird, dass man schwitzt.

Fazit und Ausblick

Wir wissen also im Großen und Ganzen, wie und was wir zu essen und wie wir zu leben haben. Einige wichtige Einschränkungen sind zu beachten, aber auch bei einer gesundheitsfördernden Ernährung bleibt ausreichend Spielraum für eine genussreiche Ernährung.

Allerdings ist Wissen nicht gleich Handeln. Wäre dies der Fall, hätten wir unser Essverhalten besser im Griff. Gerade die Umsetzung der theoretischen Einsichten in praktisches Handeln liegt im Argen. Dies ist das Hauptproblem der Primärprävention.

Nur wenn wir dieses Problem lösen, können wir den ernährungsabhängigen Gesundheitszustand der Bevölkerung nachhaltig verbessern.

Anschrift des Verfassers:
Prof. em. Dr. med. F. Arnold Gries
Zonserstr. 3
41468 Neuss

Grafische Umsetzung von Ernährungsrichtlinien – traditionelle und neue Ansätze

Peter Stehle, Helmut Oberritter und
Margret Büning-Fesel, Bonn
Helmut Heseker, Paderborn

Für die erfolgreiche Vermittlung von wissenschaftlich fundierten Verhaltensregeln für eine bedarfsgerechte, die Gesundheit erhaltende Ernährung sind grafische Darstellungen als didaktisches Hilfsmittel unverzichtbar.
In den letzten Jahren ist die Zahl der veröffentlichten Grafiken (z. B. Dreiecke, Pyramiden) sprunghaft gestiegen, wobei methodenbedingte Unterschiede in den „key messages" offensichtlich sind. Nachfolgend werden vorhandene Konzepte eingeordnet und bewertet sowie neue Ansätze vorgestellt.

Einleitung

Auf der Grundlage der Referenzwerte für die Nährstoffzufuhr (früher: DGE-Empfehlungen zur Nährstoffzufuhr) [1] werden die „10 Regeln der DGE für vollwertiges Essen und Trinken" [2, 3] herausgegeben. Diese Verhaltensregeln zur Lebensmittelauswahl fassen den unter Fachgesellschaften international bestehenden Konsens über eine Gesundheit und Wohlbefinden fördernde und zur Prävention sog. ernährungsmitbedingter Krankheiten beitragende Ernährung zusammen. Zur Visualisierung dieser Verhaltensregeln hat die DGE den sog. „DGE-Ernährungskreis" zur Verwendung in der Multiplikatoren- und Verbraucherschulung etabliert und ständig weiterentwickelt [4]. Andere wissenschaftliche Gesellschaften und Forschergruppen bevorzugen zur Darstellung die Dreiecks- bzw. Pyramidenform [5, 6].

In den letzten Jahren hat sich vor allem die Zahl der veröffentlichten Ernährungs-„Dreiecke" bzw. -„Pyramiden" in kaum mehr nachvollziehbarer Weise erhöht [7].

Derartige grafische Darstellungen werden derzeit nicht nur von (staatlich) beauftragten Institutionen, wissenschaftlichen Gesellschaften und einzelnen Arbeitsgruppen etabliert, sondern vermehrt auch von der Industrie zur (wissenschaftlichen) Untermauerung von Produktkonzeptionen eingesetzt. Oftmals bleibt für den Verbraucher das zu Grunde liegende wissenschaftliche Konzept unklar; die Flut an „Dreiecken" mit unterschiedlichen Aussagen trägt daher nicht zur Information, sondern häufig zur Verunsicherung bei. Meist unbeantwortet bleibt auch die Frage, ob diese Grafiken tatsächlich den gewünschten Erfolg bei den Zielgruppen haben.

Vor diesem Hintergrund sollen die nachfolgenden Ausführungen dazu beitragen, folgende Fragen zu beantworten:

1. Welche grundlegenden wissenschaftlichen Konzepte werden bisher zur Entwicklung von grafischen Darstellungen herangezogen?
2. Worin liegen die Vor-/Nachteile der jeweiligen Konzepte?
3. Ist es sinnvoll und machbar, neue „optimierte" Konzepte zu etablieren?

Traditionelle Konzepte für die grafische Umsetzung von Ernährungsrichtlinien

Aus wissenschaftlicher Sicht stehen zwei Arten der Herangehensweise zur Verfügung:

- Umrechnung von Referenzwerten für die Nährstoffzufuhr in Lebensmittelart und -menge („nutritiver" Ansatz)
- Berücksichtigung von aktuellen Erkenntnissen über die Wirkung von Lebensmitteln auf ausgewählte Stoffwechselparameter („metabolischer" Ansatz)

Nutritiver Ansatz

Grundsätzlich beruht dieser Ansatz auf der Erfüllung von aktuellen Referenzwerten für die Nährstoffzufuhr. Als weitere Kriterien dienen generelle Verhaltensregeln bezüglich der Auswahl von Lebensmitteln (z. B. „5 am Tag").

Ziel dieses Ansatzes ist es, die für den Verbraucher eher abstrakten Referenzwerte auf die Lebensmittelebene zu „übersetzen".

Der DGE-Ernährungskreis

Der Ernährungskreis (Abb. 1) wird auf der Basis der regelmäßig überarbeiteten D-A-CH-Referenzwerte für die Nährstoffzufuhr (Empfehlungen bzw. Schätzwerte für die tägliche Aufnahme von unentbehrlichen Nährstoffen wie Vitamine und Mineralstoffe; Richtwerte für die Energiezufuhr, die Verteilung der Energieträger Kohlenhydrate, Fette und Proteine sowie obere und untere Grenze der Zufuhr von nicht essenziellen Nahrungsinhaltsstoffen) erarbeitet [1].

Mittels aufwändiger Berechnungen erfolgt für 4 Personengruppen (jeweils für Männer und Frauen der Altersgruppen „25–51 Jahre" und „65 Jahre und älter"; angenommener PAL 1,4) die Erstellung von mustergültigen Speiseplänen für jeweils 1 Woche (Ziel: Mittelwert

der Nährstoffzufuhr über 7 Tage soll Referenzwert erfüllen). Für die Energieaufnahme ergibt sich bei dieser Vorgehensweise eine Spannbreite zwischen 1 600 Kilokalorien (w, über 65 Jahre, 55 kg Körpergewicht) und 2 400 Kilokalorien (m, 25–51 Jahre, 74 kg Körpergewicht).

Als weitere Basis für die Umrechnung in Lebensmittel werden in Ergänzung zu den Referenzwerten die „10 Regeln der DGE" und die Empfehlungen aus der Kampagne „5 am Tag" (5 Portionen Obst und Gemüse pro Tag, zum Teil als Rohkost) berücksichtigt. Die Zusammenstellung der Mahlzeiten erfolgt unter Berücksichtigung gängiger Lebensmittel, wobei von empfehlenswerten küchentechnischen Zubereitungsverfahren ausgegangen wird. Ernährungsphysiologisch weniger empfehlenswerte Lebensmittel, d. h. Lebensmittel mit geringer Nährstoffdichte wie z. B. süße oder fettreiche Snacks, alkoholische Getränke und zuckerhaltige Limonaden, werden nicht berücksichtigt.

Tatsächlich ist es mit diesem Verfahren möglich, alle Referenzwerte ohne den Einsatz von angereicherten Lebensmitteln bzw. Nahrungsergänzungsmitteln zu erfüllen. Zur Absicherung der Jodzufuhr wird der Einsatz von 2 g jodiertem Speisesalz pro Tag eingeplant. Frauen mit Kinderwunsch wird eine Folsäure-Supple-

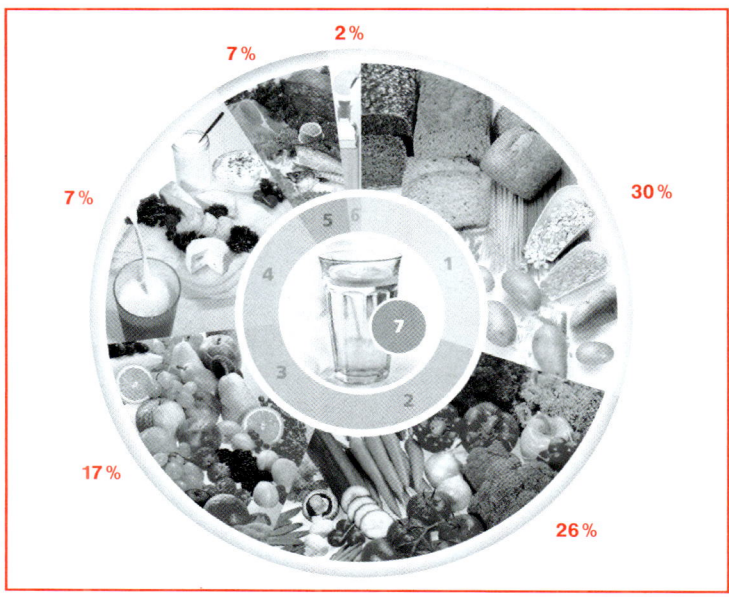

Abb. 1: DGE-Ernährungskreis

mentation empfohlen [1]. Bei Vitamin D trägt auch die Eigensynthese der Haut unter UVB-Exposition zur Bedarfsdeckung bei. Der prozentuale Anteil an Fett liegt zwischen 28 und 31 Energieprozent, der Eiweißanteil zwischen 16 und 17 Energieprozent und der Kohlenhydratanteil zwischen 52 und 53 Energieprozent.

Im nächsten Schritt werden die eingesetzten Lebensmittel in 6 Gruppen zusammengefasst und nach Gewicht bewertet. Aus dem prozentualen Anteil am Gesamtgewicht der Lebensmittelmenge eines Tagesplanes ergibt sich die Größe jedes Segmentes des Ernährungskreises. Die Getränke machen eine nahezu gleich große Gewichtsmenge wie die übrigen Lebensmittel aus. Entsprechend dieser mengenmäßigen Bedeutung und im Hinblick auf die physiologische Wertigkeit werden die Getränke ins Zentrum des Kreises gestellt. Dabei wird in Kauf genommen, dass die abgebildete Fläche für die Getränke kleiner ist als es laut Berechnung sein müsste.

Der DGE-Ernährungskreis ist eine bildhafte Darstellung, in der die Segmentgrößen tatsächlich ein Maß für die jeweiligen Lebensmittelmengen sind [8, 9]. Durch die alleinige Darstellung ernährungsphysiologisch empfehlenswerter Lebensmittel wird zugleich eine qualitative Aussage getroffen.

Es wird klar, dass bei einer vollwertigen Ernährung pflanzliche Lebensmittel, wie Getreideprodukte, vorzugsweise aus Vollkorn, Gemüse und Obst, im Mittelpunkt der Ernährung stehen. Ergänzt wird diese Basis sinnvoll durch fettarme Milchprodukte, Fleisch, Fisch, pflanzliche Öle. Eine ausreichende Flüssigkeitszufuhr muss die Nahrungsaufnahme begleiten.

Eine Lebensmittelauswahl entsprechend dem DGE-Ernährungskreis und den „verbalen" 10 Regeln ist eine verlässliche Grundlage für die Umsetzung einer vollwertigen Ernährung.

Der DGE-Ernährungskreis ist definitionsgemäß kein Abbild von Ernährungsgewohnheiten, sondern ein Wegweiser zur Optimalform.

Food Guide Pyramid der USA

Die US-amerikanische *Food Guide Pyramid* [10] basiert wissenschaftlich auf den *Recommended Dietary Allowances (RDA)* bzw. den *Dietary Reference Intakes (DRI)* [11]. Aus den RDA, das heißt aus der Menge der notwendigen Nährstoffe pro Tag, werden zunächst „Nutritional Goals" abgeleitet. Auf der Basis von Verzehrserhebungen erfolgt die Definition von Portionsgrößen für einzelne Lebensmittel.

Weiterhin wird durch das USDA (*United States Department of Agriculture*) festgelegt, welche wesentlichen Lebensmittelgruppen in jedem Fall abgebildet werden müssen. Darauf aufbauend werden für erwachsene Personen mit unterschiedlichem Energieverbrauch Verzehrsmengen definiert. Mit Hilfe der festgelegten Portionsgrößen wird dann auf Portionen („*servings*") pro Lebensmittelgruppe umgerechnet. Da Personengruppen mit unterschiedlicher Energiezufuhr berücksichtigt werden, gibt es für die Anzahl der Portionen eine gewisse Spannbreite, z.B. 3–5 Portionen Gemüse und 2–4 Portionen Obst. Die Zufuhr von Fetten/Ölen und Zucker (Sacharose) wird nicht in Portionszahlen definiert. Es wird lediglich bemerkt, dass man diese Lebensmittel bzw. diesen Nährstoff nur sparsam verwenden sollte („*use sparingly*").

Für die abschließende grafische Umsetzung der Richtlinien wurden unterschiedliche Modelle entwickelt, die jeweils durch 26 so ge-

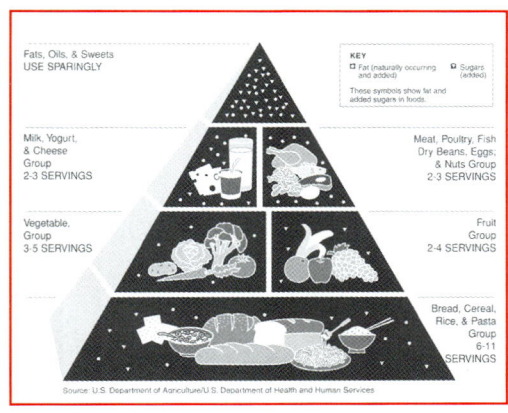

Abb. 2: Food Guide Pyramid [10]

nannte „*focus groups*" und durch ca. 3 000 ausgewähle Individuen bewertet wurden.

Das Ergebnis dieses Prozesses ist die Foo*d Guide Pyramid* (Abb. 2), die seit 1993 verwendet wird. Im 1. Halbjahr 2005 wird auch in den USA eine neue grafische Umsetzung publiziert.

aid-Pyramide

Seit 1999 werden vom aid-infodienst e.V. ebenfalls Pyramidenmodelle zur Arbeit mit verschiedenen Zielgruppen verwendet [12]. Die aktuelle Version mit neuem didaktischem Konzept wurde 2003 (zunächst als Modell für Kinder, später dann auch für Erwachsene) vorgestellt (Abb. 3).

Das aid-Pyramidenkonzept basiert auf der US-amerikanischen *Food Guide Pyramid* [10]. Im Unterschied zum amerikanischen Modell sind jedoch die Getränke mit berücksichtigt worden; des Weiteren wird die Spitze der Pyramide mit den in eher geringeren Mengen zu konsumierenden Lebensmitteln „Fette und Öle" sowie „Süßigkeiten, fettreiche Snacks und Alkohol" stärker differenziert.

Die aid-Pyramide basiert ebenso wie die US-Version auf einem Portionskonzept, welches somit auf die Handlungsebene der Lebensmittelauswahl eingeht und damit Verhaltensmuster in Bezug auf die wünschenswerte Anzahl der Portionen vermittelt. Die Lebensmittelempfehlungen der aid-Pyramide berücksichti-

gen die aktuellen Empfehlungen für eine optimierte Mischkost des Forschungsinstituts für Kinderernährung (FKE, Dortmund) bzw. die Verzehrsempfehlungen der DGE und basieren somit auf den D-A-CH-Referenzwerten [1, 13].

Praktische Umsetzung des nutritiven Ansatzes – Bewertung

In den genannten drei Beispielen ist die wissenschaftliche Vorgehensweise im Grundsatz jeweils vergleichbar (Referenzwerte für die Nährstoffzufuhr als Basis), in der letztendlichen Umsetzung der Berechnungen in eine anschauliche Grafik sind jedoch unterschiedliche pädagogische Ansätze gewählt.

Während der DGE-Ernährungskreis ausschließlich die empfehlenswerten Lebensmittel bzw. -gruppen darstellt (Umsetzung der optimalen Ernährungsform), sind in der Pyramiden-Darstellung auch weniger empfehlenswerte Lebensmittel bzw. -gruppen integriert (Annäherung an die Verzehrsrealität).

Unbestreitbar weisen beide Konzepte jeweils Vor- und Nachteile auf. Beim DGE-Ernährungskreis wird häufig kritisiert, dass er am Ess-Alltag vorbei geht. Andererseits stellt die konsequente quantitative Darstellung von ernährungsphysiologisch günstig bewerteten Lebensmitteln für die Mittlerkräfte und die Verbraucher eine eindeutige Zielgröße dar. Bei den

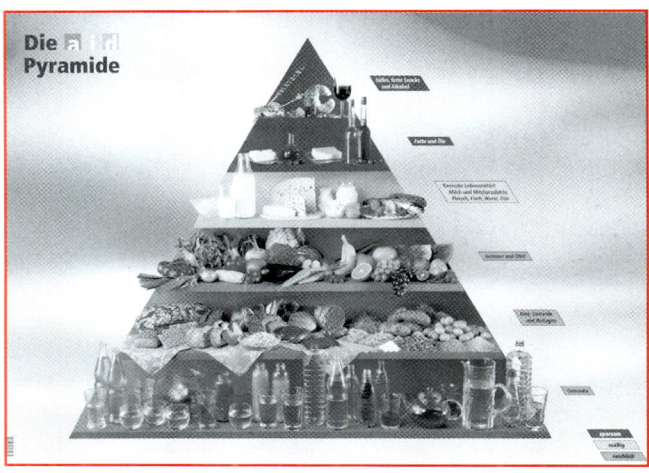

Abb. 3: Die aid-Pyramide

Pyramiden besteht das Risiko, dass eine regelrechte Empfehlung von weniger günstig bewerteten Produkten abgeleitet werden kann. Missverständlich könnte in diesem Zusammenhang auch sein, dass die weniger zu konsumierenden Lebensmittel „an der Spitze" der Pyramide stehen, wobei im Sprachgebrauch der Begriff „an der Spitze stehen" eher positiv belegt ist.

Die einzelnen Lebensmittelgruppen untereinander werden bei Kreis und Pyramide offensichtlich unterschiedlich bewertet. Während im DGE-Ernährungskreis Gemüse und Obst zusammen die mengenmäßig bedeutendsten Lebensmittel sind, rangieren diese Gruppen in den Pyramiden aufgrund der systembedingten Hierarchisierung hinter den Getreideprodukten. Dies ist weder in quantitativer noch in qualitativer Hinsicht zutreffend.

Untersuchungen zur Anwendung von DGE-Ernährungskreis und aid-Pyramide in der Praxis zeigen, dass mit beiden Modellen eine erfolgreiche Ernährungsberatung bzw. -information geleistet werden kann [13–16]. Der Pyramide werden leichte didaktische Vorteile bei der Vermittlung bestimmter Aussagen zugemessen (Aussagen werden schneller kommuniziert; die Pyramidenform ist einprägsamer; auch nicht empfohlene, aber häufig verzehrte Lebensmittel werden dargestellt).

Insgesamt wird aber sowohl dem Kreis als auch der Pyramide bescheinigt, dass sie für die Arbeit mit verschiedenen Zielgruppen gut geeignet sind.

Metabolischer Ansatz

Vor allem die neu in die Diskussion gebrachten Dreiecke/Pyramiden beziehen sich in der wissenschaftlichen Basis nicht explizit darauf, in jedem Fall eine ausreichende Zufuhr der lebensnotwendigen Nährstoffe zu erreichen, sondern stellen die Wirkung von Lebensmitteln auf festgelegte ernährungsphysiologische Parameter in den Vordergrund. Es wird dabei lediglich angenommen, dass durch die empfohlene Lebensmittelauswahl auch der Nährstoffbedarf gedeckt wird; Belege hierfür werden nicht geliefert. Häufig werden weitere Kriterien definiert, z. B. eine potenzielle Risikominderung für bestimmte Krankheiten bzw. die Behandlung von bereits vorliegenden Gesundheitsstörungen.

Pyramidenmodelle auf Basis des Glykämischen Index (GI)

Dieser Ansatz wird vor allem in den USA intensiv verfolgt. Als gemeinsames Kriterium wird der Effekt eines Lebensmittels auf die Konzentration an Glucose im Blut in einer vorgegebenen Zeitspanne herangezogen [17].

Zusätzlich werden je nach Arbeitsgruppe noch weitere Aspekte berücksichtigt, wodurch die grafischen Umsetzungen untereinander nicht kongruent sind. Wesentliche Unterschiede ergeben sich auch im Vergleich mit der nährstoffbezogenen *Food Guide Pyramid* (Abb. 2).

Die von Ludwig [18] vorgeschlagene *Low Glycemic Index Pyramid* (LOGIPyramide) (Abb. 4) hat das zusätzliche Ziel, eine Gewichtsabnahme zu fördern bzw. eine Gewichtszunahme zu verhindern. Durch die Berücksichtigung von Lebensmitteln mit niedrigem GI wird eine reduzierte Insulinfreisetzung bewirkt, wodurch das Hungergefühl vermindert, der Zugang zu gespeicherter Energie verbessert und damit die Gewichtsabnahme gefördert werden soll. Dieser Fokus des Ernährungskonzepts von Ludwig (potenzielle Rolle des GI hinsichtlich der Regulation des Körpergewichts) ist wissenschaftlich ein kontrovers diskutierter Ansatz [17]. In Deutschland wird die LOGI-Pyramide von Worm protegiert, der allerdings einige wesentliche Veränderungen gegenüber der Originalpyramide von Ludwig vorgenommen hat.

Ebenfalls auf dem GI von Lebensmitteln basiert die *Healthy Eating Pyramid* von Willet (Abb. 5) [19, 20]. Er setzt als weiteres Kriterium voraus, dass einige Kohlenhydratlieferanten neben ihrem Einfluss auf den Blutglukosespiegel gute Quellen für Ballaststoffe, Vitamine, Mineralstoffe und sekundäre Pflanzenstoffe sind. Willet räumt dem GI eine ähnliche Bedeutung ein wie die Expertengruppe der FAO/WHO [21]: Bei der Wahl zwischen verschiede-

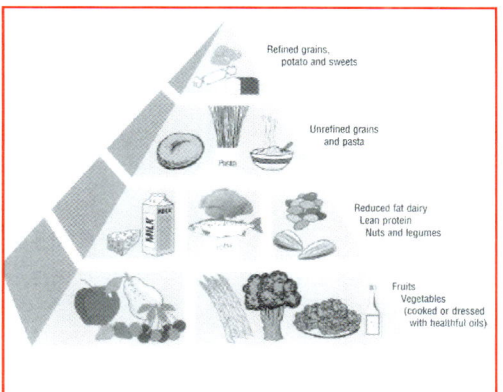

Abb. 4: Low Glycemic Index Pyramid nach Ludwig [18]

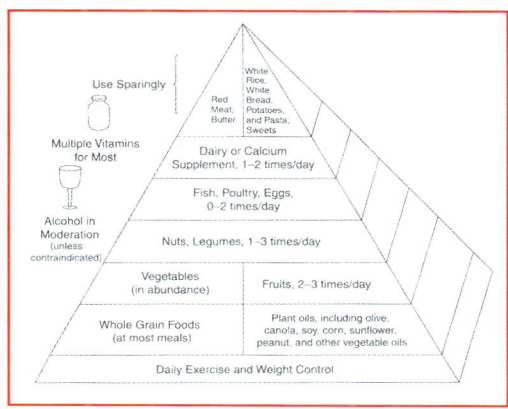

Abb. 5: Healthy Eating Pyramid nach Willett [19, 20]

nen Lebensmitteln innerhalb einer Lebensmittelgruppe sollen Produkte mit vergleichsweise niedrigem GI ausgewählt werden. Konsequenterweise bilden Vollkornprodukte, die zu den meisten Mahlzeiten verzehrt werden sollen, die breite Basis der Pyramide (markanter Unterschied zur LOGI-Pyramide!). Auffallend ist zudem die gleich große Darstellung von Pflanzenölen neben den Getreideprodukten und die Empfehlung von Supplementen zur Sicherung/Erhöhung der Nährstoffzufuhr.

Praktische Umsetzung des metabolischen Ansatzes – Bewertung

Wissenschaftlich bestehen beträchtliche Vorbehalte hinsichtlich der Verwendung des GI als entscheidendes Kriterium bei der Lebensmittelauswahl [17]. Der GI wird von der Zusammensetzung des Lebensmittels, von Art und Grad der Verarbeitung, der Anwesenheit von Enzyminhibitoren, der Zusammensetzung der Mahlzeit und noch weitgehend unbekannten individuellen Variablen der Testpersonen beeinflusst. GI-Angaben in Tabellenwerken variieren daher teilweise erheblich. Auch Störungen des KH-Stoffwechsels (Prä-Diabetes, Diabetes) können die Messergebnisse empfindlich beeinflussen. Für bei uns übliche Lebensmittel und Speisen gibt es zum GI nur wenige zuverlässige Daten.

Aus diesen und weiteren Gründen erscheint eine alleinige Berücksichtigung des GI bei der Lebensmittelauswahl in der Praxis und somit auch in grafischen Modellen schwierig.

Auch liefern die vorliegenden Studien zu wichtigen ernährungsmitbedingten Erkrankungen und Übergewicht keine ausreichende Evidenz dafür, dass eine Kost, hauptsächlich bestehend aus Lebensmitteln mit einem niedrigen glycemic load[1], vor der Entstehung der oben genannten Krankheiten schützt. Insofern ist es derzeit nicht zu begründen, ausschließlich das Konzept des GI in vorhandene Ernährungsempfehlungen und Pyramiden für die breite Bevölkerung zu integrieren [17].

Nach intensiver Diskussion dieses Modells im Rahmen eines interdisziplinären Expertenworkshops der DGE sahen die Teilnehmerinnen und Teilnehmer keinen Anlass, Empfehlungen auf Lebensmittelebene, wie sie von der DGE oder den Fachgesellschaften anderer Nationen oder internationalen Organisationen ausgesprochen werden, zu revidieren [22].

Dies gilt vor allem für die Einordnung von Vollkornprodukten, die in der LOGI-Pyramide nicht nachzuvollziehen ist.

---

[1] *glycemic load* = glykämische Last, GL; Produkt des GI und der verwertbaren Kohlenhydratmenge in Gramm pro Portion eines Lebensmittels, dividiert durch 100

Eine eindeutige Schwäche des metabolischen Ansatzes ist das Fehlen einer objektiven Quantifizierung von Verzehrsmengen; quantitative und qualitative Aussagen werden häufig vermischt.

Durch die Platzierung von Pflanzenölen in der Basis der Pyramiden (teilweise neben den Vollkornprodukten) ist z.B. (nach der Philosophie einer Pyramide) eine quantitative Aussage verbunden; tatsächlich soll jedoch nur deren qualitative Bedeutung ausgedrückt werden. Interessanterweise wird in den Erläuterungen zur WILLET-Pyramide ausgeführt, dass Fette ja auch etwa ein Drittel der täglichen Energie liefern und deshalb in die Basis gehören [20]. Dies ist ein zusätzlicher Aspekt, der mit dem eigentlichen metabolischen Ansatz nicht erklärt werden kann.

Viele Verbraucher interpretieren die Pyramidendarstellungen aus dem metabolischen Ansatz tatsächlich falsch:

Es wird häufig angenommen, dass vergleichbare Mengen an Vollkornprodukten, Obst und Gemüse bzw. Öle zu konsumieren sind. Dementsprechend hielt WILLET es für angebracht, seine wissenschaftliche Position in Massenmedien klarzustellen: *„Pflanzliche Öle sind ein gesunder Ersatz für gesättigte tierische Fette. Aber Sie können auch von zu viel Olivenöl dick werden! Deshalb empfehle ich, Öle nicht in Massen zu verzehren"* [23].

Traditionelle Konzepte für eine grafische Umsetzung – Bewertung

Bedingt durch die generelle Herangehensweise als auch durch die gewählte grafische Umsetzung weisen alle diskutierten Modelle charakteristische Stärken und Schwächen auf.

Aus wissenschaftlicher Sicht unumstritten ist die Notwendigkeit der Berücksichtigung aktueller Referenzwerte bei der Definition von praktischen Ernährungsrichtlinien. Dieser wichtige Punkt wird beim metabolischen Ansatz nicht aufgearbeitet; es wird einfach vorausgesetzt, dass alle Nährstoffe in entsprechenden Mengen aufgenommen werden. Die (subjekti-

ve) Auswahl von Stoffwechselparametern (z.B. GI) als Kriterium der Lebensmitteleinordnung eröffnet zudem ein wissenschaftlich wenig kontrollierbares Feld für verschiedenste Ansätze. Eine gewisse „Mode" ist hier nicht abzustreiten. Nicht nachvollziehbar bzw. unmotiviert erscheint zudem die ausdrückliche Empfehlung von Supplementen in einer Lebensmittelpyramide.

Wie bereits diskutiert, ist es bei der Pyramidendarstellung leichter, auch Lebensmittel mit geringerem ernährungsphysiologischem Wert zu integrieren und damit der Verzehrsrealität näher zu kommen. Andererseits ist es bei der 1:1-Umsetzung der Referenzwerte notwendig, Lebensmittel hoher Qualität einzusetzen, damit alle Referenzwerte erfüllt werden. Daher ist es durchaus sinnvoll, ein „Optimum" als Ziel darzustellen.

Vor allem bei der Pyramidendarstellung nach dem metabolischen Ansatz ist die gleichzeitige Vermittlung von quantitativen und qualitativen Aspekten sehr schwierig. Der Verbraucher zieht oft die falschen Schlussfolgerungen.

Werden die Zielgruppen erreicht?

Ein wichtiger Punkt bei der Bewertung von Grafiken als pädagogisches Hilfsmittel ist sicherlich, inwieweit die Zielgruppen dadurch „angesprochen" werden. Konsequenterweise unterliegen grafische Umsetzungen auch gewissen „Modetrends". Die Verwendung moderner Medientechniken spielt sicherlich zumindest bei Jugendlichen eine große Rolle. Diesbezüglich stellen möglicherweise beide Modelle (Kreis und Dreieck bzw. „zweidimensionale" Pyramide) bisher noch nicht das Optimum dar.

Neue Ansätze: die dreidimensionale Pyramide

Offensichtlich kann keine der bisher angewandten grafischen Umsetzungen alle wissenschaftlichen bzw. praktisch orientierten Anforderungen erfüllen.

Konsequenterweise ist es sinnvoll und angebracht, über optimierte Ansätze nachzudenken. Zu lösen ist das Problem einer sinnvollen

Verknüpfung von quantitativen (Lebensmittelmenge) und qualitativen (ernährungsphysiologischer Wert) Aspekten in einer Darstellung. Dies gilt insbesondere, wenn nicht nur die wünschenswerten Lebensmittel (optimale Situation), sondern alle verfügbaren Produkte (Verzehrssituation) einbezogen werden sollen. Aus wissenschaftlicher Sicht unabdingbar ist die grundlegende Berücksichtigung aktueller Referenzwerte für die Nährstoffzufuhr (nutritiver Ansatz). Ideal wäre eine sinnvolle Kombination mit fundierten Erkenntnissen aus der lebensmittelbezogenen epidemiologischen Forschung.

In enger Zusammenarbeit mit Vertreterinnen und Vertretern des aid, der Schweizer Gesellschaft für Ernährung, des BMVEL sowie Kommunikationsexperten, Beratungskräften und Grafikexperten hat sich die DGE in Workshops und Arbeitsgruppen mit dieser Thematik beschäftigt [22, 24]. Ziel dieser interdisziplinären Aktivitäten unter Berücksichtigung von Wissenschaft, Informationsmanagement, Politik und Mediengestaltung ist es, eine optimierte grafische Umsetzung von Ernährungsrichtlinien zu erarbeiten.

Nachfolgend werden die bisherigen Ergebnisse dargestellt und zur Diskussion gestellt.

Erweiterung des Informationsgehaltes durch dreidimensionale Darstellung

Die weite Verbreitung von Informationstechnologien bei den Zielgruppen (Multiplikatoren, Verbraucher) und der dadurch gegebene mediale Spielraum legt es nahe, die neue grafische Darstellung dreidimensional zu gestalten.

Nach Meinung der Arbeitsgruppen ist es damit möglich, die gewünschte Verknüpfung zwischen Qualität und Quantität bzw. zwischen optimaler Ernährungsform und Verzehrsrealität in verständlicher Form zu erreichen. Als zielgruppengerechte geometrische Form wird in Übereinstimmung mit Beratungs- und Kommunikationsexperten die Pyramide empfohlen (Abb. 6). Am Bildschirm kann ein entsprechend gestaltetes Modell gedreht werden. Durch Anklicken der Basis bzw. der Pyramidenseiten können jeweils weiter gehende Informationen bereitgestellt werden.

Eine Pyramide kann auch in ansprechender Form als dreidimensionales (Papier-)Modell für Unterrichtszwecke produziert werden. Für die zweidimensionale Darstellung werden die Seiten der Pyramide aufgeklappt; es entsteht dann ein „Lebensmittelkompass" (Abb. 7).

Abb. 6: Die dreidimensionale Lebensmittelpyramide

Inhaltliche Gestaltung der Basis und der vier Pyramidenseiten

Die Basis der Pyramide dient zur Darstellung der quantitativen Aspekte und damit zur Optimierung der Lebensmittelauswahl.

Hierzu wird der DGE-Ernährungskreis in leicht abgewandelter Form integriert. Wichtig ist hier die Benennung von 4 Produktgruppen (siehe unten) und deren prozentualem Mengenanteil an der täglichen Ernährung. Grundlage sind die oben beschriebenen Berechnungen auf der Basis der Referenzwerte.

Die vier Pyramidenseiten („Dreiecke") werden jeweils einer Produktgruppe zugeordnet:

- Lebensmittel vorwiegend pflanzlichen Ursprungs
- Lebensmittel vorwiegend tierischen Ursprungs
- Speisefette und Öle
- Getränke

Innerhalb dieser Dreiecke werden die den jeweiligen Gruppen zugeordneten Lebensmittel entsprechend ihrer ernährungsphysiologischen Qualität hierarchisiert: die wertvolleren Produkte sind in der breiten Basis, die weniger empfehlenswerten Produkte an der Spitze zu finden.

Die Einordnung der Lebensmittel in die jeweiligen Gruppen erfolgt entsprechend wissenschaftlich objektiven, nachvollziehbaren Kriterien. Erste Vorschläge wurden im November letzten Jahres unter Beteiligung aller genannten Institutionen im Rahmen eines Workshops „Dreidimensionale Pyramide" erarbeitet.

Lebensmittel überwiegend pflanzlichen Ursprungs

Definitionsgemäß zählen hierzu neben den rein pflanzlichen Lebensmitteln auch solche verarbeiteten Produkte, die (geringe) Anteile aus der tierischen Produktion enthalten (z.B.

Abb. 7: Der „Lebensmittelkompass" entsteht durch Aufklappen der dreidimensionalen Pyramide.

Backwaren oder Süßwaren). Für die Lebensmittel pflanzlichen Ursprungs sind die Energiedichte und der Gehalt an ernährungsphysiologisch bedeutsamen Inhaltstoffen, wie Mikronährstoffen, sekundären Pflanzenstoffen und Ballaststoffen (Nährstoffdichte) ausschlaggebend für die Einordnung.

Es besteht Konsens, dass der GI nur als ein nachrangiger Parameter zu betrachten ist. Als weiteres Kriterium werden epidemiologische Befunde zur präventiven Wirkung (z.B. Krebserkrankungen, Herz-Kreislauf-Erkrankungen) herangezogen.

Für die Positionierung von Obst und Gemüse in der Basis der Pyramidenseite gab letztendlich die geringere Energie- und höhere Nährstoffdichte den Ausschlag; dadurch wird eine besonders hohe Zufuhr von Mikronährstoffen und sekundären Pflanzenstoffen ermöglicht.

Die zweite Ebene nehmen Vollkornprodukte ein. Kartoffeln (ohne oder mit wenig Fett verarbeitet, z.B. Pellkartoffeln) kommen wegen ihrer geringen Energiedichte und dem nennenswerten Gehalt essenzieller Inhaltsstoffe in der Rangfolge vor Weißmehlprodukten oder geschältem Reis. Qualitativ weniger günstig sind wegen der generellen hohen Energiedichte und niedrigen Nährstoffdichte Süßigkeiten und Knabbereien zu bewerten.

Lebensmittel vorwiegend tierischen Ursprungs

Neben den rein tierischen Produkten werden zu dieser Gruppe auch verarbeitete Produkte mit (geringem) Anteil an pflanzlichen Bestandteilen (z.B. Fleischwaren, Milchprodukte oder Fischprodukte) gezählt. Die Qualität wird in dieser Gruppe durch die Energiedichte, den Fettgehalt, die Fettsäurenzusammensetzung (Gehalt an gesättigten Fettsäuren) und den Gehalt an essenziellen Nährstoffen (Nährstoffdichte, speziell bezüglich der Mineralstoffe Calcium, Eisen, Zink, Selen und den Vitaminen B_1, B_6, B_2, B_{12}, D) bestimmt. Entsprechend der Vorgehensweise bei den pflanzlichen Produkten werden im Einzelfall auch präventive Aspekte bzw. Erkenntnisse hinsichtlich Krankheitsrisiken/-assoziationen berücksichtigt.

Vorherrschende Kriterien sind die Energiedichte und der Gehalt an essenziellen Nährstoffen. In der breiten Basis des Dreiecks werden dementsprechend Fisch, fettarme Milchprodukte, mageres Fleisch inkl. Geflügel genannt.

Danach folgen in absteigender Hierarchie fettreiche Milchprodukte/Käse, fettreiches Fleisch, Fleischwaren, Eier und Speck.

Speisefette und Öle

In Ergänzung der Fettzufuhr aus den übrigen Lebensmittelgruppen liefert diese Produktgruppe mengenmäßig (siehe Darstellung in der Basis der Pyramide) etwa 3 % der Gesamtnahrungsmenge.

Da sich aus den berechneten Speiseplänen zum DGE-Ernährungskreis für die übrigen Lebensmittel ein Verhältnis von Omega-3-Fettsäuren zu Omega-6-Fettsäuren von etwa 1:3,8 und eine maximale Zufuhr von gesättigten Fettsäuren von ca. 11 g ergab, kann qualitativ eine unabhängige Einordnung der Fette und Öle durchgeführt werden.

Entscheidend für diese ernährungsphysiologische Einordnung ist die Fettsäurenzusammensetzung (gesättigt, einfach ungesättigt, mehrfach ungesättigt, trans), das Verhältnis Omega-3-Fettsäuren zu Omega-6-Fettsäuren, der Vitamin-E-Gehalt (bezogen auf die Anzahl ungesättigter Bindungen), die küchentechnische Nutzung und die Verzehrsgewohnheiten. Die Mehrzahl dieser Kriterien steht in Zusammenhang mit der Prävention verschiedener Krankheiten (z.B. Herz-Kreislauf-Erkrankungen). Eine höhere Gewichtung im Vergleich zu den anderen Kriterien haben das Verhältnis Omega-6- zu Omega-3-Fettsäuren und der Gehalt an Vitamin E.

Somit ergibt sich folgendes Ranking der Fette und Öle (absteigende Qualität): Rapsöl, Walnussöl, Sojaöl, Olivenöl, Weizenkeimöl, Sonnenblumen- und Maiskeimöl, Pflanzenmargarinen, Butter, Schmalz. Bei den Streichfetten sind bei gleicher Verzehrsmenge Halbfettprodukte besser zu beurteilen als die entsprechenden vollfetten Produkte, da die zugeführte Fettmenge geringer ist.

Getränke

In dieser Gruppe werden folgende Kriterien zur Bewertung herangezogen: Energiedichte, Gehalt an ernährungsphysiologisch bedeutsamen Inhaltsstoffen, GI und Gehalt an anregenden Substanzen. Bestimmend ist der Energiegehalt und, damit verbunden, der Kohlenhydratgehalt.

An der Basis werden energiefreie Getränke platziert, da Getränke vor allem der Wasserzufuhr dienen sollen (Wasser/Mineralwasser, Kräuter- und Früchtetees ohne Zuckerzusatz). In die Mitte kommen Getränke mit einem mäßigen Kohlenhydratgehalt (≤7 %) und Getränke mit anregenden Stoffen und/oder Süßungsmitteln (Getränke mit Süßungsmitteln gesüßt, Obstsaftschorlen, Tee, Kaffee, alkoholfreies Bier).

Ein weiteres Kriterium zur Differenzierung innerhalb dieses Segments ist der Gehalt an ernährungsphysiologisch wichtigen Inhaltsstoffen. In der Dreiecksspitze finden sich Getränke mit einem Kohlenhydratgehalt von >7 % (Fruchtsaftgetränke, Nektare, Limonaden, Energy Drinks).

Obst- und Gemüsesäfte fallen in die Gruppe pflanzlicher Lebensmittel, Milch in die Gruppe tierischer Lebensmittel.

Alkohol ist wegen seines Suchtpotenzials ein Ausschlusskriterium; alkoholische Getränke werden daher nicht dargestellt. In ergänzenden Texten sollte erläutert werden, dass zwar 10–20 g Alkohol pro Tag noch „erlaubt" sind, aber damit schon viel Energie zugeführt wird und ein täglicher Konsum nicht empfehlenswert ist [1].

Zusammenfassung und Ausblick

Die heute verfügbaren grafischen Darstellungen zur Umsetzung von Ernährungsrichtlinien sind in ihrer Wissenschaftlichkeit und Anwendbarkeit zwar generell ansprechend, können aber wegen der zu Grunde liegenden Konzepte nicht allen Ansprüchen gerecht werden. Es ist daher eine wichtige Aufgabe, sich mit diesem Thema im Sinne einer weiteren Optimierung zu beschäftigen. Mit wissenschaftlicher und politischer Unterstützung hat sich die DGE mit der Entwicklung und nachfolgenden Etablierung eines neuen Modells unter Berücksichtigung aktueller Referenzwerte befasst. Das gemeinsam vorgelegte dreidimensionale Pyramidenmodell kommt vielen inhaltlichen Vorgaben näher und kann somit die Palette der grafischen Darstellungen zumindest sinnvoll erweitern.

Die gewählte mediale Umsetzung soll es ermöglichen, die Informationen im pädagogischen Umfeld effektiv und sinnvoll einzusetzen. Unter der Anleitung eines geschulten Multiplikators können Kinder und Jugendlichen spielerisch am Bildschirm in die Thematik eingeführt werden. Weiterhin sollen vor allem Verbrauchern, die im Umgang mit digitalen Medien geschult sind, auf „moderne" Weise die Inhalte einer ausgewogenen Ernährung vermittelt werden. Papiermodelle für die schulische Ausbildung erscheinen ebenfalls machbar. Letztlich muss eine wissenschaftliche Evaluation des dreidimensionalen Modells bei verschiedenen Zielgruppen dessen Praxistauglichkeit belegen.

In jedem Fall ist es durchaus erstrebenswert, dieses neue Modell intensiv zu diskutieren und somit potenzielle Verbesserungen auch im Sinne der Zielgruppen einzubringen.

Korrespondenzanschrift:
Prof. Dr. Peter Stehle
Institut für Ernährungs- und
Lebensmittelwissenschaften –
Ernährungsphysiologie
Rheinische Friedrich-Wilhelms-
Universität Bonn
Endenicher Allee 11–13
53115 Bonn
E-Mail: p.stehle@uni-bonn.de

Reform der Ernährungs- und Verbraucherbildung in Schulen

Das Modellprojekt REVIS[1]

Helmut Heseker, Paderborn
Sigrid Beer, Paderborn
Ines Heindl, Flensburg
Barbara Methfessel, Heidelberg
Kirsten Schlegel-Matthies, Paderborn

Das Modellprojekt „Reform der Ernährungs- und Verbraucherbildung in Schulen (REVIS)" hat das Ziel, auf unterschiedlichen Ebenen zur Innovation und Weiterentwicklung der Ernährungs- und Verbraucherbildung (EVB) in den allgemein bildenden Schulen beizutragen. Dies erfolgt auf der Basis der internationalen Entwicklung und unter Berücksichtigung der bildungspolitischen Bedingungen der Bundesländer im Rahmen eines an den Hochschulen Paderborn, Flensburg und Heidelberg durchgeführten Kooperationsvorhabens und unter Beteiligung relevanter Fachgesellschaften.

Hintergrund

Mit dem gesellschaftlichen Wandel gehen Veränderungen der Lebensgewohnheiten und Lebensführung einher, deren Bewältigung neue und erweiterte Kompetenzen verlangt.

Die Dynamik des gesellschaftlichen Wandels erlaubt es schon lange nicht mehr, diese Kompetenzen nur über die Familie zu tradieren oder sich nach dem Zufallsprinzip im Verlauf des Lebens anzueignen.

Gerade die Lebensbereiche Ernährung und Konsum zeigen, welche Herausforderungen der wissenschaftliche, technologische, politische, soziale und ökonomische Wandel für die

Alltagsbewältigung mit sich bringen: So bestätigen neue ernährungswissenschaftliche Erkenntnisse u.a. die Bedeutung einer

- bedarfsgerechten Ernährung für die Gesundheit,
- nachhaltigen Ernährung für das Verhältnis von Mensch und sozialer und natürlicher Umwelt,
- sozial organisierten Ernährung (Mahlzeiten- und Esskultur) für die Gemeinschaft,
- sensorisch vielfältigen Ernährung für Lebensqualität und sinnlich-ästhetische Entwicklung.

Die Entwicklung der Märkte, des Banken- und Kreditwesens wie auch der „Konsumkultur" verlangen informierte, reflektierte und selbstbestimmte Verbraucher, die ihre Bedingungen, Bedürfnisse und ihren Bedarf angemessen erkennen und reflektieren können.

Wie dringlich dies ist, macht der Blick auf die Probleme deutlich, mit welchen Individuen und Gesellschaft konfrontiert werden, wenn grundlegende Kompetenzen zur Lebensführung fehlen:

- Ernährungsprobleme wie Übergewicht und Essstörungen
- Konsumprobleme wie Ver- und Überschuldung bei Jugendlichen und jungen Erwachsenen,
- Kompetenzverlust der Haushalte im Bereich der Lebensmittelkunde sowie Nahrungszubereitung etc. und daraus resultierender Wegfall von Handlungsalternativen,
- fehlende oder mangelhafte „financial literacy" im Umgang mit der Kreditwirtschaft etc.

[1]Unter Mitarbeit von Ulrike Johannsen (Flensburg), Anke Oepping und Claudia Vohmann (Paderborn).
Das Modellprojekt REVIS wird durch eine finanzielle Unterstützung des Bundesministerium für Verbraucherschutz, Ernährung und Landwirtschaft (BMVEL) ermöglicht.

Die genannten Aspekte führen zu großen Einbußen der Lebensqualität der Individuen und hohen ökonomischen (z.B. Gesundheits-) und sozialen (z.B. Familien-) Belastungen für die Gesellschaft.

Die bundesweite Analyse und Evaluation der Ernährungsbildung in allgemein bildenden Schulen (EiS-Projekt) hat nachgewiesen, dass den hieraus resultierenden Anforderungen an die Bildung in den Bundesländern trotz vorhandener Lehrpläne nur lückenhaft entsprochen wird (vgl. Kap. 15). Institutionalisierung und curriculare Ausgestaltung der Ernährungs- und Verbraucherbildung einerseits, Aus- und Fortbildung sowie Einsatz der Lehrkräfte und fachdidaktische Konzeptionen andererseits differieren erheblich in Qualität und Quantität. Sie genügen häufig nicht dem Anspruch, der zum Erwerb einer Basisqualifikation erforderlich ist. Positive Entwicklungen, die es durchaus gibt und die Mut machen, werden zu wenig kommuniziert.

Kumulatives Lernen von der Schuleingangsphase bis zum Ende der Pflichtschulzeit ist für die Ernährungs- und Verbraucherbildung sowohl inhaltlich wie strukturell nicht gesichert.

Das betrifft sowohl die Anteile im Sachunterricht wie die Weiterführung in den Bildungsgängen des gegliederten Schulwesens. Ein Ankerfach für die Domäne der Ernährungs- und Verbraucherbildung in allgemein bildenden Schulen gibt es in den Bildungsgängen des gegliederten Schulwesens nicht durchgängig. Das Fach Hauswirtschaft, Haushaltslehre oder Arbeitslehre (die Benennung differiert nach Bundesländern) könnte diese Funktion in der Sekundarstufe I erfüllen. Dieses Fach hat jedoch mit dem tradierten Image zu kämpfen und muss häufig um eine angemessene Berücksichtigung in den verbleibenden Bildungsgängen ringen. Fachdidaktische Entwicklungen, finden (wie in anderen Fächern auch) nur zögernd den Einzug in den Schulalltag, was in diesem Fall

den notwendigen Wandel des Fachverständnisses verhindert und die Vorurteilsstrukturen festigen hilft.

Die Diskussion, die aktuell zur Zukunftsfähigkeit der Bildung geführt wird, erfordert es, bisherige Zielformulierungen, Curricula, Unterrichtsmaterialien und Fortbildungsprogramme im Bereich der Ernährungs- und Verbraucherbildung einer gründlichen Revision zu unterziehen. Es gilt die Ernährungs- und Verbraucherbildung international anschlussfähig zu machen und die Passung zu den föderalen Strukturen zu gewährleisten.

Unterrichtsmaterialien, Lehrerhandreichungen und Fortbildungsangebote sind zwar bundesweit in großer Vielfalt und unterschiedlicher fachwissenschaftlicher und fachdidaktischer Qualität vorhanden. Die Angebote sind aber insgesamt sehr unübersichtlich, nicht immer fachlich korrekt und „interessenneutral" und nicht selten nur schwer auffindbar.

Mit REVIS wurde daher die Initiative ergriffen, in einem großen Kooperationsvorhaben, gemeinsam mit Institutionen ausgewählter Bundesländer, praktikable Vorschläge für eine Reform der Ernährungs- und Verbraucherbildung in allgemein bildenden Schulen zu erarbeiten und diese den zuständigen Länderministerien bzw. Senatsverwaltungen, Lehrplankommissionen sowie den Schulen zur Verfügung zu stellen.

Die wesentlichen Ziele des Modellvorhabens REVIS

- Für den Bereich Ernährungs- und Verbraucherbildung sollen Bildungsziele, ein Kerncurriculum und Bildungsstandards für alle Schulstufen entwickelt werden, die in unterschiedlichen Lehrplan- und Unterrichtszusammenhängen einsetzbar, international vergleichbar und auf Bundesländerebene anschlussfähig sind.
- Für alle Schulstufen werden die zentralen, verstreut vorhandenen Unterrichtsmateri-

alien systematisch gesammelt und bewertet sowie Lehrerinnen und Lehrern ein Bewertungsraster zur Verfügung gestellt.

- Ein Portfolio mit Aus- und Fortbildungsprofilen zur persönliche Leistungs- und Qualifikationsübersicht der Lehrkräfte wird entwickelt.
- Für die Zielgruppe der Lehrkräfte wird ein zentrales Internetportal für den Bereich Ernährungs- und Verbraucherbildung entwickelt.
(http://www.evb-online.de)
- In einer Feldstudie werden in ausgewählten Bundesländern (NRW, Schleswig-Holstein, Hessen, Berlin, Baden-Württemberg) für den Bereich Ernährung und Verbraucherbildung die Akzeptanz der neu definierten Bildungsziele und des Curriculums evaluiert.

REVIS: Ein Referenzrahmen für die schulische Bildung in der Domäne EVB

Die Schule muss das Leben ernst nehmen und auch Lebensführungskompetenzen vermitteln. Das REVIS-Projekt fordert daher eine Grundbildung in der Ernährungs- und Verbraucherbildung für alle Schüler und Schülerinnen ein.

Die erfolgreichen „PISA-Nationen" zeichnen sich z.B. dadurch aus, dass festgestellten Bildungsdefiziten gezielt Unterstützungs- und Verantwortungsbündnisse entgegengesetzt werden. Bei der Diskussion, welcher Grundstock an Bildung den Kindern ermöglicht wird, sollen alle Beteiligten und Betroffenen mitmachen und vor allem mitmachen können: Erzieherinnen und Erzieher, Lehrerinnen und Lehrer, Schülerinnen und Schüler und Eltern. Es ist eine Verständigung über folgende Schlüsselfragen erforderlich:

- Was sollen Schülerinnen und Schüler lernen?
- Wie sollen Schülerinnen und Schüler lernen?
- Wozu sollen Schülerinnen und Schüler lernen?

Das Lernen und die Ziele des Lernens sollen verstehbar sein; sie sollen überschaubar und handhabbar sein und sie sollen persönlich Sinn machen und bedeutsam sein für die Einzelnen und für die Gemeinschaft.

REVIS formuliert Bildungsziele, definiert Kompetenzen, beschreibt die Kerninhalte und Standards für die Ernährungs- und Verbraucherbildung (EVB) und schafft damit einen transparenten und eindeutigen Referenzrahmen für die Arbeit der allgemein bildenden Schule in Bezug auf die Domäne EVB. Die REVIS-Ergebnisse zur EVB stellen den derzeitigen Forschungsstand dar und laden ein zum Diskurs und zur Weiterentwicklung. Zur Diskussion gehört auch, welchen Bildungsanspruch Schülerinnen und Schüler haben, ob und wie er eingelöst wird und welche Unterrichtsbedingungen dafür notwendig sind.

Das Haus der Bildungsziele

Auf der europäischen Ebene wurde ein Kerncurriculum zur Ernährungsbildung entwickelt. Es zeigt auf, in welchen Dimensionen und Inhaltsfeldern sich der Kompetenzerwerb vollziehen kann und sollte. Im REVIS-Projekt wurde das europäische Kerncurriculum neu strukturiert und um die notwendigen Bausteine der Verbraucherbildung ergänzt. Um die erarbeiteten Bildungsziele und die damit verbundenen Inhalte zu dokumentieren wurde ein „Haus der Bildungsziele" entwickelt (Abb. 1). Die Bildungsziele bilden das Dach und werden in Schlüsselfragen übersetzt, welche die Fenster im Haus darstellen. Mit dem Blick in diese Fenster werden die Kerninhalte der Ernährungs- und Verbraucherbildung vorstellbar und erfassbar. In den Schlüsselfragen wird die „Grundphilosophie" des REVIS-Ansatzes gewahrt, den „essenden und handelnden" Menschen und den Erhalt und die Entwicklung der individuellen und soziokulturellen Ressourcen in den Mittelpunkt zu stellen.

Die Schlüsselfragen lassen sich auf die jeweiligen Lebensalter, Lebenssituationen und Lernausgangslagen der Schülerinnen und Schüler beziehen und finden dort ihre Ausgestaltung und weitere Konkretisierung. In den Schlüsselfragen wird deutlich, dass es um eine notwendige Grundbildung geht, die allen Schülerin-

Bildungsziele in der Ernährungs- und Verbraucherbildung (EVB)	Kompetenzen: Die Schüler/innen sind bereit und in der Lage,	Dazu gehört, dass sie ...
1 **Die Schüler/innen gestalten die eigene Essbiografie reflektiert und selbstbestimmt.**	... sich mit den Einflussfaktoren, Begrenzungen und Gestaltungsalternativen der individuellen Essweise auseinanderzusetzen.	■ soziokulturelle und historische Einflussfaktoren, ihre Wirkungen auf und Bedeutungen für das Essverhalten kennen, identifizieren und verstehen können, ■ Alltagsvorstellungen und -theorien zur Bedeutung von Essen, Ernährung und Körper identifizieren, analysieren und bewerten können, ■ die „Gewordenheit" des eigenen Essverhaltens erkennen und verstehen können, ■ Handlungsmöglichkeiten situationsgerecht entwickeln und zur weiteren Gestaltung der Essbiografie nutzen können.
2 **Die Schüler/innen gestalten Ernährung gesundheitsförderlich.**	... sich mit dem Zusammenhang von Ernährung und Gesundheit auseinanderzusetzen und Verantwortung für sich und andere zu übernehmen.	■ den Zusammenhang von Nahrung und Ernährung für die persönliche Gesundheit herstellen und reflektieren können, ■ Körpersignale wie Durst, Hunger, Appetit, Sättigung wahrnehmen und verstehen können, ■ Lebensmittel, ihre Inhaltsstoffe und Wirkungen im Stoffwechsel kennen und verstehen können, ■ Ernährungsempfehlungen und Regeln kennen, sich mit ihnen und allgemeinen Ernährungsinformationen kritisch auseinandersetzen können.
3 **Die Schüler/innen handeln sicher bei der Kultur und Technik der Nahrungszubereitung und Mahlzeitengestaltung.**	... sich mit den kulturellen Voraussetzungen, der Bedeutung und Funktion von Mahlzeiten auseinanderzusetzen.	■ Mahlzeiten situations- und alltagsgerecht planen und herstellen können und die zu leistende Arbeit und Gestaltung wertschätzen können, ■ Speisen und Gerichte sowie die LM-Auswahl unter Berücksichtigung von Sinnlichkeit, Gesundheit und Nachhaltigkeit gestalten können, ■ Techniken der Nahrungszubereitung kennen, verstehen, reflektieren und anwenden können, ■ Informationen und Anleitungen kritisch reflektieren können.
4 **Die Schüler/innen entwickeln ein positives Selbstkonzept durch Essen und Ernährung.**	... sich mit dem Verhältnis von eigenem Körper und Essverhalten auseinanderzusetzen.	■ den eigenen Körper und Körperprozesse wahrnehmen, verstehen und akzeptieren, ■ die Abhängigkeit der Körperbilder von gesellschaftlichen und historischen Bezügen erkennen, verstehen und reflektieren können, ■ die Bedeutung von Essen und Ernährung erkennen und diese Erkenntnis für das eigene Handeln nutzen können, ■ Wege zum genussvollen und verantwortlichen Umgang (mit dem Körper) durch Essen und Trinken entwickeln und nutzen können.
5 **Die Schüler/innen entwickeln ein persönliches Ressourcenmanagement und sind in der Lage Verantwortung für sich und andere zu übernehmen.**	... sich mit Zukunftschancen und Risiken der Lebensgestaltung auseinanderzusetzen.	■ die Vielfalt von individuellen und gesellschaftlichen Ressourcen kennen, ihre Bedeutung sowie ihre Entwicklungen und Begrenzungen verstehen, ■ die Prinzipien und Möglichkeiten des Finanz- und Vorsorgemanagements kennen und verstehen und ihre Instrumente anwenden können, ■ Prinzipien des kurz-, mittel- und langfristigen Ressourcenmanagements verstehen und anwenden können, ■ Informations- und Beratungsangebote kennen und situationsgerecht nutzen können.

Bildungsziele in der Ernährungs- und Verbraucherbildung (EVB)	Kompetenzen: Die Schüler/innen sind bereit und in der Lage,	Dazu gehört, dass sie ...
6 Die Schüler/innen treffen Konsumentscheidungen reflektiert und selbstbestimmt.	... soziokulturelle Rahmenbedingungen für Konsumentscheidungen zu identifizieren und zu berücksichtigen.	■ Konsum leitende Bedürfnisse erkennen, verschiedene Wege der Bedarfsdeckung kennen, beurteilen und verantwortlich nutzen können, ■ die eigene Konsumbiografie und ihre Bedeutung für die Lebensstilentwicklung analysieren, verstehen und reflektieren können, ■ Marktmechanismen und Wirtschaftssystem verstehen und reflektieren können, ■ Konsum- und Entscheidungsprozesse situationsgerecht bewerten und gestalten können.
7 Die Schüler/innen gestalten die eigene Konsumentenrolle reflektiert in rechtlichen Zusammenhängen.	... die eigene Konsumentenrolle kritisch zu reflektieren und darauf aufbauend Konsumhandeln zu gestalten.	■ Verbraucherrechte und -pflichten kennen, bewerten und situationsgerecht anwenden können, ■ die Tragweite von Konsumentscheidungen in Bezug auf vertragliche Bedingungen und finanzielle Verpflichtungen einschätzen können, ■ selbstbewusst und selbstbestimmt gegenüber Experten und Institutionen agieren können, ■ Informationen und Angebote von Institutionen beschaffen, bewerten und kritisch nutzen können.
8 Die Schüler/innen treffen Konsumentscheidungen qualitätsorientiert.	... Nachhaltigkeit, Gesundheit und Funktionalität als zentrale Bewertungskriterien zu verstehen und anzuwenden.	■ exemplarische Prozesse der Erzeugung, Verarbeitung, Verteilung und Entsorgung von Marktgütern kennen, verstehen und bewerten können, ■ die Wirkungen der handwerklichen und industriellen Be- und Verarbeitung für die Qualität des Produkts kennen, bewerten und für eigene Konsumentscheidungen beachten können, ■ den Faktor Arbeit in der Gütererzeugung verstehen und die Wirkungen lokal und global einschätzen können, ■ die lokalen und globalen Zusammenhänge der Produktion von Gütern bei eigenen Entscheidungen verantwortungsbewusst berücksichtigen können.
9 Die Schüler/innen entwickeln einen nachhaltigen Lebensstil.	... sich mit den Gewohnheiten und Routinen des Konsum- und Alltagshandelns auseinanderzusetzen.	■ das Konzept der Nachhaltigkeit kennen, verstehen und reflektieren können, ■ eigenes Konsum- und Alltagshandeln auf der Grundlage des Nachhaltigkeitskonzepts analysieren und bewerten und diese Reflexion für Entscheidungen nutzen können, ■ Lebensstile und Lebensweisen identifizieren und reflektieren können und daraus Handlungsstrategien und Routinen für die eigene Lebensgestaltung verwirklichen können, ■ die Fähigkeit entwickeln, Verantwortung in Nachhaltigkeitsprozessen übernehmen zu können.

Tab. 1: Bildungsziele und Kompetenzen in der Ernährungs- und Verbraucherbildung

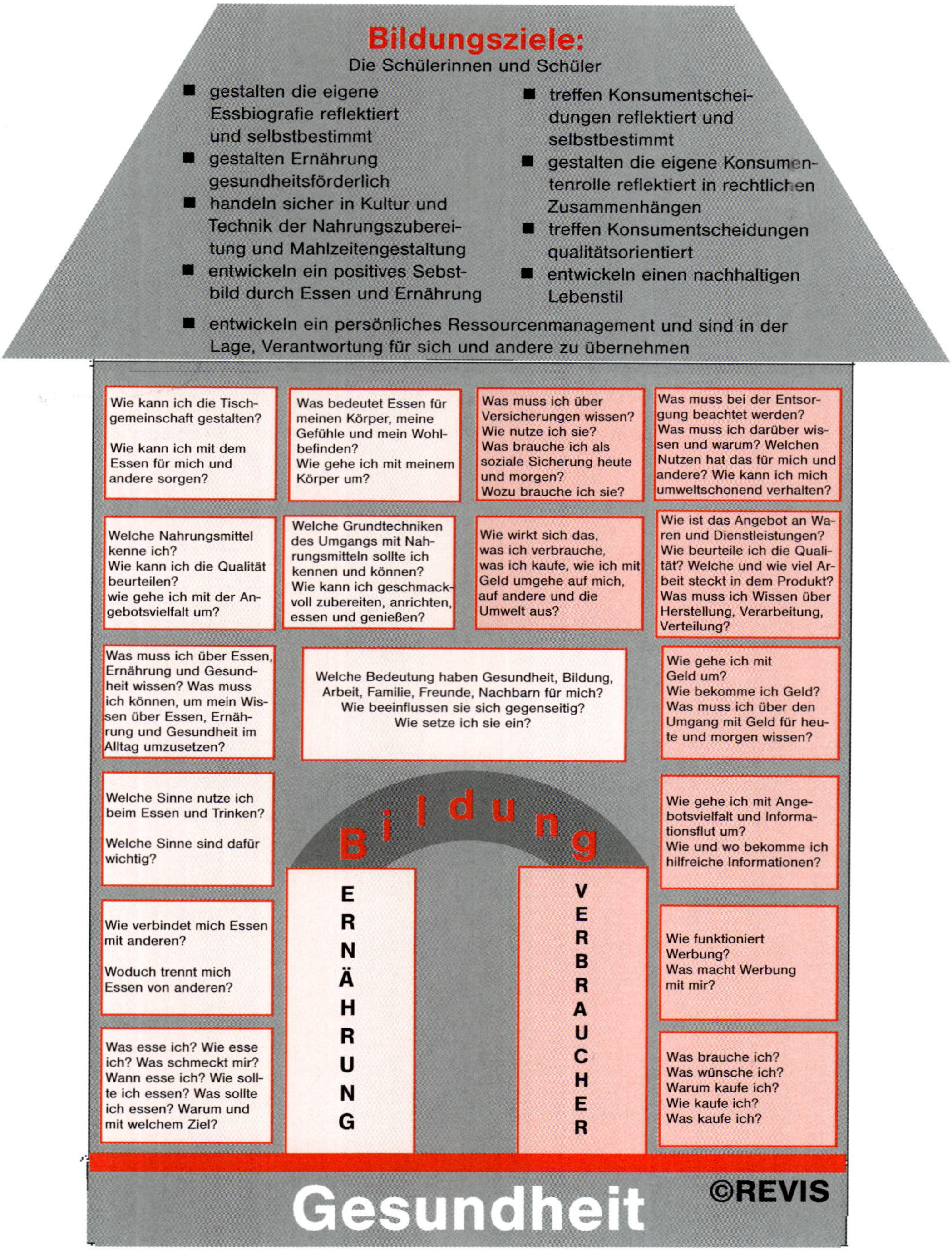

Bildungsziele:

Die Schülerinnen und Schüler

- gestalten die eigene Essbiographie reflektiert und selbstbestimmt
- gestalten Ernährung gesundheitsförderlich
- handeln sicher in Kultur und Technik der Nahrungszubereitung und Mahlzeitengestaltung
- entwickeln ein positives Sebstbild durch Essen und Ernährung
- treffen Konsumentscheidungen reflektiert und selbstbestimmt
- gestalten die eigene Konsumentenrolle reflektiert in rechtlichen Zusammenhängen
- treffen Konsumentscheidungen qualitätsorientiert
- entwickeln einen nachhaltigen Lebenstil

- entwickeln ein persönliches Ressourcenmanagement und sind in der Lage, Verantwortung für sich und andere zu übernehmen

---

Wie kann ich die Tischgemeinschaft gestalten?

Wie kann ich mit dem Essen für mich und andere sorgen?

Was bedeutet Essen für meinen Körper, meine Gefühle und mein Wohlbefinden?
Wie gehe ich mit meinem Körper um?

Was muss ich über Versicherungen wissen?
Wie nutze ich sie?
Was brauche ich als soziale Sicherung heute und morgen?
Wozu brauche ich sie?

Was muss bei der Entsorgung beachtet werden?
Was muss ich darüber wissen und warum? Welchen Nutzen hat das für mich und andere? Wie kann ich mich umweltschonend verhalten?

Welche Nahrungsmittel kenne ich?
Wie kann ich die Qualität beurteilen?
wie gehe ich mit der Angebotsvielfalt um?

Welche Grundtechniken des Umgangs mit Nahrungsmitteln sollte ich kennen und können?
Wie kann ich geschmackvoll zubereiten, anrichten, essen und genießen?

Wie wirkt sich das, was ich verbrauche, was ich kaufe, wie ich mit Geld umgehe auf mich, auf andere und die Umwelt aus?

Wie ist das Angebot an Waren und Dienstleistungen?
Wie beurteile ich die Qualität? Welche und wie viel Arbeit steckt in dem Produkt?
Was muss ich Wissen über Herstellung, Verarbeitung, Verteilung?

Was muss ich über Essen, Ernährung und Gesundheit wissen? Was muss ich können, um mein Wissen über Essen, Ernährung und Gesundheit im Alltag umzusetzen?

Welche Bedeutung haben Gesundheit, Bildung, Arbeit, Familie, Freunde, Nachbarn für mich?
Wie beeinflussen sie sich gegenseitig?
Wie setze ich sie ein?

Wie gehe ich mit Geld um?
Wie bekomme ich Geld?
Was muss ich über den Umgang mit Geld für heute und morgen wissen?

Welche Sinne nutze ich beim Essen und Trinken?

Welche Sinne sind dafür wichtig?

Wie gehe ich mit Angebotsvielfalt und Informationsflut um?
Wie und wo bekomme ich hilfreiche Informationen?

Bildung

Wie verbindet mich Essen mit anderen?

Woduch trennt mich Essen von anderen?

ERNÄHRUNG

VERBRAUCHER

Wie funktioniert Werbung?
Was macht Werbung mit mir?

Was esse ich? Wie esse ich? Was schmeckt mir? Wann esse ich? Wie sollte ich essen? Was sollte ich essen? Warum und mit welchem Ziel?

Was brauche ich?
Was wünsche ich?
Warum kaufe ich?
Wie kaufe ich?
Was kaufe ich?

Gesundheit

Abb. 1: Das Haus der Bildungsziele

nen und Schülern ermöglicht werden muss. Die Grundbildung ist jedoch nur die Ausgangsbasis und Startbahn für ein erfolgreiches lebenslanges Lernen, nicht der Endpunkt. Weiter wachsende Kompetenzen sind ein Leben lang notwendig. Das Haus der Bildungsziele hat die zentrale Funktion, einen Diskurs über die Bedeutsamkeit der Ernährungs- und Verbraucherbildung mit allen Beteiligten in der Schule und darüber hinaus führen zu können.

Bildungsziele und Kompetenzen

Zu den einzelnen Bildungszielen wurden entsprechende Kompetenzen formuliert (Tab. 1). Im Rahmen von REVIS werden bzw. wurden zu zentralen Themenbereichen Grundlagenpapiere erstellt, die den aktuellen Diskussionsstand der Ernährungs-, Gesundheits- und Verbraucherbildung sowie zur Entwicklung von Standards und des Curriculums widerspiegeln. Die Grundlagenpapiere werden in der Paderborner Schriftenreihe zur Ernährungs- und Verbraucherbildung veröffentlicht. Die Schriftenreihe ist neben aktuellen Ergebnissen des Modellvorhabens REVIS und weiteren Informationen im Internetportal http://www.evb-online.de verfügbar. Der umfangreiche REVIS-Projektbericht wird im Laufe des Jahres 2005 veröffentlicht werden.

Prof. Dr. Helmut Heseker
Fachgruppe Ernährung und
Verbraucherbildung
Department Sport & Gesundheit
Fakultät für Naturwissenschaften
Universität Paderborn
Warburger Straße 100
33098 Paderborn
E-Mail: heseker@evb.upb.de

Convenience-Grad (engl. *conveniene* = Bequemlichkeit), Ausmaß des Be- und Verarbeitungsgrades von vorgefertigten Lebensmitteln.

D-A-CH-Referenzwerte für die Nährstoffzufuhr D-A-CH steht hier für den Zusammenschluss der ernährungswissenschaftlichen Fachgesellschaften aus Deustchland (D; *Deutsche Gesellschaft für Ernährung*), Österreich (A; *Österreichische Gesellschaft für Ernährung*) und der Schweiz (CH; *Schweizerische Gesellschaft für Ernährungsforschung* sowie *Schweizerische Vereinigung für Ernährung*).

Einkommens- und Verbrauchsstichprobe (EVS) vom Statistischen Bundesamt und Landesämtern alle 5 Jahre durchgeführte repräsentative Erhebung (freiwillige Beteiligung) zum Einkommen und Verbrach der Privathaushalte.

Epidemiologie Wissenschaft, die die Zusammenhänge zwischen Krankheiten und auslösenden Faktoren in der Bevölkerung erforscht.

Ernährungsbericht im Auftrag des Bundesministeriums für Gesundheit und Ernährung, Landwirtschaft und Forsten von der Deutschen Gesellschaft für Ernährung seit 1972 im 4-Jahres-Turnus erstellter Bericht zu ausgewählten Ernährungsaspekten. In Österreich und der Schweiz erscheinen ebenfalls E.

Ess- und Ernährungsverhalten Handlungsmuster im engeren Zusammenhang mit der unmittelbaren Nahrungsaufnahme (*Ess*verhalten; z.B. auch Aspekte der Essstörungen) bzw. umfassender mit Nahrungsauswahl und -beschaffung (*Ernährungs*verhalten). In der Populärwissenschaftlichen Literatur werden die Begriffe nicht immer scharf getrennt.

Gesundheitsbericht seit 1998 periodisch vom Robert-Koch-Institut u. d. Statistischen Bundesamt gemeinsam erstellter kommentierter Bericht zur gesundheitlichen Situation der Bevölkerung und der Situation des Gesundheitswesens.

H-Test mathematischer Test zur Absicherung einer statistischen Aussage.

glykämischer Index Maß für den Anstieg des Blutzuckerspiegels nach Verzehr einer (kohlenhydrathaltigen) Mahlzeit. Die Bedeutung des g.I. für Gesunde wird derzeit kontrovers diskutiert.

Incentive (engl. *incentive* = Motivation, Ansporn), aus den Bereichen Management und Marketing übernommener Begriff für spezielle (i.d.R. nicht direkt finanzielle) Belohnungen (z.B. Reisen, Sachgeschenke) für besondere Leistungen

Intervention gezielte Beeinflussung von möglichen kausalen Faktoren z.B. einer Erkrankung oder der Entstehung von Übergewicht zum Zwecke der Prävention oder für Studienzwecke.

Inzidenz Anzahl der Neuerkrankungen (einer bestimmten Krankheit) pro Zeitraum in einer Bevölkerung.

Kohärenzgefühl vom amerikanischen Medizinsoziologen Aaron Antonovsky entwickelter Begriff zur globalen Lebensorientierung eines Menschen; es beschreibt, inwieweit er ein alles durchdringendes, überdauerndes und dennoch dynamisches Gefühl der Zuversicht hat, wonach 1. die Anforderungen aus der inneren und äußeren Erfahrenswelt im Verlauf des Lebens strukturiert, vorhersagbar und erklärbar sind, 2. notwendige Ressourcen verfügbar sind, den Anforderungen gerecht zu werden und 3., dass diese Anforderungen als Herausforderungen erlebt werden, die Investitionen und Engagement verdienen.

Komorbidität mit einer Grunderkrankung (z.B. Diabetes) auftretende Begleiterkrankungen (z.B. Nervenerkrankungen, weitere Stoffwechselstörungen).

Konnotationen Vorstellungen, die neben der eigentlichen Bedeutung eines Wortes zusätzlich mit diesem verbunden sind.

Längsschnittstudie (= Kohortenstudie) epidemiologische Studie, bei der die Studienteilnehmer über einen zurückliegenden (retrospektiv) oder in die Zukunft reichenden (prospektiv) Zeitraum mit Blick auf ein oder mehrere Merkmale (Variablen) beobachtet werden. Die Studienteilnehmer werden nach sog. Expositionsfaktoren (z.B. Alkoholkonsum, Fettverzehr) ausgewählt. Vgl. Querschnittstudie.

Median (= 50-Perzentile) statistische Kennzahl. In einer aufsteigend sortierten Reihe von Messwerten ist der M. der mittlerste Messwert (ungerade Anzahl von Messwerten) bzw. der Mittelwert der beiden mittlersten Messwerte (gerade Anzahl von Messwerten). Der M. wird im Gegensatz vom arithmetischen Mittelwert nicht so sehr von „Ausreißerwerten" beeinflusst.

Morbidität Auftreten einer Erkrankung (in einer Bevölkerung).

Mortalität Sterblichkeit, Todesfälle in einer Bevölkerung.

Nährstoffdichte Gehalt eines Nährstoffs im Lebensmittel [mg] geteilt durch den Energiegehalt eines Lebensmittels [MJ]

Normalverteilung symmetrische Häufigkeitsverteilung eines Merkmals (z.B. in einer Bevölkerung), grafisch als Glockenkurve darstellbar. N. ist die Voraussetzung für die Gültigkeit bestimmter statistischer Aussagen.

nosologisch die Krankheitslehre (*Nosologie*, teilgebiet der Pathologie) betreffend.

„Nutrition literacy" (engl. *literacy* = Kenntnisse, Wissen) Ernährungswissen.

Ottawa Charta 1986 im Rahmen der ersten internationalen Konferenz zur Gesundheitsförderung von der Weltgesundheitsorganisation (WHO) verabschiedete Strategieziele zur Gesundheitsförderung. Kernbereiche: eine gesundheitsförderliche Gesamtpolitik entwickeln, gesundheitsförderliche Lebenswelten schaffen, gesundheitsbezogene Gemeinschaftsaktivitäten unterstützen, persönliche Kompetenzen entwickeln und Gesundheitsdienste neu orientieren.

PAL = Abk. für engl. *physical activity level*, Maß/Faktor für die körperliche Aktivität.

postprandiale Müdigkeit (lat. *post* = nach, *prandium* = Mahlzeit) u.a. durch verstärkte Durchblutung des Magen-Darm-Trakts im Rahmen der Verdauung ausgelöste Müdigkeit nach (ausgiebigen) Mahlzeiten.

Prävalenz Begriff der Epidemiologie: Anzahl der zu/in einem bestimmten Zeitpunkt/-raum Erkrankten innerhalb der Bevölkerung.

Prävention (umfassende) Vorbeugung, im Gegensatz zur konkreten Einzelmaßnahme (= Prophylaxe).

Primärprävention Maßnahmen, die das Auftreten einer Krankheit verhindern. Vgl. Primär-, Sekundär-P.

Perzentile Wert in einer Datensammlung, unter bzw. über dem ein bestimmter Prozentsatz aller Messwerte liegen (z.B. 25-Perzentile: 25% der Werte liegen unterhalb, 75% der Werte oberhalb, vgl. Median).

prospektiv (von jetzt) in die Zukunft reichend (z.B. bei epidemiologischen Studien).

Querschnittsstudie Studientyp der Epidemiologie, bei dem zu einem bestimmten Zeitpunkt mehrere Merkmale einer Population erfasst werden.

Salutogenese Das salutogenetische Modell, von dem amerikanischen Medizinsoziologen A. Antonovsky in den 1970er Jahren entwickelt, weicht in mehrfacher Hinsicht von vorherigen medizinsoziologischen/medizinpsychologischen Konzepten ab. Es ist nicht an gesundheitlichen Risiken bzw. gesundheitsschädlichen (pathogenen) Faktoren orientiert, sondern an gesundheitsförderlichen (salutogenen) Einflüssen. Die zentralen Fragen des salutogenetischen Modells lauten demgemäß: Was erhält Menschen gesund? Was fördert Gesundungsprozesse? Warum werden unter gesundheitsgefährdenden Einflüssen manche Menschen nicht krank? Gesundheit und Krankheit werden im Rahmen des Salutogenese Modells nicht als gegensätzliche Zustände verstanden, sondern bilden praktisch die (extremen) Kehrseiten einer Medaille.

Sekundärprävention möglichst frühe und korrekte Behandlung diagnostizierter Erkrankungen, um weiteres Fortschreiten der Erkrankung zu vermeiden.

sozialisationstheoretisch Im Kontext der pädagogischen Begründung handlungsorientierten Unterrichts stellen sozialisationstheoretische Zugänge eine Ebene dar. Dies erfordert die Klärung des Begriffes `Sozialisation´, unter dem der Prozess der Einordnung des heranwachsenden Individuums in die Gesellschaft verstanden werden kann. Dabei sollen – bezogen auf den sozialen Bereich – gesellschaftlich relevante Werte, Normen und Verhaltensweisen erworben werden, um die junge Generation gesellschaftlich handlungsfähig zu machen. Dies erfordert zugleich, dass Erfahrungsräume im sozialen Bereich geschaffen werden.

U-Test mathematischer Test zur Absicherung einer statistischen Aussage.

Verhaltensprävention Prävention, die über die Beeinflussung des Verhaltens wirkt.

Verhältnisprävention Prävention, die über die Beeinflussung der (Lebens-)Verhältnisse wirkt.

1

Sage mir wie du lebst, und ich sage Dir, was Du isst

1. Hartmann, P.: Lebensstilforschung. Darstellung, Kritik und Weiterentwicklung. Opladen: Leske + Budrich 1999.
2. Gerhards, J.; Rössel, J.: Das Ernährungsverhalten Jugendlicher im Kontext ihrer Lebensstile. Eine empirische Studie. Köln: Bundeszentrale für gesundheitliche Aufklärung 2003. *sowie* Gerhards, J.; Rössel, J.: Lebensstile und ihr Einfluss auf das Ernährungsverhalten von Jugendlichen. Soziale Welt 53 (2002): 261–284.
3. Deutsche Gesellschaft für Ernährung: Vollwertig Essen und Trinken nach den 10 Regeln der DGE. Bonn: Deutsche Gesellschaft für Ernährung 2001.
4. Schulze, G.: Die Erlebnisgesellschaft. Kultursoziologie der Gegenwart. Frankfurt: Campus 1992.
5. Mayring, P.: Einführung in die qualitative Sozialforschung. Eine Anleitung zu qualitativem Denken. Weinheim: Psychologie Verlags Union 1999.

2

Gesundheit und soziale Zugehörigkeit

1. Belton, P.S. and T. Belton (Eds.) (2003): Food, Science and Society – Exploring the gap between expert advice and individual behaviour. Berlin: Springer
2. Danzer, G. und J. Rattner (1999): Der Mensch zwischen Gesundheit und Krankheit. Darmstadt: Wissenschaftliche Buchgesellschaft
3. Danielzik, S. (2003). Epidemiologie von Übergewicht und Adipositas bei Kindern in Kiel: Daten der ersten Querschnittuntersuchung der Kieler Adipositas-Präventionsstudie (KOPS). Universität Kiel: Dissertation
4. Faltermaier, T., I. Kühnlein und M. Burda-Viering (1998): Gesundheit im Alltag Laienkompetenz, Gesundheitshandeln und Gesundheitsförderung. Weinheim: Juventa
5. Faltermaier, T. (1999): Subjektive Konzepte und Theorien von Gesundheit. In: U. Flick: Wann fühlen wir uns gesund? Subjektive Vorstellungen von Gesundheit und Krankheit. Weinheim: Juventa
6. Feichtinger, E. (1995): Armut und Ernährung im Wohlstand: Topographie eines Problems. In: Barlösius et al. (Hg.): Ernährung in der Armut – gesundheitliche, soziale und kulturelle Folgen in der Bundesrepublik Deutschland. Berlin: Arbeitsgruppe Public Health
7. Heindl, I. (2003): Ernährungsbildung – ein europäisches Konzept zur schulischen Gesundheitsförderung. Bad Heilbrunn: Klinkhardt
8. Heindl, I. (2004): Ernährung, Gesundheit und institutionelle Verantwortung – eine Bildungsoffensive. In: Ernährungs-Umschau 51 (6), S. 224-230
9. Lehmkühler, S.H. (2002): Die Giessener Ernährungsstudie über das Ernährungsverhalten von Armutshaushalten (GESA) – qualitative Fallstudien. Giessen: Dissertation
10. Leonhäuser, I.U. und S. Lehmkühler (2001): Ernährungsprobleme von Privathaushalten mit vermindertem Einkommen (Sozialhilfebezieher) – sozialökonomische und ernährungswissenschaftliche Aspekte. In: Lexikon der Ernährung, Bd 1, Seite 403-407. Heidelberg: Spektrum Akademischer Verlag
11. Müller, M.J., M. Mast und K. Langnäse (2001a): Die „Adipositasepidemie" – Gesundheitsförderung und Prävention sind notwendige Schritte zu ihrer Eingrenzung. In: Ernährungs-Umschau 48 (10), S. 398-401
12. Müller, M.J., M. Mast und K. Langnäse (2001b): Werden wir eine Gesellschaft der Dicken? Münch. Med. Wochenschr. 28, S. 863-867
13. Müller, M.J.: Vortrag anl. der Tagung „McDonald & Co. – Wer trägt die Verantwortung." Tutzing: Evangelische Akademie, Dezember 2003
14. Pudel, V. (2002): Medien und Ernährungsverhalten. In: Lexikon der Ernährung, Bd 2, Seite 374-379. Heidelberg: Spektrum Akademischer Verlag
15. WHO (1998): Obesity – preventing and managing the global epidemic. Genf: WHO/NUT/NCD/98/1

3

Lustwandel – Veränderungen der Esskultur in Deutschland

1. Die Kategorisierung in „Kultivierung und Simplifizierung" lehnt an die von Gerhard Schulze vorgenommene Unterteilung in Hochkulturschema, Trivialschema und Spannungsschema an. Vgl. hierzu Schulze, Gerhard: Die Erlebnisgesellschaft. Kultursoziologie der Gegenwart, Frankfurt am Main 1997, S. 142ff.
2. Eine ausführliche und zudem unterhaltsame Analyse der Küche als Kommunikationssystem findet sich bei Karmasin, Helene: Die geheime Botschaft unserer Speisen. Was Essen über uns aussagt, München 1999. Zur Entwicklung des Geschmacksbegriffes und der Bedeutungsvermischung der sensorischen und ästhetischen Aspekte siehe Kleinspehn, Thomas: Warum sind wir so unersättlich? Über den Bedeutungswandel beim Essen, Frankfurt am Main 1987, S. 153ff.
3. Eine übersichtliche Darstellung der kulturellen, psychologischen und orosensorischen Aspekte beim Essen gibt

Gniech, Gisela: Essen und Psyche. Über Hunger und Satt-heit, Genuß und Kultur, Berlin/ Heidelberg 1995.

4. Näheres zum Konsum in den 1950er Jahren findet sich bei Wildt, Michael: Am Beginn der „Konsumgesellschaft". Man-gelerfahrungen, Lebenshaltung, Wohlstandshoffnung in Westdeutschland in den fünfziger Jahren, Hamburg 1994.

5. Dr. Oetker Schulkochbuch, Bielefeld 1956, ebd. 1962, ebd. 2000.

6. Vgl. Elias, Norbert: Über das Verhalten beim Essen. In: Ders., Über den Prozeß der Zivilisation, Bd. 1, Bern/Mün-chen 1969, S. 162.

7. Vgl. Wildt 1994, a.a.O., hier S. 119.

8. Vgl.: Hirschfelder, Gunther: Europäische Esskultur. Eine Ge-schichte der Ernährung von der Steinzeit bis heute, Frank-furt am Main 2001, S. 235ff.

9. Siehe hierzu auch Scharfe, Martin: Die groben Unterschiede. Not und Sinnesorganisation: Zur historisch-gesellschaftli-chen Relativiät des Genießens beim Essen. In: Tübinger Bei-träge zur Volkskultur 69/1986, S. 13-28.

4

Ernährung zwischen Natur und Kultur: Das Beispiel Fleisch

1. Abel, W. (1937): Wandlungen des Fleischverbrauchs und der Fleischversorgung in Deutschland seit dem ausgehen-den Mittelalter. In: Berichte über Landwirtschaft. Zeit-schrift für Agrarpolitik und Landwirtschaft XII, 3. S. 411 – 452

2. Bandura, A. (1976): Verhaltenstheorie und die Modelle des Menschen, in: Ders.: Lernen am Modell. Ansätze zu einer so-zial-kognitiven Lerntheorie. Stuttgart. S. 205 - 229

3. Barlösius, E. (1993): Anthropologische Perspektiven einer Kultursoziologie des Essens und Trinkens. In: Wierlacher, A., G. Neumann, H. J. Teuteberg (Hg.): Kulturthema Essen. An-sichten und Problemfelder. Berlin. S. 85 - 101

4. Barlösius, E. (1999): Soziologie des Essens. Eine sozial- und kulturwissenschaftliche Einführung in die Ernährungs-forschung. Weinheim und München

5. Bourdieu, P. (1984): Die feinen Unterschiede. Kritik der ge-sellschaftlichen Urteilskraft. 3. durchges. Aufl. Frankfurt

6. BSE. Europa im Wahn. Zeitdokument 4/2000

7. Der Spiegel, Nr. 49 vom 4.12.2000

8. Deutsche Gesellschaft für Ernährung e. V. DGE (Hg.) (1984): Ernährungsbericht 1984. Frankfurt am Main

9. Deutsche Gesellschaft für Ernährung e. V. DGE (Hg.) (1988): Ernährungsbericht 1988. Frankfurt am Main

10. Diehl, J. M. (1996): Sozio-kulturelle Einflüsse auf das Ernäh-rungsverhalten von Kindern und Jugendlichen. In: Ministe-rium Ländlicher Raum Baden-Württemberg (Hg.): Kinderer-nährung heute. Baltmannsweiler. S. 45 – 81

11. Fiddes, N. (1998): Fleisch. Symbol der Macht. 2. Aufl. Frankfurt

12. Flattich, I. (1998): Fleisch – ein Stück Lebenskraft? Soziale, religiöse und psychologische Hintergründe des Fleischkon-sums. Grundlegung eines fächerübergreifenden Projektes im Mensch und Umwelt Unterricht der Realschule. Wissen-schaftliche Hausarbeit an der Pädagogischen Hochschule Heidelberg. Heidelberg

13. Frazer, J. G. (1935): Totemism and Exogamy. Bd. 1. London

14. Gniech, G. (1995): Essen und Psyche. Über Hunger und Sattheit, Genuß und Kultur. Berlin, Heidelberg, New York

15. Hausen, K. (1976): Die Polarisierung der „Geschlechts-charaktere" – Eine Spiegelung der Dissoziation von Erwerbs- und Familienleben. In: Conze, W. (Hg.): Sozialgeschichte der Familie in der Neuzeit. Stuttgart. S. 363 – 393

16. http//www.bml.de/pressedienst vom 19.02.2001

17. Iglo-Forum-Studie 91 (1991): Genußvoll essen, bewußt er-nähren – Gemeinsamkeiten und Unterschiede am neuen deutschen Tisch. Berichts- und Tabellenband. Hamburg

18. Josuttis, M., G. M. Martin (Hg.) (1980): Das heilige Essen. Kulturwissenschaftliche Beiträge zum Verständnis de Abendmahls. Stuttgart, Berlin

19. Jugendwerk der Deutschen Shell (Hg.) (1997): Jugend '97. Zukunftsperspektiven. Gesellschaftliches Engagement. Poli-tische Orientierungen. Opladen

20. Kübler, W. et al. (Hg.) (1994): Lebensmittel- und Nährstoff-aufnahme in der Bundesrepublik Deutschland. Ergän-zungsband zum Ernährungsbericht 1992 auf der Basis der Natio-nalen Verzehrsstudie im Auftrag der Deutschen Ge-sellschaft für Ernährung. VERA (Verbundstudie Ernährungs-erhebung und Risikofaktoren-Analytik) Schriftenreihe Bd. XII. Niederkleen

21. Leonhäuser, I.-U. (1995): Ernährungswissenschaft, in: Died-richsen, I. (Hg.): Humanernährung. Ein interdisziplinäres Lehrbuch. Darmstadt. S. 4 – 36

22. Lévi-Strauss, C. (1972): Das kulinarische Dreieck. In: Gal-las, H. (Hg.): Strukturalismus als interpretatives Verfahren. Darmstadt, Neuwied. S. 1 – 24

23. Mellinger, N. (2000): Fleisch. Ursprung und Wandel einer Lust. Eine kulturanthropologische Studie. Frankfurt, New York

24. Mennell, St. (1988): Die Kultivierung des Appetits. Ge-schichte des Essens vom Mittelalter bis heute. Frankfurt am Main

25. Methfessel, B. (Hg.): Essen lehren – Essen lernen. Beiträge zur Diskussion und Praxis der Ernährungsbildung, 2. korr. Aufl. Baltmannsweiler 2000

26. Mitteilungen des Internationalen Arbeitskreises für die Kul-turforschung des Essens 1995ff.

27. Montanari, M. (1999): Der Hunger und der Überfluß. Kultur-geschichte der Ernährung in Europa. München

28. Neumann, G.: „Jede Nahrung ist ein Symbol". Umrisse einer Kulturwissenschaft des Essens. In. Wierlacher, A., G. Neu-

mann, H. J. Teuteberg (Hg.) (1993): Kulturthema Essen. Ansichten und Problemfelder. Berlin. S. 385 – 444

29. Pudel, V., J. Westenhöfer (1998): Ernährungspsychologie. Eine Einführung. Göttingen, Bern, Toronto, Seattle

30. Rath, C.-D. (1993): Zur Psychoanalyse der Eßkultur. In: Wierlacher, A. et. al. (Hg.): Kulturthema Essen. Ansichten und Problemfelder. Berlin. S. 151 - 176

31. Schepers, E.-M., G. Gniech (1987): Eine Erkundungsstudie über die Hintergründe von Ernährungsverhalten mit besonderer Berücksichtigung von Geschlechtsunterschieden. In: Kieselbach, Th. (Hg.): Bremer Beiträge zur Psychologie, Nr. 66. Bremen

32. Stern, Nr. 49 vom 30.11.2000

33. Tanner, J. (1996): Der Mensch ist, was er ißt. Ernährungsmythen und Wandel der Eßkultur. In: Historische Anthropologie. Kultur. Gesellschaft. Alltag 4,3. S. 399 – 419

34. Teuteberg, H. J. (1988): Der Fleischverzehr in Deutschland und seine strukturellen Veränderungen. In: Teuteberg, H. J., G. Wiegelmann (Hg.): Unsere tägliche Kost. Geschichte und regionale Prägung. Münster. S. 63 – 74

35. Teuteberg, H. J., G. Neumann, A. Wierlacher (Hg.) (1997): Essen und kulturelle Identität. Europäische Perspektiven. Berlin

36. Von Paczensky, G., A. Dünnebier (1997): Kulturgeschichte des Essens und Trinkens. München

37. Weber, H. (1992): Religion – Lexikon der Grundbegriffe im Christentum und anderen Religionen. Reinbek bei Hamburg

38. Wierlacher, A., G. Neumann, H. J. Teuteberg (Hg.) (1993): Kulturthema Essen. Ansichten und Problemfelder. Berlin.

39. Wirz, A. (1993): Die Moral auf dem Teller. Zürich

40. ZMP. http://www.zmp.de/news/bse.htm vom 21.02.01

41. http://www.was-wir-essen.de/news/newsletterarchiv 2004_0104.cfm vom 12.04.2005.

5

„Artgerecht" und mit „gesundem Menschenverstand"

1. ,Artgerechte Ernährung' (2004). www.care-line.de.
2. Bruker, M. O. (1992). Gesund durch richtiges Essen. München: Goldmann.
3. Bruker, M. O. & Gutjahr, I. (1992). Wer Diät ißt wird krank. Lahnstein: emu-.
4. Diamond, H, Diamond, M. (1986) Fit für´s Leben. Fit for Life. Ritterhude: Waldthausen (TB bei Goldmann)
5. Douillard, J. (1996). Fit mit Ayurveda. Niedernhausen: Falken.
6. Haas, R. (1986). Die Doktor-Haas-Leistungsdiät für Sport, Beruf und Fitness. München: BLV.

7. Kushi, M. & Kushi, A. (1999). Das große Buch der makrobiotischen Ernährung und Lebensweise (4. Aufl.). Völklingen: Ost-West Bund.

8. Leitzmann, C., Keller, M. & Hahn, A. (1999). Alternative Ernährungsformen. Stuttgart: Hippo-krates.

9. Mayr, P. & Stossier, H. (2000). Gesund leben durch die Eiweiß-Abbau-Diät. Heidelberg: Haug.

10. Methfessel, B. (1999). Körperbeziehungen und Ernährungsverhalten bei Mädchen und Jungen. Lehr- und Lernvoraussetzung in der Ernährungserziehung. In B. Methfessel (Hrsg.), Essen lehren - Essen lernen. Beiträge zur Diskussion und Praxis der Ernährungsbildung. (S. 31-76). Baltmannsweiler: Schneider.

11. Methfessel, B. (2004). Esskultur und familiale Alltagskultur. In Staatsinstituts für Frühpädagogik (Hrsg.), Familienhandbuch, unter http://www.familienhandbuch.de/cmain/f_Aktuelles/a_Ernaehrung/s_1311.html).

12. Methfessel, B. (2005). Soziokulturelle Grundlagen der Ernährungsbildung im Projekt REVIS. Paderborner Schriften zur Ernährungs- und Verbraucherbildung. www.evb-online.de.

13. Plüss, G. (1994). Schlank & Fit durch Trennkost. Mit Wunderwoche, Entschlackungstagen und Rezepten für jeden Tag. München: GU.

14. Pollmer, U.; Fock, A.; Gonder, U.; Haug, K. (1994). Prost Mahlzeit! Krank durch gesunde Ernährung. Köln: Kiepenheuer & Witsch.

15. Pollmer, U. & Warmuth, S. (2000). Lexikon der populären Ernährungsirrtümer. Frankfurt: Eichborn.

16. Reuhl, S. (2001). „Fit for Life" - Harveys und Marilyn Diamonds Diät als Beispiel für ein „modernes" Ernährungskonzept? Haushalt & Bildung, 2 (78), 4-22.

17. Spiekermann, U. (1999). Eßkultur heute. Was, wie und wo essen wir? In Dr. Rainer Wild-Stiftung (Hrsg.), Gesunde Ernährung zwischen Natur- und Kulturwissenschaft (S. 41-56). Mün-ster: Rhema.

18. Staehle, H. J. Strippel, H. (2004). Kekse, Limo Chips, Schokoriegel und Co. Damals und heute - Zahngesundheit und Ernährung. Zahnärztl. Mitteilungen 94, 2136- 2150

19. Unilever (2005) Nutrition Letter: 3-4

20. Wahrburg, U. (2004). Anders essen - aber wie? München: Beck.

21. Weber, H. (1992). Religion. Lexikon der Grundbegriffe in Christentum und anderen Religionen. Reinbek: Rowohlt.

22. Worm, N. (2002). Syndrom X oder ein Mammut auf dem Teller! Lünen: Systemed.

23. Worm, N. (2004). Täglich Fleisch. Auch der Mensch braucht artgerechte Ernährung. München: Hallwag.

6
Ernährungsverhalten von 3- bis 6-jährigen Kindern verschiedener Ethnien

1. Delekat, D.; Kis, A.: Gesundheitsberichterstattung Berlin, Spezialbericht 2000-1, Zur gesundheitlichen Lage von Kindern in Berlin – Ergebnisse und Handlungsempfehlungen auf Basis der Einschulungsuntersuchungen 1999. Referat Quantitative Methoden, Gesundheitsberichterstattung, Epidemiologie, Gesundheits- und Sozialinformationssysteme, Senatsverwaltung für Arbeit, Soziales und Frauen, Berlin (2001)
2. WHO: Nutrition and the prevention of chronic diseases. Report of a WHO study group. Technical Report Series 797. HO, Geneva (1990)
3. Winkler, G.: Ernährungssituation von Migranten in Deutschland – was ist bekannt? Teil 1 u. 2, Ernährungsumschau 50 (Heft 5 + 6) S. 170–175 und S. 219–221 (2003)
4. Bau, AM.: Ernährungsverhalten von 3- bis 6-jährigen Kindern verschiedener Ethnien im Quartier Soldiner Strasse, Berlin-Wedding, Freie wissenschaftliche Arbeit zur Erlangung des Grades Magistra Public Health (MPH), Studiengang Public Health/ Gesundheitswissenschaften, Technische Universität Berlin, Berlin (2002)
5. Winkler, G.; Schwertner, B.; Döring, A.: Kurzmethoden zur Charakterisierung des Ernährungsmusters: Einsatz und Auswertung eines Food-Frequency-Fragebogens. Ernährungs-Umschau 42: 289-291 (1995)
6. Kersting, M., Zempleni, G. Schöch, G.: Optimierte Mischkost als Präventionsnahrung für Kinder und Jugendliche. Ernährungs-Umschau 40: 164-168 (1993)
7. Kersting, M., Zempleni, G. Schöch, G.: Optimierte Mischkost als Präventionsnahrung für Kinder und Jugendliche – Teil 2. Ernährungs-Umschau 40: 204-209 (1993)
8. Mast, M.; Körtzinger, I.; Müller, M.J.: Ernährungsverhalten und Ernährungszustand 5- bis 7-jähriger Kinder in Kiel. Akt. Ernähr. Med. 23: 282-288 (1998)
9. Brussard, JH.; Brants, HAM.; Erp-Baart, MAJ van; Hulshof, KFAM.; Löwik MRH.: Diet and nutritional status among 8-year old Turkish, Maroccan and Dutch children and their mothers. Scand J. Nutr. 43 (82S) (1999)
10. Neiderud, J.: Food habits, nutrient intake and dental health among Greek and Swedish children. Scan J Nutr. 40: 93-94 (1996)
11. den Hartog, A.P.: Ernährung und Migration. Ernährungs-Umschau 41: 216-221 (1994)
12. Schmid, B.: Ethnische Ernährungsweisen und ihre Veränderung – Ernährungsgewohnheiten von italienischen, griechischen und türkischen Migrantinnen in Süddeutschland. In: Gedrich, K.; Oltersdorf, U. (Hrsg.): Ernährung und Raum: Regionale und ethische Ernährungsweisen in Deutschland. Berichte der Bundesforschungsanstalt für Ernährung (BFE-R—02-01), Karlsruhe (2002)
13. Gedrich, K.; Karg, G.: Dietray Habits of German versus non-German Residents in Germany. In: Edwards, JSA., Hewedi, MM.: Culinary Arts and Sciences III, Global and National Perspectives. Bournemouth: Worshipful Company of Cooks Centre for Culinary Research at Bournemouth University, 419-428 (2001)
14. Pan, Y.; Dixon, Z.; Humburg S.; Huffmann, F.: Asian students change their eating patterns after living in the United States. Journal of American Diet. Assoc. 99: 54-57 (1999)
15. Lee, S.; Sobal, J.; Frongillo, E.: Acculturation and dietary practices mong Korean Americans. Journal of American Diet. Assoc. 99: 1084-1089 (1999)

7
Fast-Food-Konsum im Jugendalter

1. Kolip, P.: Ernährung und Körperzufriedenheit: Der Einfluß von Alter und Geschlecht auf Körperzufriedenheit und Ernährungsverhalten im Jugendalter. Zeitschrift für Gesundheitspsychologie 3, 97-113 (1995).
2. Schöch, G.; Kersting, M.: Ansätze zur Prävention von Fehlernährung im Kindesalter. In: Kolip, P.; Hurrelmann, K.; Schnabel, P.-E. (Hrsg.): Jugend und Gesundheit. Interventionsfelder und Präventionsbereiche. Juventa, Weinheim: 251-261 (1995).
3. Trapp, U.; Neuhäuser-Berthold, M.: Riskantes Ernährungsverhalten im Jugendalter. In: Raithel, J. (Hrsg.): Risikoverhaltensweisen Jugendlicher. Leske + Budrich, Opladen: 155-170 (2001).
4. Trautwein, E.: Ernährungsphysiologische Beurteilung der Fast Food Verpflegung. In: Verband der Diplom-Oecotrophologen e. V. (Hrsg.): „Fast-Food" – Esskultur oder zeitgemäßer Ernährungsstil? Verband der Diplom-Oecotrophologen e. V., Köln: 18-43 (1987).
5. Deutsche Gesellschaft für Ernährung: Ernährungsbericht 1984. Druckerei Henrich, Frankfurt (1984).
6. Rewerts, I.: Fast Food aus der Sicht der Verbraucherberatung. In: Verband der Diplom-Oecotrophologen e. V. (Hrsg.): „Fast-Food" – Esskultur oder zeitgemäßer Ernährungsstil? Verband der Diplom-Oecotrophologen e. V., Köln: 44-61 (1987).
7. Prahl, H.-W.; Setzwein, M.: Soziologie der Ernährung. Leske + Budrich, Opladen (1999).
8. Vereinigung Getreide-, Markt- und Ernährungsforschung e. V.: Perspektiven eines neuen Markts: „Fast Food" – dargestellt am Beispiel einer Fallstudie in Bonn. Bonn (1983).
9. Engel, U.; Hurrelmann, K.: Was Jugendliche wagen. Eine Längsschnittstudie über Drogenkonsum, Streßreaktion und

Delinquenz im Jugendalter. Juventa, Weinheim (1993).

10. Seiffge-Krenke, I.: Gesundheitspsychologie des Jugendalters. Hogrefe, Göttingen (1994).

11. Raithel, J.: Unfallrisiko: Jugendliches Risikoverhalten. Juventa, Weinheim (1999).

12. Adolf, T.; Schneider, R.; Eberhardt, W.; Hartmann, S.; Herwig, A.; Heseker, H.; Hünchen, K.; Kübler, W.; Matiaske, B.; Moch, K.J.; Rosenbauer, J.: Ergebnisse der Nationalen Verzehrsstudie (1985-1988) über die Lebensmittel- und Nährstoffaufnahme in der Bundesrepubik Deutschland. In: Kübler, W.; Anders, H.J.; Heeschen, W. (Hrsg.): VERA-Schriftenreihe Band XI. Wissenschaftlicher Fachverlag Dr. Fleck, Niederkleen (1995).

13. Gresko, R.B.; Rosenvinge, J.H.: Die Prävention von Eßstörungen im Jugendalter: Erfahrungen aus Norwegen. In: Kolip, P. (Hrsg.): Programme gegen Sucht. Juventa, Weinheim: 120-133 (1999).

14. Helfferich, C.: „Männlicher" Rauschgewinn und „weiblicher" Krankheitsgewinn? Geschlechtsgebundene Funktionalität von Problemverhalten und die Entwicklung geschlechtsbezogener Präventionsansätze. Zeitschrift für Sozialisationsforschung und Erziehungssoziologie 17, 148-161 (1997).

15. Kolip, P.: Geschlecht und Gesundheit im Jugendalter. Die Konstruktion von Geschlechtlichkeit über somatische Kulturen.: Leske + Budrich, Opladen (1997).

16. Raithel, J.: Jugendliches Risikoverhalten. VS, Wiesbaden (2004).

17. Hagemann-White, C.: Sozialisation: weiblich – männlich? Leske + Budrich, Opladen (1984).

18. Helfferich, C.: Jugendliches Risikoverhalten aus geschlechtsspezifischer Sicht. In: Raithel, J. (Hrsg.): Risikoverhaltensweisen Jugendlicher. Leske + Budrich, Opladen: 331-348 (2001).

19. Vereinigung Getreide-, Markt- und Ernährungsforschung e.V.: Ernährungserziehung in Wissenschaft und Praxis. Bonn (1980)

8
Das Angebot an Kinderlebensmitteln in Deutschland

1. Kersting, M.: Ernährung des gesunden Säuglings. Monatsschrift Kinderheilkunde 149: 4-10 (2001).

2. Kersting, M.; Chahda, C., Schöch, G.: Optimierte Mischkost als Präventionsernährung für Kinder und Jugendliche. Teil 1: Lebensmittelauswahl. Ernährungs-Umschau 40:164-169 (1993).

3. Chahda, C., Kersting, M., Schöch, G.: Übersicht über das derzeitige Angebot von „Kinderlebensmitteln". Diät und Information 4:171 (1997)

4. Kersting, M.; Chahda, C., Schöch, G.: Sind Kinderlebensmittel sinnvoll? Kinderärztliche Praxis 4: 198-203 (1998)

5. Verordnung über diätetische Lebensmittel (Diätverordnung). In: Lebensmittelrecht. Allgemeine Vorschriften. Beck, München (2001)

6. Deutsche Gesellschaft für Ernährung, Österreichische Gesellschaft für Ernährung, Schweizerische Gesellschaft für Ernährungsforschung, Schweizerische Vereinigung für Ernährung (D-A-CH): Referenzwerte für die Nährstoffzufuhr. 1. Aufl., Umschau / Braus, Frankfurt am Main 2000

7. Kersting, M.: Die Lebensmittelgesetzgebung der EG und die Kinderernährung in Deutschland. Teil 2: Richtlinien über Beikost. Ernährungs-Umschau 47: 437-441 (2000)

8. Przyrembel, H.: Kleinkindermilchgetränke. Empfehlungen der Ernährungskommission für Zusammensetzung und Gebrauch von so genannten Kleinkindermilchgetränken. Monatsschrift Kinderheilkunde 8: 840-842 (2001)

9. Kersting, M., Hansen, C., Schöch, G.: Übersicht der derzeitigen Nährstoffanreicherung von Lebensmitteln in Deutschland. Zeitschrift für Ernährungswissenschaft 34: 253-260 (1995)

10. Lebensmittelrecht. Bundesgesetze und -verordnungen sowie EG-Recht über Lebensmittel, Tabakerzeugnisse, kosmetische Mittel und Bedarfsgegenstände. Textsammlung Bd. I und II. Beck, München (2001)

11. Barlovic, I.: Kinder in Deutschland: Konsumwelt und Ernährung. Teil 2: Ernährungserziehung. Ernährungs-Umschau 46: 95-97 (1999)

12. Cebulla, E.: Kinder und Werbung – kleine Könige der Waren-Konsumwelt? Kinderärztliche Praxis 2: 103-112 (1999)

13. Pudel, V.: Essverhalten und Ernährungszustand von Kindern und Jugendlichen – eine Repräsentativerhebung in Deutschland. In: Deutsche Gesellschaft für Ernährung e.V. (DGE). Ernährungsbericht 2000. Druckerei Henrich, Frankfurt am Main, 115-145 (2000)

14. Borzekowski, D, Robinson, T.: The 30-second effect: An experiment revealing the impact of television commercials on food preferences of preschoolers. J Am Diet Assoc. 101: 42-46 (2001)

15. Fisher, J., Birch, L.: Restricting access to palatable foods affects children´s behavioral response, food selection, and intake. Am J Clin Nutr 69: 1264-1272 (1999)

16. Wanderausstellung der Verbraucher-Zentralen: „Von Milchriegeln, Obstzwergen und Lachbonbons". Ernährung für Kinder im Spiegeln der Werbung. (seit 1999)

17. Wanderausstellung des aid-infodienstes e.V.: Richtig essen & trinken mit Kasimir. (seit 2000)

18. Deutscher Werberat (Hrsg.): Verhaltensregeln des Deutschen Werberats für die Werbung mit und vor Kindern in Hörfunk und Fernsehen. Fassung von 1998. http://www.interverband.com

9

Lebensmittelverzehr und Nährstoffaufnahme im Säuglings- und Kleinkindalter

1. Kersting, M.; Alexy, U.; Rothmann, N.: Fakten zur Kinderernährung. Hans Marseille Verlag, München (2003).
2. Heindl, I.: Studienbuch Ernährungsbildung. Julius Klinkhardt Verlag, Bad Heilbrunn (2003).
3. Adolf, T.; Schneider, R.; Eberhardt, W.; Hartmann, S.; Herwig, A.; Heseker, H.; Hünchen, K.; Kübler, W.; Matiaske, B.; Moch, K.J.; Rosenbauer, J.: Ergebnisse der Nationalen Verzehrsstudie (1985-1988) über die Lebensmittel- und Nährstoffaufnahme in der Bundesrepublik Deutschland. in: Kübler, W.; Anders, H.J.; Heeschen, W. (Hrsg.): VERA-Schriftenreihe Band XI, Dr. Fleck-Verlag, Niederkleen (1995).
4. Fischer K.; Karg G.; Gedrich K.: Ernährungssituation in Bayern. Stand der Entwicklung. Abschlußbericht zum Forschungsprojekt Bayerische Verzehrsstudie (1995) im Auftrag d. Bayr. Staatsministeriums für Ernährung, Landwirtschaft und Forsten. TU München, Inst. f. Sozialökonomik des Haushalts, Lehrstuhl f. Wirtschaftslehre des Haushalts (1997).
5. Staatsministerium für Umwelt u. Landwirtschaft, Freistaat Sachsen: 1. Sächsische Verzehrsstudie. Ergebnisse - Daten - Auswertung. Sächsisches Staatsministerium für Umwelt und Landwirtschaft, Archivstraße 1, 01075 Dresden (2001).
6. Verger, P.; Ireland, J.; Moller, A. et al. Improvement of comparability of dietary intake assessment using currently available individual food consumption surveys. European Journal of Clinical Nutrition 56: 18-24 (2002).
7. Kersting, M.; Alexy, U.; Kroke, A.; Lentze, M.J: Kinderernährung in Deutschland: Ergebnisse der DONALD-Studie. Bundesgesundheitsbl - Gesundheitsforsch – Gesundheitsschutz 47: 213-218 (2004).
8. Banasiak, U.; Heseker, H.; Sieke, C.; Sommerfeld, C.; Vohmann, C.: Abschätzung der Aufnahme von Pflanzenschutzmittel-Rückständen in der Nahrung mit neuen Verzehrsmengen für Kinder. Bungesgesundheitsbl – Gesundheitsforsch - Gesundheitsschutz 48: 84-98 (2005).
9. The EFCOSUM group (Hrsg.): European Food Consumption Survey Method - Final report. TNO Nutrition and Food Research, AJ Zeist, Niederlande (2001).
10. Ireland, J.; van Erp-Baart, A. M. J.; Charrondiere, U. R. et al.: Selection of a food classification system and a food composition database for future food consumption surveys. European Journal of Clinical Nutrition 56 (Suppl. 2): 33-45 (2002).
11. Kromeyer-Hauschild, K.; Wabitsch, M.; Kunze, D. et al.: Perzentile für den Body-mass-Index für das Kindes- und Jugendalter unter Heranziehung verschiedener deutscher Stichproben. Monatszeitschr Kinderheilkd 8: 807-818 (2001).
12. Forschungsinstitut für Kinderernährung Dortmund (Hrsg.): Ernährungsphysiologische Auswertung einer repräsentativen Verzehrsstudie bei Säuglingen und Kleinkindern VELS mit dem Instrumentarium der DONALD Studie. Abschlussbericht. FKE, Dortmund (2003).
13. Deutsche Gesellschaft für Ernährung (Hrsg.): Referenzwerte für die Nährstoffzufuhr. Umschau Verlag, Frankfurt (2000).
14. Tippett, K.S.; Cypel, Y.S.: Design and operation: the continuing survey of food intakes by individuals and the diet and health knowledge survey 1994-1996. USDA NFS Report 96-1 (1997).
15. Schneider, R.: Vom Umgang mit Zahlen und Daten. Umschau-Zeitschriften-Verlag, Frankfurt (1997).
16. Willett, W.: Nutritional epidmiology. 2nd Edition, Oxford University Press, New York (1998).
17. Bau, A.-M.; Gothe, R. M.; Borde, T.: Ernährungsverhalten von 3- bis 6-jährigen Kindern verschiedener Ethnien - Ergebnisse einer Kitastudie in Berlin. Ernährungs-Umschau 50: 214-218 (2003).
18. Mensink, G. B. M.; Burger, M.: Was isst du? - Ein Verzehrshäufigkeitsfragebogen für Kinder und Jugendliche. Bundesgesundheitsbl - Gesundheitsforsch - Gesundheitsschutz 47: 219-226 (2004).

10

Ernährungssituation von Erstklässlern

1. Elvedi, R.: Veränderungen der Nährstoffzufuhr bei Kindern im Rems-Murr-Kreis. Diplomarbeit an der Fachhochschule Albstadt-Sigmaringen, Studiengang Ernährungs- und Hygienetechnik, 2003.
2. Pfeiffer, I.: Veränderungen im Lebensmittelverzehr bei Kindern im Rems-Murr-Kreis. Diplomarbeit an der Fachhochschule Albstadt-Sigmaringen, Studiengang Ernährungs-und Hygienetechnik, 2003.
3. Klemm, C.; Mathis, M.; Christ, M.; Gebhardt, G.; Hamami, E.; Pathasart, B.; Wagner, U.; Dehne, I.: Der Bundeslebensmittelschlüssel (BLS II.3). Konzeption, Aufbau und Dokumentation der Datenbank blsdat. Bundesinstitut für gesundheitlichen Verbraucherschutz und Veterinärmedizin, Berlin (1999) BgVV-Hefte 08/1999.
4. Rosenbaum, N.: Veränderungen von Ernährungsmustern bei Kindern im Rems-Murr-Kreis. Diplomarbeit an der Fachhochschule Albstadt-Sigmaringen, Studiengang Ernährungs- und Hygienetechnik, 2003.

5. Goldberg, G.R.; Black, A.E.; Jebb, S.A.; Cole, T.J.; Murgatroyd, P.R.; Coward,W.A.; Prentice, A.M.: Critical evaluation of energy intake data using fundamental principles of energy physiology: Derivation of cut-off limits to identify underrecording. Eur J Clin Nutr 45:569-581 (1991).

6. Schoffield, W.N.: Predicting basal metabolic rate, new standards and review of previous work. Hum Nutr Clin Nutr 39C (Suppl 1): 5-41 (1985).

7. Torun, B.; Davies, P.S.W.; Livingstone, M.B.E.; Paolisso; M.; Sackett, R.; Spurr, G.B.: Energy requirements and dietary energy recommendations for children and adolescents 1 to 18 years old. Eur J Clin Nutr 50 (Suppl. 1): S37-S81 (1996).

8. Alexy U.; Kersting M.: optimiX – Empfehlungen für die Ernährung von Kindern. aid-Infodienst, Bonn, Heft 1447 (2001).

9. Deutsche Gesellschaft für Ernährung, Österreichische Gesellschaft für Ernährung, Schweizerische Gesellschaft für Ernährungsforschung, Schweizerische Vereinigung für Ernährung (Hrsg): D-A-CH Referenzwerte für die Nährstoffzufuhr 2000. 1. Auflage. Umschau/Braus, Frankfurt/M (2000).

10. Cameron, M.E.; van Staveren, W.A.: Manual on Methodology for Food Consumption Studies. University Press, Oxford (1988).

11. Willett, W.: Nutritional Epidemiology. 2nd edition. Oxford University Press, New York (1998).

12. Kromeyer-Hauschild, K.;Wabitsch,W.; Kunze, D.; Geler, F.; Geiß, H.C.; Hesse, V.; von Hippel, A.; Jaeger, U.; Johnson, D.; Korte, W.; Menner, K.; Müller, G.; Müller, J.M.; Niemann-Pilatus, A.; Remer, T.; Schaefer, F.; Wittchen, H.U.; Zabransky, S.; Zellner, K.; Ziegler, A.; Hebebrand, J.: Perzentile für den Body-mass-Index für das Kindes- und Jugendalter unter Heranziehung verschiedener deutscher Stichproben. Monatsschr Kinderheilkd 8:807-818 (2001).

13. Dahl, A.; Kroke, A.; Boeing, H.; Klein, G.: Entwicklung und Pflege eines internetbasierten Informationssystems zu Ernährungserhebungsinstrumenten in Deutschland. Ernährungs-Umschau 49: B41-B43 (2002).

14. Livingstone, M.B.E.; Robson, P.J.: Measurement of dietary intake in children. Proc Nutr Soc 59:279-293 (2000).

15. Serdula, M.K.; Alexander, M.P.; Scanlon, K.S.; Bowman, B.A.: What are preschool children eating? A review of dietary assessment. Annu Rev Nutr 21: 475-98 (2001).

16. Alexy, U.; Kersting, M.: Was Kinder essen – und was sie essen sollten. Hans Marseille Verlag GmbH, München (1999).

17. Alexy, U.; Kersting, M.: Ernährung von Kindern und Jugendlichen in Deutschland. – Empfehlungen und Realität. Med Welt 52:290-295 (2001).

18. Koletzko, B.: Suboptimale Versorgung mit Mikronährstoffen im Kindesalter – Ursachen und Folgen. aid-Infodienst (Hrsg): Kinderernährung im Fokus – Zwischen Wunsch und Wirklichkeit. aid spezial 3824, Bonn: 10-12 (2002).

19. Alexy, U.; Sichert-Hellert,W.; Kersting, M.: Fifteen-year time trends in energy and macronutrient intake in German children and adolescents: results of the DONALD study. Br J Nutr 87: 595-604 (2002).

20. Mensink, G.: Beiträge zur Gesundheitsberichterstattung des Bundes. Was essen wir heute? Ernährungsverhalten in Deutschland. Robert-Koch-Institut, Berlin (2002).

21. 21. Sozialministerium Baden-Württemberg und Ministerium für Ernährung und Ländlichen Raum Baden-Württemberg (Hrsg): Kinder-Ernährung in Baden-Württemberg. Stuttgart (2002).

22. Alexy, U.; Sichert-Hellert, W.; Kersting, M.; Manz, F.: The foods most consumed by German children and adolescents: Results of the DONALD Study. Ann Nutr Metab 45: 128-143 (2001).

23. Alexy, U.; Sichert-Hellert, W.; Kersting, M.; Schöch, G.:Mahlzeitenverhalten von Kindern und Jugendlichen der DONALD-Studie. Proc Germ Nutr Soc 1: 15 (1999).

24. Barlovic, I.: Kinder in Deutschland – ihre Lebenssituation, ihre Vorlieben, ihre Konsumwelt. Kids & Food: Essverhalten von Kindern in Deutschland. – Wunsch und Wirklichkeit, AMC-Akademie für Ernährungskommunikation, Bingen (1999).

25. Wiener, R.; Winkler, G.: Nehmen Kenntnisse, Fähigkeiten und Fertigkeiten im Umgang mit Lebensmitteln in privaten Haushalten ab? Eine Fallstudie an Mutter-Tochter-Paaren. Hauswirtschaft und Wissenschaft 51: 76-82 (2003).

26. Diehl, J.: Kids and Food: Essen und Trinken bei Kindern und Jugendlichen. Public Health Forum 9: 12-13 (2001).

27. Koletzko, B.; Dokoepil, K.; Reitmayr, S.; Weimert-Harendza, B.; Keller, E.: Dietary fat intakes in infants and primary school children in Germany. Am J Clin Nutr 72 (Suppl):1392S-1398S (2000).

28. Karg, G.; Gedrich, K.; Fischer, K.: Ernährungssituation in Bayern. Stand und Entwicklung. Abschlußbericht zum Forschungsprojekt Bayerische Verzehrsstudie (1995) im Auftrag des Bayerischen Staatsministeriums für Ernährung, Landwirtschaft und Forsten (1997).

29. Laryea, M.D.; Schnittert, B.; Kersting, M.;Wilhelm, M.; Lombeck, I.: Macronutrient, copper, and zinc intakes of young German children as determined by duplicate food samples and diet records. Ann Nutr Metab 39: 271-278 (1995).

30. Öhrig E: Kardiovaskuläre Risikofaktoren und Ernährungsgewohnheiten bei Grundschülern und deren Familien. Vergleich zwischen übergewichtigen und normalgewichtigen Erwachsenen und Kindern. Dissertation an der medizinischen Fakultät der Ludwig-Maximilians-Universität, München (2002).

31. Adolf, T.; Eberhardt, H.; Heseker, H.; Hartmann, S.; Herwig, A.;Matiaske, B.;Moch, K.J.; Schneider, R.; Kübler, W.: Lebensmittel- und Nährstoffaufnahme in der Bundesrepublik Deutschland. Ergänzungsband zum Ernährungsbericht 1992 auf der Basis der Nationalen Verzehrsstudie. Wissenschaftlicher Fachverlag Dr. Fleck, Niederkleen (1994).

32. Pudel, V.: Psychosoziale Bewertung der Ernährung in Familien mit Kindern. Eine Repräsentativerhebung in der Bundesrepublik Deutschland. In: Deutsche Gesellschaft für Ernährung (Hrsg.): Ernährungsbericht 1984. Deutsche Gesellschaft für Ernährung, Frankfurt (1984): 103-144.

11
Vitaminversorgung in Deutschland

1. Adolf T et al.: Ergebnisse der Nationalen Verzehrsstudie (1985-1988) über die Lebensmittel-und Nährstoffaufnahme in der Bundesrepublik Deutschland. In: Kübler, W. et al. (Hrsg.): Band XI der VERA-Schriftenreihe. Fachverlag Dr.Fleck, Niederkleen (1995)
2. Beitz R,Mensink G B M, Fischer B, Thamm M: Vitamins - dietary intake and intake from dietary supplements in Germany. Eur J Clin Nutr 56 (2002) 539-545
3. Dagnelie P C, Vergote F J, van Staveren W A, van den Berg H, Dingjan P G, Hautvast J G: High prevalence of rickets in infants on macrobiotic diets. Am J Clin Nutr 51 (1990)202-208
4. Dawson-Hughes B, Harris S S, Krall E A, Dallal GE: Effect of calcium and vitamin D supplementation on the bone density in men and women 65 years of age or older. N Engl J Med 337 (1997) 670-676
5. DGE: Einfluss der Intensivnutzung von Böden auf den Nährstoffgehalt von Nahrungsmitteln. Ernährungs-Umschau 46 (1999) 452-454
6. DGE (Hrsg.): Ernährungsbericht 1996. Druckerei Henrich, Frankfurt (1996)
7. DGE (Hrsg.): Ernährungsbericht 2000. Druckerei Henrich, Frankfurt (2000)
8. DGE, ÖGE, SGE, SVE (Hrsg.): Referenzwerte für die Nährstoffzufuhr. 1. Auflage. Umschau Braus Verlag, Frankfurt (2000)
9. Heseker H, Schneider R, Moch K J, Kohlmeier M, Kübler W: Vitaminversorgung Erwachsener in der Bundesrepublik Deutschland. In: Kübler W et al. (Hrsg.): Band IV der VERA-Schriftenreihe. Fachverlag Dr. Fleck, Niederkleen (1992)
10. Louwman M W, van Dusseldorp M, van de Vijver F J, Thomas C M, Schneede J, Ueland P M, Refsum H, van Staveren W A: Signs of impaired cognitive function in adolescents with marginal cobalamin status. Am J Clin Nutr 72 (2000) 762-769
11. Mensink G, Burger M, Beitz R, Henschel Y, Hintzpeter B: Was essen wir heute? Ernährungsverhalten in Deutschland. Robert-Koch-Institut, Berlin (2002)
12. Mensink G, Thamm M, Haas K: Die Ernährung in Deutschland 1998. Gesundheitswesen 61 (1999) S200-S206
13. Palaniappan U, Jacobs-Starkey L, O'Loughlin J, Gray-Donald K: Fruit and vegetable consumption is lower and saturated fat intake is higher among Canadians reporting smoking. J Nutr 131 (2001) 1952-1958
14. Schneider R: Vom Umgang mit Zahlen und Daten. Eine praxisnahe Einführung in die Statistik und Ernährungsepidemiologie. Umschau-Zeitschriftenverlag, Frankfurt/M (1997)
15. Schulze M B, Linseisen J, Kroke A, Boeing H: Macronutrient, vitamin, and mineral intakes in the EPIC-Germany cohorts. Ann Nutr Metab 45 (2001) 181-189
16. Stehle P, Junk K, Sack S,Volkert D: Ernährung älterer Menschen. S. 147-178. In: DGE (Hrsg.): Ernährungsbericht 2000. Druckerei Henrich, Frankfurt (2000)

12
Gesundheitsfördernde Ernährung in der Schule

1. Alexy U, Sichert-Hellert W, Kersting M (2002) Fifteen-year time trends in energy and macronutrient intake in German children and adolescents: results of the DONALD study. Br J Nutr 87: 595-604
2. Baerlocher K, Laimbacher J (2001) Ernährung von Schulkindern und Jugendlichen. Monatsschr Kinderheilkd 149: 25-34
3. Barkholz U, Israel G, Paulus P, Posse P (1997) Gesundheitsförderung in der Schule. - Ein Handbuch für Lehrerinnen und Lehrer. Landesinstitut für Schule und Weiterbildung, Soest, S 319-324
4. Beer S (2002) Zwischenruf: Gesundheit in der Schule – Provokationen im Interesse von Schülern und Schülerinnen und Lehrern und Lehrerinnen. In: Herzig B, Schwerdt U (Hrsg.) Subjekt- oder Sachorientierung in der Didaktik? Aktuelle Beiträge zu einem didaktischen Grundproblem. Lit Verlag, Münster, S 107-124
5. BMGS (Hrsg.) (2003) Gesundheitsziele.de. Broschürenreihe des Bundesministeriums für Gesundheit und Soziale Sicherung, Bonn
6. Brätter P, Heseker H, Liesen H, Kruse-Jarres JD, Negretti de Brätter V, Pietrzik K, Schümann K (2002) Mineralstoffe, Spurenelemente und Vitamine. Verlag Bertelsmann Stiftung, Gütersloh
7. DGE, ÖGE, SGE, SVG (2000) Referenzwerte für die Nährstoffzufuhr. Umschau/Braus-Verlag, 1. Auflage, Frankfurt am Main
8. DGE/aid (2003) Mittagessen in Ganztagsschulen. Eigenverlag, Bonn
9. DGE-Arbeitskreis „Ernährung und Schule" (2003) Ernährung in der Ganztagsschule. Teil 1: Notwendigkeit und Problematik von Schulverpflegung. Ernährungs-Umschau 50: B9-B12
10. DGE-Arbeitskreis „Ernährung und Schule" (2003) Ernährung in der Ganztagsschule. Teil 2: Institutionalisierung und Möglichkeiten von Schulverpflegung. Ernährungs-Umschau 50: B9-B12
11. Ebbeling CB, Pawlak DB, Ludwig DS (2002) Childhood obesity: public-health crisis, common sense cure. Lancet 360: 473-482
12. Ebbeling CB, Sinclair KB, Pereira MA, Garcia-Lago E, Feld-

man HA, Ludwig DS (2004) Compensation for energy intake from fast food among overweight and lean adolescents. JAMA 291: 2828-2833

13. FKE - Forschungsinstitut für Kinderernährung (2002) optimix. Empfehlungen für die Ernährung von Kindern und Jugendlichen. aid und DGE (Hrsg.), Bonn

14. Gortmaker SL, Peterson K, Wiecha J, Sobol AM, Dixit S, Fox MK, Laird N (1999) Reducing obesity via a school-based interdisciplinary intervention among youth: Planet Health. Arch Pediatr Adolesc Med 153: 409-418

15. Hastings (2003) Review of research of the effects of food promotion to children. http://www.food.gov.uk/multimedia/pdfs/foodpromotiontochildren1.pdf vom 10.11.2004

16. Heindl I (2000) Essen und Ernährung im Konzept gesundheitsfördernder Schulen. Aktuel Ernähr Med 25: 20-24

17. Heindl I (2003) Studienbuch Ernährungsbildung - ein europäisches Konzept zur schulischen Gesundheitsförderung. Klinkhardt Verlag, Bad Heilbrunn

18. Heseker H, Beer S (2004) Ernährung und ernährungsbezogener Unterricht in der Schule. Bundesgesundheitsbl – Gesundheitsforsch - Gesundheitsschutz 47: 240-245

19. Hurrelmann K (1995) Die gesundheitliche Situation von Kindern und Jugendlichen. Prävention 18: 99-102

20. Kaiser B, Kersting M (2001) Frühstücksverzehr und kognitive Leistungsfähigkeit von Kindern - eine Auswertung von Literaturbefunden. Ernährung im Fokus 1: 5-13

21. Kersting M, Clausen S, Sichert-Hellert W, Schöch G (1995) Mahlzeiten, Lebensmittelverzehr und Nährstoffzufuhr von Schülern bei Ganztagsunterricht. Ernährungsforschung 40: 145–154

22. Koletzko B (2004) Herausforderungen bei der Charakterisierung und der Verbesserung der Ernährungssituation im Kindes- und Jugendalter. Bundesgesundheitsbl – Gesundheitsforsch - Gesundheitsschutz 47: 227-234

23. Kolip P (2004) Der Einfluss von Geschlecht und sozialer Lage auf Ernährung und Übergewicht im Kindesalter. Bundesgesundheitsbl – Gesundheitsforsch - Gesundheitsschutz 47: 235-239

24. Künast R (2004) Die Dickmacher. Riemand Verlag, München

25. Ludwig DS (2002) The glycemic index: physiological mechanisms relating to obesity, diabetes, and cardiovascular disease. JAMA 287: 2414-2423

26. Mast M, Körtzinger I, Müller MJ (1998) Ernährungsverhalten und Ernährungszustand von 5- bis 7-jährigen Kindern in Kiel. Akt Ernähr Med 23: 282–288

27. Mensink G (2002) Was essen wir heute? Robert Koch-Institut (Hrsg.): Beiträge zur Gesundheitsberichterstattung des Bundes. Eigenverlag, Berlin

28. Methfessel B (1999) Ernährungserziehung, Selbstbewusstsein und Eigenverantwortlichkeit - Forderungen und Überforderungen. In: Dr. Rainer Wild-Stiftung (Hrsg.) Gesunde Ernährung zwischen Natur- und Kulturwissenschaft. Rhema-Verlag, Münster, S 91-106

29. Methfessel B (2002) Ernährung lehren – Essen lernen. Neue Konzepte der Ernährungserziehung. aid Spezial: Kinderernährung im Fokus – Zwischen Wunsch und Wirklichkeit, Bonn, S 16-21

30. MSJK: (2004) Empfehlungen zur Mittagsverpflegung in Kindertageseinrichtungen und in Ganztagsschulen sowie zum Verkauf von Speisen und Getränken in Schulen. http://www.learn-line.nrw.de/angebote/gesundids/medio/praxis/essen/empf.htm (10.11.2004)

31. Nielsen SJ, Popkin BM (2003) Patterns and trends in food portion sizes, 1977-1998. JAMA 289: 450-453

32. Prentice AM, Jebb SA (2003) Fast foods, energy density and obesity: a possible mechanistic link. Obes Rev 4: 187-194

33. Pudel V (2000) Essverhalten und Ernährungszustand von Kindern und Jugendlichen – eine Repräsentativerhebung in Deutschland. In: DGE (Hrsg.) Ernährungsbericht 2000. Frankfurt, S 115-146

34. Robinson TN (1999) Reducing children's television viewing to prevent obesity: a randomized controlled trial. JAMA 282: 1561-1567

35. Rolls BJ (2003) The Supersizing of America: Portion Size and the Obesity Epidemic. Nutr Today 38: 42-53

36. Rost B, Otten A (1998) Ernährung im Kindesalter. WVG Stuttgart

37. Rychen DS, Salganik LH (Hrsg.) (2003) Key competencies for a successful life and a well-functioning society. Hogrefe & Huber Verlag, Göttingen

38. Semmler G, Heinrich PB, Heinzel C (1990) Repräsentativerhebung zum Pausenverpflegungsverhalten von Schülern in der Bundesrepublik Deutschland. Ernährungs-Umschau 37: 168

39. Settertobulte W, Bruun Jensen B, Hurrelmann K (2001) Drinking among young Europeans. In: WHO Policy Series (Hrsg.) Health policy for children and adolescents. Issue 3. WHO Regional Office for Europe, Kopenhagen

40. Sichert-Hellert W, Kersting M, Alexy U, Manz F (2000) Ten-year trends in vitamin and mineral intake from fortified food in German children and adolescents. Eur J Clin Nutr 54: 81-86

41. Spiekermann U (1999) Esskultur heute. Was, wie und wo essen wir? In: Dr. Rainer Wild-Stiftung (Hrsg.) Gesunde Ernährung zwischen Natur- und Kulturwissenschaft. Rhema-Verlag, Münster, S 41-56

42. Wabitsch M (2004) Kinder und Jugendliche mit Adipositas in Deutschland. Aufruf zum Handeln. Bundesgesundheitsbl – Gesundheitsforsch - Gesundheitsschutz 47: 251-255

43. Wabitsch M, Kunze D, Keller E, Kiess W, Kromeyer-Hauschild K (2002) Adipositas bei Kindern und Jugendlichen in Deutschland. Fortschr Med 120: 99-106

44. WHO (2003) Diet, Nutrition and the Prevention of Chronic Diseases. Report of a Joint WHO/FAO Expert Consultation. Geneva, World Health Organization. WHO Technical Report Series, No. 916

13
Ernährung in der Ganztagsschule

1. Forschungsinstitut für Kinderernährung: optimix. Empfehlungen für die Ernährung von Kindern und Jugendlichen. Herausgegeben von aid und DGE. (2002)

2. Essen und Trinken in Tageseinrichtungen für Kinder. Herausgegeben von aid und DGE. (2002)

3. D-A-CH-Referenzwerte für die Nährstoffzufuhr. Umschau Braus, 1. Auflage, Frankfurt am Main (2000)

4. Kersting, M., Clausen, S., Sichert-Hellert, W., Schöch, G.: Mahlzeiten, Lebensmittelverzehr und Nährstoffzufuhr von Schülern bei Ganztagsunterricht. Ernährungsforschung 40: 145-154 (1995)

5. Mast, M., Körtzinger, I., Müller, M.J.: Ernährungsverhalten und Ernährungszustand von 5- bis 7-jährigen Kindern in Kiel. Akt. Ernährungsmedizin 23: 282-288 (1998)

6. Ministerium für Ernährung und Ländlichen Raum Baden-Württemberg: Kinderernährung in Baden-Württemberg. (2000)

7. Pudel, V. et al.: Essverhalten und Ernährungszustand von Kindern und Jugendlichen – eine Repräsentativerhebung in Deutschland. S. 115-146. In: DGE (Hrsg.): Ernährungsbericht 2000. Druckerei Henrich, Frankfurt (2000)

8. Settertobulte, W.: Die Gesundheit von Jugendlichen im internationalen Vergleich. DGE-Info 5/2002: 69-71

9. Sichert-Hellert, W., Kersting, M.: Wasserzufuhr und Getränkekonsum von Kindern und Jugendlichen – Ergebnisse der DONALDStudie. Verbraucherdienst 45: 575-577 (2000)

10. Suter, P.M., Bettoni, M., Vetter, W.: Relationship between physical activity, TV-consumption, eating habits and MI and fat distribution in Swiss children. Am. J. Clin. Nutr. 75: 378S-379S (2002)

11. Wabitsch, M., Kunze, D., Keller, E., Kiess, W., Kromeyer-Hauschild, K.: Adipositas bei Kindern und Jugendlichen in Deutschland. Fortschritte Medizin 120: 99-106 (2002)

12. Wabitsch, M.: Kinder und Jugendliche mit Adipositas in Deutschland. Aufruf zum Handeln. Bundesgesindheitsbl Gesundheitsforsch Gesundheitsschutz 47: 251-255 (2004)

14
Die Darstellung von Ernährungsthemen in Schulbüchern

1. Bässler KH, Golly I, Loew D, Pietrzik K. Vitamin-Lexikon. 2. Aufl. Fischer Verlag (1997)

2. Biesalski HK et al. (Hrsg.): Ernährungsmedizin. 2. Aufl. Thieme Verlag, Stuttgart (1999)

3. Biesalski HK, Grimm P: Taschenatlas der Ernährung. Thieme, Stuttgart (1999)

4. DGE (Hrsg.): Ernährungsbericht 1984. Druckerei Henrich, Frankfurt (1984)

5. DGE (Hrsg.): Ernährungsbericht 2004. DGE-MedienService, Bonn (2004)

6. DGE, ÖGE, SGE/SVE (Hrsg.): Referenzwerte für die Nährstoffzufuhr. 1. Aufl. Umschau/ Braus, Frankfurt (2000)

7. Elmadfa I, Leitzmann C: Ernährung des Menschens. Ulmer 3.Aufl. (1998)

8. Food and Nutrition Board, Institute of Medicine: Dietary reference intakes. National Academy Press, Washington (1997); (1998); (2000)

9. Garrow JS, James WPT: Human nutrition and dietetics. 9. Aufl. Churchill Livingstone (1993)

10. Heindl, I.: Ernährungserziehung in Schulen - (k)ein eigenständiges Fach. Ernährungs-Umschau 43: 450-454 (1996)

11. Hoffmeister, H., Junge, B.: Mortalität an ernährungsabhängigen Krankheiten. S. 53-65. In: Ernährungsbericht 1996.

12. Joosten, B.: Ernährungspädagogik. Ernährungs-Umschau 39: 52-59 (1992)

13. Kasper H: Ernährungsmedizin und Diätetik. 8. Aufl. Urban & Schwarzenberg, München (1996)

14. Kohlmeier, L., Kroke, A., Pötzsch, J., Kohlmeier, M., Martin, K.: Ernährungsabhängige Krankheiten und ihre Kosten. Nomos Verlagsgesellschaft, Baden-Baden (1993)

15. Meißner, K.: Ernährungserziehung im schulischen Alltag und didaktische Alternativen. Ernährungs-Umschau 30(Suppl.): 43-46 (1983)

16. Perleth, M., Antes, G.: Evidenz-basierte Medizin. Wissenschaft im Praxisalltag. 2. Auflage. MMV, München (1999)

17. Pudel, V.: Deutsches Ernährungsverhalten: Individuelle Privatentscheidung oder kollektive Normverpflichtung. Ernährungs-Umschau 40: 370-375 (1993)

18. Shils ME, Olson JA, Shike M, Ross AC (Hrsg.): Modern nutrition in health and disease. 9. Auflage. Williams&Wilkins, Baltimore (1999)

19. Staeck, L.: Ernährungserziehung im Unterricht: Lehrpläne, Lehr- und Lernmaterialien und die pädagogische Praxis. Ernährungs-Umschau 25: 140-144 (1978)

20. Stulgies, M., Scharm-Recknagel, M., Menden, E.: Untersuchung über die Darstellung der Ernährungslehre in Schulbüchern der Bundesrepublik Deutschland. Ernährungs-Umschau 32: 246 (1985)

21. Tornieporth, G.: Entwicklung und Stand der Haushaltslehre an den allgemeinbildenden Schulen. Hauswirtschaftliche Bildung 3: 146-150 (1991)

22. Zentgraf, H.: Ernährungserziehung im Schulalltag. Ernährungs-Umschau 34: B53-B54 (1987)

23. Ziegler EE, Filer JL (Hrsg.): Present knowledge in nutrition. 7.Aufl. ILSI Press, Washington (1996)

15
Das EiS-Projekt

1. Heseker et al., Projektbericht für das BMVEL, 2001 (Weiterführende Literatur über die Autorin)

16
Auf dem Weg zu einer gesundheitsfördernden Ganztagsschule

Weiterführende Literatur über das Präventionsforum

17
Ernährung, Gesundheit und institutionelle Verantwortung – eine Bildungsoffensive

1. Barck, K.: Ästhetik/ästhetisch. In: Barck, K.; Fontius, M.; Schlenstedt, D.; Steinwachs, B.; Wolfzettel, F.: Ästhetische Grundbegriffe – Ein historisches Wörterbuch. Bd. 1. Stuttgart: Metzler Verlag, S. 308-400 (2000)
2. Carlsen, H.B.: Ästhetische Lernprozesse mit besonderer Berücksichtigung des Faches Hauswirtschaft. In: Mitteilungen des Internationalen Arbeitskreises für Kulturforschung des Essens. Heft 6, S. 19-29 (2000)
3. Baumert, J.; Klieme, E.; Neubrand, M.; Prenzel, M.; Schiefele, U.; Schneider, W.; Stanat, P.; Tillmann, K.; Weiß, H. (Hrsg.): PISA 2000 – Basiskompetenzen von Schülerinnen und Schülern im internationalen Vergleich. Opladen: Leske und Budrich Verlag (2001)
4. Danielzik, S.: Epidemiologie von Übergewicht und Adipositas bei Kindern in Kiel: Daten der ersten Querschnittuntersuchung der Kieler Adipositas-Präventionsstudie (KOPS). Universität Kiel: Dissertation (2003).
5. Dixey, R.; Heindl, I.; Loureiro, I.; Pérez-Rodrigo, C.; Snel, J.; Warnking, P.: Healthy eating for young people in Europe – a school-based nutrition education guide. WHO (2000)
6. Gerhards, J.; Rössel, J.: Das Ernährungsverhalten Jugendlicher im Kontext ihrer Lebensstile – Eine empirische Studie. Forschung und Praxis der Gesundheitsförderung, Band 20. Köln: www.bzga.de (2003)
7. Händeler, E.: Die Geschichte der Zukunft – Sozialverhalten heute und der Wohlstand von morgen. Moers: Brendow Verlag (2003)
8. Heindl, I.: Ernährungserziehung in Schulen – (k)ein eigenständiges Fach. Ernährungs-Umschau 43: 450-454 (1996)
9. Heindl, I.: Studienbuch Ernährungsbildung – Ein europäisches Konzept zur schulischen Gesundheitsförderung. Bad Heilbrunn: Klinkhardt Verlag (2003)
10. Heseker, H.; Schneider, L.; Beer, S.: Forschungsbericht Ernährung in der Schule (EIS). Bundesministeriums für Verbraucherschutz, Ernährung und Landwirtschaft. Bonn (2001)
11. Heseker, H.; Beer, S.; Schlegel-Matthies, K.; Heindl, I.; Methfessel, B.: Ernährung in der Ganztagsschule. Teil 1: Notwendigkeit und Problematik von Schulverpflegung. Ernährungs-Umschau 50: B9-B12 (2003)
12. Heseker, H.; Beer, S.; Schlegel-Matthies, K.; Heindl, I.; Methfessel, B.: Ernährung in der Ganztagsschule. Teil 2: Institutionalisierung und Möglichkeiten von Schulverpflegung. Ernährungs-Umschau 50: B13-B16 (2003)
13. Hirschfelder, G.: Europäische Esskultur – Geschichte der Ernährung von der Steinzeit bis heute. Frankfurt: Campus Verlag (2001)
14. Klieme, E. (Koordination): Zur Entwicklung nationaler Bildungsstandards – Eine Expertise. Berlin: 18. Februar 2003 (http://bildungplus. forum-bildung.de)
15. Naumann-Beyer, W.: Sinnlichkeit. In: Barck, K.; Fontius, M.; Schlenstedt, D.; Steinwachs, B.; Wolfzettel, F.: Ästhetische Grundbegriffe – Ein historisches Wörterbuch. Bd. 5. Stuttgart: Metzler Verlag, S. 534-576 (2003)
16. Neumann, G.: „Jede Nahrung ist ein Symbol" – Umrisse einer Kulturwissenschaft des Essens. In: Wierlacher, A.; Neumann, G.; Teuteberg, H. J. (Hrsg.): Kulturthema Essen. Berlin: Akademie Verlag, Seite 385-444 (1993)
17. Spiekermann, U.: Esskultur heute – Was, wie und wo essen wir? Gesunde Ernährung zwischen Natur- und Kulturwissenschaft. Münster: Rhema Verlag (1999)

18
Ernährungslehre an berufsbildenden Schulen – Entwicklung handlungsorientierten Unterrichts

1. Pudel, V.: Zur Psychogenese und Therapie der Adipositas. Springer-Verlag, Berlin, S. 38 ff. (1982)
2. Kühn, H.; Rosenbrock, R.: Präventionspolitik und Gesundheitswissenschaften. Eine Problemskizze. In: Rosenbrock, R.; Kühn, H.; Köhler, B. M. (Hrsg.): Präventionspolitik: Gesellschaftliche Strategien der Gesundheitssicherung. 1. Aufl. Berlin, S. 16-53 (1994)
3. Ottawa-Charta 1986 zit. in: Franzkowiak, P.; Sabo, P.: Do-

kumente der Gesundheitsförderung. 2. Aufl., Mainz, S. 96 (1998)

4. Antonovsky, A.: Salutogenese. Zur Entmystifizierung der Gesundheit. Tübingen: Dt. Gesellschaft für Verhaltenstherapie. (1997)

5. Bundeszentrale für gesundheitliche Aufklärung (BZgA) (Hrsg.): Was erhält Menschen gesund? Köln: BZgA (1998)

6. Antonovsky, A.: The structure and properties of the sense of coherence scale. Soc Sci Med. 1993 Mar, 35, 725-733 (1993)

7. Barkholz, U.; et al.: Der Mehrebenen-Ansatz der schulischen Gesundheitserziehung und Gesundheitsförderung. Unter: http:www.learn-line.de/angebote/umweltgesundheit/ medio/hinter/gesund/grundlor/grund_03.htm (30.07.2002) (1997)

8. O.A.: Gesundheitsförderung in der Schule. Unter: www. learnline.de/ angebote/gesundids/,S. 1f (30.07.2002)

9. Beck, H.: Handlungsorientierung des Unterrichts. Anspruch und Wirklichkeit im betriebswirtschaftlichen Unterricht. 1. Aufl., Darmstadt, S. 5 (1996)

10. Gudjons, H.: Handlungsorientiert lehren und lernen. Schüleraktivierung. Selbsttätigkeit. Projektarbeit. 4. Aufl., Bad Heilbrunn, S. 9 (1994)

11. Pätzold, G.: Berufliche Handlungskompetenz. In: Kaiser, F.-J., Pätzold, G.: Wörterbuch Berufs- und Wirtschaftspädagogik. Bad Heilbrunn, Hamburg, S. 57f und S. 9ff (1999)

12. Methfessel, B.: Essen: Körperbewußtsein, Genuß und Verantwortung. In: Methfessel, B. (Hrsg.): Essen lehren – Essen lernen. Hohengehren, S. 1-6 (2002)

13. Beck, H.: Handlungsorientierung des Unterrichts. Anspruch und Wirklichkeit im betriebswirtschaftlichen Unterricht. 1. Aufl., Darmstadt, S. 57 (1996)

14. Beck, H.: Handlungsorientierung des Unterrichts. Anspruch und Wirklichkeit im betriebswirtschaftlichen Unterricht. 1. Aufl., Darmstadt, S. 58 (1996)

15. Methfessel, B.: Körperbeziehungen und Ernährungsverhalten bei Mädchen und Jungen. Lehr- und Lernvoraussetzung in der Ernährungserziehung. In: Methfessel, B. (Hrsg.): Essen lehren – Essen lernen. Hohengehren, S. 31-76 (2002)

16. Methfessel, B.: Wissen produzieren – Wissen kommunizieren: Oecotrophologen in Forschung und Praxis. Von der Ernährung zur Esskultur – Impulse zum Perspektivwechsel. Unter www.vdoe.de/vdoe/jt2002-zf-6-methfessel. htm, S. 1-5 (2002)

17. Weyland, U.; Borrmann, B.: Fruchtbarkeit und Schwangerschaft als Unterrichtsthema. Prävention 2002, 2, S. 35-38 (2002)

18. Seifert, J.W.: Visualisieren. Präsentieren. Moderieren. 7. Aufl., Gütersloh (1995)

19. Franzkowiak, P.: Gesundheit. In: BZgA (Hrsg.): Leitbegriffe der Gesundheitsförderung. Glossar zu Konzepten, Strategien und Methoden der Gesundheitsförderung (Reihe: Blickpunkt Gesundheit; 3). 1. Aufl., Schwabenheim a. d. Selz, S. 24-26 (1996)

20. Gudjons, H.: Didaktik zum Anfassen. Lehrer/ in – Persönlichkeit und lebendiger Unterricht. Bad Heilbrunn, S. 145-165 (1997)

21. Klippert, H.: Methodentraining. Übungsbausteine für den Unterricht. Weinheim und Basel (1995)

22. Becker, G. E.: Unterricht auswerten und beurteilen. Handlungsorientierte Didaktik Teil III. 6. Aufl., Weinheim und Basel (1998)

19
Muntere Magier mampfen mäßig

(weiterführende Literatur bei den Autorinnen)

20
Projekt Schulcafeteria

(weiterführende Informationen bei den Initiatoren)

21
Esspedition Schule

1. von Cramm, D.: Kinder Koch-Alphabet. Gräfe und Unzer Verlag 2002

2. Ellert, K.: Entwicklung von Arbeitsblättern zum Thema Kochen für Schulkinder im Alter von 8-12 Jahren nach Montessori. Diplomarbeit an der Fachhochschule Fulda (2003)

3. Sozialministerium und Ministerium für Ernährung und Ländlichen Raum Baden-Württemberg: KinderErnährungsbericht „Kinderernährung in Baden-Württemberg". Stuttgart 2002, Bezug: Sozialministerium, Broschürenstelle, Schellingstr. 15, 70174 Stuttgart. Download im Internet: www.landesgesundheitsamt. de/download/keb.pdf

4. Alexy, U.; Kersting, M.: OptimiX – Empfehlungen für die Ernährung von Kindern. aidinfodienst, Bonn, Heft 1447 (2001)

5. Christiansen G.: Evaluation – ein Instrument zur Qualitätssicherung in der Gesundheitsförderung. 2. Auflage. Forschung und Praxis der Gesundheitsförderung, Band 8. Bundeszentrale für gesundheitliche Aufklärung, Köln (2000)

6. Vogelsang, R.: Einführung in das Thema „Evaluation" unter Verwendung von Beispielen aus der Ernährungsaufklärung. Teil 1: Begriffsbestimmung, Funktion, Einordnung und Ablaufschema einer Evaluation. Ernährungs- Umschau 43: 94–98 (1996).

7. Rapp, K.: Formative Evaluation der Neuauflage des Ringordners „Ernährungserziehung in der Schule" des Ministeriums für Ernährung und Ländlicher Raum Baden-Württemberg. Diplomarbeit an der Fachhochschule Albstadt-Sigmaringen, Studiengang Ernährungs-und Hygienetechnik, SS 2003

8. Vogelsang, R.: Einführung in das Thema „Evaluation" unter Verwendung von Beispielen aus der Ernährungsaufklärung. Teil 3: Vergleich von Evaluierungsansätzen im Hinblick auf ihre Anwendung. Ernährungs-Umschau 43: 178–183 (1996).

22

Evaluation von Ernährungserziehungsprogrammen bei Vorschulkindern

1. Merker, N.; Manz, R.; Kirch, W.: Abschlussbericht zum Gutachten für die Beurteilung des Programms „Ernährungserziehung Sachsen". Forschungsverbund Public Health Sachsen, Dresden 2000

2. Noller, B.: Zur Evaluation von Ernährungserziehung bei Vorschulkindern: Konzeption von Untersuchungsdesign und Materialien sowie Durchführung am Beispiel eines Programms der AOK Sigmaringen. Diplomarbeit an der FH Albstadt-Sigmaringen, Studiengang Ernährungs- und Hygienetechnik. (2002)

3. Vogelsang, R.: Einführung in das Thema „Evaluation" unter Verwendung von Beispielen aus der Ernährungsaufklärung. Teil 2: Evaluierungsansätze. Ernährungs-Umschau 43:129-135 (1996)

4. Sturzbecher, D.; Grundmann, M.: Vorschulkinder als unsichere Informationsquelle – alte Klischees und neue Perspektiven. In: Sturzbecher, D. (Hrsg.): Spielbasierte Befragungstechniken. Interaktionsdiagnostische Verfahren für Begutachtung, Beratung und Forschung. Hogrefe Verlag für Psychologie, Göttingen: 37-50 (2001)

5. Andrien, M.; Closset, A.; Cotelle, B.; Green, J.; Halbardier, V.; Heindl, I.; Loureiro, I.; Maree, M.; Perez, C.; Snel, J.; Tones, K.: Schulische Ernährungserziehung. Ausführlicher Leitfaden zur Planung und Evaluation von Aktivitäten (1998)

6. Barlovic, I.: Kinder in Deutschland: Konsumwelt und Ernährung. Teil 1: Entwicklungsstufen und Präferenzen. Ernährungs-Umschau 46: 40-43 (1999)

7. Jaensch, N.; Poggensee, G.: Empirische Untersuchung der Effektivität von Ernährungserziehung im Kindergarten. Diplomarbeit an der FH Hamburg, Fachbereich Ernährung und Hauswirtschaft (1996)

23

10 Regeln für Programme zur Ernährungserziehung in der Schule

1. Lytle, L. A.; Achterberg, C. L.: Changing the diet of America`s children: what works and why? J. Nutr. Educ. 27: 250-260 (1995)

2. Contento, I. R.; Balch, G. I.; Bronner,Y .L. et al.: The effectiveness of nutrition education and implications for nutrition education policy, programs and research – a review of research. J. Nutr. Educ. 27: 279-418 (1995)

3. Contento, I. R.; Randell, J. S.; Basch, C. E.: Review and analysis of evaluation measures used in nutrition education intervention research. J. Nutr. Educ. Behav. 34: 2-25 (2002)

4. Hoelscher,D. A.; Evans, A.; Parcel, G. S.; Kelder, S. H.: Designing effective nutrition interventions for adolescents. J Am Diet Soc. 102 (Suppl): S52-S63 (2002)

5. Dixey, R.; Heindl, I.; Loureiro, I.; Perez-Rodrigo, C.; Snel, J.;Warnking, P.: Healthy eating for young people in Europe. A school-based nutrition education guide. EUR/ICP/IVST 060306 (1999)

6. CDC: Guidelines for school health programs to promote lifelong healthy eating. MMWR 45 (RR9): 1-41 (1996)

7. Pérez-Rodrigo, C.; Aranceta, J.: School-based nutrition education: lessons learned and new perspectives. Public Health Nutr. 4 (1A): 131-139 (2001)

8. Westenhoefer J.: Establishing good dietary habits - capturing the minds of children. Public Health Nutr. 4 (1A): 125-129 (2001)

9. o. A.: Zusammenfassung der Ergebnisse – Leitlinien der gesundheitlichen Aufklärung für Kinder. Dokumentation einer Expertentagung der BZgA. In: BZgA (Hrsg): Gesundheit von Kindern. Epidemiologische Grundlagen. BZgA Köln: 116-119 (1998)

10. Bundeszentrale für gesundheitlich Aufklärung (Hrsg.): Gesundheitsförderung im Kindergarten. 2. Auflage. Konzepte 3. BZgA Köln (2002)

11. Winkler, G.; Noller, B.; Waibel, S.; Wiest, M.: BeKi – an initiative for nutrition education in children in the federal state of Baden-Wuerttemberg: description, experiences and evaluation. Soz Praventiv Med (eingereicht) (2004a)

12. Noller, B.; Winkler, G.; Waibel, S.: Evaluation der Landesinitiative BeKi – Bewusste Kinderernährung – Teil 1: Erfolgsfaktoren bei Programmen zur Ernährungserziehung von Kindern. Gesundheitswesen (eingereicht) (2004)

13. Winkler, G.; Noller, B.; Waibel, S.: Evaluation der Landesinitiative BeKi – Bewusste Kinderernährung: Teil 2: Programmbeschreibung und Bestandsaufnahme. Gesundheitswesen (eingereicht) (2004b)

14. Merx, H.; Reuter, M.; Winkler, G.: Zur Ernährungssituati-

on von Kindern. Ergebnisse einer Ernährungserhebung an Kindern im Rems-Murr-Kreis. Ernährungs-Umschau 50: 376-382 (2003)

15. Merx, H.; Reuter, M.; Winkler, G.: Wie stabil sind Ernährungsmuster bei Kindern? Ernährungs-Follow-Up bei Erstklässlern im Rems-Murr-Kreis. Proc. Germ. Nutr. Soc. 6: 13(2004)

16. Schwarzer, R. (Hrsg.): Gesundheitspsychologie. Ein Lehrbuch. 2. überarb. u. erw. Aufl. Hogrefe, Göttingen (1997)

17. Harnack, L.; Block, G.; Lane, S.: Influence of selected environmental and personal factors on dietary behaviour for chronic prevention: a review of the literatur. J. Nutr. Educ. 29: 306-312 (1997)

18. Birch, L. L.: Development of food acceptance patterns in the first years of life. Proceedings of the Nutrition Society 57: 617-624 (1998)

19. Methfessel, B.: Körperbeziehungen und Ernährungsverhalten bei Mädchen und Jungen. Lehr- und Lernvoraussetzungen in der Ernährungserziehung. In: Methfessel, B. (Hrsg.): Essen lehren – Essen lernen: Beiträge zur Diskussion und Praxis der Ernährungsbildung. Schneider-Verlag Hohengehren, Baltmannsweiler: 31-77 (1999)

20. Jäkel, L.: Die guten Sachen stecken immer in der Schale. Zur Zweigleisigkeit von Alltagsbewusstsein und naturwissenschaftlicher Bildung zum Thema Ernährung bei Schülerinnen und Schülern und Lehramtsstudierenden. In: Methfessel B. (Hrsg.): Essen lehren – Essen lernen: Beiträge zur Diskussion und Praxis der Ernährungsbildung. Schneider-Verlag Hohengehren, Baltmannsweiler: 77-95 (1999)

21. Lien, N.; Lytle, L. A.; Klepp, K. I.: Stability in consumption of fruit, vegetables, and sugary foods in a cohort from age 14 to age 21. Prev Med. 33: 217-226 (2001)

22. von Post-Skagegard, M.; Samuelson, G.; Karlstrom, B.; Mohsen, R.; Berglund, L.; Bratteby, L. E.: Changes in food habits in healthy Swedish adolescents during the transition from adolescence to adulthood. Eur J Clin Nutr. 56: 532-538 (2002)

23. Brombach, C.: Ernährungsverhalten im Lebensverlauf von Frauen über 65 Jahren. Eine qualitativ biographische Untersuchung. Dissertation. Fachverlag Köhler, Gießen (2000)

24. Henning, H.-J.: Risikokommunikation als Verhaltensänderung – Einige ausgewählte Theorieansätze und Gestaltungsmöglichkeiten aus der Psychologie. Arbeitspapier der AG „Ethik" (März 1994)

25. Bundeszentrale für gesundheitlich Aufklärung (Hrsg.): Evaluation – ein Instrument zur Qualitätssicherung in der Gesundheitsförderung. Forschung und Praxis der Gesundheitsförderung. Band 8. BZgA Köln (1999)

26. Kroke, A.; Manz, F.; Kersting, M.; Remer, T.; Sichert-Hellert,W.; Alexy, U.; Lentze, M. J.: The DONALD Study-history, current status and future perspectives. Eur J Nutr. 43: 45-54 (2004)

27. DGE (Hrsg.): Ernährungsbericht 2000. Frankfurt am Main (2000)

28. Sozialministerium Baden-Württemberg und Ministerium

für Ernährung und Ländlichen Raum Baden-Württemberg (Hrsg.): KinderErnährung in Baden-Württemberg. Stuttgart (2002)

29. Allhoff, P: Datenquellen zum Thema „Gesundheit von Kindern in der Bundesrepublik Deutschland". In: Bundeszentrale für gesundheitliche Aufklärung (Hrsg.): Gesundheit von Kindern. Epidemiologische Grundlagen. Forschung und Praxis der Gesundheitsförderung. Band 3. BZgA Köln (1998)

30. Bergmann, K. E.; Thefeld,W.; Kurth, B. M.: Der Kinder- und Jugendgesundheitssurvey – eine Grundlage für Prävention, Gesundheitsförderung und Gesundheitsziele. Das Gesundheitswesen 64: 53-85 (2002)

31. Knopf, H.; Bergmann, E.; Dippelhofer, A. et al.: Der Kinder- und Jugendgesundheitssurvey als Datenquelle zur Beschreibung wesentlicher Aspekte der gesundheitlichen Versorgung im Kindes- und Jugendalter. Das Gesundheitswesen 64 (Sonderheft 1): 43-47 (2002) Nr. 6 Juni 2004

32. 32. Ciliska, D.; Miles, E.; O´Brien, M. A. et al.: Effectiveness of community-based interventions to increase fruit and vegetable consumption. J. Nutr. Educ. 32: 341-352 (2000)

33. Contento, I. R.; Randell, J. S.; Basch, C. E.: Review and analysis of evaluation Measures used in nutrition education intervention research. J. Nutr. Educ. Behav. 34: 2-25 (2002)

34. Piaget, J.; Inhelder, B.: Die Psychologie des Kindes. ngekürzte Ausg., 8. Auflage. Klett-Cotta, München (2000)

35. Noller, B.; Winkler, G.: Zur Evaluation von Ernährungserziehungsprogrammen bei Vorschulkindern: Erfahrungen mit verschiedenen Erhebungsmaterialien. Ernährungs-Umschau 49: B37–B40 (2002)

36. Barlovic, I.: Kinder in Deutschland: Konsumwelt und Ernährung. Teil 1: Entwicklungsstufen und Präferenzen. Ernährungs-Umschau 46: 40-43 (1999)

37. Barlovic, I.: Kinder in Deutschland: Konsumwelt und Ernährung. Teil 2: Ernährungserziehung. Ernährungs-Umschau 46: 95-97 (1999)

38. Erb, J.;Winkler, G.: Rolle der Nationalität bei Übergewicht und Adipositas bei Vorschulkindern. Monatsschr Kinderheilkd 152: 291-298 (2004)

39. Resnicow, K.; Baranowski, T.; Ahluwalia, J. S.; Brainwaite, R. L.: Cultural sensitivity in public health: defined and demystified. Ethn Dis 9: 10-21 (1999)

40. von Cramm, D.; Rapp, K.;Winkler, G.; Ehrentreich, M.: Esspedition Schule. Neue Materialien zur Ernährung für die Klassenstufen 1–6. Ernährungs-Umschau 50: B25–B28 (2003)

41. Hartmann, A.: Analyse der Reichweite des Programms „BeKi Ernährungserziehung bei Kindern" des Ministeriums für Ernährung und Ländlichen Raum Baden-Württemberg in Kindergärten. Diplomarbeit, Fachhochschule Albstadt-Sigmaringen, Studiengang Ernährungs- und Hygienetechnik, SS 2004

42. Heyer, A.: Ernährungsversorgung von Kindern in der Familie. Eine empirische Untersuchung. Dissertation, Justus-Liebig Universität Gießen, Fachbereich Ernährungs- und Haushaltswissenschaften. Jacobs, Lage (1997)

43. Brombach, C.:Mahlzeit – Familienzeit? Mahlzeiten im heutigen Familienalltag. Ernährungs-Umschau 48: 238-242 (2001)

44. Kersting, M.; Lemloh, A.; Schöch, G.: Ernährungsbezogene Präventionsstudien bei Kindern und Jugendlichen auf Bevölkerungsebene – Konzepte, Methoden, Erfolge. Z ärztl. Fortbild. 90: 25-31 (1996)

45. Czerwinski-Masu, M.;Danielzik, S.; Asbeck, I.; Langnäse, K.; Spethmann, C.; Müller, M. J.: Kieler Adipositaspräventionsstudie (KOPS). Konzept und erste Ergebnisse der Vierjahres-Nachuntersuchung. Bundesgesundheitsbl –Gesundheitsforsch – Gesundheitsschutz 46:727 – 731 (2003)

46. Merker, N.; Manz, R.; Kirch,W.: Abschlussbericht zum Gutachten für die Beurteilung der Effektivität des Programms „Ernährungserziehung Sachsen". Forschungsverbund Public Health Sachsen. Dresden (2000)

47. Wagner, N.; Kirch,W.; Müller, C.; Goergens, P.; Kießling, I.: Altersadaptierte Ernährungserziehung in Kindergärten und Grundschulen in Sachsen. Proc. Germ. Nutr. Soc. 6: 13 (2004)

48. CDC: Framework for program evaluation in public health. MMWR Recommendations and Reports 48 (RR11): 1-40 (1999)

49. Vogelsang, R.: Einführung in das Thema „Evaluation" unter Verwendung von Beispielen aus der Ernährungsaufklärung. Teil 3: Vergleich von Evaluierungsansätzen im Hinblick auf ihre Anwendung. Ernährungs-Umschau 43: 178-181 (1996)

50. Fachbereich Evaluation des Bundesamts für Gesundheit: Leitfaden für die Planung von Projekt- und Programmevaluationen. Bundesamt für Gesundheit: Bern (1997)

24 + 25

(weiterführende Literatur bei den Autorinnen)

26

Grafische Umsetzung von Ernährungsrichtlinien

1. DGE, ÖGE, SGE, SVE: D-A-CH-Referenzwerte für die Nährstoffzufuhr. Umschau/Braus Frankfurt 2000

2. Deutsche Gesellschaft für Ernährung: Die 10 Regeln der DGE. In: DGE (Hrsg.): 50 Jahre DGE – Ernährungswissen im Wandel der Zeit. Festschrift zum 50. Jubiläum der DGE 2003, S. 94-97

3. Deutsche Gesellschaft für Ernährung: 10 Regeln für eine vollwertige Ernährung. DGE 2004

4. Deutsche Gesellschaft für Ernährung: Ernährungskommunikation – die Botschaften der DGE. In: DGE (Hrsg.): 50 Jahre DGE – Ernährungswissen im Wandel der Zeit. Festschrift zum 50. Jubiläum der DGE 2003, S. 90-93

5. Examples of foods in current sets of dietary guidelines and food guides. In: FAO (Hrsg.): Preparation and use of food-based dietary guidelines. Report of a joint FAO/WHO consultation Nicosia, Cyprus 1996

6. Painter J; Rah JH, Lee YK: Comparison of international food guide pictorial representations. J Am Diet Assoc 102 (2002) 483-489

7. Leitzmann C: Ernährungspyramiden unter der Lupe. UGB-Forum 21 (2004) 140-143

8. Deutsche Gesellschaft für Ernährung: Der neue DGE-Ernährungskreis. DGE info 4/2004, 54-56

9. Deutsche Gesellschaft für Ernährung: DGEErnährungskreis – Lebensmittelmengen. DGE info 5/2004, 73

10. United States Departure of Agriculture: USDA's Food Guide – Background and Development. Miscellaneous Publication Number 1514, 1993

11. National Research Council: Dietary Reference Intakes. National Academy of Sciences, Washington D.C. 2000-2004

12. Büning-Fesel, M: Persönliche Mitteilung

13. Mannhardt S: Ernährungspyramide für Kinder: Entwicklung und Anwendung. Ernährung im Fokus 3/2003, 206-209

14. Brüse R: Empirische Evaluation von Ernährungskreis vs. Ernährungspyramide. Persönliche Mitteilung.

15. Vogt M: Ernährungskreis versus Ernährungspyramide – Ergebnisse einer monadischen Tachioskopie-Untersuchung. Proc Germ Nutr Soc 4 (2002) 12 (Abstrakt)

16. Eissing G, Lach J: Evaluation von Ernährungskreis und -pyramide im Schulunterricht. Ernähr-Umschau 50 (2003) 50-53

17. DGE, Brönstrup A: Glykämischer Index und glykämische Last – ein für die Ernährungspraxis des Gesunden relevantes Konzept? Ernähr-Umschau 51 (2004) 84-89 (Teil 1), 128-131 (Teil 2)

18. Ludwig DS: Dietary glycemic index and obesity. J Nutr 130 (2000) 280S-283S

19. Willett WC: Eat, drink and be healthy: The Harvard Medical School guide to healthy eating. Simon & Schuster, New York 2001

20. Harvard School of Public Health: Food Pyramids: Food Pyramids (2004): www.hsph. harvard.edu/nutritionsource/pyramids.html

21. FAO/WHO: Carbohydrates in human nutrition. A report of a joint FAO/WHO Expert Consultation. Rome 1998

22. Deutsche Gesellschaft für Ernährung: Low carb – high fat? Ergebnisse des DGE-Expertenworkshops vom 3.6.04. Ernähr-Umschau 51 (2004) 332-333

23. Anon.: Richtig essen – aber was denn nun? Stern, Meldung vom 6.7.04

24. aid-Infodienst, Deutsche Gesellschaft für Ernährung: DGE und aid beschließen gemeinsame Ernährungspyramide. Ergebnisse des aid-DGE Expertenworkshops vom 14.7.04. DGE-aktuell Juli 2004

Stichwortverzeichnis

Online-Informationsquellen

- Auswertungs- und Informationsdienst (aid)
  www.aid.de

- Bundesamt für Verbraucherschutz und Lebensmittelsicherheit (BVL)
  www.bvl.bund.de

- Bundesinstitut für Risikobewertung (BfR)
  www.bfr.bund.de

- Bundesministerium für Verbraucherschutz, Ernährung und Landwirtschaft (BMVEL)
  www.verbraucherministerium.de

- Bundeszentrale für gesundheitliche Aufklärung (BzgA)
  www.bzga.de

- Coolfoodplanet – Informationen zu Ernährung und gesundem Lebensstil für junge Leute vom European Food and Information Council (EUFIC)
  www.coolfoodplanet.org

- Deutsche Gesellschaft für Ernährung (DGE)
  www.dge.de

- Deutscher Bildungsserver
  www.bildungsserver.de

- Deutsches Ernährungsberatungs- und -informationsnetz (DEBInet)
  www.ernaehrung.de

- Ernährungsportal der Verbraucherzentrale und des Ministeriums Ländlicher Raum Baden-Württemberg
  www.ernaehrungsportal-bw.de

- Ernährungs-Umschau Internet-Angebot für Fachkräfte im Bereich Ernährung und Diätetik. Aktuelle Nachrichten, Termine und Hintergrundinformationen. Abonnenten steht die komplette Online-Version der Print-Ausgabe zur Verfügung.
  www.ernaehrungs-umschau.de/news/

- Forschungsinstitut für Kinderernährung (FKE)
  www.fke-do.de

- „Kinderleicht - Besser essen. Mehr bewegen." Initiative des Bundesministeriums für Verbraucherschutz, Ernährung und Landwirtschaft.
  www.kinder-leicht.net

- Robert-Koch-Institut (RKI)
  www.rki.de

- Verbraucherzentrale Bundesverband (vzbv)
  www.vzbv.de

- Zentrales Internetportal für den Bereich Ernährungs- und Verbraucherbildung, (Zielgruppe Lehrkräfte)
  www.evb-online.de

Darüber hinaus werden auch von vielen Krankenkassen und Stiftungen (z.B. Deutsche Krebshilfe) auf dem aktuellen Wissensstand basierende Schriften herausgegeben.